中央编译局文库编辑委员会

主　　任：贾高建
副 主 任：魏海生　柴方国　季正聚　崔友平
委　　员（按姓氏笔画排序）：
　　　　　冯　雷　牟建君　杨雪冬　沈红文　张凤宝
　　　　　陈家刚　胡长栓　郗卫东　葛海彦

马克思主义经典著作研究读本

主　编　杨金海　李惠斌

列宁《俄国资本主义的发展》研究读本

刘长军

《马克思主义经典著作研究读本》顾问委员会

贾高建　俞可平　柴方国　庄福龄　陈先达　赵家祥　詹汝琮
李洙泗　张钟朴　冯文光　安启念　韩庆祥　李小兵　张曙光

《马克思主义经典著作研究读本》编委会

主　编　杨金海　李惠斌
副主编　薛晓源　林进平
编　委　（按姓氏拼音排序）
　　　　　曹典顺　冯　章　韩立新　江　洋　姜海波
　　　　　李百玲　吕梁山　苗永姝　聂锦芳　闫月梅
　　　　　杨学功　姚　颖　张　盾　张云飞　郑　锦

总　序

呈献给读者的这套"马克思主义经典著作研究读本"丛书，旨在立足于21世纪中国和世界发展的现实，对马克思、恩格斯、列宁重要著作以及有关专题思想重新进行较为深入的研究和解读，供广大读者特别是致力于深入研究马克思主义经典作家原著的读者阅读使用。计划出版40种，三年内陆续完成编写和出版工作。

马克思主义经典著作是学习和研究马克思主义理论的基础文本，历来为人们所重视。在我国学术史上，曾编写和出版过不少关于经典著作的读本，包括各种注释性读本和导读性读本，对学习和研究马克思主义理论发挥过重要作用。然而，随着时代的发展，这些读本也越来越显出历史局限性。比如，以往对经典著作的解读视角较旧，对马克思主义理解不够全面；解读的经典著作范围较小，视野有限；解读所依据的文献不足，深度不够等。进入新世纪以来，特别是自2004年中央实施马克思主义理论研究和建设工程以来，马克思主义经典著作的教学、研究以及普及工作不断加强，这就迫切要求对经典著作重新进行解读。

同时，这些年我国学界有关经典著作的翻译和研究成果不断推出，为更好地解读经典著作提供了可能。改革开放以来，特别是进入新世纪以来，随着我国社会主义现代化建设以及人类文明的深入推进，我们对马克思主义的理解以及对经典著作的研究不断深化，解读视角发生重大转变，对马克思主义的理解更加全面。例如，以往由于受革命实践的影响，我们较多地从社会主义"革命"视角去解读，而较少从社会主义"建设"视角去解读，因此，较多地注重研究其中的阶级斗争、无产阶级革命和无产阶级专政等理论，而较少研究社会和谐发展、人的全面发展等思想。革命胜利后，仍然沿袭了这种解读模式。这就造成了对马克思主义理解的片面性。实际上，马克思主义经典著作中有丰富的新社会建设思想，恰恰是这些长期被忽视的思想对我们今天的社会主义建设实践来说更有意义。近些年来，我国学者自觉地从"建设"视角研究经典著作基本观点，取得了一系列可喜成就。又如，过去对经典著作的解读主要限于对若干重要经典著作的解读，如对《共产党宣言》等五六部名著有较为详细的解读，对其他著作的解读不多。即使有收文较多的导读性读本，但常常由于篇幅所限，也只能对这些著作进行简要介绍，不可能对每一部著作展开研究。近些年来，这种情况在逐步发生变化。研究经典著作的专题成果越来越多。再如，近年来新的经典著作编译成果和相关研究成果不断推出，大大拓宽了人们对经典著作基本观点的理解。加之这些年我国学界一大批优秀的中青年学者成长起来，他们的外语水平较高，知识储备较多，研究方法较新等，对经典著作的研究和理解也更有新意。这些都为更好地解读经典著作提供了新的时代条件。

为了继承前人研究的成果，弥补以往研究的不足，总结这些年我国学界编译、研究经典著作的成果和经验，比较全面系统地解读和阐释经典著作的基本观点，中央编译局专门成立了"马克思主义经典著作及其重大理论问题研究"课题组，并对该项研究提供了基金资助。课题组不仅在局内组织力量进行研究，而且向社会公开招标，争取到社会力量的支持，一批有造诣的中青年专家参与到课题研究中来。经过课题组同仁两年多努力，已经形成一批研究成果，并将继续补充、完善并陆续推出。这套"马克思主义经典著作研究读本"丛书就是这些成果的集中体现。

本丛书力求体现如下特点，这也是丛书编著工作所力求遵循的原则：第一，体现全面性和系统性。本丛书不仅对经典作家的名著进行解读，也对其他重要著作进行解读，还要对经典作家的一些重要思想，如马克思的人类学思想、列宁的新经济政策理论等，进行专题梳理和解读。不仅从"革命"视角，而且从"建设"视角，全面、系统地梳理经典作家的思想观点。力求使这套丛书成为收文最全面、解读最系统、最能够反映经典作家著作全貌的学术成果。第二，突出文献性和考证性。每一研究读本的写作，力求充分反映国内外有关研究成果，特别是要充分反映我国新时期在经典著作翻译和研究方面所发现的新文献、取得的新成果。在此基础上，要对经典著作形成的历史背景、国内外传播、原著重要思想观点及其流变，以及后人对这些观点的理解等，进行考证研究。如果说过去的解读主要是"注"的话，那么，这套读本则要进一步体现"疏"的特点。通过这种"注疏"性考据研究，不仅使读者知其然，也知其所以然。这样，也能够为学界进一步研究提供尽可能丰富的文献资料。第三，力求权威性和准确性。一方面，研究读本所依据的经典著作文本力求具有权威性和准确性。主要依据中央编译局所编译的最新译本，如《马克思恩格斯全集》第二版、《马克思恩格斯文集》、《列宁全集》第二版、《列宁专题文集》等。对还没有新译文的文本，可以采用旧译文。同时，适当参照外文版本，进行比较研究。另一方面，所依据的其他文献资料，也力求具有权威性和准确性。要选择国内外在该研究领域最具权威性的专家学者的最具代表性的观点和最有影响力的文章。

基于上述考虑，本丛书采取大致统一的研究和写作框架。除导论外，各个读本均有五个部分组成。一是历史考证部分，其中包括写作背景、国内外主要版本和传播考证等；二是研究状况部分，包括对国内外已有的研究情况进行梳理；三是当代解读部分，包括对经典著作的内容简介，对已有研究观点的疏正，对重要理论观点及其当代意义的阐述；四是原著选编部分，根据经典著作的不同情况，或采取全选的形式，或采取节选的形式，均采用中央编译局的最新译本，个别读本同时选编原著的旧文本，以方便比较研读；五是附录部分，包括3到5篇关于本著作的国内外有一定权威性的研究文章，以及进一步研究需要参考和阅读的文献资料。

需要说明的是，对于经典著作的研究，往往会有仁者见仁、智者见智的情况。所以，尽管我们在组织编写工作中努力体现上述原则，但这些读本的观点不一定都具有代表性，更不可能与每一位读者的观点完全一致。加之作者研究角度不同，水平各异，每一读本的结构、篇章、内容、观点都不尽相同，其权威性程度也不尽一致。其中很可能有疏漏和错误之处，谨请读者批评指正。

该丛书在编写和出版过程中，得到了各个方面的大力支持。中央编译局对此项工作高度重视，始终给予鼎力支持。国家出版基金将该丛书列入2012年资助项目。中央编译出版社为该丛书申报国家出版基金项目并最终立项，以及为丛书出版做了大量工作。本丛书中收入的译著和文章的译者、作者和出版者同意我们使用相关的著作版权。该项目顾问委员会的专家对丛书的编写工作给予热情指导，编委会成员和课题组同仁为丛书的编写付出了辛勤劳动。在此一并致以衷心的谢意！

《马克思主义经典著作研究读本》
编辑委员会
2013年6月16日

目 录

导 论 ·· 1

第一部分 历史考证 ··· 7

第一章 创作背景 ·· 9
一 非马克思主义思潮泛滥是当时思想理论界严峻的现实 ······· 9
二 风起云涌的俄国民主主义革命运动是当时最重要的
   革命背景 ·· 19
三 俄国无产阶级总体上处于自发状态 ······························· 21
四 对《资本论》的学习研究是创作该著作的理论前提 ········ 23

第二章 创作过程 ··· 25
一 搜集材料创作预备阶段 ·· 25
二 具体创作出版阶段 ·· 30

第三章 第一版与第二版的区别 ························ 66
一 插图设计的差别 ·· 66
二 封面装帧的差别 ·· 66
三 版式设计的差别 ·· 67
四 译文质量的差别 ·· 67
五 译文内容的差别 ·· 68
六 第二版对第一版的补充 ··· 72

七　列宁在第二版之后的修改 …………………………………… 88
第四章　《俄国资本主义的发展》在中国的传播 ………………… 92
　一　在新中国成立前的翻译、出版和传播 …………………… 98
　二　在新中国成立后的翻译、出版和传播 …………………… 113
　三　列宁著作在中国出版情况的统计说明 …………………… 140
第五章　《俄国资本主义的发展》在世界其他国家的传播 …… 143
　一　在苏联的传播 ……………………………………………… 143
　二　在其他国家的传播 ………………………………………… 151

第二部分　研究状况 ……………………………………………… 157
第六章　国外研究状况 ……………………………………………… 159
　一　有关《俄国资本主义的发展》的若干论点 ……………… 159
　二　国外学者研究分析 ………………………………………… 171
第七章　国内研究状况 ……………………………………………… 174
　一　国内研究的主要论域 ……………………………………… 174
　二　国内研究的状况分析 ……………………………………… 182
　三　进一步研究的展望 ………………………………………… 187

第三部分　当代解读 ……………………………………………… 191
第八章　《俄国资本主义的发展》的结构及内容 ………………… 193
　一　该书的结构 ………………………………………………… 193
　二　该书的主要内容 …………………………………………… 197
第九章　《俄国资本主义的发展》的历史意义 …………………… 277
　一　它是列宁经济思想逻辑主线的开端 ……………………… 278
　二　它构成列宁经济思想的主体内容 ………………………… 281
　三　它影响了列宁的帝国主义理论和社会主义建设思想 …… 284
第十章　《俄国资本主义的发展》的方法论特色 ………………… 290

一　逻辑与历史相结合的方法 …………………………………… 291
　　二　一般与个别相结合的方法 …………………………………… 294
　　三　矛盾分析方法 ………………………………………………… 295
　　四　理论分析与实证分析相结合的方法 ………………………… 298
第十一章　《俄国资本主义的发展》透显的科学精神 ……………… 303
　　一　执著地追求马克思主义 ……………………………………… 303
　　二　埋头苦读、广泛涉猎 ………………………………………… 306
　　三　不盲从权威 …………………………………………………… 311
　　四　不畏困难的革命乐观主义精神 ……………………………… 318
　　五　深入调查研究，掌握真实资料 ……………………………… 320

第四部分　经典著作选编 ……………………………………………… 325
　列宁　俄国资本主义的发展（大工业国内市场形成的过程）
　　　（节选） …………………………………………………………… 327
　　第一版序言 ………………………………………………………… 327
　　第二版序言 ………………………………………………………… 330
　　第一章　民粹派经济学家的理论错误 …………………………… 334
　　第二章　农民的分化 ……………………………………………… 360
　　第三章　地主从徭役经济到资本主义经济的过渡 ……………… 372
　　第四章　商业性农业的发展 ……………………………………… 376
　　第五章　工业中资本主义的各最初阶段 ………………………… 382
　　第六章　资本主义工场手工业和资本主义家庭劳动 …………… 385
　　第七章　大机器工业的发展 ……………………………………… 390
　　第八章　国内市场的形成 ………………………………………… 396

第五部分　附　录 ……………………………………………………… 433
　附录Ⅰ　研究文献精选 ……………………………………………… 435

一　〔俄〕波·韦谢洛夫斯基对《俄国资本主义的发展》
　　一书所写的评论 ································· 435
二　〔苏〕巴·别尔林对《俄国资本主义的发展》一书
　　所写的评论 ······································· 436
三　〔苏〕卡拉达耶夫、雷金娜：《〈俄国资本主义的发展〉的
　　历史意义和理论问题》（节选）···················· 438
四　〔苏〕巴希科夫：《论列宁的〈俄国资本主义的发展〉
　　及其在经济学中的作用》（节选）··················· 454

附录Ⅱ　有关《俄国资本主义的发展》的趣事 ············ 475
　　一　"喝着墨水"并用"密码"写成的书 ············· 475
　　二　一波三折的书名 ······························· 475
　　三　"行50次鞠躬礼" ····························· 476
　　四　"《资本论》第二"称呼的由来 ·················· 477

附录Ⅲ　延伸阅读书目 ······························· 479
　　一　文献资料类 ··································· 479
　　二　国内外研究著作类 ····························· 480
　　三　报纸期刊文章类 ······························· 483

后　　记 ··· 486

导　论

列宁还活着呢!

虽然列宁逝世已有 90 周年了，但列宁的思想并没有因为他的逝世而销声匿迹。恰恰相反，列宁主义旗帜在亚、非、拉等第三世界的许多国家都曾高高飘扬过，列宁的思想也在这些国家得到了广泛传播。在马克思主义的词典里，缺少了列宁，马克思主义发展史就是不完整的，国际共产主义运动也是不完整的。俄共中央在纪念列宁诞辰 140 周年的决议中指出："列宁的思想以及他的用全球多数语言出版的著作极大地影响了世界人民的命运。有人试图将他的名字从人类的记忆中抹去，这是徒劳的。"① 即便在全球化的今天，列宁仍将继续活在那些坚定的马克思主义信仰者心中，列宁主义仍然是指导我们胜利前进的一面旗帜。研究列宁，仍将是一个重要的历史任务。

列宁著作是列宁思想的载体，不研究列宁著作就无法科学地解读列宁思想。但是，中国人接受列宁思想有一个历史的过程。由于列宁著作中文译本、版本、文本的变化，中国人将列宁思想运用于不同时期的革命、建设和改革的实际时，也会出现一些变化。或者说，列宁思想中国化的过程是曲折复杂的，而列宁著作中文版本中的一些术语、概念等的前后变化，则是造成这一曲折过程的重要原因之一②。

---

① 转引自高晓惠:《从〈列宁专题文集〉谈起……》，载《科学社会主义》2010 年第 4 期，第 31 页。

② 根据臧仲伦的《中国翻译史话》记述，"列宁的名字，最早见于 1918 年夏孙中山致列宁和苏维埃政府祝贺俄国革命胜利的电文，以后又见于上海大同书局《劳动月刊》上刊载的《列宁传略》(1918)"。臧仲伦:《中国翻译史话》，济南：山东教育出版社 1991 年版，第 76—77 页。实际上，中国人对于列宁的认识也是逐步深入的。早期，仅就列宁名字的翻译而言，

因此，研究列宁思想，就必须研究列宁著作，研究列宁著作，就必须研究列宁著作在中国出版传播的变化情况，因为这是完整解读列宁思想中国化的文本史料支撑。

列宁的经济思想是列宁思想的重要组成部分。在列宁早期著作中，经济学著作占据了很大分量，其中《俄国资本主义的发展》是列宁早期最重要的一部著作。该著作耗费了列宁4年多的时间，并且是在被捕流放的过程中，在深受官僚书报检查制度的严密监控下写就的。由于该著作坚持了《资本论》的基本观点和方法，深刻地解释了俄国资本主义发展的历史逻辑，客观地揭示了俄国资本主义国内市场形成的历史过程，科学地回击了自由主义民粹派经济学家的错误理论，因此一出版，就饱受读者欢迎。该著作直接完成了马克思在《资本论》第三卷"地租"篇中提出的"英国式的俄国作用"问题。① 由此，一些俄国学者将该著作称为"《资本论》直接继续"。由于中俄两国的国情有着许多相似之处，列宁这部回答"俄国向何处去？"的著作，在中国人看来，也似乎在回答"中国向何处？"，或给予国人若干启示。因此，它受到了中国读者的广泛欢迎，一些中国学者将《俄国资本主义的发展》称为"《资本论》第二"，甚至有人将之视为与《资本论》比肩的经济学著

（续前注）就有多达12个不同的译法。直到大致20世纪20年代的中期，对列宁名字的翻译才逐步统一或者相对地统一。造成这种现象的原因很复杂。一是由于译者水平和翻译习惯的不同，加上缺少统一的译文标准，造成了翻译多样化。二是列宁本身就喜欢用不同的笔名、假名等。根据目前考证的结果，列宁的笔名、化名大致有140多个，而"列宁"用得最多。这也是造成列宁的中文译名不统一的重要原因。三是出于规避反动当局书报检查的需要，译者有意识地用别名指代经典作家的名字。参见刘长军：《中国共产党马克思主义观的形成发展与基本经验》，中国人民大学博士论文，2011年答辩通过。根据张坚的考证，列宁第一次用"列宁"这个笔名，是在1901年1月17日（公历30日）给普列汉诺夫写信时；第一次列宁署名发表的文章是《土地问题上的"批评家"先生们》，发表在1901年12月。见张坚：《列宁的著作在苏联》，载《社会科学》1980年第6期，第100页。那么，谁是最早汉译列宁名字的人呢？钟凤在1984年6月号的《人物》杂志上发表《最早汉译列宁著作的人》一文认为：最早汉译列宁名字的是金侣琴，即金国宝（1894—1963）。他认为，在1919年9月1日出版的《解放与改造》半月刊创刊号上，载有金侣琴译的李宁的《鲍尔雪维克之所要求与排斥》一文，这个翻译日期要比戴季陶译《李宁的谈话》早20天，比郑振铎译《俄罗斯之政党》要早三个半月。见钟凤：《最早汉译列宁著作的人》，载《中国翻译》1984年第12期，第39页。

① 关于这个问题，将在正文中详细剖解其中的细节。

作，这应当算是对该著作的至高评价。遗憾的是，进入新世纪以来，我国学者却甚少关注这部著作，这对于完整准确地把握列宁经济思想来说，不能不说是一个理论缺失。

《俄国资本主义的发展》写于1895—1899年。列宁在世的时候，先后于1899年和1908年出版了俄文第一版、第二版单行本，第二版之后，列宁仍然继续修改该著作。这部著作主要回答的是"俄国资本主义的国内市场形成发展的历史过程"。之所以将该著作的研究主题限定于此而不扩大，对于列宁而言，主要是因为"一个人将难以胜任"[①]。即便如此，列宁还是将该著作研究的主题作了一些细节上的限制，比如只从国内市场角度研究俄国资本主义的发展，只谈1861年农奴制改革后的时代，主要地采用纯俄罗斯省份的资料，较多地研究经济过程等。

该著作共有正文八章，另有三个资料性的附录和一篇关于反对民粹派攻讦该著作的文章——《非批判的批判》。整个著作的逻辑结构采用了总—分—总的阐述方式。第一部分就是第一章，即提出问题，也就是在批判民粹派经济学家错误理论的同时，提出关于"俄国资本主义的发展"问题。第二部分包括从第二章到第七章，该部分详细阐述了俄国资本主义从小商品经济到大机器工业的三个历史阶段的发展过程，是对第一部分提出的"俄国资本主义发展"问题的具体论证。第三部分就是第八章，也是最后一章，该章是对第二部分的升华总结，也是对第一部分的呼应。整篇著作充分体现了马克思主义基本的立场、观点和方法。

该著作在中国的出版传播比较曲折。它并不是一下子以全文的形式出现在国人面前，而是先有其中的一部分内容在一些刊物上被逐步地节译、摘译出来，随后才有了整篇中文译本的出版。非常有趣的是，在中文译本中，出现了"版本真空"的问题，也就是曹葆华译本的第一版、第三版、第四版中，缺少第二版的中译本信息。当然，实事求是地讲，就当下而言，该著作并没有引起思想学术界的青睐，对这部被称为"《资本论》第二"的著作的研究，也没有达到对列宁其他使人耳熟能

[①] 《列宁全集》第3卷，北京：人民出版社1984年版，第5页。

详的著作的研究程度。所以，这是一部已经"被遗忘的《资本论》"，需要我们深入挖掘。

作为新世纪以来第一部以列宁《俄国资本主义的发展》为研究对象的专著，本研究将从四个方面全方位解读列宁的这一著作。首先，本研究认真梳理了列宁《俄国资本主义的发展》一书的写作背景和过程、版本演变、在国内国际的传播史等，力求给读者展现一个清晰的历史画卷，加深人们对这部著作的感性认识。其次，本研究认真梳理当前思想学术界关于《俄国资本主义的发展》一书的研究现状，包括国内国外学者的解读，使人们对该著作在当前思想学术界中的受重视程度有一个清醒的认识。再次，立足于马克思主义时代化的新要求，对《俄国资本主义的发展》进行当代解读，主要包括该著作的历史地位、主要内容、当代意义等，使人们对《俄国资本主义的发展》一书有一个立体的认识。最后，为了充实研究内容，笔者有重点地遴选了几篇有分量的研究《俄国资本主义的发展》的论文，以供读者参考。同时，在研究过程中，笔者还增加一些有关该著作的趣事，比如"《资本论》第二的由来"、"蘸着墨水完成的书"、"50个鞠躬礼"等。

总之，本研究力图立体化地给读者呈现一个书名确定几经坎坷、传播历史跌宕起伏、受青睐程度一波三折、内容丰富多彩的列宁早期巨著——《俄国资本主义的发展》。

下面，就让我们借用石克纪念列宁诞辰140周年的一首诗中的开头段落，作为向列宁致敬的礼物，并拉开我们与《俄国资本主义的发展》对话的序幕吧。

列　宁
——为纪念列宁诞辰140周年而作
文/石克
舒申斯克厚厚的冰雪，[①]

---

① 列宁曾被沙皇政府流放西伯利亚舒申斯克村3年。

动摇不了对真理的信念。
流放地也是研究室,
真金的光泽处处闪现。
把每个严酷的冬日,
都变作丰收的秋天。①

---

① 列宁在流放期间,继续学习、调查、研究,写出了《俄国资本主义的发展》和其他一些论文。

第一部分　历史考证

《俄国资本主义的发展》是列宁早期最重要的经济学著作，也是列宁在十分艰难的环境下完成的。列宁在世时，该著作先后出版了第一版、第二版，前后两版存在一些差异。《俄国资本主义的发展》出版之后，在中国以及世界上都得到了广泛的翻译、出版和传播。

第一章 创作背景

《俄国资本主义的发展》不是心血来潮的产物,而是耗费列宁4年多时间,花费大量心血完成的一部彻底击碎民粹派的代表性著作。列宁之所以如此认真对待这部著作,是由当时的时代背景、现实国情、理论诉求和革命状态所决定的。正所谓:有什么样的时代,就有什么样的作品。

一 非马克思主义思潮泛滥是当时思想理论界严峻的现实

(一)猖獗的民粹主义[①]是列宁的头号敌人

在19世纪80年代到90年代,自由主义民粹主义成了在俄国传播马克思主义和建立马克思主义政党的主要障碍。[②]"民粹主义成为马克思主义在俄国传播的严重障碍。因此,19世纪末列宁的经济理论主要

---

① 从不同的角度理解民粹主义可以有不同的结果,或者有不同的定义。如果单从马克思主义发展史的角度并且集中于俄国的话,民粹主义萌芽于19世纪40—50年代的俄国。当时,沙皇俄国已经腐朽不堪,严重阻碍生产力发展和社会进步;而西欧资本主义在迅速发展的同时也暴露出很多内在矛盾。民粹派的思想先驱们就是在这种背景下开始寻找俄国的出路,提出了俄国这样的落后国家可以不经过资本主义阶段直接向社会主义过渡的问题。他们肯定平民大众的首创精神,具有积极的意义;但同时又把俄国存在的村社制度和农民理想化,遭到以列宁为代表的俄国社会民主党人的深刻批判。到19世纪末20世纪初,随着马克思主义在俄国的传播,民粹主义的思潮已经成为强弩之末。参见刘诚:《什么是民粹主义》,载《环球时报》2005年6月29日,第9版。

② 见《列宁全集》第3卷,北京:人民出版社1984年版,第I页。

是分析俄国资本主义发展的状况,并在理论上同民粹主义展开坚决斗争。"① 苏联学者巴希科夫在《论列宁的〈俄国资本主义的发展〉及其在经济学中的作用》一文中认为:"在前世纪九十年代,马克思主义者与民粹派的思想斗争极端尖锐化了,达到了最高峰,这是由当时俄国经济生活实际条件与阶级斗争状况引起的——资本主义工业与工人阶级数量的迅速增长,罢工运动的加强,以及建立马克思主义工人政党的必需,以便领导国内日益发展的工人运动。"②

当时在俄国思想理论界一些比较有影响的杂志,在最初的创办阶段或者创办之后的很长时间内,都被自由主义民粹派占据。即便后来其中一些报纸杂志的政治立场有了进步的转向,但它们毕竟在列宁创作《俄国资本主义的发展》时,成为了自由主义民粹派的理论喉舌。

1.《祖国纪事》杂志是俄国刊物,在彼得堡出版。1820—1830年期间登载俄国工业、民族志、历史学等方面的文章。1839年起成为文学和社会政治刊物(月刊)。1839—1846年,由于维·格·别林斯基等人参加该杂志的编辑,它成为当时最优秀的进步刊物。19世纪60年代初采取温和保守的立场。1868年起由尼·阿·涅克拉索夫、米·叶·萨尔蒂科夫-谢德林、格·扎·叶利谢耶夫主持,成为团结革命民主主义知识分子的中心。1877年涅克拉索夫逝世后,尼·康·米海洛夫斯基加入编辑部,民粹派对这个杂志的影响占了优势。

2.《俄罗斯新闻》是俄国报纸,1863—1918年在莫斯科出版。它反映自由派地主和资产阶级的观点,主张在俄国实行君主立宪制。撰稿人是一些自由派教授。至19世纪70年代中期成为俄国影响力最大的报纸之一。80—90年代刊登民主主义作家和民粹主义者的文章。

3.《欧洲通报》杂志是俄国资产阶级自由派的历史、政治和文学刊物,1866年3月—1918年3月在彼得堡出版,1866—1867年改为季

---

① 姚开建主编:《马克思主义经济学说史》,北京:中国人民大学出版社2010年版,第199—200页。

② 〔苏〕巴希科夫:《论列宁的〈俄国资本主义的发展〉及其在经济学中的作用》,李少甫译,北京:中华书局1950年版,第16—17页。

刊，后改为月刊。先后参加编辑出版工作的有米·马·斯塔秀列维奇和马·马·柯瓦列夫斯基等。

4.《新时报》是俄国报纸。1868—1917 年在彼得堡出版。出版人多次更换，政治方向也随之改变。1872—1873 年一度采取进步自由主义的方针。1876—1912 年由反动出版家阿·谢·苏沃林掌握，成为俄国最没有原则的报纸。

5.《俄国财富》杂志是俄国科学、文学和政治刊物。1876 年创办于莫斯科，同年年中迁至彼得堡。1879 年以前为旬刊，以后为月刊。1879 年起成为自由主义民粹派的刊物。1892 年以后由尼·康·米海洛夫斯基和谢·亚·柯罗连科领导，成为自由主义民粹派的中心。在 1893 年以后的几年中，曾同马克思主义者展开理论上的争论。

6.《俄国思想》杂志是俄国科学、文学和政治刊物（月刊），1880—1918 年在莫斯科出版。它起初是同情民粹主义的温和自由派的刊物。

7.《北方通报》杂志是俄国文学、科学和社会政治月刊，1885—1898 年在彼得堡出版。1890 年 5 月以前由安·米·叶夫列伊诺娃任编辑，主要撰稿人是民粹派和接近民粹派的作家、政论家：尼·康·米海洛夫斯基、谢·尼·克里文柯、弗·加·柯罗连科、格·伊·乌斯宾斯基等。

8.《新言论》杂志是俄国的科学、文学和政治刊物（月刊），1894—1897 年在彼得堡出版。最初是自由主义民粹派的刊物。1897 年春起在亚·米·卡尔梅柯娃的参与下，由合法马克思主义者彼·伯·司徒卢威等出版。

当然，民粹主义的理论阵地还不止上述这些，列宁在与他们的论战中，还提到了他们其他的一些理论刊物和杂志。

当时，马克思主义者和自由主义民粹派争论的中心问题是俄国资本主义的命运问题。这个问题同俄国革命的前途问题和领导权问题有着密切的联系。民粹派认为：俄国并不存在资本主义发展的根基，可以避开资本主义，通过自己独特的道路走向社会主义；俄国的资本主义是偶然现象，是人为措施的结果；村社是俄国社会主义的基础，村社农民是社会进步的主要力量。①

为了准确表述马克思主义的经济学观点，列宁在 1893 年和 1894 年从彼得堡写给俄国社会民主主义者彼·巴·马斯洛夫的信中，说明了当时的一些背景性的东西。同马斯洛夫的通信说明列宁投身革命活动时就非常重视理论工作。列宁在通信中同马斯洛夫共同探讨俄国的经济问题，尤其是农民问题。列宁在信中指出，俄国经济的一个基本事实是小生产者即农民和手工业者的分化。他认为这一事实说明：当时俄国的农民经济结构也是资产阶级性质的，俄国农村中资本主义的发展同城市大资本主义一样，只不过受到封建桎梏的束缚更为严重；农村中的所谓做工者并不是一小部分处于特殊地位的人，而是已经主要不是靠自己经营、而是靠出卖劳动力为生的广大农民群众中的上层。列宁认为俄国的经济制度实质上与西欧并无区别。他提到 1861 年的农民改革时说，那次改革是商品经济发展的产物，改革的全部意义在于它摧毁了对商品经济发展的限制和束缚。这些通信说明，研究资本主义在俄国的发展，尤其是农村发展的问题是列宁早期革命活动的一个重要组成部分。列宁在此后的书信中也提到了他于 1895 年底—1899 年 1 月在流放中专门写作《俄国资本主义的发展》一书的情况。

1898 年、1899 年列宁给波特列索夫的信件说明，列宁在流放中认真阅读了德国社会民主党人考茨基的名著《土地问题。现代农业倾向和社会民主党的土地政策概述》。列宁称赞考茨基的这一著作，驳斥合法马克思主义者布尔加柯夫对考茨基著作的贬低。列宁在信中述说了他是如何撰写《农业中的资本主义（论考茨基的著作和布尔加柯夫先生的文章)》②这一长文来维护考茨基的马克思主义观点的。

列宁在《论我国工厂统计问题（卡雷舍夫教授在统计学方面的新功绩)》一文中，有力地批驳了自由主义民粹派热衷散布的所谓俄国工

---

① 见《列宁全集》第 3 卷，北京：人民出版社 1984 年版，第 I 页。
② 《列宁全集》第 4 卷，北京：人民出版社 1984 年版，第 85—134 页。

厂和工人正在减少的谬论。民粹主义者卡雷舍夫把一些不可比的工厂统计资料加以比较，得出俄国工厂减少的结论。列宁批评了他采取的错误方法，并利用同样的统计资料科学地证明：俄国的工业正在合乎规律地发展着，俄国工人阶级的人数也在随之增加。

  列宁批判民粹派否认俄国资本主义发展的可能性的小资产阶级理论，完全是出于革命的需要，因为这一理论对当时的俄国革命危害甚大。针对19世纪初期瑞士经济学家西斯蒙第及其俄国追随者——民粹派分子瓦·沃·（瓦·巴·沃龙佐夫）、尼古拉·—逊（尼·弗·丹尼尔逊）等人的错误观点，列宁通过深入的分析、比较，揭露了前者和后者之间的思想渊源。西斯蒙第在政治经济学史上占有特殊地位，以小资产阶级经济学（或称"经济浪漫主义"）的奠基人著称，他热烈拥护小生产，反对大企业经济的维护者和思想家。列宁在概述了西斯蒙第学说的要点以及西斯蒙第同其他的（当时的和以后的）经济学派的关系后，指出西斯蒙第尽管揭露了资本主义社会所存在的各种矛盾，但他对资本主义的批判是从小生产者的观点出发的。他不理解资本主义生产代替小生产的历史必然性，反而美化小商品生产方式，希望返回小生产时代。这既是空想的，又是反动的。西斯蒙第学说中的空想和反动方面，正接近于俄国民粹派的观点，因而不仅被俄国民粹派所接受，而且被理想化。例如，西斯蒙第关于资本主义制度下国内市场因小生产者的破产而缩小的理论，就曾被俄国民粹派所利用。俄国民粹派根据西斯蒙第的这一错误理论认为，资本主义在俄国不可能得到发展，俄国经济走的是"独特的"发展道路。他们美化宗法式的小农经济和行会手工业。正如西斯蒙第一样，他们都是十足的小资产阶级的思想代表。因此，列宁得出结论说："民粹派的经济学说不过是全欧洲浪漫主义的俄国变种。"[①]

  围绕曾引起热烈争论的村社问题，各理论学派发表了大量的经济学论文。民粹派认为，村社这一特殊道路，是俄国向社会主义发展的保证。他们企图证明俄国的村社是稳固的，村社能够保护农民，防止资本

[①]《列宁全集》第2卷，北京：人民出版社1984年版，第218页。

主义关系侵入他们的生活。早在19世纪80年代，格·瓦·普列汉诺夫就已指出民粹派的村社社会主义的幻想是站不住脚的。到了90年代，列宁粉碎了民粹派的理论，用大量的事实和统计材料说明资本主义关系在俄国农村是怎样发展的，资本是怎样侵入宗法制的村社，把农民分解为富农与贫农两个对抗阶级的。①

列宁在1895年11月发表的《农村中学与感化中学》和1897年底写的《民粹主义空想计划的典型》是两篇在内容上有联系的文章，它们都是为批判自由主义民粹派分子谢·尤沙柯夫的一个反动和空想的计划而写的。对这个既涉及教育问题也涉及经济问题的计划，尤沙柯夫一再发表文章加以宣扬。他提出在农业中学实行穷学生通过服工役的方式来代替缴纳学费的中等义务教育。尤沙柯夫认为这种中学会成为大型的农业劳动组合，他把这样的计划视为民粹主义的生产"村社化"的第一步，视为俄国要避免资本主义波折所必须选择的那条新道路的一部分。列宁认为，生产"村社化"的计划在资本主义条件下根本无法实现，而要通过这样的计划来使俄国避免资本主义发展道路也是不可能的。和上述两篇文章属同一类的，还有列宁于1897年9月写的《论报纸上的一篇短文》一文。列宁的这篇短文对自由主义民粹派分子尼·列维茨基提出的全体农民中推行义务互助人寿保险的空想计划进行了批判。②

除了上述分歧之外，列宁与民粹派在社会分工、农民分化、小生产者与国内市场的关系、无产阶级政党建设、马克思的实现论等方面都存在严重的分歧。

值得一提的是，在《俄国资本主义的发展》出版之后不久，俄国的民粹主义者以及一些合法马克思主义者就多方剿攻该著作，不遗余力

---

① 《列宁全集》第2卷，北京：人民出版社1984年版，第492页。另外，普列汉诺夫对民粹主义的批判并不彻底，真正彻底击碎民粹主义理论基础的是列宁的这部《俄国资本主义的发展》一书。关于普列汉诺夫与列宁在批驳民粹主义问题上的异同点分析，请读者参照笔者在其他章节中浅尝辄止的分析。

② 见《列宁全集》第2卷，北京：人民出版社1984年版，第Ⅴ页。

地展开了对该书的攻讦和污蔑。比如合法马克思主义者斯克沃尔佐夫等人，不但抛弃了马克思学说的精髓，甚至连马克思主义的外衣也懒得打扮了，直接赤裸裸地用修正主义的观点来肢解马克思主义，并紧紧抓住伯恩施坦之流的主张，用僵化不变和机械静止的眼光展开了对《俄国资本主义的发展》一波紧接一波的轮番攻击。

为了澄清思想理论界的认识，同时为无产阶级提供科学的指导方法和革命理论，树立俄国无产阶级革命的旗帜，列宁在1900年的1—3月间，花费了将近3个月的时间，写成了《非批判的批评》这篇文章。

在这篇文章里，列宁系统地剖析了帕·斯克沃尔佐夫之流的修正主义观点，正确地指出了俄国土地制度的变化衍生资本主义的必然性，以及俄国未来革命的必然性。在这篇文章中，列宁一针见血地指出了真马克思主义与假马克思主义的区别，即两者的"意见分歧在于：两者在不同的方向上改造和发展马克思主义。一派想始终做彻底的马克思主义者，根据改变了的条件和各国当地的特点来发展马克思主义的基本原理，进一步研究马克思的辩证唯物主义和政治经济学理论；另一派想抛弃马克思学说中若干相当重要的方面，例如，在哲学上不是站在辩证唯物主义方面，而是站在新康德主义方面，在政治经济学上是站在那些硬说马克思的某些学说'有片面性'的人们方面，等等"[①]。

（二）合法马克思主义和伯恩施坦修正主义到处泛滥

列宁在流放期间，除了写作《俄国资本主义的发展》一书之外，还创作了大量的论战性的政治文献，这些文献主要反映了列宁在被流放期间和期满后为捍卫马克思主义、反对俄国和国际的修正主义、建立新型的无产阶级政党所进行的不懈斗争。合法马克思主义实际上是修正主义的变种，它与修正主义的共同特点是披着所谓的"合法外衣"而行反马克思主义之实。

"合法马克思主义者"布尔加柯夫借批评考茨基《土地问题》一书

---

① 《列宁全集》第3卷，北京：人民出版社1984年版，第583页。

来修正马克思主义关于土地问题的基本原理。他否认农业大生产对小生产的优越性,企图证明马克思主义经济理论不适用于农业。列宁维护马克思关于资本主义在农业中的历史进步作用的思想,驳斥了布尔加柯夫关于小农经济富有生命力的错误观点,指出资本主义制度下农业小生产日益破产,群众贫困化和农业危机不可避免。

列宁的一些文章就是为驳斥"合法马克思主义者"对马克思的经济理论的歪曲和"批评"而写的。杜冈-巴拉诺夫斯基"批评"马克思的实现论与马克思的基本经济学说相矛盾。司徒卢威把马克思的实现论同资产阶级经济学家的市场理论混为一谈,把抽象的实现论同资本主义产品实现的具体历史条件混为一谈,毫无根据地把马克思的实现论说成产品按比例分配的理论,怀疑它的现实意义。列宁指出,马克思的实现论的科学价值在于阐明了资本主义社会中社会总资本的再生产过程和流通过程。马克思根本没有从这一分析中得出资本主义生产和消费相协调的结论,相反,他明确指出了资本主义所固有的矛盾,即生产的无限扩大和人民群众的有限消费的矛盾是不可避免的。马克思的实现论承认资本主义的历史进步性,这不仅没有抹杀资本主义,反而阐明了资本主义的历史短暂性。

在"合法马克思主义者"泛滥的同时,19世纪90年代中期出现的俄国经济派在党内一时占了优势。经济派推出西欧的伯恩施坦主义,迷恋工人运动的自发性,满足于分散状态,醉心于经济斗争,忽视无产阶级运动的政治任务,否认党的领导作用。工人运动中的自发倾向助长了经济主义,经济主义思潮的发展又加剧了社会民主党人的思想混乱和组织涣散,使党进入一个混乱、瓦解、动摇的危机时期。经济派已经成为提高无产阶级的阶级觉悟、建立新型的马克思主义政党的严重障碍。列宁在流放地十分关注俄国革命运动的发展和俄国社会民主工党的命运。他继续同民粹主义者和"合法马克思主义者"进行论战,清除他们的影响。同时,特别着重揭露和批判党内的经济主义倾向。

1899年秋,列宁在流放地先后收到了系统而明确地阐述经济派新观点的《信条》、伯恩施坦的《社会主义的前提和社会民主党的任务》

和露骨宣扬经济主义的俄国社会民主工党基辅委员会的《宣言书》，这些修正主义文献激起了列宁的极大愤慨。他旗帜鲜明地同经济主义这一伯恩施坦修正主义的变种展开了激烈的斗争。

其一，《俄国社会民主党人抗议书》是列宁撰写的以17名流放马克思主义者的名义声讨经济主义的檄文。《抗议书》批驳了经济派的《信条》对西欧和俄国工人运动的错误分析以及由此提出的经济主义纲领，号召俄国社会民主党人同《信条》所表述的经济主义思想体系作坚决的斗争。列宁阐述了马克思主义关于统一的阶级斗争必须把政治斗争和经济斗争结合起来的原理，强调"当无产阶级没有政治自由或者政治权利受到限制的时候，始终必须把政治斗争提到首位"①。列宁指出，经济派把工人阶级的经济斗争同政治斗争割裂开来，企图使俄国工人阶级局限于经济斗争，而让自由主义反对派去进行政治斗争，这就背弃了马克思主义。俄国社会民主党实行这样的纲领就等于政治上自杀。列宁阐述了《俄国社会民主工党宣言》中的基本原则，强调指出只有马克思主义理论才能成为工人运动的旗帜，只有独立的工人政党才能成为反对专制制度斗争的坚固堡垒，俄国工人阶级最主要的任务是推翻专制制度、争取政治自由。《抗议书》在俄国国内和国外的社会民主党人中广为流传，得到各地真正革命者的热烈拥护和支持。它不仅打击了俄国的经济派，也打击了西欧的伯恩施坦主义，为争取俄国社会民主党人在马克思主义原则下团结起来同经济主义进行有组织的斗争奠定了基础。

其二，列宁在与友人的信件交流中，揭批了修正主义。列宁1898年和1899年给亚·尼·波特列索夫的四封信都写于流放地。波特列索夫是列宁组建的彼得堡工人阶级解放斗争协会的参加者。他和列宁因斗争协会的活动均被流放。两人在不同的流放地进行的通信有着丰富的内容，涉及有关革命斗争的一些重要理论问题。这些信件说明，列宁密切注视当时社会主义运动中以爱·伯恩施坦为代表的修正主义派别的出现。列宁注意到了1898年德国社会民主党斯图加特代表大会关于伯恩

---

① 《列宁全集》第4卷：北京：人民出版社1984年版，第152页。

施坦修正主义的辩论。他对俄国马克思主义者普列汉诺夫首先奋起批判伯恩施坦修正主义的勇敢做法予以充分肯定，急切地希望读到普列汉诺夫为此写给德国社会民主党理论杂志《新时代》的主编卡·考茨基的公开信。列宁说，普列汉诺夫同伯恩斯坦和康拉德·施米特的辩论引起了他的极大兴趣。伯恩施坦、施米特等人宣扬新康德主义，以此来修正马克思的哲学学说，列宁认为要认真地加以对待。对新康德主义的批判促使列宁去钻研哲学问题。列宁自认为他的哲学修养差，打算系统地阅读这方面的书籍，"先从霍尔巴赫和爱尔维修研究起，然后准备转到康德"①。列宁还指出，在俄国，彼·伯·司徒卢威、谢·尼·布尔加柯夫、米·伊·杜冈－巴拉诺夫斯基等人所迷恋的马克思主义的这股"新的批评的潮流"根本不具积极意义。使列宁愤怒的是，修正主义者对马克思的学说不进行任何历史研究，不作任何新的分析，只根据个别公式中的错误，把极个别现象作为一般规律，以此来提出"新理论"，宣布马克思错了，要求对马克思主义进行改造。列宁认为，在批判修正主义的同时，还必须大力消除俄国民粹主义的影响。列宁盛赞劳动解放社成员在这方面所进行的工作，特别向波特列索夫介绍阿克雪里罗得写的批判民粹主义的文章。

其三，在不早于1899年10月的《我们的纲领》一文中，列宁表述了俄国马克思主义者对当时面临的主要问题的基本观点。列宁在文中对马克思主义这门科学作了精辟的论述，阐明了如何正确对待马克思主义这个十分重要的原则问题。他坚决反对所谓马克思主义不完备和过时了的论调，明确宣布："我们完全以马克思的理论为依据"；"没有革命理论，就不会有坚强的社会党。"② 同时，驳斥了伯恩施坦主义的拥护者把坚持马克思主义说成是教条主义的无理攻击，强调必须创造性地对待马克思主义。列宁指出，马克思的理论所提供的只是一般的指导原理，而这些原理在各个国家的具体应用是各不相同的。他写道："我们决不

---

① 《列宁全集》第44卷，北京：人民出版社1990年版，第32页。
② 《列宁全集》第4卷，北京：人民出版社1984年版，第161页。

把马克思的理论看做某种一成不变的和神圣不可侵犯的东西；恰恰相反，我们深信：它只是给一种科学奠定了基础，社会党人如果不愿落后于实际生活，就应当在各方面把这门科学推向前进。"①

虽然列宁对合法马克思主义和修正主义进行了坚决的批判，但这些反马克思主义思潮并没有因为列宁《俄国资本主义的发展》一书的出版而销声匿迹，在《俄国资本主义的发展》出版之后，列宁与合法马克思主义和修正主义的论战始终没有停止过。

二 风起云涌的俄国民主主义革命运动是当时最重要的革命背景

列宁开始革命活动是在 19 世纪 80 年代末。当时的俄国已经基本上是一个资本主义国家，城乡经济生活都已纳入资本主义的轨道，但经济发展水平还落后于欧洲其他许多国家。1861 年宣布废除农奴制，对俄国资本主义的发展起了促进作用，但沙皇专制制度原封未动，农奴制经济关系的残余还大量存在，严重地阻碍着经济发展和社会进步。随着大工业的发展，工人阶级人数激增，而且比较集中。工人与资本家的阶级对抗日益加剧，工人阶级维护自身经济利益的运动蓬勃兴起，罢工斗争接连不断。工人运动在当时还缺乏组织，缺乏科学社会主义思想的指导，基本上是自发的。在农村，资本主义商品经济的发展导致村社的解体和深刻的阶级分化；出现了农村资产阶级和无产阶级，即富农和雇农。广大贫苦农民深受资本主义和农奴制残余的双重压迫。

普列汉诺夫于 1883 年创立的劳动解放社，为马克思主义在俄国的传播作出了重要贡献，在理论上为俄国社会民主党奠定了基础，这向工人运动跨出了第一步。但当时的马克思主义宣传者还局限于同工人运动缺乏联系的秘密小组，马克思主义并没有同工人运动真正有机地结合起

---

① 《列宁全集》第 4 卷，北京：人民出版社 1984 年版，第 161 页。

来。在俄国先进工人和倾向革命的知识分子中广为流行的民粹主义思想，受到普列汉诺夫等人的有力批判，但其影响远未肃清。80—90年代的自由主义民粹派，抛弃了旧民粹主义的革命纲领，走上与沙皇政府妥协的道路，利用手中的合法刊物，攻击马克思主义，挑起同俄国社会民主党人的论战。自由主义民粹主义成了妨碍马克思主义和俄国工人运动相结合的主要思想障碍。与此同时，俄国知识界还出现了一种披着马克思主义外衣的资产阶级思潮，即所谓合法马克思主义。这是国际修正主义思潮在俄国的变种。"合法马克思主义者"从马克思主义中采纳了某些能为资产阶级接受的观点，它们打着客观主义的旗号，极力颂扬资本主义。

列宁在《俄国资本主义的发展》一书中，采用马克思主义的立场、观点和方法分析了俄国现实的社会经济制度，阐明了俄国资本主义发展的规律和特点，提出了建立无产阶级革命政党的任务，指明了俄国革命发展的道路，对自由主义民粹主义和"合法马克思主义"作了深刻的批判。

90年代的民粹派已经无法否认俄国资本主义的存在，但是，他们把资本主义说成是"人为地"培植起来的，认为"人民生产"即小农经济和手工业是同资本主义对立的经济，农村劳动群众受剥削不过是政策造成的"缺陷"。他们把国家看做凌驾于一切阶级之上的实行改革的工具，祈求政府采取改良措施，"保护经济上的弱者"。列宁用确凿的事实雄辩地证明，无论是在俄国的农业或手工业中，资本主义生产关系虽处于较低的发展阶段，但已占优势，这种生产关系是劳动群众受奴役的根本原因。列宁揭露了自由主义民粹派纲领的反动实质：它抹杀农村中的阶级对抗，呼吁政府采取自由派的温和的治标办法，企图以此引诱被剥削劳动群众放弃斗争，使半农奴制半自由的经济制度永恒化。旧民粹派主张发动农民进行"社会主义"革命的政治纲领，被自由主义民粹派改变成代表资产阶级利益、主张在保存现有社会制度的条件下实施改良的纲领，这说明民粹主义已经堕落成为小市民机会主义。

在批判民粹派的同时，列宁阐明了社会民主党人的基本纲领和策略，阐明了工人阶级的历史使命，提出了工农联盟和民主革命转变为社会主义革命的思想。列宁指出，工人阶级是全体被剥削劳动群众唯一的和天然的代表，是推翻沙皇专制制度和资本统治的整个解放运动的领导力量。社会民主党的任务就是帮助工人阶级领会科学社会主义思想，认识到自己的历史使命并组织起来，把分散的经济斗争变成自觉的阶级斗争。①

俄国社会民主工党的建立已经在社会主义同工人运动结合的道路上迈出了一大步。以《工人思想报》编辑部为代表的经济派无视这一事实，反而要求工人运动倒退到工联主义道路上去。他们否认无产阶级推翻专制制度是首要的斗争任务，力图使工人运动陷于不开展和分散的状态，把工人变成自由派的尾巴。列宁指出，这就是公然号召俄国工人运动和俄国社会民主党后退一步。在揭露经济派把社会主义的概念庸俗化的同时，列宁指出，经济派排除了革命的方法，只是把用和平的方法能得到的算做工人社会主义，这就背弃社会民主党人的正确观点而倒退了一大步。列宁进一步剖析了产生这种倒退倾向的社会根源，并阐明了无产阶级中先进部分和落后部分的关系问题，指出了社会民主党在这两部分人中进行工作的方针。列宁在《论〈宣言书〉》一文中，剖析了基辅经济派的机会主义倾向，驳斥了他们所谓大多数俄国工人还没有成熟到能够进行政治斗争的错误论断。列宁强调社会民主党的领导作用，指出党的任务是提高工人的政治觉悟，组织并号召无产阶级进行政治斗争。

三　俄国无产阶级总体上处于自发状态

19世纪90年代后半期是俄国社会民主主义运动的"童年时期和少年时期"。在这个时期，随着俄国资本主义的迅猛发展，工人

---

① 参见《列宁全集》第1卷，北京：人民出版社1984年版，"前言"，第1—4页。

阶级的人数急剧增加，罢工运动不断扩大，俄国工人运动继续蓬勃发展，但普遍存在着分散性和自发性的问题。1895年秋，列宁建立了彼得堡工人阶级解放斗争协会，这标志着社会主义开始和俄国工人运动相结合。斗争协会包括若干马克思主义小组，并同群众性的工人运动建立了广泛联系。斗争协会是俄国无产阶级革命政党的萌芽。在它的影响下，俄国其他许多地方也相继成立了类似的组织。对俄国社会民主党人来说，当务之急是把各个马克思主义组织联合起来，建立一个有统一的中央和明确的纲领的无产阶级革命政党。而要建立这样的政党，还必须大力批判民粹主义，因为民粹主义仍然是俄国社会民主主义运动前进道路上的严重障碍。社会民主党人原来只在少数先进工人中间宣传马克思主义，这时则开始进行群众性的政治鼓动和实际革命工作了。

1898年春，彼得堡、莫斯科、基辅和叶卡捷琳诺斯拉夫等地的社会民主主义组织举行了第一次代表大会，宣告俄国社会民主工党的成立。这次大会选举了中央委员会，批准了《工人报》为党的正式机关报，发表了《俄国社会民主工党宣言》，但是，没有制定出党纲和党章。这时，列宁和其他许多马克思主义革命家正遭流放，党缺乏一个坚强的领导核心。沙皇政府的镇压使党的组织受到很大打击，党的中央委员会建立不久就被破坏，各地的社会民主党人大批被捕。地方党组织中小组习气浓厚，严重涣散。实际上，俄国集中统一的无产阶级政党并没有建立起来。总的说来，列宁在此期间的著述活动和实际革命活动都围绕一个中心任务，即在俄国建立一个无产阶级的革命政党。

而在写于19世纪90年代末期的《我们的当前任务》和《迫切的问题》两文中，列宁提出了克服地方工作的狭隘性和"手工业"性、把党建成集中统一的组织的任务和计划。俄国社会民主党人对于把党统一起来的途径持有各种不同见解。崩得的代表认为只需召开会议，增补俄国社会民主工党第一次代表大会选举出来的中央委员会成员并重新出版《工人报》。国外的"俄国社会民主党人联合会"和"南方工人社"

的拥护者则主张立即召开第二次代表大会,选举中央委员会并重新宣布成立俄国社会民主工党。这两种观点都是站不住脚的。列宁认为,只有在同经济主义坚决划清界限的基础上,以党的机关报为中心进行活动,才能实现党的统一。因此迫切的任务是创办一个能正常出版而且同各地方小组有密切联系的全俄政治报。列宁在这两篇文章中根据俄国的独特情况对创办党的机关报的必要性和正确性作了详细的论证。他指出:"在这个基础上建立起来的组织严密的革命政党,将成为现代俄国的一支最强大的政治力量!"①

总之,列宁认为,俄国社会民主党人面临的最迫切任务就是团结起来,全力以赴建立一个统一的和巩固的党。列宁在流放期间,着重论述了建立新型的无产阶级政党的问题,其中包括党的指导思想、党的纲领、党建计划和步骤等重要方面。

四 对《资本论》的学习研究是创作该著作的理论前提

1888—1894年是列宁求学和探索革命道路的重要时期,在此时期,青年列宁攻读了马克思和恩格斯的著作。他先后在《资本论》第1卷1872年德文版和俄文版、第2卷1885年德文版和俄文版、第3卷1894年德文版上作了批注。列宁最初投入革命活动时,曾先后在马克思主义小组、工人小组中宣讲过《资本论》的内容。从批注不难看出,列宁当时最为重视的是《资本论》对资本主义生产发展中的简单协作、工场手工业、大机器工业的研究,以及对这三个阶段的相互关系及其依次更迭的过渡形式的研究。可以说,系统地研究《资本论》为列宁创作《俄国资本主义的发展》奠定了理论基础和方法论基础。②

---

① 《列宁全集》第4卷,北京:人民出版社1984年版,第174页。
② 关于《资本论》对列宁的影响,读者可以在本书中的其他部分章节中读到。当然,囿于本著作的研究对象,本书中所涉及的这一部分内容,还远远不是笔者想表达的全部。

Das Kapital.

Kritik der politischen Oekonomie.

Von

Karl Marx.

Zweiter Band.
Buch II: Der Cirkulationsprocess des Kapitals.

Herausgegeben von Friedrich Engels.

Das Recht der Uebersetzung ist vorbehalten.

Hamburg
Verlag von Otto Meissner.
1885.

列宁使用过的马克思《资本论》1885 年德文版第 2 卷的扉页

第二章 创作过程

《俄国资本主义的发展》是列宁早期最重要的代表性著作，也是列宁经济学思想的重要组织部分。这部著作写于俄国资产阶级民主革命风起云涌的年代，是对"俄国向何处去"的真实解答，它对当时俄国自由主义民粹派进行了透彻批判。这部著作在许多方面回答了马克思在《资本论》中所设置的"俄国问题"，它从俄国资本主义发展的客观现实出发，立足于马克思主义的立场、观点和方法，对当时俄国思想理论界所关心的核心问题——俄国资本主义的命运，进行了实事求是和富有远见卓识的分析。可以说，该著作是《资本论》的直接继续。由于这部著作的巨大影响，有人将之视为"《资本论》第二"。

列宁在世的时候，该著作曾经先后出版了第一版和第二版。该著作写于1895年底，完成于1899年，从开始写作到最终完成，大致耗费4年的时间。从具体创作过程看，列宁是分两个阶段创作完成《俄国资本主义的发展》一书的。一是搜集材料创作预备阶段；二是具体的写作过程。

一 搜集材料创作预备阶段

俗话说："冰冻三尺非一日之寒。"列宁为了研究"俄国资本主义向何处去"，阅读了大量的资料，既包括马克思主义的经典著作，也包括普列汉诺夫以及俄国自由主义民粹派的相关著作。在长期的知识积累中，列宁对"俄国资本主义向何处去"的认识逐渐明晰，并将这一主题限制在"国内大工业的形成和发展过程"。具体来看，列宁为创作《俄国资本主义的发展》所准备的资料，主要包括以下几类：

第一，大量阅读《资本论》的有关知识

（一）在时间不早于 1888 年底的时候，列宁阅读了 1872 年德文汉堡版的《资本论》第 1 卷上册：资本的生产过程。在阅读该部分的时候，列宁批注了多个"注意"及其他字样，并且标注了多条双曲线、下划线、单划线、双划线等。①

（二）在时间不早于 1888 年底的时候，列宁阅读了 1872 年俄文圣彼得堡版的《资本论》第 1 卷上册：资本的生产过程。在阅读该部分的时候，不但标注了阅读的记号，并且在原著的一处页下注标记了"？"和"×"，尤其是他在页边空白处标注了"劳动过程"四个字。②

（三）在时间不早于 1893 年的时候，列宁阅读了 1885 年德文汉堡版的《资本论》第 2 卷下册：资本的流通过程。在阅读该部分的时候，列宁标注了许多的下划线。③

（四）在时间不早于 1893 年的时候，列宁阅读了 1885 年俄文圣彼得堡版的《资本论》第 2 卷下册：资本的流通过程。在阅读该部分的时候，列宁标注了许多不同类型的下划线，并在多处标注"注意"字样。④

在 1893 年 12 月下半月，列宁在与友人的通信中，表达了自己对于俄国小生产者分化的观点。这些观点，实际上后来都出现在《俄国资本主义的发展》一书中。他在《致彼·巴·马斯洛夫》的信中说："我国小生产者（农民和手工业者）的分化，在我看来是一个基本的和主要的事实，这一事实说明了我国的城市大资本主义，粉碎了农民经济结构特殊的神话（这同样是资产阶级的结构，所不同的只是它受到封建桎梏的束缚要严重得多），它也使人们看到，所谓的'工人'并不是一小部分处于特殊地位的人，而只是现在已经主要不是靠自己经营，而是靠出卖自己劳动力为生的广大农民群众中的上层。"⑤

---

① 见《列宁全集》第 57 卷，北京：人民出版社 1990 年版，第 5—17 页。
② 同上书，第 18—19 页。
③ 同上书，第 20 页。
④ 同上书，第 21—24 页。
⑤ 《列宁全集》第 44 卷，北京：人民出版社 1990 年版，第 1—2 页。

列宁使用过的马克思《资本论》1894 年
德文版第 3 卷第 1 部分的封面

（五）在 1894 年 12 月 25 日以后，有文献显示，列宁阅读了 1894 年德文汉堡版的《资本论》第 3 卷上下册：资本生产的总过程。在阅读这一部分的时候，列宁标注了许多的下划线。①

1894 年 7 月 21 日，列宁在《致柳·费·米洛维多娃》的信中曾经提到，"能否给我寄一本恩格斯的附有 1894 年跋的……**仍可以用这个办法寄来**。"② 可以看出，列宁对俄国资本主义问题的研究，其理论根基和理论依靠基本上是源于马克思和恩格斯的基本思想。

根据列宁给亲属的信可以知道，在 1894 年 12 月份前后，列宁十分渴望能够阅读到《资本论》第 3 卷。在 1894 年 12 月 13 日，列宁在《致玛·伊·乌里扬诺娃》的信中，再次催问《资本论》第 3 卷的事

---

① 见《列宁全集》第 57 卷，北京：人民出版社 1990 年版，第 25—26 页。
② 《列宁全集》第 44 卷，北京：人民出版社 1990 年版，第 8 页。这里所说的显然是 1894 年在日内瓦用俄文出版的《弗里德里希·恩格斯》一书。该书收录了恩格斯的《论俄国的社会问题》以及这篇文章的跋。（见《马克思恩格斯全集》第 18 卷第 610—623 页和第 22 卷第 494—510 页）

情：**"我很早就写信问起《资本论》第 3 卷的事。有人（是个熟人，马尔克认识他）答应给我弄到这本书。但现在我对情况一无所知。这个诺言不知能否兑现？是仍旧答应去弄书呢，还是不弄了？我很想知道这一点，因为这本书是不容易弄到的。请把这一点转告马尔克。"**①

第二，重点阅读与"资本主义在农业中的发展和农民的分化"有关的资料，包括自由主义民粹派经济学家的著作

（一）在 1889 年 9 月 5 日（17 日②）和 1893 年 8 月 20 日（9 月 1 日）之间，列宁阅读了俄文圣彼得堡版 1882 年的《俄国资本主义的命运》，该著作著者系瓦·沃·（瓦·巴·沃龙佐夫）。在阅读该著作时，列宁在多处标注了"？"、"！"、"？！"等表示疑问和愤慨的符号，另外还标注了"他们是谁？"、"什么是'资本主义生产'，瓦·沃·先生也不懂得"等字样，列宁还特别划出了瓦·沃·关于俄国资本主义幼芽将被西方资本主义竞争所摧残，俄国要夺取国外市场很困难，俄国资本主义是一个"死胎"等论点。③

在 1894 年 5 月 30 日，列宁在《致彼·巴·马斯洛夫》的信中，指出了自己对民粹派代表人物瓦·沃·一些著作观点的批评和讽刺，并指出自己根据波斯特尼科夫的资料，得出了一些结论，这些结论后来也被充实到《俄国资本主义的发展》一书中。比如，"在我看来，这些材料证明了农民中经济关系的资产阶级性质。材料明显地揭示了这类'村社'农民中的对抗**阶级**，而且只是资本主义社会经济组织所特有的那样一些阶级。这是一个最重要的结论，这个结论完全适用于所有其余的俄国农民。另一个结论是，农民的大量粮食（大概不是一半以下，而是一半以上）现在已经进入市场，而这部分粮食的主要生产者是现代农村的

---

① 《列宁全集》第 53 卷，北京：人民出版社 1988 年版，第 6 页。
② 指公历，以下同。1918 年 2 月 14 日以前俄国通用俄历，这以后改用公历。两种历法所标日期，在 1900 年 2 月及以前相差 12 天（如俄历为 1 日，公历为 13 日），从 1900 年 3 月起，相差 13 天。本书中出现的日期，公历和俄历并用时，俄历在前，公历在后。参见中文第二版《列宁全集》的《凡例》说明。
③ 见《列宁全集》第 57 卷，北京：人民出版社 1990 年版，第 29—34 页。

上等户，即农民资产阶级。"①

（二）在1893年5月20日（6月1日）和8月31日（9月12日）之间，列宁阅读了1893年圣彼得堡《俄国财富》杂志第5期上的《国民经济概述》一文，该文系尼·亚·卡雷舍夫的书评。阅读该文的时候，列宁标注了不同的划线符号，并标注了"啊，多机灵的卡雷舍夫先生！"等反讽的词语。②

（三）在时间不晚于1893年春的时候，列宁阅读了俄文1892年多尔帕特版的《根据地方自治局的统计资料所作的俄国经济调查总结》第2卷：农民的非份地租地。该著作著者系尼·亚·卡雷舍夫。在阅读该著作的时候，列宁作了许多不同符号的下划线，并记录了一些县的农户户数与所有农户现有户数的比例等。③

第三，重点阅读了与"资本主义在工业中的发展形式和阶段"有关的资料，包括官方统计资料和自由主义民粹派的著作

（一）在1893年秋和1899年1月30日（2月11日）之间，列宁阅读了俄文1871年圣彼得堡版的《军事统计资料汇编》第4编，该编由俄国人尼·尼·奥勃鲁切夫主编。在对该汇编资料分析时，列宁对其中的一些数字进行了分析和比较，并根据自己的计算方法，纠正了其中的一些错误数字。比如列宁从《军事统计汇编》上选出1863年城市人口数字和城市人口在人口总数中所占的比重，核对了这些资料，并改正了奥伦堡省和乌法省的数据，等等。④

（二）在1895年11月初，列宁研究了俄国南方工人的情况，并与同志们交换了一些研究资料。他在《致帕·波·阿克雪里罗得》的信中，记录了当时他与阿克雪里罗得的资料交换的情况，他写道"现在寄去（1）关于驱逐反仪式派的信徒的报道；（2）关于南方农业工人情况的介绍；（3）托伦顿工厂纪事——目前只寄去开头部

---

① 《列宁全集》第44卷，北京：人民出版社1990年版，第4页。
② 见《列宁全集》第57卷，北京：人民出版社1990年版，第35—36页。
③ 同上书，第37—40页。
④ 同上书，第255—287页。

分，约为全文的 1/4。"①

（三）在 1895 年 11 月中旬，列宁在《致帕·波·阿克雪里罗得》的信中，记录了当时他研究俄国工人变化的情况，并与阿克雪里罗得交换资料，他写道："现在寄去托伦顿的最后一部分。我们这里还有下列一些罢工材料：（1）托伦顿的，（2）拉费尔姆的，（3）关于伊万诺沃－沃兹涅先斯克的罢工，（4）关于雅罗斯拉夫尔的罢工（是工人的来信，很有意思），以及彼得堡机器制鞋厂的罢工。"②

除了上述这些资料外，列宁为了创作《俄国资本主义的发展》还作了许多的笔记、札记、卡片等。实际上，在列宁具体创作的过程中，他始终没有停止对该上述资料的阅读和使用。

二 具体创作出版阶段

《俄国资本主义的发展》一书，最早创作于 1895 年年底。根据中文 1984 年版的《列宁全集》第 3 卷可以知道，《俄国资本主义的发展》一书开始创作于列宁被捕入狱期间的 1895 年年底，但该卷只有开始创作的年份和大致月份，却没有提到具体的创作日期，即便最新的中文 2012 年版的《列宁选集》第 4 卷的"列宁年谱"中，也没有提到具体的创作日期。但是，我们可以根据列宁因为创建"工人阶级解放斗争协会"而被捕入狱的 12 月 8 日（20 日）推算，该著作应该晚于 12 月份。列宁在具体创作《俄国资本主义的发展》一书时，始终跟踪研究学术界的前沿问题，大量阅读和研究其他人的著作，不断使用最新资料支撑著作中的统计数字。所以，在具体创作阶段，笔者打算分成两个部分分别叙述：一是列宁在创作阶段使用的准备材料情况的介绍；二是列宁具体的写作过程介绍。

---

① 《列宁全集》第 44 卷，北京：人民出版社 1990 年版，第 11 页。
② 同上书，第 12 页。

列宁作有批注的《军事统计汇编》第 4 编，第 359 页（按原版缩小）

（一）列宁在创作过程中的资料准备情况

列宁在1895年到1912年之间，大量研读了不同种类的经济学汇编、著作，对其中一些重要的篇章作了标注，并核对了一些著作中的统计数字，修改了其中的错误。

1. 与资本主义在农业中的发展和农民的分化有关的资料，包括列宁的标记、笔记、批注、加工整理等

（1）根据E. И. 克拉斯诺彼罗夫的调查资料做的关于沃兹涅先斯克乡农民的收支和播种面积的农户分类情况的笔记。《彼尔姆省统计材料》。彼尔姆省奥汉斯克县沃兹涅先斯克乡。1890年所作的彼尔姆省奥汉斯克县村民经济状况按户调查统计资料总结。1893年彼尔姆版。

（2）塔夫利达省统计汇编中的农户统计和农户分类。《塔夫利达省统计资料汇编》。①汇编第1卷附录。梅利托波尔县各村镇经济状况统计表。第1编1885年辛菲罗波尔版。②第5卷。别尔江斯克县各村镇经济状况统计表。1887年辛菲罗波尔版。

（3）下诺夫哥罗德省统计汇编中的农户分类和计算。《下诺夫哥罗德省土地估价材料》：经济部分。①第2编。卢科扬诺夫县。1897年下诺夫哥罗德版。②第4编。克尼亚吉宁县。1888年下诺夫哥罗德版。③第9编。瓦西里县。1890年下诺夫哥罗德版。④第12编。马卡里耶夫县。1889年下诺夫哥罗德版。

（4）波尔塔瓦省统计汇编中按播种和租地面积划分的农户类别。《波尔塔瓦省经济统计汇编》①第8卷。霍罗尔县。第1编。1888年波尔塔瓦版。②第14卷。康斯坦丁格勒县。1894年波尔塔瓦版。③第15卷。皮里亚京县。1893年波尔塔瓦版。

（5）在沃罗涅日省统计汇编上作的批注。《沃罗涅日省统计资料汇编》第3卷第1编。泽姆良斯克县。1886年沃罗涅日版；第5卷第1编。科罗托亚克县。1888年沃罗涅日版。

（6）在特维尔省统计汇编上的计算。《特维尔省统计资料汇编》。①第4卷。斯塔里察县。1890年特维尔版。②第8卷。特维尔县。第1编。1893年特维尔版。③第10卷。卡申县。1894年特维尔版。

（7）在尼古拉耶夫斯克县统计汇编上作的笔记。《萨马拉省统计资料汇编》。经济统计篇。尼古拉耶夫斯克县。第6卷。1889年萨马拉版。

（8）在萨拉托夫省统计资料汇编上作的批注。《萨拉托夫省统计资料汇编》。①第10卷。库兹涅茨克县。1891年萨拉托夫版。②第11卷。卡梅申县。1891年萨拉托夫版。

（9）在萨拉托夫省统计资料汇集上作的批注。《萨拉托夫省统计资料汇集》。第1卷。统计表。谢·安·哈里佐勉诺夫主编。1888年萨拉托夫版。

（10）在斯·费·鲁德涅夫《欧俄农民的副业》一文上作的计算。《萨拉托夫地方自治机关汇编》。第6号。1894年萨拉托夫版。

（11）在《俄国工业历史统计概述》上作的关于商业性农业发展情况的笔记和计算。《俄国工业历史统计概述》。德·阿·季米里亚捷夫主编。①第1卷。1883年圣彼得堡版。②第2卷。1886年圣彼得堡版。

（12）在Г. Н. 贝奇科夫的调查材料上作的批注。《诺夫哥罗德县3个乡农民经济状况和经营按户调查试验》1882年诺夫哥罗德版。

（13）根据1897年《工厂索引》对于酪制造厂和乳脂制造企业的数量作的统计。

（14）在尼·伊·捷贾科夫的报告上作的批注。《赫尔松省农业工人及其卫生监督组织。根据医疗膳食站1893—1895年的材料所编》。尼·伊·捷贾科夫向赫尔松省地方自治局医生和代表第十三次全省代表大会作的报告。1896年赫尔松版。

（15）在彼·菲·库德里亚夫采夫的报告上作的批注和计算。《1895年塔夫利达省小卡霍夫卡镇尼古拉耶夫市集的外来农业工人和对他们的卫生监督》。彼·菲·库德里亚夫采夫向赫尔松省地方自治局医生和代表第十三次全省代表大会作的报告。1896年赫尔松版。

（16）在《1893年和1894年军马调查》汇编上作的计算和评注。《俄罗斯帝国统计资料。第37卷。1893年和1894年军马调查》。А. 瑟尔涅夫主编。1896年圣彼得堡版。

（17）在弗拉基米尔省农业概述上作的批注。《1896年弗拉基米尔省农业概述》1897年克里亚济马河畔弗拉基米尔版。

（18）在《收成和粮价对俄国国民经济某些方面的影响》论文集上作的批注和计算。《收成和粮价对俄国国民经济某些方面的影响》。亚·伊·丘普罗夫和亚·谢·波斯尼科夫教授主编。①第1卷。1897年圣彼得堡版。②第2

卷。1897年圣彼得堡版。

（19）在潘·阿·维赫利亚耶夫的统计汇编上作的批注和计算。《特维尔省统计资料汇编》。第13卷。第2编。农民经济。1897年特维尔版。

（20）在瓦·安·约诺夫的报告上作的批注。《萨拉托夫省私有经济和农民经济方面的特有现象》。帝国自由经济学会学报。第1卷。第2册。1898年圣彼得堡版。

（21）在莫斯科省统计年鉴上作的批注。《1897年莫斯科省统计年鉴》1897年莫斯科版。

（22）在费·安·舍尔比纳的汇编上作的批注。《沃罗涅日省12个县综合汇编》1897年沃罗涅日版。

（23）在《欧俄马铃薯的栽培》一书上作的批注和计算。《根据业主方面的材料所编的农业统计资料》。第7编。欧俄马铃薯的栽培。1897年圣彼得堡版。

（24）在《耕作工具》一书上作的批注。《普斯科夫省地主经济和农民经济中的耕作工具及机器在农民经济中的应用》。对1898年农业概述的补充。1899年普斯科夫版。

（25）在 В.Ф. 阿尔德诺的书上作的批注和计算。《赫尔松县农户农业技术和农业经济的一般特点》1902年赫尔松版。

（26）根据 В.Ф. 阿尔德诺的调查资料作的农户分类笔记。《赫尔松县农户农业技术和农业经济的一般特点》1902年赫尔松版。

（27）在涅列赫塔县的统计汇编上作的批注。《科斯特罗马省统计资料汇编》。第1卷。第3编。涅列赫塔县。1901年科斯特罗马版。

（28）在《奔萨省估价统计调查总结》一书上作的批注。《奔萨省估价统计调查总结（弗·古·格罗曼主持）》。第3集。第2部。第2篇。《按户调查总结》，第11编。全省和按县总结。1913年奔萨版。①

2. 与资本主义在工业中的发展形式和阶段有关的资料，包括列宁的标记、笔记、批注、加工整理等部分

（1）在塞兹兰－维亚济马铁路概述上作的标记。《1894年塞兹兰－维亚济马铁路在运输方面与前几年相比的商业活动简况》第4编。1896年卡卢加版。

---

① 以上资料参见《列宁全集》第57卷，北京：人民出版社1990年版，"目录"，第2—6页。

（2）在 Е. И. 克拉斯诺彼罗夫的书上作的批注。《1890 年在喀山科学工业展览会上的手工业和手工艺》1891 年彼尔姆版。

（3）根据尼·费·安年斯基的报告就巴甫洛夫手工业经济情况调查作的笔记。《下诺夫哥罗德省地方自治局统计处处长关于巴甫洛沃区手工业者状况问题的报告》，载于 1891 年《下诺夫哥罗德航运业和工业通报》杂志第 1、2、3 期。

（4）对下诺夫哥罗德省手工业资料的加工整理。《下诺夫哥罗德省土地估价材料》。经济部分。①第 7 编。戈尔巴托夫县。1892 年下诺夫哥罗德版。②第 10 编。巴拉赫纳县。1896 年下诺夫哥罗德版。③第 11 编。谢苗诺夫县。1893 年下诺夫哥罗德版。

（5）对谢·安·哈里佐勉诺夫的著作中关于弗拉基米尔省手工业资料作的批注和整理。《弗拉基米尔省手工业》。①第 2 编。1882 年莫斯科版。②第 3 编。1882 年莫斯科版。③第 5 编。1884 年莫斯科版。

（6）在康·安·维尔涅尔《1890 年莫斯科省博戈罗茨克县的手工业》一文上作的批注和计算。《1890 年莫斯科省统计年鉴》1890 年莫斯科版。

（7）根据彼·安·奥尔洛夫 1879 年的《一览表》对工业企业的资料作的分析。《欧俄（包括波兰王国和芬兰大公国）工厂一览表》1881 年圣彼得堡版。

（8）在阿·克本论采矿和制盐工业的文章上作的批注。《俄国工业历史统计概述》。德·阿·季米里亚捷夫主编。第 1 卷。1883 年圣彼得堡版。

（9）在 С. 库利宾的采矿工业统计汇编上作的计算。《1890 工厂年度俄国采矿工业统计资料汇编》1892 年圣彼得堡版。

（10）对德·尼·日班科夫书中关于斯摩棱斯克省工业统计资料作的整理。《斯摩棱斯克省的工厂卫生调查》。①第 1 编。1894 年斯摩棱斯克版。②第 2 编。1896 年斯摩棱斯克版。

（11）在 В. Ф. 斯维尔斯基论弗拉基米尔省工业的书上作的批注和计算。《弗拉基米尔省的工厂和其他工业企业》1890 年克利亚济马河畔弗拉基米尔版。

（12）在 Д. И. 施什马廖夫论下诺夫哥罗德省和舒亚－伊万诺沃铁路区域工业的书上作的批注。《下诺夫哥罗德与舒亚－伊万诺沃铁路区域工业简述》1892 年圣彼得堡版。

（13）在莫斯科省地方自治机关统计年鉴上作的计算和笔记。《1886 年莫斯科省地方自治机关统计年鉴》1886 年莫斯科版。

（14）在莫斯科省统计汇编上作的批注。《莫斯科省统计资料汇编》。经济统计篇。第 7 卷。第 3 编。1883 年莫斯科版。

（15）在沃利斯克县统计汇编上的批注。《萨拉托夫省统计资料汇编》。第 7 卷。第 2 册。沃利斯克县。1892 年萨拉托夫版。

（16）在德·尼·日班科夫《1866—1883 年的资料说明外出谋生对科斯特罗马人口迁徙的影响》一文上作的批注和计算。《科斯特罗马省统计资料》。第 7 编。1887 年科斯特罗马版。

（17）在斯·费·鲁德涅夫的文章上作的批注和计算。《1895 年莫斯科省统计年鉴》1896 年莫斯科版。

（18）对雅罗斯拉夫尔省外出做零工资料作的批注和整理。《雅罗斯拉夫尔省概述》。第 2 编。雅罗斯拉夫尔省农民的外出零工。А. Р. 斯维尔谢夫斯基主编。1896 年雅罗斯拉夫尔版。

（19）在卡卢加省外出做零工概述上作的批注和计算。《1896 年卡卢加省统计概述》1897 年卡卢加版。

（20）在 Е. И. 克拉斯诺彼罗夫的报告上作的批注。《1896 年下诺夫哥罗德全俄工业和艺术展览会上的手工工业》1897 年彼尔姆版。

（21）在根据 1896 年下诺夫哥罗德展览会资料对俄国工业的概述上作的批注。《1896 年下诺夫哥罗德全俄工业和艺术展览会》1897 年圣彼得堡版。

（22）对维·斯·普鲁加文的著作中关于弗拉基米尔省手工业的资料作的整理。《弗拉基米尔省手工业》第 4 编。1882 年莫斯科版。

（23）在莫斯科省工业卫生调查总集上作的批注和计算。《莫斯科省统计资料汇编》。卫生统计篇。第 4 卷。①第 1 册。费·费·埃里斯曼主编。1890 年莫斯科版。②第 2 册。叶·米·杰缅季耶夫和费·费·埃里斯曼合编。1893 年莫斯科版。

（24）在米·伊·杜冈-巴拉诺夫斯基《资本在我国手工工业发展中的历史作用》一文上作的批注。1897 年 4 月《新言论》杂志第 7 期。

第一部分 历史考证

列宁作有批注的彼·安·奥尔洛夫《工厂一览表》
1881 年版，第 356 页（按原版缩小）

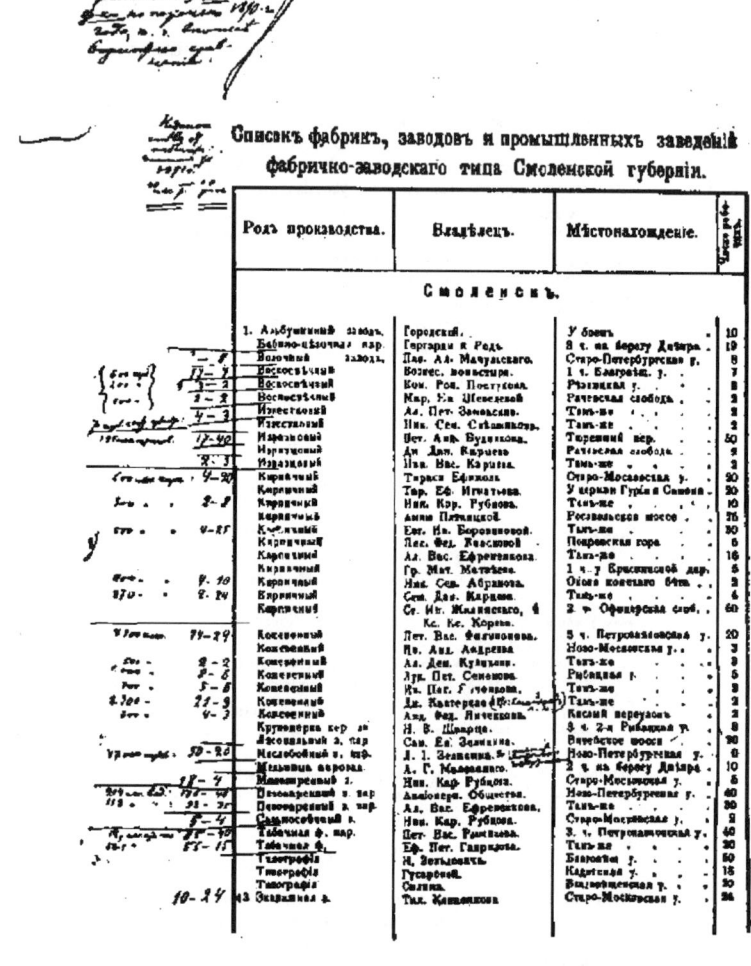

列宁作有批注的德·尼·日班科夫《斯摩棱斯克省的
工厂卫生调查》一书，第14页（按原版缩小）

（25）对1894—1895年度彼尔姆省手工业按户调查资料作的批注和整理。《彼尔姆省手工工业状况概述》1896年彼尔姆版。

（26）根据 Е. И. 克拉斯诺彼罗夫的著作中的资料对彼尔姆省手工业状况作的分析。《在1887年叶卡捷琳堡市举行的西伯利亚—乌拉尔科学工业展览会上的彼尔姆省手工工业》。①第 1 编。1888 年彼尔姆版。②第 2 编。1889 年彼尔姆版。③第 3 编。1889 年彼尔姆版。

（27）关于维亚特卡省手工业的批注。《有关维亚特卡省手工业状况的资料》。第 2 编。1890 年维亚特卡版。

（28）在弗拉基米尔省手工业资料上作的计算。《俄国手工工业报告和研究》。第 4 卷。1897 年圣彼得堡版。

（29）关于下诺夫哥罗德省外出做零工情况的笔记。《1896 年下诺夫哥罗德省的农业概况》1897 年下诺夫哥罗德版。

（30）对统计年鉴中工厂统计资料的整理。《俄罗斯帝国统计年鉴》。第 1 编。1866 年圣彼得堡版。

（31）在米·伊·杜冈-巴拉诺夫斯基的报告《俄国工业发展统计总结》讨论情况的报道上作的批注。1898 年在圣彼得堡出版的《帝国自由经济学会学报》第 2 卷第 5 期。

（32）对人口普查资料的分析。①城市和城市人口。《1897 年俄罗斯帝国第一次人口普查》。第 1 编。1897 年 1 月 28 日按县调查的帝国人口。1897 年圣彼得堡版。第 2 编。1897 年 1 月 28 日调查的城市人口。1897 年圣彼得堡版。②弗拉基米尔省和下诺夫哥罗德省城市和工商业村人口数量。③关于各类工人和仆役的计算。《1897 年俄罗斯帝国第一次人口普查》。从 1897 年 1 月 28 日俄罗斯帝国第一次人口普查资料看工人和仆役的职业类别和出生地的分步。1905 年版。

（33）在尼·亚·卡雷舍夫论俄国工业的书上作的批注和计算。《俄国国民经济资料。1.90 年代中叶我国的工厂工业》1898 年莫斯科版。

（34）根据 1897 年《工厂一览表》汇总的各行各业大企业数目。

（35）在论普斯科夫省手工业的书上作的批注和计算。《普斯科夫省农民的手工业及其在 1895—1897 年的状况》1898 年普斯科夫版。

（36）在特维尔省统计年鉴上作的批注。《1897 年特维尔省统计年鉴》1898 年特维尔版。

（37）对《财政部年鉴》中工厂统计资料的整理。《财政部年鉴》第 1 编（1869 年）。阿·波·布申主编。1869 年圣彼得堡版。

（38）根据 А. И. 斯基布涅夫斯基的资料作的关于博戈罗茨克县工人住房情况的笔记。

列宁作有批注的《彼尔姆省手工工业状况概述》1896年版，第57页

列宁作有批注的《俄罗斯帝国统计年鉴》
第 1 卷，第 17 页（按原版缩小）

列宁根据 1897 年人口普查资料对欧俄城市所作的分类

（39）在 О. Э. 施米特的书上作的批注。《下诺夫哥罗德省戈尔巴托夫县巴普洛沃小五金区》。第 1 编 1902 年下诺夫哥罗德版。

（40）关于巴甫洛沃的一本新书的笔记。《下诺夫哥罗德省戈尔巴托夫县巴普洛沃小五金区》。О. Э. 施米特著。第 1 编。1902 年下诺夫哥罗德版。

（41）在 Г. И. 罗斯托夫采夫的书上作的关于德米特罗夫县手工业者劳动和生活条件的笔记。《莫斯科省统计资料汇编》。卫生篇。第 8 卷。第 2 编。莫斯科省德米特罗夫县各村庄小手工业的卫生状况。1902 年莫斯科版。

（42）外出做非农业零工的工人人数计算。《1897 年和 1898 年交纳消费税的各种行业和印花税票统计》1900 年圣彼得堡版。

（43）在《俄国资本主义的发展》一书第 2 版上作的批注和计算。

弗拉基米尔·伊林《俄国资本主义的发展。大工业国内市场形成的过程》增订第2版。1908年圣彼得堡版。

（44）俄国某些省份工人人数总结资料摘录。摘自亚·瓦·波果热夫《俄国工人的数量和成分统计》一书1906年圣彼得堡版。

（45）俄国某些省份和工业部门工人人数资料摘录。根据《1912年统计年鉴》一书。В. И. 沙拉戈主编。1912年圣彼得堡版。

（46）其他批注和计算等。①

（二）列宁具体的写作过程

《俄国资本主义的发展》一书，创作和完成于19世纪90年代，主要写作时间是1885年底至1899年1月之间。这一时期，恰好是列宁因彼得堡工人阶级解放斗争协会案件在彼得堡被捕和流放到西伯利亚舒申斯克村的时期。为了撰写这一著作，列宁查考了有关俄国经济的全部重要文献，阅读和研究了大量的书刊，包括卷帙浩繁的各种统计资料，仅他在书本中提到和引用的著作就有近600种。这些书籍和资料是列宁在被监禁和流放的困难的条件下通过各种渠道、首先是通过亲友的协助收集到的。列宁于1898年8月9日（21日）写完本书的初稿，然后又进一步加工，于1899年1月30日（2月11日）完成全书的定稿。在撰写过程中，每一章的手稿都经当时流放在米努辛斯克专区的社会民主党人阅读和讨论过。本书的出版社事务，列宁委托给了当时住在莫斯科的姐姐安·伊·乌里扬诺娃－叶利扎罗娃。为争取时间，列宁决定采取分批付排的办法。对书的开本、字号和书中统计表的排版等，列宁都从方便读者阅读的角度作了仔细的考虑。他尤为关心校对工作。本书的书名是在出版时确定的。列宁同意把自己原拟的书名作为副标题，同时认为"俄国资本主义的发展"这个题目太大，曾建议用"关于俄国资本主义的发展问题"作书名。

1899年3月底，本书在彼得堡出版，署名：弗拉基米尔·伊林。该书出版之初，恰如列宁和出版商预料的一样，市场热销，读者反应几

---

① 以上资料参见《列宁全集》第57卷，北京：人民出版社1990年版，"目录"，第6—11页。

乎超出著者及出版商意料。初版印了 2400 册，很快就销售一空。当时它主要在社会民主党的知识分子和青年学生中传播，同时也通过宣传员在工人小组中传播。1908 年，本书经过列宁校阅和补充后出了第 2 版。列宁在校阅《俄国资本主义的发展》的书稿时，十分严谨认真，他曾经这样说过：最重要的出版条件是，保证校对得非常好。做不到这一点，根本用不着出版。

该书之所以畅销，除了著者那优美的语言、流畅的文笔、缜密的逻辑、精细的谋篇、详实的资料、科学的方法之外，更重要的是，该书表达的内容极大地结合了当时俄国的现实国情，回应了俄国人民对国家未来发展的重要关切，切中了当时思想理论界的混沦之弊。该书正确地揭批了俄国当时民粹主义的错误，科学地分析了俄国资本主义的发生、发展和不断演化的历史过程，用详实的统计数据，向世人说明了俄国资本主义发展的历史必然性。

为了向读者详细地展示《俄国资本主义的发展》一书的写作出版过程，笔者打算按照列宁创作《俄国资本主义的发展》的时间顺序，逐年介绍在创作期间的创作史实。具体如下：

1. 1895 年

1895 年年底，列宁开始《俄国资本主义的发展》一书的撰写工作。

2. 1896 年

1 月 2 日（14 日），列宁从彼得堡监狱写信告诉乌里扬诺夫一家的好友亚·基·切博塔廖娃，他在研究国内加工工业品的销售问题，已订了研究和写作计划，写作计划分两个部分——一般理论和运用理论研究俄国情况，并请她把书单上的书送到狱中。列宁在信中明确地说："自从我被捕以后就老想实现一个计划，而且这个念头愈来愈强烈了。我很久以来就在研究一个经济问题（关于国内加工工业品的销售问题），搜集了一些书刊，订了研究计划，甚至还写了一些东西。我曾打算：如果我写的东西超过了一篇杂志论文的篇幅，那就出一个单行本。"[①] 这个

[①] 《列宁全集》第 53 卷，北京：人民出版社 1988 年版，第 19 页。

单行本，按照列宁的初衷，本应集中在俄国国内工业生产方面，但后来随着资料的充实和写作计划的调整，就形成了最终的《俄国资本主义的发展》一书，因此《俄国资本主义的发展》一书中也包括了俄国国内工业生产的许多重要内容。

1月2日（14日）和1899年1月30日（2月11日）之间，列宁研读了俄文1882年圣彼得堡版的《何谓土地村社。从〈土地村社研究材料汇编〉得出的结论》一书，该书著者系 C. 卡斯普京。在研读该著作的时候，列宁高度评价了该书所用的《土地村社研究材料汇编》，并在该著作中标注了许多的阅读符号。

1月2日（14日）和1899年1月30日（2月11日）之间，列宁研读了俄文1893年莫斯科版的《地方自治局按户调查经济资料综合统计汇编》第1卷：农民经济。该书主编是尼·安·布拉戈维申斯基。在研读该著作的时候，列宁作了一些的新的计算和农户分类、役畜分类、外出做零工，并核对了著作中的一些错误。①

1月2日（14日）和1899年1月30日（2月11日）之间，列宁研读了俄文1884年莫斯科版的《弗拉基米尔省尤里耶夫县的村社、手工业和农业》一书，该书著者是维·斯·普鲁加文。在研读该著作的时候，列宁对农户分类等问题作了一些的新的计算和许多的阅读标记。②

1月16日（28日），列宁写信给姐姐安娜，请她收集维特尔、下诺夫哥罗德、萨拉托夫等省的地方自治机关的资料汇编，并把它们和《军事统计汇编》等一起送到狱中。列宁在信中还特别强调，由于对一些研究者的经济图解搞不太明白，希望能借助于《资本论》第2卷。他说："我正在津津有味地重读舍尔古诺夫的著作，并在研究杜冈-巴拉诺夫斯基的那本书。他作了踏实的研究，不过结尾部分的图解太不清楚了，老实说，我看不懂；得把《资本论》第2卷找来。"③

---

① 见《列宁全集》第57卷，北京：人民出版社1990年版，第44—56页。
② 同上书，第57—62页。
③ 《列宁全集》第53卷，北京：人民出版社1988年版，第25—26页。

1896年1月—1897年2月，每周两次（星期三和星期六）收到姐姐安娜从彼得堡的自由经济学会图书馆、科学院图书馆及其他一些图书馆借来的书籍。

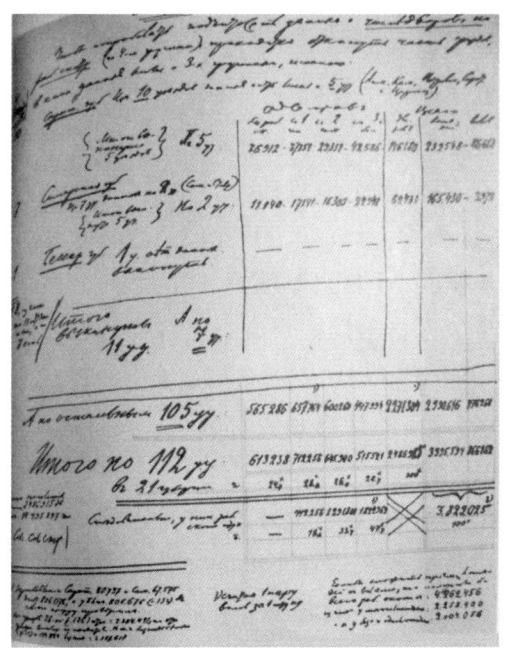

列宁笔记本的一页，上面有尼·安·布拉戈维申斯基《综合统计汇编》（1893年版）的摘录和计算（按原稿缩小）

弗·伊·列宁（1897年）

3. 1897年

2月17日—5月8日（3月1日—5月20日），列宁从彼得堡前往流放地，在途中继续《俄国资本主义的发展》一书的撰写工作。

3月4日（16日），抵达克拉斯诺亚尔斯克市。

3月9日—4月30日（3月21日—5月12日），拜访了藏书家、商人根·瓦·尤金，此后经常利用尤金的私人图书馆藏书。在克拉斯诺亚尔斯克逗留期间也常去市立图书馆阅读报刊。在3月15日的《致玛·亚·乌里扬诺娃》的信中，列宁写道："你提出要到鲁勉采夫图书馆去作摘录，我当然是同意的。昨天我终于到这儿著名的尤金图书馆去了，尤金殷勤地接待了我,并且让我参观了他的书库。"①

3月10日(22日),写信告诉妹妹玛丽亚,收到她去鲁勉采夫图书馆(今苏联国立列宁图书馆)为他摘录的所需资料。

3月16日(28日),写信告诉母亲,将寄回途中读完的短期借阅的书。

3月26日(4月7日),写信给母亲,请姐姐安娜设法弄到书单上的书。"下列这些书是否也可以到莫斯科各个图书馆里去找一找?说不定在什么地方可以找到。1.《财政部年鉴》1869年圣彼得堡版第1编。2.《俄罗斯帝国统计年鉴》内务部中央统计委员会出版。第2辑第6编:《1868年欧俄工厂工业统计资料》,伊·博克编,1872年圣彼得堡版。"②

4月5日(17日),写信给母亲,请尽快寄来他要的书。列宁在信中写道:"我的书现在就可以寄来,不必等待流放地点最后确定了,因为反正不能把东西寄到米努辛斯克(那里没有运输事务处),而从铁路上寄到这里要花费很长时间。所以,请你们寄到这里来吧,就写安·马·的地址好了。"③

4月17日(29日),写信告诉母亲,已经弄到几本统计著作。请母亲把他要的书仍然寄到克拉斯诺亚尔斯克。"我的书应当寄到克拉斯诺亚尔斯克由执据人领取(直接当做货物寄或者通过运输事务处寄,看怎样更好些),我再托熟人寄到米努辛斯克去,那边还要找熟人托付一下。"④ 同时,列宁写信给姐姐安娜,请用他的稿费代购统计资料汇编及其他资料,并代订报刊。"请给我买:《弗拉基米尔省手工业》最后三编(3卢布75戈比);丘普罗夫和波斯尼科夫的《收成……的影响》(5卢布);《1890年工厂一览表。1894年圣彼得堡版》(5卢布?)……我想还应该给自己订一些杂志和报纸。在舒申斯克大概什么也没有。根

---

① 《列宁全集》第53卷,北京:人民出版社1988年版,第29—30页。
② 同上书,第34页。
③ 同上书,第36页。
④ 同上书,第38页。

据经济情况,可以订阅:《俄罗斯新闻》、《俄国财富》杂志、《财政通报》(不要附刊)、《社会立法和统计学文库》。"①

4月30日—5月8日(5月12日—20日),从克拉斯诺亚尔斯克经米努辛斯克到达指定的流放地舒申斯克村。在米努辛斯克逗留期间,到市立博物馆图书馆借阅图书资料,并作摘录。

5月18日(30日),写信告诉妹妹玛丽亚,已收到她摘录的资料,并请她把各种书目寄来。列宁写道:"请将各种图书目录寄给我,尤其需要旧书商的,特别是国外旧书商的。"②

5月25日(6月6日),写信给姐姐安娜,催问上次信中要求购买邮寄的书籍和杂志的情况,问她能否找到门路以两个月的期限从莫斯科的公共图书馆(大学图书馆或莫斯科法学会图书馆)借书给他寄去。列宁在信中说:"我总是想利用莫斯科的图书馆,在这方面你们作出了什么安排没有?也就是说,有没有在哪个公共图书馆找到门路?问题是这样,如果能借出两个月(像在圣彼得堡的自由经济学会的图书馆那样),那么把借来的书**按印刷品**寄来,花钱并不很多(每1俄磅要花16戈比(可以寄4俄磅=64戈比);挂号费7戈比);花一些邮费看许多书,比花多得多的钱买少量的书,对我来说可能更上算一些。我觉得这对我也方便得多,问题就是能不能在一个较好的图书馆,如大学图书馆或莫斯科法学会图书馆(应该到那里去打听一下,要一份图书目录,了解一下接受新会员的条件等等)、或者其他什么图书馆按这个期限借到书(当然要交押金)。在莫斯科自然是有几个好图书馆的。甚至也可以打听一下私人图书馆的情况。如果你们之中有谁还留在莫斯科,就请他把这一切都打听清楚。"③

6月8日(6月20日),写信给姐姐,请求再寄一些"书讯",并渴望得到政治经济学和哲学方面的经典作家的原文本。"我很想得到政治经济学和哲学方面经典作家的原文本。最好能打听一下最便宜的版本

---

① 《列宁全集》第53卷,北京:人民出版社1988年版,第39—40页。
② 同上书,第47页。
③ 同上书,第50—51页。

(普及本之类)和价钱。大概除了旧书商那里,别处是找不到很多的。"①

6月15日(27日),写信告诉姐夫马·季·叶利扎罗夫,尚未收到寄来的一箱书,并问其中有哪些新书。"那箱书我不但没有收到,而且连寄书的事也不知道。这箱书是寄给谁收的?什么时候寄出的?提货单寄给谁了?请把这一切告诉我。我从妈妈的来信中知道,你们想通过运输事务处寄来。这样的话,这箱书就将在路上走很长时间了,大概要两三个月。要是在这次寄来的书里有新买的书,请告诉我是些什么书(要是您还记得的话),不然我现在就不能决定订购哪些书,因为我怕有些要订购的书或许你们已经给我寄来了。"②

同时,列宁在信中还提到了创作《俄国资本主义的发展》的令人"刺激"的事情,就是从首都的图书馆借书寄到流放地,列宁认为这是一种外来的刺激创作的力量,十分有用。他写道:"近来我老是在考虑从首都的图书馆借书寄到这里来的事。有时我甚至想,要是这件事办不到,就不能在这里从事写作了,因为写作非常需要外来的刺激,而这种刺激在这里是根本没有的。"③

7月19日(31日),写信给母亲和妹妹玛丽亚,说写书的进度很慢,希望能在秋天以前办妥从莫斯科或彼得堡某个图书馆借书的事。在《致玛·亚·乌里扬诺娃等》的信中,列宁明确指出了写作《俄国资本主义的发展》的困难,他说:"我的工作进行得非常非常慢。摘录我不知道还要不要。我希望在秋天以前,能够跟莫斯科或圣彼得堡的某个图书馆办好交涉。"④

8月16日(28日),在写给帕·波·阿克雪里罗得的密信中,谈到他撰写《俄国资本主义的发展》的事。列宁写道:"我单独一个人住在

---

① 《列宁全集》第53卷,北京:人民出版社1988年版,第53页。
② 同上书,第54页。
③ 同上书,第55页。
④ 同上书,第58页。

这里。身体十分好，有时给杂志写点东西，有时写自己的长篇著作。"①

8月17日，在《致玛·亚·乌里扬诺娃》的信中提到："至于我自己的生活，每天不同的仅仅是今天读这本书，明天读另一本；今天到村子的右边去散步，明天到左边；今天写这篇文章，明天写另外一篇（目前我放下了主要的工作，在写一篇论文）。"② 在这里，列宁所说的"放下了主要的工作"，就是指创作《俄国资本主义的发展》一书。"在写一篇论文"指的是，1897年8—9月，列宁写了《1894—1895年度彼尔姆省手工业调查以及"手工"工业中的一般问题》一文。这篇文章原是为《新言论》杂志写的，因该杂志于1897年12月被封闭而未发表。这篇文章第一次刊载于1898年出版的列宁的文集《经济评论集》。③（见《列宁全集》第2版第2卷第235—332页）

8月28日（9月9日）以前，请阿·亚·瓦涅耶夫帮他弄到下诺夫哥罗德和巴拉赫纳两县的地方自治机关的资料汇编。

10月12日，在《致玛·亚·乌里扬诺娃》的信中，列宁谈到马尔克对于《俄国资本主义的发展》的关心。列宁在信中说："他还问起我那本书的事，这件事还是毫无进展。回到舒什之后，我希望就能紧张地干起来，那时再详细写信告诉你们。"④ 列宁所说的"那本书"，就是指《俄国资本主义的发展》。

12月21日（1898年1月2日），写信告诉妹妹玛丽亚，他将设法找到从法学会图书馆借书所需要的介绍人。同时，写信给姐姐，要求邮寄圣西门、马克思、恩格斯等人的书籍。"我想要圣西门的著作，以及下面这些法文书：卡·马克思《哲学的贫困》1896年巴黎版，3.5法郎；弗·恩格斯《社会发展中的力量和经济》，2.5法郎；卡·马克思《黑格尔法哲学批判》1895年版，1法郎；以上各书都包括在《国际社

---

① 《列宁全集》第44卷，北京：人民出版社1990年版，第13—14页。
② 《列宁全集》第53卷，北京：人民出版社1988年版，第60页。
③ 同上书，第553—554页。
④ 同上书，第64—65页。

会主义丛书》中,拉布里奥拉的著作也包括在内。"①

12月27日,列宁在《致玛·亚·乌里扬诺娃》的信中,提到了自己刚刚完成的一篇文章,这篇文章是《我们拒绝什么遗产?》,这篇文章的许多观点,后来都用在了《俄国资本主义的发展》一书中。列宁将文章寄给妈妈,希望家人能尽快将文章转交给杂志社。列宁在信中写道:"寄上我给杂志写的一篇文章。最好赶快转去,也许可以赶上1月号发表。"②

4. 1898年

1月4日(16日),列宁写信给姐夫马·季·叶利扎罗夫,请他把载有 M. A. 洛津斯基的题为《农民的土地所有权和防止剥夺农民土地的措施》的报告那期《帝国自由经济学会学报》寄来。

1月24日(2月5日),写信给母亲,请代买两本书:尼·阿·卡布鲁柯夫《农业经济学讲义》和瓦·沃·《俄国手工工业概述》。

1月24日,列宁在给阿纽塔的信中写道:"我正在计划把我的一些文章印成专集。前两天我收到尼·沃多沃佐夫的《经济评述》,因而产生了这个念头。把那篇论手工业者的文章印成小册子出版,是不合适的。最好把论西斯蒙第的文章和论手工业者的文章放在一起。这样,事先不经过书报检查机关的检查就可以出版(出专集需要有10印张,而现在差不多有12印张,即200页左右),这就合适得多了。可以标上这样一个题目:《评民粹派的浪漫主义学说》。这样一本书的内容就会比较有意思、比较多样化些。书报检查机关是否会准许翻印已被封闭的杂志曾经刊登过的那篇文章,我看这是主要的问题。不过,我想书报检查机关会准许的,因为那篇文章谈的是抽象问题,而且早在杂志停刊之前很久就发表了。关于这件事,我也要写信告诉娜·康·,请她去征求一下作家的意见。我不想等待他们的新计划实现了。况且这两篇文章都很

---

① 《列宁全集》第53卷,北京:人民出版社1988年版,第76页。
② 同上书,第78页。列宁给《新言论》杂志寄去自己的文章《我们拒绝什么遗产?》(见《列宁全集》第2版第2卷第384—425页),因为该杂志已被封闭,故没有刊登出来。这篇文章后来发表在《经济评论集》上。

长，不太适合登在杂志上。可以把其余的文章交给杂志发表，我认为把这些文章放在专集内很危险（书报检查机关不会通过），而且也不太适宜（性质完全不同）。那篇论手工业者的文章，写得十分平和，其中有很多数字。至于费用问题，我认为这要比通过书报检查简单得多。假如定价为1卢布50戈比，只印1000册，那么可以把出版费定为500卢布，书商和作者也得到同样的数目。卖掉500册就可以抵偿出版费，而500册大概是可以卖掉的。"① 同时，列宁在信中还讨论出版文集的可能，认为即便各篇文章的性质不同，但文集是可以包括各种各样的文章的。"一般来说，出文集的并不少。同时，我的两篇文章也有一个共同点，就是都批判了民粹派的经济观点，一篇是抽象地进行批判，一篇是根据俄国的材料进行批判。请尽快回答我：这个计划是否可行？如果可行，那就应该抓紧时间，开始做起来。"②

2月7日（19日），在给母亲的信中，要妹妹把他开的书单寄给娜·康·克鲁普斯卡娅，请她设法在彼得堡弄到那些书。这些书目包括：**阿·谢苗诺夫**《工业和贸易的历史资料的概述》，共3卷。旧书，50年代或60年代，或更早时期出版。《财政部所属各机关的通报及材料汇编》圣彼得堡版，1865年第6期，1866年第4、5期，特别是**1867年第6期（6月）**。《有关维亚特卡省手工业状况的资料》，共5篇，19世纪80年代维亚特卡版（玛尼亚莎已经有了第2篇）。**瓦西连科**《波尔塔瓦省农村居民的手工业》。《欧俄农村居民经济状况资料汇编》1894年圣彼得堡大臣委员会办公厅出版。**舍尔比纳**《弗拉基高加索铁路区的经济关系》。**别佐布拉佐夫**《俄国的国民经济》。《南俄农业主协会学报》1895年刊载……先生（大概是博里涅维奇先生？……）关于敖德萨近郊经济的论文的那几期。**拉戈津**《俄国南部的铁和煤》。**门得**

---

① 《列宁全集》第53卷，北京：人民出版社1988年版，第85页。这里说的是列宁的第一本文集《经济评论集》，这本文集于1898年10月用弗·伊林这个笔名在彼得堡出版，收了《评经济浪漫主义》、《1891—1895年度彼尔姆省手工业调查以及"手工"工业中的一般问题》、《民粹主义空想计划的典型》、《我们拒绝什么遗产?》和《论我国工厂统计问题》几篇著作。

② 《列宁全集》第53卷，北京：人民出版社1988年版，第86页。

列耶夫《关税税则详解》。《法学通报》杂志1887年第11期和第12期。柳多戈夫斯基……（？《农业经济学原理》？或者是这一类的书。书名已经记不清楚了，是70年代出版的。）《内务部委员会统计处根据1849—1852年资料编制的统计表》。《俄罗斯帝国统计年鉴》1866年圣彼得堡版第1辑第1编。《中央统计委员会汇刊》1894年第34期（《1882—1892年粮食和马铃薯的平均收获量》）。《中央统计委员会汇刊》1889年第10期和第12期。《中央统计委员会汇刊》。1897年的某一期（最后出版的几期中的一期），其中载有关于**1893—1894年军马调查的材料**。"①

2月14日（26日），挂号寄还姐姐安娜从图书馆借来的书。

2月18日，写信给姐夫，讨论出版《经济评论集》的问题，尤其提出要特别注意根据原稿校对的问题。

3月1日，在给姐夫的信中，提到因为莫斯科书报检查十分严厉，打算将《经济评论集》由莫斯科出版社出版改为由彼得堡出版社出版，而出版所需的费用打算向妈妈借"内债"，等书出版收回成本后归还。

3月14日，在给母亲的信中，强调近期看到了《莫斯科新闻》中几篇攻击马克思主义的文章，引起了自己的注意。"我收到了玛尼亚莎寄来的《莫斯科新闻》，起先是一份（忘记是哪一号了），里边没有什么值得注意的文章。昨天又收到了四份（第53—56号），我已经看了其中几篇值得注意的攻击马克思主义者的文章。"②

3月28日（4月9日），写信告诉姐夫马·季·叶利扎罗夫，因翻译维伯夫妇的《英国工联主义的理论和实践》一书而暂时把著书的事耽搁下。"我的写作完全停顿下来了：我在搞翻译，在这上面花了不少时间。以后看情况再说吧——草稿快要完成了，但还需要**大大**加工。"③

5月7日（19日），娜·康·克鲁普斯卡娅和她的母亲伊丽莎白·瓦西里耶夫娜一起到达舒申斯克村，带来一大批书籍和资料。

---

① 《列宁全集》第53卷，北京：人民出版社1988年版，第90—91页。
② 同上书，第104页。
③ 同上书，第106页。

春天，列宁收到彼·伯·司徒卢威的来信，信中建议把列宁正在写的这本书分成几部分在《科学评论》或别的杂志上发表。

6月7日（19日），写信告诉母亲，姐夫马·季·叶利扎罗夫托运的那一箱书，在路上辗转一年多，终于收到了。

6月14日（26日），写信告诉母亲，《英国工联主义的理论和实践》一书的翻译工作即将结束，之后将继续写书。"翻译工作就要结束，以后又要开始写作了。关于评论集，来信说，很快就要排印了。"① 列宁所提到的"又要开始写作"指的就是继续创作《俄国资本主义的发展》一书。

7月15日（27日），写信给姐姐安娜，请她亲自同图书馆管理人员将借书、还书以及建立经常联系等事情谈妥。

8月9日（21日），完成《俄国资本主义的发展》一书的初稿。

9月11日—20日（9月23日—10月2日），在克拉斯诺亚尔斯克市治疗牙病期间，到当地市立图书馆和尤金的私人图书馆查阅图书资料。

10月11日（23日），写信告诉母亲，已开始书稿的最后加工，准备分批发排，争取早日出版。"我已经写完《市场》的草稿并开始作最后的加工。誊清原稿和这一道工作是同时进行的，我想誊清一部分寄一部分，并希望随收随即排印，这样就不至于拖延了（我估计最迟过一个月就可以寄出第一批）。如果从12月可以开始排印，刚好还来得及在本季度出版。只是（鉴于上次的失败）这回必须找一个出版人，跟他订好合同。"② 这里的《市场》就是指《俄国资本主义的发展》一书，而列宁提到的"失败"则是指他的第一部《经济评论集》出版不顺利一事。

10月14日（26日）以前，完成第一章定稿。

11月1日（13日），写信给母亲，请姐姐安娜接洽出版事宜，并告

---

① 《列宁全集》第53卷，北京：人民出版社1988年版，第112页。
② 同上书，第124。

诉母亲将于一两周内把头两章书稿寄去。列宁在给母亲的信中写道："如果阿纽塔真的想到圣彼得堡去，那么可以顺便替我那本长篇著作做些事情了。不久以后（大概再过一个至一个半星期）我就可以把头两章直接寄给她，这样我至少可以随时了解到它们的情况。同时我还要把这本书的计划告诉她。"① 列宁提到的"长篇著作"就是指《俄国资本主义的发展》一书。

11月7日和11日（19日和23日）之间，写信告诉姐姐安娜，已将头两章和序言的稿子寄给母亲，请她了解一下玛·伊·沃多沃佐娃是否愿意出版这本书。信中还详细谈了他对开本、字号、校对等方面的意见。在给姐姐的信中，列宁十分详细地谈了关于《俄国资本主义的发展》一书的出版态度。他写道："全书约有35—40印张。我还是希望不要超过35印张，因为这已经够厚了（560页）。无论如何出版时最好能达到这样的要求：开本大一些，铅字用中号的，使每页约有2400个字母，每印张有33000多个字母，——这样比较合适，页数可以少一些。关于出版的事，看来必须把希望寄托在寻找出版人这方面了。也许你能到圣彼得堡去，如果去，你就同作家商量一下。玛·沃多沃佐娃太太是否愿意出版这本书？我不打算自己出版，因为我认为评论集已经搞糟了（虽然直到现在关于这本评论集和译稿都还没有任何消息！）。如果出乎意外，情况不是这样，那么自己出版也是可以的，不过要找一个有水平的专门的校对员，付给他应有的报酬，并且要定好条件，每校好一印张校样就要马上寄来。"②

列宁在信中还提到，《俄国资本主义的发展》中的部分内容可以在一些杂志上发表，但需要与杂志社定好刊载时间，并说明自己拥有继续出版著作的知识产权问题。信中写道："作家春天给我来过信，说可以分成几部分在《科学评论》杂志上或别的杂志上刊载。我当然不反对这样做，只是未必有哪个杂志愿意刊载这样长的东西——这种事实在是

---

① 《列宁全集》第53卷，北京：人民出版社1988年版，第126页。

② 同上书，第127页。

非常少有的。拿一两章去发表，倒还可以。比如第 2 章，还有第 1 章，本身都是完全独立的，完整的。正因为多少有这种打算，我们才匆匆忙忙把写好的一部分立刻寄去了。不过在交给杂志刊载时必须明确地谈好刊载时间，预先声明作者有权现在就出版全书，而不用等到全文在杂志上刊载完了以后。"① 1899 年 3 月，《俄国资本主义的发展》一书的第 3 章的前六节作为独立文章发表在《开端》杂志第 3 期上，标题为《现代俄国农业中资本主义经济对徭役经济的排挤》。编辑部加按语说："本文是作者关于俄国资本主义发展的一部巨著中的一段。"

11 月 22 日（12 月 4 日），写信告诉姐姐安娜，同意由玛·伊·沃多沃佐娃出版这部著作，但认为必须同出版人商定技术细节和校对问题。列宁在信中写道："我打算接受沃多沃佐娃出版我的《市场》的建议（你见到她时，当然要代我多多致谢），至于稿费条件，就由你来同她商谈吧（如果这件事不使你感到为难的话），因为我不知道，是拿一定数量的稿费合算还是拿'全部纯利润'合算。当然应当在这两者当中挑选一种比较合算的办法，况且我现在根本不忙着要拿钱。而最重要的出版条件是，保证校对得**非常好**。做不到这一点，**根本用不着**出版。《评论集》的校对简直糟透了：除了我寄给你的那些歪曲意思的排印错误以外，还有很多小错，同志们已经纷纷向我指出来了。毫无疑问，**必须花钱请一个有水平的校对员**，应当把这一点定为必要的条件。由于作者不能亲自进行校对，即使付出双倍的报酬给这样的校对员我也情愿。特别是那些统计表，——里面会出大错的。而《市场》一书里统计表又特别多。另外（即使校对得非常好），必须立即把最后一校的校样寄给我，一印张一印张地寄，我好寄去勘误表。这样做最多使出版延迟一个月（如果能寄得及时）；这算不了什么，只要出版的书像样就行。至于出版时间，——现在就可以开始排印（我们这里已经誊清了第 3 章，这几天我就可以结束第 4 章，就是说结束全书的一半，而后一半要容易

---

① 《列宁全集》第 53 卷，北京：人民出版社 1988 年版，第 128 页。

Вытѣсненіе барщиннаго хозяйства капиталистическимъ въ современномъ русскомъ земледѣліи *).

I.

За исходный пунктъ при разсмотрѣніи современной системы помѣщичьяго хозяйства необходимо взять тотъ строй этого хозяйства, который господствовалъ въ эпоху крѣпостного права. Сущность тогдашней хозяйственной системы состояла въ томъ, что вся земля данной единицы земельнаго хозяйства, т. е. данной вотчины, раздѣлялась на барскую и крестьянскую; послѣдняя отдавалась въ надѣлъ крестьянамъ, которые (получая сверхъ того и другія средства производства — напримѣръ, лѣсъ, иногда скотъ и т. п.) своимъ трудомъ и своимъ инвентаремъ обрабатывали ее, получая съ ней свое содержаніе. Продуктъ этого труда крестьянъ представлялъ изъ себя необходимый продуктъ, по терминологіи теоретической политической экономіи; необходимый — для крестьянъ, какъ дающій имъ средства къ жизни, — для помѣщика, какъ дающій ему рабочія руки; совершенно точно также, какъ продуктъ, возмѣщающій перемѣнную часть стоимости капитала, является необходимымъ продуктомъ въ капиталистическомъ обществѣ. Прибавочный же трудъ крестьянъ состоялъ въ обработкѣ ими тѣмъ же инвентаремъ помѣщичьей земли; продуктъ этого труда шелъ въ пользу помѣщика. Прибавочный трудъ отдѣлялся здѣсь, слѣдовательно, пространственно отъ необходимаго: на помѣщика обрабатывали барскую землю, на себя — свои надѣлы; на помѣщика работали одни дни, недѣли, на себя — другіе. «Надѣлъ» крестьянина служилъ такимъ образомъ въ этомъ хозяйствѣ, какъ бы натуральной заработной платой (выражаясь примѣнительно къ современнымъ понятіямъ), или средствомъ обезпеченія помѣщика рабочими руками. «Собственное хозяйство крестьянъ на своемъ надѣлѣ было условіемъ помѣщичьяго хозяйства, имѣло цѣлью «обезпеченіе» не крестьянина — средствами къ жизни, а помѣщика — рабочими руками **).

*) Настоящая статья представляетъ отрывокъ изъ большого изслѣдованія автора о развитіи капитализма въ Россіи. *Ред.*

**) Чрезвычайно рельефно характеризуетъ этотъ строй хозяйства А. Энгельгардтъ въ своихъ «Письмахъ изъ деревни» (Спб. 1882, стр. 554). Онъ совершенно справедливо указываетъ, что крѣпостное хозяйство было извѣстной правильной и законченной системой, распорядителемъ которой былъ помѣщикъ, надѣлявшій крестьянъ землей и назначавшій ихъ на тѣ или на другія работы.

1899 年载有列宁《俄国资本主义的发展》第 3 章头 6 节的
《开端》杂志第 3 期中的一页

得多，所以我敢保证在 2 月 15 日以前把最末一章寄到莫斯科，甚至还可能早一些）；这对我是格外方便的，因为这样我就来得及把前面一些印张里的排印错误（不单单是排印错误，可能还有什么更重大的问题）通知你们。开本和铅字的大小最好是这样：每页约 2400 个字母，——这样全书共 30 印张，即总共 500 页（页数再多似乎没有必要，而且会给读者增加负担）。最后，对于第 2 章的图表，应当特别加以注意，不要让它有错误。请你把这一切同沃多沃佐娃谈一谈，并在收到这封信后尽快给我写回信。第 3 章和第 4 章一结束就寄出，大约要过两星期。"①

在给姐姐的信中，列宁请求姐姐帮助自己订阅一些杂志和报刊，特别是国外的报刊，包括："《俄罗斯新闻》，订一年——**8 卢布 50 戈比**（给我付 10 个月的订费）。《俄国财富》杂志，订一年——**9 卢布**。《世间》杂志，订一年——**8 卢布**。《田地》画报，订 1899 年一年——**7 卢布**。《法兰克福报》，订 1899 年第一季度——**4 卢布 70 戈比**。《社会立法和统计学文库》，亨利希·布劳恩编。订 1899 年一年——**12 马克**。"②

11 月 28 日（12 月 10 日），写信告诉母亲，书的前半部分已经定稿。列宁写道："我那本书一半已经完工了，我相信全书的篇幅将比我预计的要短些，而不是长些。"③

12 月 6 日（18 日），写信给姐姐安娜和姐夫马·季·叶利扎罗夫，请他们向出版人了解一下排印和出书的时间，并建议排得密些，统计表用小号字。列宁在信中提出要多花些钱将书的外观做精美一些，同时认为，拿纯利润而不是按印张算稿费要好些。同时，列宁出于方便读者阅读的考虑，提出要用小号字，并且是密排。"据我现在的估计，全书总篇幅要比我预计的少，但仍然大约有 450 页（按每页 2400 个字母计算）。同样的篇幅，照沃多沃佐娃的出版物的排法（铅字排得很稀，每页只排 2000 个字母），至少要排 550 页，——所以铅字最好排得密些。统计表最好全用八点铅字，不然它们要占很多地方，读者查看时不能一

---

① 《列宁全集》第 53 卷，北京：人民出版社 1988 年版，第 134—135 页。
② 同上书，第 135 页。
③ 同上书，第 137 页。

目了然,很不方便。那些整页朝切口排的统计表特别不方便(因为查看时要把书转过来)。对读者来说这一切都是很重要的。"① 对于《俄国资本主义的发展》一书的审查和市场销售问题,列宁在信中也很自信地谈到了,"至于《市场》这本书会不会遇到书报检查方面的障碍,依我看,只要不碰上对我们这些人施行特别严厉的措施和迫害的时候,是不会遇到的。既然《评论集》的销路很好,《市场》的销路大概会更好。这一点应当让出版商相信"②。

12月12日(24日)以前,函请特维尔省地方自治局统计处寄一本综合汇编(第13卷第1编,1897年版)。

12月12日(24日),写信告诉姐姐安娜,第三章和第四章书稿已按挂号印刷品寄出,并请她在前寄书稿上作两处修改。列宁还特别提到,根据姐夫的意见,将《俄国资本主义的发展》分成两卷出版,自己也会同意(在列宁姐夫刚提出这个意见之初,列宁并不同意将《俄国资本主义的发展》分成两卷出版)。

12月20日(1899年1月1日),写信给母亲,请她设法弄到一份《莫斯科农学院通报》上尼·亚·卡雷舍夫的《俄国国民经济资料》一文的抽印本。在信中,列宁还提到等《俄国资本主义的发展》一书出版之后,准备学习外语的话题。他写道:"《市场》一书结束之后,计划要认真地学习一下各种语言,特别是德语。"③ 这里的《市场》就是指《俄国资本主义的发展》一书。

12月28日(1899年1月9日),写信告诉姐姐安娜,第五章和第六章已经脱稿,建议雇校对员看初、二校样,她看三校样,然后把清样寄给他看。列宁信中写道:"我又结束了两章(第5章和第6章),其中第5章已经誊清。希望在1月间能全部结束。"④

1898年,收到伊·克·拉拉扬茨寄来的沃罗涅日省的统计资料汇

---

① 《列宁全集》第53卷,北京:人民出版社1988年版,第140页。
② 同上书,第141页。
③ 同上书,第145—146页。
④ 同上书,第149页。

编和其他需要的统计资料。

5. 1899 年

1 月 3 日，列宁写信告诉母亲，第 6 章已经脱稿但还没有誊清，同意姐姐酌情处理出版事宜。在信中，列宁写道："我的书的第 6 章已经脱稿（还没有誊清）；我希望再过四个星期左右能全部结束。……总之，同意由阿纽塔酌情处理出版事宜。"①

1 月 10 日，列宁写信告诉母亲，自己很担心《俄国资本主义的发展》一书的校对工作，希望能坚持三次校对，并且自己也同意使用"俄国资本主义的发展"这样的书名。"老实讲，虽然作家认为手稿写得'非常工整'，但我对于《市场》一书的校对工作还是不放心，因为作家上一次的校对工作已经说明他是一个糟糕的校对员了，何况校对根本不是他的事情，他也不适宜干这件事，这件非常麻烦的工作要认真去做。因此，我认为，仍然要坚持经过三次校对，而不是两次（最后一次校对在莫斯科进行），并且要阿纽塔同校对员保持直接的联系。我很担心，不要像《评论集》似的搞得那么糟；如果搞成那样，可真叫人伤脑筋了。……对更改标题的事情，我也不挑剔什么了，虽然我不喜欢这个标题，至于标题的气派大些，'销路'就会好些，这种说法我也不大喜欢。标题我故意选择了一个比较普通的。不过，既然把它保留下来用做副标题，那也没有多大关系。"②

1 月 17 日（29 日），列宁写信告诉母亲，第 5 章和第 6 章书稿已按挂号印刷品寄出，并问头几章是否已经付印，什么时候可以拿到清样。

1 月 26 日（2 月 7 日），写信给弟弟德米特里，感谢他指出第四章第二节开头部分的一个错误，请他立即通知出版社改正。

1 月 26 日和 3 月 21 日（2 月 7 日和 4 月 2 日）之间，研读卡·考茨基《土地问题。现代农业倾向和社会民主党的土地政策概述》一书。

1 月 30 日（2 月 11 日），写信告诉母亲，说明自己已经写完了

---

① 《列宁全集》第 53 卷，北京：人民出版社 1988 年版，第 151 页。
② 同上书，第 153 页。

《俄国资本主义的发展》一书,但最后两章还没有寄出。"今天在《俄罗斯新闻》上看到了《开端》杂志的广告。很好,我恰恰在《开端》杂志开端的时候赶完了我的《市场》一书(今天终于写完了。星期三将寄上最后两章),现在有功夫可以不慌不忙地写点关于目前的东西了。"① 根据笔者查阅列宁给母亲的信件,可以知道,在这个时候,列宁仅仅完成了《俄国资本主义的发展》一书的写作任务,由于第7章和第8章还没有寄出去,因此,该著作的付排工作尚未完成。"付排"一词,是指稿件交给印刷部门排版。如果仅仅是完成了写作,却没有将稿件交给印刷部门,我们不应称之为"付排"。但是,在中文第二版的《列宁全集》第3卷中,却明确地指出,列宁在这一天"完成《俄国资本主义的发展》一书的付排工作"②。根据原始文献记载可以知道,在这一点上,《列宁全集》第3卷犯了用词不当的错误。

2月3日(15日),写信告诉母亲,已寄出《俄国资本主义的发展》第7章和第8章以及这两章的目录和第7章的两个附录(二和三)。"亲爱的妈妈:今天寄给你我的《市场》的最后两本底稿,即第7章和第8章,以及两个附录(二和三)和最后两章的目录。我终于结束了这个工作,有一个时候,这个工作简直好像要拖拖拉拉做不完似的。"③

2月13日(25日),写信给姐姐安娜,感谢她和弟弟德米特里为出版这本书而操劳,也感谢统计学家瓦·安·约诺夫为校对统计表而费心,同时对书名表示了意见。并告诉她已将《俄国资本主义的发展》第7章的增补寄出。尤其是关于书名,列宁再次表示了意见:"关于书名,我是部分地同意了,我的书名是太长了;不过它确实是必要的,当然,最好把它作为副标题。书名本身也应当比《俄国资本主义的发展》普通一些。《俄国资本主义的发展》这个书名太大胆、太广泛、口气太大。依照我的意见,最好是用《关于俄国资本主义发展的问题》。"④ 在

---

① 《列宁全集》第53卷,北京:人民出版社1988年版,第161页。
② 《列宁全集》第3卷,北京:人民出版社1984年版,第731页。
③ 《列宁全集》第53卷,北京:人民出版社1988年版,第162页。
④ 同上书,第167页。

信中，列宁甚至对书的定价也表述了自己的意见："照你对出版费用的大致估计来看，如果印 2400 本，大概就可以定出一个适当的价格，即每本不超过 2 卢布 50 戈比。不过，所有这一切，全都由你决定吧。"①列宁在信中，还提出了如何方便读者购买和减轻读者经济负担的可能性策略。他提出："为了使读者能买到便宜的书籍，我希望由杂志社等等地方出售，由读者现款购买，打个折扣，例如一本减为 1 卢布 75 戈比，只是不知道这是否行得通。"②

2 月 21 日，写信告诉妈妈，对姐姐特别指出《市场》一书的字体跟里博的小册子的第 24 页的字体不一样，对此列宁有疑问。

2 月 28 日（3 月 12 日），写信给姐姐安娜，对寄来的头一批清样表示非常满意，并随信附上一个勘误表，并询问是否可以在 4 月的上半月出版。

2 月 28 日（3 月 12 日），在给姐夫的信中，谈到不可能继续修改《市场》等问题。"修改现在已经不可能了（个别地方，当然例外），也就是说，不可能改变叙述**简略**（已经有近 30 印张了！再多是绝对不行的！），数字、统计表多，内容比较狭窄这个总的情况了。要改的话，只能有一种改法：分为两部或两卷，每一部再用一两年的时间来修改。但是，由于各种原因，我认为这个计划是不大适宜的。国外市场问题，只是在第 8 章谈到边疆地区问题的一节里很概括地提了一下。我本来就根本不想考察国外市场。"③

3 月 7 日，在给妈妈的信中谈到，如果杂志社不发表自己写的《再论实现论问题》一文，就将这篇答复司徒卢威的文章作为《市场》的第四个附录。"答司徒卢威的文章我就要写完了。我认为，司徒卢威把问题搅得太混乱了，他的那篇文章可能引起拥护者的不少误会和反对者的幸灾乐祸。我想，如果这篇回答不能在杂志上发表（可能是由于杜冈-巴拉诺夫斯基或者布尔加柯夫比我先作了回答；一月份那期《科学

---

① 《列宁全集》第 53 卷，北京：人民出版社 1988 年版，第 168 页。
② 同上书，第 168 页。
③ 同上书，第 174 页。

评论》杂志至今尚未寄给我!),可将它编入《市场》一书,作为第四篇附录(这篇文章不会超过一个印张)。当然最好能在杂志上发表。"①

3月17日(29日),给姐姐安娜寄去序言和附言、第二章和第三章的勘误表以及拟定的赠书名单。

3月24日和31日(4月5日和12日)之间,《俄国资本主义的发展(大工业国内市场形成的过程)》第一版出版,署名:弗拉基米尔·伊林。

3月31日(4月12日),列宁复电卡尔梅柯娃书店,同意书店提出的《俄国资本主义的发展》一书的定价(拟2卢布)和稿费数额(约1500卢布)。

3月,《开端》杂志第3期以《现代俄国农业中资本主义经济对徭役经济的排挤》为题,发表《俄国资本主义的发展》第三章的头六节。

4月2日(14日),列宁收到姐姐安娜寄来的第11—16印张的清样。

4月4日,在给姐姐的信中,谈到对于《市场》1500卢布稿费的不满意,但同时也认为,由于不是自己出版,也不应对书商提出更多的要求。"书价便宜,稿费方面当然得作些让步。既然不是我们自己出版,而是别人,当然就不好向他们提出特殊要求了。"②

4月4日(16日),给姐姐安娜寄去第11—16印张的勘误表。

4月15日(27日),《俄罗斯新闻》刊登出版广告:"弗拉基米尔·伊林《俄国资本主义的发展(大工业国内市场形成的过程)》。售价:2卢布50戈比。480页。"

4月27日(5月9日),列宁写信告诉亚·尼·波特列索夫,《俄国资本主义的发展》已经出版,序言的附言送晚了,受到书报检查机关的检查和删改。

4月30日(5月12日),收到姐姐安娜寄来的《俄国资本主义的

---

① 《列宁全集》第53卷,北京:人民出版社1988年版,第175—176页。
② 同上书,第188页。

发展》样书三本。

7月25日（8月6日），格鲁吉亚文报纸《犁沟报》发表俄国社会民主党人伊·鲁津关于《俄国资本主义的发展》的书评。

8月25日，在给母亲的信中，抱怨说论《市场》的文章还没有刊登出来，批驳布尔加柯夫的文章更是杳无音信。

10月7日，在给母亲的信中，提到有人批评《市场》一事，自己对此很感兴趣。"尤利从图鲁汉斯克来信说，《新闻和交易所报》上登过一篇 M. 恩格尔哈特的小品文《摊牌》，严厉'谴责'伊林写的论资本主义的书。要是在莫斯科寻购这份报纸不怎么费事，我倒很想拜读一下。"①

10月，《教育》杂志第10期刊登波·瓦·阿维洛夫关于《俄国资本主义的发展》的书评。

10月，《摩·奥·沃尔弗图书公司各书店文学、科学和书目书刊出版消息》第1期发表一篇匿名评论《俄国资本主义的发展》的文章。

12月，《科学评论》杂志第12期刊登帕·尼·斯克沃尔佐夫评论《俄国资本主义的发展》一书的论文《商品拜物教》。

6. 1900年

1月中，列宁开始撰写《非批判的批判》一文，回答帕·尼·斯克沃尔佐夫对《俄国资本主义的发展》的攻击，于3月完稿。

2月，《生活》杂志第2期发表巴·别尔林对《俄国资本主义的发展》一书所写的评论

不晚于4月6日（19日），寄给《科学评论》杂志编辑部《非批判的批判》一文末尾的一个脚注，这个脚注是针对彼·伯·司徒卢威在《生活》杂志上的文章和米·伊·杜冈－巴拉诺夫斯基在《科学评论》杂志上的文章而写的。

4月30日（5月13日）以前，收到《科学评论》杂志编辑米·米·菲力波夫的来信，信中说书报检查官将《非批判的批判》一文删

---

① 《列宁全集》第53卷，北京：人民出版社1988年版，第216页。

去了近1/3。

5月—6月，《非批判的批判（评1899年《科学评论》杂志第12期帕·尼·斯克沃尔佐夫先生的论文〈商品拜物教〉)》一文在1900年《科学评论》杂志第5—6期上发表。

7. 1901年

7月17日，在给妈妈的信中，询问米嘉是否收到娜嘉的信，信中曾经请求他把《俄国资本主义的发展》寄三本给自己。"米嘉寄来的钱（75卢布）收到了，谢谢。这大概是卖掉我那支猎枪的钱吧。他收到娜嘉的信了吗？信中曾请他把我写的关于资本主义的书给我寄三本来。"①

8. 1902年

3月20日（4月2日），列宁从慕尼黑写信给母亲，请她把所有的俄文书籍和全部统计资料运来。

9. 1905—1907年

列宁准备《俄国资本主义的发展》的第二版，对好几章作了重要补充。

10. 1907年

7月，列宁在芬兰写《俄国资本主义的发展》第二版的序言。

11. 1908年

2月27日和3月6日（3月11日和19日）之间，《俄国资本主义的发展》第二版由彼得堡智神星出版社出版。

3月8日（21日），《图书年鉴》第10期刊登《俄国资本主义的发展》第二版（增订版）出版的消息。

5月，《现代世界》杂志第5期发表波·韦谢洛夫斯基对《俄国资本主义的发展》一书所写的评论。②

---

① 《列宁全集》第53卷，北京：人民出版社1988年版，第256页。
② 以上这部分关于《俄国资本主义的发展》一书的具体创作过程，笔者重点参考了《列宁全集》第3卷、44卷、53卷、57卷以及其他有关列宁创作该著作的卷册内容，并借用了列宁家书通信中的有关内容，同时还参考了列宁的同事、战友、"狱友"对列宁回忆的有关内容，希望能完整还原列宁创作《俄国资本主义的发展》的真实情况。

第三章 第一版与第二版的区别[①]

收录在中文《列宁全集》第一版、第二版的《俄国资本主义的发展》一书,在前后两版的译文、图例、内容等方面是有些许差别的。差别如下:

一 插图设计的差别

朱启环认为,第一版的插图都是铝印的,很难保持原色调。为了提高印制质量,除个别单图仍然铝印外,新版的插图大都改为彩色胶印。在当时彩色制版印刷相当紧张的情况下,能够这样决定,是与原出版局的大力支持和新华印刷厂的积极配合分不开的。[②]

二 封面装帧的差别

作为《俄国资本主义的发展》专卷的《列宁全集》中文第一版第三卷,其封面装帧以暗灰色为主,显得色调深沉,严肃庄重。相比之下,中文第二版的封面装帧则"采用了淡蓝灰色的包封,给人一种清新明快的感觉,当然缺点是不太耐脏;封面用带花纹的土红色配以淡赭石色绢丝纺书脊,两侧压凹凸图案,显得素雅大方,具有民族风格;书脊

[①] 本部分考证对象仅限于中文《列宁全集》第一版、第二版的第三卷。对于《俄国资本主义的发展》的其他译文单行本,不作考证或顺带考证而不作重点。
[②] 参见朱启环:《新版〈列宁全集〉插图设计介绍》,载《中国出版》1991年第8期,第63页。

书名的底色是专门请上海印刷技术研究所临时研究试制一种不反光的土红色色片，看起来比较庄重调和。特别是这次在包封的书脊上印上了每一卷的起讫年代，并分别标明是'著作'卷，还是'书信'卷，或是'笔记'卷，这样，读者不论是平时使用，还是放在书架上，都能一目了然，便于查找，克服了过去封面上光有卷次的缺点"①。

三 版式设计的差别

在版式设计上力求朴素实用，改变过去不适当的旧办法，如书眉，中文第一版按照俄文版原书的格局，左右两边，一边标卷次，一边标篇名；再如第一卷，全书正文左边的书眉上标的统统是"列宁全集第一卷"，这完全是多余的。新版改用左边标篇名，右边标章节名，使两边书眉都能发挥作用；又如注释，分脚注和卷末注两种，过去把许多简单的引文出处都放在卷末注里，边读边查十分不便，新版把这类注都改为脚注。在纸张材料上，新版的正文用纸选用了质量较高的金城凸版纸，这样可以保证全书纸色的一致。②

四 译文质量的差别

《俄国资本主义的发展》是《列宁全集》的专卷。从卷册次序看，都是《列宁全集》第一版、第二版的第三卷。但是，从翻译质量看，第二版的翻译质量要高于第一版。主要原因有二：

一是中文第一版《列宁全集》是在时间十分紧张的情况下翻译出版的。为了迎接建国十周年庆典，各个参与单位都加班加点，但现实是时间根本不够用。用一句时髦的话说，就是"理想很丰满，现实很骨感"。有时为了加快出版速度，甚至出现了平均两星期出版一卷的"大

---

① 张惠卿：《谈谈新版〈列宁全集〉》，载《读书》1984年第11期，第5页。
② 同上书，第6页。

跃进速度"。姜文洁曾回忆说:"《列宁全集》中文版第一卷是一九五三年出版的。到一九五七年,五年中一共出了七卷。但是到一九五八年,大大加快了出版进度。单是这年下半年就出版了九卷,到一九五九年九月,又出版了二十二卷。至此,《列宁全集》三十八卷全部出齐(当时《列宁全集》俄文第四版第三十九卷尚未出版),作为国庆十周年献礼书,发到书店,配合了广大读者学习马列主义的迫切要求。"① 在这种情况下,《俄国资本主义的发展》的翻译质量就打了折扣。

二是中文第二版《列宁全集》则是以俄文第五版的《列宁全集》为母版。该版经过中国共产党中央委员会的决定,由国家出面组织翻译界、出版界、印刷界等各路精兵强将,保质保量地完成。这是中国人自己编译出版的中国版本的《列宁全集》,也是迄今为止世界上规模最大的列宁著作版本。杨祝华认为,第二版"对第一版的译文逐句核对原文校订,改正了译文中的误译和不确切的地方,在文字表述上也更为通顺流畅。同时进一步统一了引文、译名和术语的译法。总的说来,新版译文改动较大,质量有了提高"②。1984年9月24日,中央编译局和人民出版社在人民大会堂联合召开庆祝新版《列宁全集》出版座谈会,与会领导和专家学者有300人之多。杨尚昆、胡乔木、邓力群、薄一波、王任重、林基洲、张惠卿、熊复、韩树英、王子野、师哲、龚育之、陈翰伯等人对中文第二版《列宁全集》给予了高度评价。

五 译文内容的差别

收入《列宁全集》中文第一版的《俄国资本主义的发展》是根据俄文《列宁全集》第四版译出的,由于历史的原因,俄文第四版带有明显的时代局限性,中译文也自然不可幸免。姜其煌作为审校《列宁全

---

① 参见姜文洁:《两星期出版一卷〈列宁全集〉——大跃进中出版史上的一件奇迹》,载《出版工作》1978年第2期,第26页。
② 杨祝华:《即将出版的〈列宁全集〉中文第二版与第一版有什么不同?》,载《马列主义研究资料》1983年第3期,北京:人民出版社1983年出版,第67—68页。

集》第二版第一、二、三卷的资深翻译家,曾经从翻译的角度,对《俄国资本主义的发展》的前后译文情况进行过比较,并且还涉及焦敏之译本和曹宝葆华译本。姜其煌指出,据不完全统计,仅改正中文第一版译文中的错误、不确切和遗漏的地方,"第三卷有将近三百处"①。姜其煌着重指出了以下几个译文不一致的地方:

1. 《列宁全集》中文第一版第三卷第 13 页:建立在资本主义基础上的生产力在工人和农民群众处于商品生产下一般可能的最好的境况下最迅速而自由地发展。

二版改为:在资本主义基础上,在工人和农民群众处于商品生产下可能具有的最好环境中,生产力得到最迅速和最自由的发展。(《列宁全集》中文第二版第三卷第 13 页)

2. 《列宁全集》中文第一版第三卷第 17 页:这种发展(指商品经济的发展——笔者)的趋势是:不仅把每一种产品的生产,甚至把产品的每一部分的生产都变成专门的工业部门;——不仅把产品的生产,甚至把产品制成消费品的各个工序都变成专门的工业部门。

二版改为:……而且不仅把产品的生产,甚至把产品准备好以供消费的各个工序都变成单独的生产部门。(《列宁全集》中文第二版第三卷第 35 页)

3. 《列宁全集》中文第一版第三卷第 567 页:我在我那本书中打算把许多所谓"手工"业列入俄国资本主义工场工业阶段,如果我没有弄错的话,首先,我自己自然也决不认为这个问题已经解决了。

二版改为:我在那本书中把许多所谓"手工"业列入俄国资本主义工场手工阶段,如果我没有弄错的话,这还是一个创举;我自然决不认为这个问题已经完全解决了。(《列宁全集》中文第二版第三卷第 572 页)

4. 《列宁全集》中文第一版第三卷第 14 页:这种修订可能要求把

---

① 姜其煌:《〈列宁全集〉中文第二版第一、二、三卷审订札记》,载《中国翻译》1987年第 2 期,第 28 页。

本书扩大，要是这样：第一卷就只分析革命前的俄国经济，第二卷研究革命的总结和结果。

二版改为：这种修订可能要求写本书的续篇，要是这样，第一卷就只分析革命前的俄国经济，第二卷研究革命的总结和结果。（《列宁全集》中文第二版第三卷第 14 页）

关于这一部分内容，姜其煌认为：这是《俄国资本主义的发展》第二版序言中的一个脚注，写于 1907 年。列宁在这个序言中说，俄国 1905 年革命的最后结果如何，还不能作出判断，所以全面修订此书的时机还没有到来。他对这句话做了一个脚注，说：如果要修订的话，那么第一卷只分析革命前的经济，第二卷研究革命的结果。从脚注的逻辑看，列宁实际上已明确指出，修订以后，准备把此书写成两卷。因此，把《такая переработка потребует продолжения прелагаемой работы》中的《продолжения》译成"扩大"就不妥当了，因为"扩大"一般只能理解为增加篇幅，不能变成两卷。根据这个逻辑，《продолжение》在这里应译"续篇"或"续集"。1948 年焦敏之的译文是"增补"，1949 年曹葆华的译文是"加长"，不论是"增补"、"加长"或"扩大"，都没有明确点出本书要分两卷出版，因此，与本脚注的下半句话（要是这样，第一卷就只分析……）不能相互呼应。现在，我们把这个脚注改译成第二版如今的模样。

5. 《列宁全集》中文第一版第三卷第 50 页：他把每一农户的全部耕地面积分为：食物面积（提供养活家庭和雇农的产品）；饲料面积（提供牲畜饲料）；经营面积（提供播种所需的种子，庄园的面积等等）。这样一来，也就把提供出卖产品的市场面积或商业面积确定下来了。

二版改为：他从农户的全部播种面积中划出了食物面积（提供养活家庭和雇农的产品）、饲料面积（提供牲畜饲料）和经营面积（提供播种所需的种子、宅地等等），从而算出了提供销售产品的市场面积或商业面积。（《列宁全集》中文第二版第三卷第 54 页）。

关于这一部分的译文，姜其煌回忆说：我查索了一下这句话误译的来源，是出于焦敏之的译文，因为曹葆华的译文是正确的，可惜没有被采纳。

6.《列宁全集》中文第一版第三卷第 200 页：力气大的半工；经济学上称为"四分之三"工，即从 16 岁至 20 岁，除收割外，能做整工所做的任何工作。

二版改为：力气大的半劳力，"农庄上称为'四分之三'劳力"，即从 16 岁至 20 岁，除用大镰刀割草外，能做整劳力所做的任何工作。（《列宁全集》中文第二版第 204 页）

7.《列宁全集》中文第一版第三卷第 182 页：恩格尔加尔特的一段经营史

二版改为：恩格尔哈特的农场的历史（《列宁全集》中文第二版第三卷第 187 页）

姜其煌认为：这个错误焦敏之和曹葆华的译文都没有避免，不过他们都误译成经济史，而不是经营史。

8.《列宁全集》中文第一版第三卷第 560 页：在谈论工业中用资本主义方式生产的那一部分产品之前，必须首先弄清俄国究竟有什么样的工业以及它们向资本主义生产转变的程度。

二版改为：在谈论工业中用资本主义方式生产的那一部分产品之前，必须首先弄清俄国究竟是什么样的工业在变为资本主义工业并变到什么程度。（《列宁全集》中文第二版第三卷第 564 页）

9.《列宁全集》中文第一版第三卷第 536 页：因此，别的民粹派认为十分细小的"角落"，实际上体现着现代社会关系的精髓……

二版改为：因此，某一位民粹派认为极小的"角落"，实际上体现着现代社会关系的精髓……（《列宁全集》中文第二版第三卷第 538 页）

关于这一部分内容，姜其煌指出：1940 年《列宁选集》中文版编辑部译成"一个民粹派"，意思比较接近。焦敏之译成"别的"，错了。曹葆华译成"民粹派"，删去了《иному》，变成模棱两可的意思，原因还是对《иной》一词的多种释义，没有完全掌握。考察一下一句译文的历史演变，可以给我们以很多启示。①

六　第二版对第一版的补充

实际上，列宁在1908年2月的该书第二版中，又补充了许多新的统计资料。之所以如此，是因为经过近十年的发展，一些新的统计资料与旧有的统计资料之间出现了逻辑上的变化，要科学地揭示俄国资本主义的未来发展和俄国各个阶级之间的真实关系，需要新的统计资料作为支撑。正是依据这些新的统计资料，列宁对该著作的第二版进行了许多的修改和补充。

那么，列宁在该书的第二版中，作了哪些修改和补充呢？

如果以收录《俄国资本主义的发展》的中文《列宁全集》第一版、第二版为依据，通过比较前后两版可以知道，第二版相对于第一版而言，章节目的宏观逻辑章结构变化不大。列宁自己曾经指出，第二版"作者只是对文字进行了审查和订正"②，但是，一些细节性修改和补充还是蛮多的。具体而言，这些修改和补充主要体现在以下方面：

1. 在第二章"农民的分化"中，增添了分析1896—1900年军马调查总结的一节（第二版的第11节部分）。③

---

① 以上内容参见姜其煌：《〈列宁全集〉中文第二版第一、二、三卷审订札记》，载《中国翻译》1987年第2期，第21—28页。关于这些译文演变的历史，以及不同译文背后所承载的时代变迁和历史发展，并且这种译文变化所能影响的马克思主义中国化、时代化和大众化等问题，敬请读者关注我的另一部拙作——《列宁主要著作在中国的出版传播和文本比较研究》中对这些问题的分析。

② 《列宁全集》第3卷，北京：人民出版社1984年版，第14页。

③ 军马调查是沙皇俄国对动员时适合军队使用的马匹的调查，通常每隔6年进行一次。第一次调查是1876年在西部33个省进行的。第二次调查是1882年在整个欧俄地区进行的，其结果于1884年公布在《1882年马匹调查》一书中。1888年的调查是在41个省进行的，1891年的调查是在其余18个省和高加索进行的，所得资料由中央统计委员会整理后公布于《俄罗斯帝国统计资料第31卷。1891年军马调查》（1894年圣彼得堡版）。根据1899—1901年欧俄43个省、高加索1个省和阿斯特拉罕省卡尔梅克草原的军马调查资料编写成了《俄罗斯帝国统计资料》第55卷（1902年圣彼得堡版）。军马调查带有对农民经济进行普查的性质。参见《列宁全集》第3卷，北京：人民出版社1984年版，第597页。

2. 引用了证明他先前所作的关于俄国资本主义发展的结论的新事实,特别是工厂统计的新材料。

3. 分析了1897年人口普查的总结,更全面地揭示了俄国的阶级结构。

4. 在第二版中,还总结了同"合法马克思主义者"在本书所涉及的基本问题上进行的斗争。①

在第一版中,列宁为了应付书报检查和警察监督而不得不使用了一些十分隐晦的字眼用以代替他所表达的真实想法。比如,不说"马克思"、"马克思主义者"或者"新理论"等,而是使用"学生"、"劳动人民的拥护者"等新理论。而在第二版中,列宁都相应地改为"马克思主义者"、"社会主义者",并且不再用"新理论"这一提法,而是直接写成了马克思著作或者马克思主义。

5. 新增加了一个表。即列宁所说的"最近《工厂观察员报告汇编》中引用了一些工人人数划分工厂类别的资料。下面是1903年的这种资料"。该部分位于第二版的第七章第七节"大工厂的增加"部分。

新增表如下②:

工厂类别	俄罗斯64省		欧俄50省	
	工厂数目	工人人数	工厂数目	工人人数
工人在20以下者	5749	63652	4533	51728
21—50工人者	5064	158602	4253	134194
51—100工人者	2271	156789	1897	130642
101—500工人者	2095	463366	1755	383000
501—1000工人者	404	276486	349	240440
超过1000人者	238	521511	210	457534
共 计	15821	1640406	12977	1397538

---

① 比如,增加了《非批判的批评》一篇长文章。这篇文章是列宁在俄文单行本的第二版时加上去的,俄文单行本的第一版并没有这篇长文。

② 《列宁全集》第3卷,北京:人民出版社1984年版,第469页。

6. 增加了 24 条脚注。分别是：

（1）为第一版序言中的一处书增加脚注。

脚注内容是：有俄译本。

脚注所标对象：《土地问题》一书。即"我们最大的遗憾是，我们在本书中未能使用卡·考茨基在其《土地问题》（1899 年斯图加特狄茨版；第 1 篇：《资本主义社会中农业的发展》）① 一书中对'资本主义社会中农业的发展'所作的精辟分析"。

（2）为第一章"民粹派经济学家的理论错误"的第四节"民粹派关于额外价值不可能实现的理论"增加脚注。

脚注内容是：不妨提醒现在的读者，布尔加柯夫先生以及下面常常引证的司徒卢威先生和杜冈－巴拉诺夫斯基先生在 1899 年曾力图成为马克思主义者。现在他们却都顺利地从"马克思的批评家"变成庸俗的资产阶级经济学家了。

脚注所标对象是：布尔加柯夫先生。即"我们不想详细分析这一切矛盾（尼·—逊先生的《论文集》第 203—205 页），这是一件枉费精力的工作（这件工作布尔加柯夫②先生在其《论资本主义生产条件下的市场》一书中完成了一部分）"。

（3）为第一章"民粹派经济学家的理论错误"的第六节"马克思的实现论"增加脚注。

脚注内容是：有名的（有赫罗斯特拉特名声的）爱·伯恩施坦在其《社会主义的前提》（1899 年斯图加特版第 67 页）中引证的正是这一段。自然，我们这位从马克思主义转到旧资产阶级经济学的机会主义者赶紧声明说，这是马克思的危机论中的矛盾，马克思这种观点"同洛贝尔图斯危机论没有多大区别"。而事实上，"矛盾"仅存在于下边两个方面之间：一方面是伯恩施坦的自负，另一方面是他的荒谬的折中主义和对马克思理论的不求甚解。伯恩斯坦是何等地不懂得实现论，这从

---

① 《列宁全集》第 3 卷，北京：人民出版社 1984 年版，第 6 页。
② 同上书，第 27 页。

他十分可笑的议论中可以看出，似乎剩余产品的大量增长必然是有产者人数的增加（或者是工人生活福利的提高），因为请看，资本家本身及其"仆役"（原文如此！第51—52页）是不能把全部剩余产品都"消费"掉的！！

脚注所标对象是：马克思的一段话。"一切真正的危机的最根本的原因，总不外乎群众的贫困和他们的有限的消费，资本主义生产却不顾这种情况而力图发展生产力，好像只有社会的绝对的消费能力才是生产力发展的界限。"①

（4）为第二章"农民的分化"的第十二节"关于农民家庭收支的地方自治局统计资料"增加脚注。

脚注内容是：不言而喻，斯托雷平（1906年11月）解散村社给贫苦农民带来更大的害处。这就是俄国式的"发财吧"：黑帮——富裕农民！尽力掠夺吧，只要你们支撑住摇摇欲坠的专制制度！

脚注所标对象是：列宁的分析结论，即："但是我们知道，农民的分化降低了份地在现代农村两极中的作用。当然，在这种情况下，按份地分摊赋税（同村社的强制性有紧密联系）会使赋税从富裕农民身上转嫁到贫苦农民身上。村社（即连环保和没有放弃土地的权利）对贫苦农民的**害处**是越来越大了。"②

需要指出的是，列宁这里使用的"发财吧"具有特定的涵义。"发财吧"一语出自法国七月王朝（1840—1848年）政府首脑弗·皮·纪·基佐的一次讲话。七月王朝时期掌握政权的是资产阶级中的金融贵族集团，它规定很高的选民财产资格，不仅工人和农民，而且小资产阶级和部分资产阶级也被剥夺了选举权。在人们要求进行选举改革时，基佐回答说："不会有改革的，发财吧，先生们，你们会成为选民的。"③

（5）为第二章"农民的分化"的第十二节"关于农民家庭收支的地方自治局统计资料"增加脚注。

---

① 《列宁全集》第3卷，北京：人民出版社1984年版，第41页。
② 同上书，第131页。
③ 同上书，第598页。

脚注内容是：在德国农业文献中有德雷克斯勒尔的专题著作，这些著作载有按土地数量划分的各类土地占有者的牲畜**重量**的资料。这些资料比上述俄国地方自治局的统计数字更突出地表明，小农的牲畜质量同大农，特别是同地主的牲畜质量相比，是**低劣得无可估量的**。我希望在不久的将来能把这些资料整理出版。

脚注所标对象是：各类农户的财产状况全然不同，即："我们在这里看到，各类农户的财产状况全然不同，而且这种不同竟到了连无产农民的马都跟殷实农民的马完全不一样。"①

（6）为第二章"农民的分化"的第十二节"关于农民家庭收支的地方自治局统计资料"增加脚注。

脚注内容是：即使从下述片段的资料中也可以看出，农村中农民消费的肉类要比城里人少到什么程度。1900年，莫斯科全市屠宰场所杀的牲畜有400万普特左右，总价值为18986714卢布59戈比（1901年《莫斯科新闻》第55号）。平均每一男女人口每年约合4普特或18卢布。

脚注所标对象是：列宁的分析结论，即："从这个表可以看出，我们把无马的农民和有1匹马的农民算在一起同其他各类农民相对比是正确的。上述两类农民的特点就是饮食不足和饮食质量恶化（马铃薯）。有1匹马的农民在某些方面甚至比无马的农民吃的还坏。就连这个问题上的总'平均数'也完全是虚假的，它用殷实农民饮食充足的情况把农民群众饮食不足的情况掩盖起来了，殷实农民所消费的农产品几乎比贫苦农民多50%，所消费的肉类比贫苦农民多两倍。"②

（7）为第二章"农民的分化"的第十三节"第二章的结论"增加脚注。

脚注内容是：也可参看普里马克先生的著作：《研究向西伯利亚迁移的数字材料》。

---

① 《列宁全集》第3卷，北京：人民出版社1984年版，第133页。
② 同上书，第137页。

脚注所标对象是：一本书，即："迁移与农民分化的这种联系，在**伊·古尔维奇**的卓越著作《农民向西伯利亚的迁移》（1888年莫斯科版）中完全得到了证明。我们竭诚向读者推荐我国民粹派报刊极力闭口不谈的这本书。"①

（8）为第三章"地主从徭役经济到资本主义经济的过渡"的第四节"工役制度的衰落"增加脚注。

脚注内容是：1893—1894年的48省马匹调查表明，全体养马主的马匹减少了9.6%，养马主减少了28321人。在坦波夫、沃罗涅日、库尔斯克、梁赞、奥廖尔、图拉和下诺夫哥罗德各省，从1888年到1893年马匹减少了21.2%。在其他7个黑土地带，从1891年到1893年马匹减少了17%。欧俄38省，在1888—1891年计有7922260个农户，其中有马户为5736436个；在1893—1894年间，这些省有8288987个农户，其中有马户为5647233个。可见，有马户的数目减少了89000个，无马户的数目增加了456000个。无马户的百分比从27.6%增加到了31.9%。（《俄罗斯帝国统计资料》1896年圣彼得堡版第37卷）我们在上面已经指出，欧俄48省中，无马户的数目从1888—1891年的280万增加到1896—1900年的320万，即从27.3%增加到29.2%。在南部4省（比萨拉比亚省、叶卡捷琳诺斯拉夫省、塔夫利达省和赫尔松省），无马户的数目从1896年的305800个增加到1904年的341600个，即从34.7%增加到了36.4%。

脚注所标对象是：马匹数和无马户，即："由于90年代的歉收，农民的马匹大量减少了，无马户随之增加②，这不能不对加速资本主义制度排挤工役制度的过程产生有力的影响。"

（9）为第三章"地主从徭役经济到资本主义经济的过渡"的第七节"机器在农业中的使用"增加脚注。

脚注内容是：为了判明近来情况发生了怎样的变化，我们引用《俄

---

① 《列宁全集》第3卷，北京：人民出版社1984年版，第155页。
② 同上书，第178—179页。

罗斯年鉴》（1906年圣彼得堡中央统计委员会版）中1900—1903年的资料。在这里，帝国的农业机器生产额是12058000卢布，而国外农业机器输入额1902年是15240000卢布，1903年是20615000卢布。

　　脚注所标对象是：农业资本主义地区，即："如果在70年代，俄国农业资本主义的主要中心是西部边疆地区省份，那么在19世纪90年代，在纯俄罗斯省份中形成了更出色的农业资本主义地区。"①

　　（10）为第四章"商业性农业的发展"中的第四节"续。上述地区的地主经营中的经济"做脚注。

　　脚注内容是：下面是关于一般俄国农民生活水平和生活条件的两段评述：米·叶·萨尔蒂科夫在《生活琐事》中描写了"善于经营的农夫"……"农夫是什么都需要的，但最需要的……是工作得筋疲力尽、不吝惜自己劳力的本领……善于经营的农夫简直就死在这上面"（工作上面）。"妻子和成年儿女所受的痛苦比服苦役还要厉害。"

　　维·韦列萨耶夫在《利扎尔》这篇文章（1899年《北方信使报》第1号）里，叙述了普斯科夫省一个叫利扎尔的农夫如何宣传用滴剂和其他药品"节育人口"。作者说："后来，我不止一次地听到许多地方自治局的医生特别是助产士讲，他们常常遇到农村夫妇们提出这一类请求。""朝着一定方向前进的生活，对各条道路都探索过了，最后碰到一条死胡同。这条胡同是没有出路的。于是，解决问题的新方法自然而然会拟出来并且日益成熟。"

　　的确，资本主义社会中农民的境况是没有出路的，并且在村社的俄国也像在小块土地的法国一样，农民的这种境况"自然而然地"会导致用不自然的办法去……延缓小经济的灭亡，而当然不是去"解决问题"。

　　脚注所标对象是：挤奶女工，即："畜牧业业主的商业资本使小农完全依赖自己，它使小农变成为了低微的工资而替它照料家畜的牧工，把小农的妻子变成自己的挤奶女工。"②

---

① 《列宁全集》第3卷，北京：人民出版社1984年版，第192页。
② 同上书，第241—242页。

(11) 为第四章 "商业性农业的发展" 中的第五节 "续。牛奶业地区农民的分化" 做脚注。

脚注内容是：下面是老乳脂制造者先生的一段很有特色的评论："谁要是看到过并了解现代的农村，再回想一下40—50年前的农村，谁就会因二者的不同而感到惊异。在过去的农村里，所有农户的房子，不论外表或者内部装饰都是一个式样的；而现在，农村里有茅草屋也有彩画粉饰的大房子，有穷人也有富人，有被侮辱和被损害的人，也有花天酒地、寻欢作乐的人。从前我们常看到的村庄连一个单身无靠的农民也没有，而现在这样的农民在每个村庄中至少有5个以至10个。老实说，把农村变成这个样子，乳脂制造业是要负很大责任的。30年来，乳脂制造业使许多人发财致富，修饰房屋；有许多农民，即牛奶供应者，在乳脂制造业发达时期改善了自己的经济状况，添了更多的牲畜，合伙或单独购买了大量土地，但是更多的人变穷了，乡村里出现了单身无靠的农民和乞丐。"（1899年《生活》第8期，转引自1899年《北方边疆区报》第223号）

脚注所标对象是：干酪制造厂和乳脂制造厂等，即："农民自己感到，他们经常被迫挨饿，因为自从某个地区开办了干酪制造厂以来，乳制品都被送到这些干酪制造厂和乳脂制造厂去了，因而他们平时就喝掺水的牛奶。用商品支付工资的现象也普遍起来了（第43、54、59页及其他各页），因此令人感到遗憾的是，'资本主义'工厂中禁止以商品支付工资的法令没有推行到我国的'人民'小生产中去。"①

(12) 为第六章 "资本主义工场手工业和资本主义家庭劳动" 中的第二节 "俄国工业中的资本主义工场手工业" 做脚注。

脚注内容是：据《1903年工厂观察员报告汇编》（1906年圣彼得堡版）统计，萨拉托夫省全省共有33个分活站，共10000个工人。

脚注所标对象是：分活站和工人，即："根据1890年《工厂一览表》，这里有'工厂'31家，工人4250人，生产总额为265000卢布，

---

① 《列宁全集》第3卷，北京：人民出版社1984年版，第248页。

而根据《工厂索引》，这里有一个'分活站'，有33个作坊内工人，生产总额为47000卢布。(这就是说，在1890年，作坊内工人和作坊外工人混在一起了！) 根据地方调查，1888年条格布业的生产使用了约7000台织机。"①

（13）为第六章"资本主义工场手工业和资本主义家庭劳动"中的第八节"什么是'手工'工业"做脚注。

脚注内容是：遗憾的是，我们没有机会读到关于雅罗斯拉夫尔省手工工业的最新著作。(《手工业》1904年雅罗斯拉夫尔亚罗斯拉夫尔省地方自治机关统计局出版社版) 从《俄罗斯新闻》(1904年第248号)的详细评论来看，这是一部极有价值的调查报告。据统计，该省共有18000个手工业者（在1903年有33898个工厂工人）。手工业日益衰落。有雇佣工人的企业占1/5。雇佣工人占手工业者总数的1/4。在有5个和5个以上的工人的作坊中做工的，占手工业者总数的15%。在全部手工业者当中，整整有一半是用业主的材料为业主做工的。农业日益衰落：1/6的手工业者没有马匹和奶牛；1/3的手工业者雇人耕种土地；1/5的手工业不种地。每个手工业者每周工资为一个半卢布！

脚注所标对象是：雇佣工人的总数，即："按资本主义方式雇用的工人总数等于（15447+45+511=）16003人，即87.5%。"②

（14）为第六章"资本主义工场手工业和资本主义家庭劳动"中的第八节"什么是'手工'工业"做脚注。

脚注内容是：例如在成衣业中，资本主义的家庭劳动特别发达，而这个行业正在迅速地发展。"对服装这种生活必需品的需求在逐年增加。"(1897年《财政与工商业通报》第52期，下诺夫哥罗德市集概况) 从80年代起，这种生产才大规模地发展起来。现在单莫斯科一个地方，服装生产总额就不下1600万卢布，工人有2万人。据估计，在整个俄国，这种生产达到一亿卢布的生产额（《专家委员会对俄国工业

---

① 《列宁全集》第3卷，北京：人民出版社1984年版，第351页。
② 同上书，第408页。

成就的概论》1897年圣彼得堡版第136—137页)。在圣彼得堡,根据1890年的调查,成衣业(第11类第116—118项)中连手工业者的家庭计算在内共有39912人,其中有19000个工人,有13000个带家属的个体生产者。(《1890年12月15日圣彼得堡调查》)根据1897年的调查,俄国从事服装业的共有1158865人,他们的家庭成员为1621511人,共计为2780376人。(按:第2版注释指本注中最后一句话,其余部分是第1版注释中原有的。——编者注)

脚注所标对象是:许多被按资本主义方式使用的工人被列入了"手工业者"数目之内。即"在整个俄国,这种工人大约应当有200万人"①。

(15) 为第七章"大机器工业的发展"中的第二节"我国的工厂统计"做脚注。

脚注内容是:在工商业部出版的工厂视察员报告汇编(1901—1903年)中,有工厂数目和工厂工人人数的资料(俄国64个省),工厂是按工人人数分类的(不满20人,21—50人,51—100人,101—500人,501—1000人,超过1000人)。这是我国工厂统计的一大进步。大作坊(工人在21人或21人以上)的资料大概比较可靠一点。工人不满20名的"工厂"的资料显然带有偶然性,毫无用处。例如,1903年在下诺夫哥罗德省,工人不满20名的工厂有266个,工人共1975名,即每个工厂平均不到8个工人。在彼尔姆省,这样的工厂只有10个,工人共159名!这显然是可笑的。1903年64个省的总计是:工厂15821个,工人1640406名,如果除去工人不满20名的工厂,结果是工厂10072个,工人1576754名。

脚注所标对象是:"工厂"概念使用不明确,使用时需要慎重。即:"尽管进行了改革,但是我国的工厂统计几乎看不出有什么改进,'工厂'的概念仍然极不明确,资料依旧常常是完全带偶然性的,因此在使用这些资料时需要极其慎重。"②

---

① 《列宁全集》第3卷,北京:人民出版社1984年版,第409—410页。
② 同上书,第427页。

（16）为第七章"大机器工业的发展"中的第五节"资本主义大企业中的工人人数是否在增加？"做脚注。

脚注内容是：资本主义大企业的工人人数的最新资料如下：关于1900年，有不缴纳消费税的企业的工厂工人人数的资料；关于1903年，有缴纳消费税的企业的工厂工人人数的资料；关于1902年，有矿业工人的资料。铁路工人的人数可以按每一俄里11人来计算（1904年1月1日以前的资料）。见《俄罗斯年鉴》1906年版和1902年的《俄国采矿工业统计资料汇编》。

把这些资料汇总起来，我们就得到：1900—1903年欧俄50个省的工厂工人为1261571名，矿业工人人数为477025名，铁路工人为468941名。总计为2207537名。在整个俄罗斯帝国，工厂工人为1509516名，矿业工人为626929名，铁路工人为655929名。总计为2792374名。这些数字也完全证实了正文中所述说的一切。

脚注所标对象是：大企业吸引工人，即："工人日益从农业与小手工业被吸引到大工业企业里去，是毫无疑义的。"①

（17）为第七章"大机器工业的发展"中的第六节"蒸汽发动机的统计"做脚注。

脚注内容是：1892年以后，蒸汽发动机在俄国的应用具有多么巨大的发展，这可以从下列事实看出来：根据工厂观察员的报告，在1904年，64省有工厂蒸汽锅炉27579个，除农用者外，全国总计有蒸汽锅炉31887个。

脚注所标对象是：蒸汽机数量的增加，即："这就是说，14年间的增长比起全部工业中的蒸汽发动机总数在16年间的增长还要大。制造生产资料的工业在全部工业中所占的比重愈来愈大。"②

（18）为第七章"大机器工业的发展"中的第八节"大工业的分布"做脚注。

---

① 《列宁全集》第3卷，北京：人民出版社1984年版，第457页。
② 同上书，第466页。

第一部分　历史考证

脚注内容是：1897 年 1 月 28 日的人口普查，完全证实了这个结论。整个帝国的城市人口计为男女 16828395 人。而工商业人口，正如我们在上面指出的，是 21700000 人。

脚注所标的对象是：俄国工业人口人数超过城市人口，即："这个结论具有重要的意义，因为它表明俄国工业人口的数量大大地超过**城市人口**。"①

（19）为第七章"大机器工业的发展"中的第九节"木材业与建筑业的发展"做脚注。

脚注内容是：《俄国的生产力》，俄国对外贸易，第 39 页。木材的输出在 1902 年为 5570 万卢布，在 1903 年为 6630 万卢布。

脚注所标对象是：木材向国外输出的比例增加。即："木材商品向国外的输出，从 1856 年的 5947000 卢布，增加到 1881 年的 30153000 卢布与 1894 年的 39200000 卢布，就是说，增长的比例如下：100—507—659。"②

（20）为第七章"大机器工业的发展"中的第九节"木材业与建筑业的发展"做脚注。

脚注内容是：根据 1897 年 1 月 28 日的人口调查（《1897 年 1 月 28 日帝国第一次人口普查材料研究结果总集》1905 年版），整个帝国**独立的建筑业人口**（自己赚得生活资料者）为 717000 人，外加以建筑业为副业的农民 469000 人。

脚注所标对象是：欧俄建筑工人人数。即："根据这些数字判断，欧俄建筑工人人数应当不下 100 万人。"③

（21）为第七章"大机器工业的发展"中的第十节"工厂的附属物"做脚注。

脚注内容是：根据《工厂索引》，我们计算出，厂内工人在 1000 名以上的工厂有 16 个，它们还有厂外工人 7857 名。雇用 500—999 工人

---

① 《列宁全集》第 3 卷，北京：人民出版社 1984 年版，第 479 页。
② 同上书，第 483 页。
③ 同上书，第 489 页。

的工厂14个,其厂外工人为1352名。《工厂索引》对厂外劳动的登记,纯粹是偶然的,而且遗漏极多。根据《工厂观察员报告汇编》,1903年有分活站632处,雇用工人65115名。当然,这些资料很不完全,然而仍然说明这些分活站及其雇用的工人绝大多数都集中在工厂工业中心(莫斯科地区有503个分活站,49345名工人。萨拉托夫省——条格布——有33个分活站,10000名工人。)

脚注所标对象是:家庭劳动成为工厂的附属物。即:"当工厂只生产半成品时,工厂有时候会带出一些进一步加工半成品的小手工业,例如,机器纺纱推动了手工织布,矿厂周围出现了制造金属用品的'手工业者',以及其他等等。最后,资本主义的家庭劳动也往往是工厂的附属物。"①

(22)为第七章"大机器工业的发展"中的第十二节"俄国工业中资本主义发展的三个阶段"做脚注。

脚注内容是:我们认为,上面3章的资料表明,马克思对工业的资本主义形式与阶段的分类,比现时流行的分类更正确而且更有内容,现时所流行的分类把手工工场与工厂混淆起来,并把为包买主工作列为一种特殊的工业形式(黑尔德,毕歇尔)。把手工工场与工厂混淆在一起,这就是以纯粹外部的标志作为分类的基础,而忽视了区别资本主义工场手工业时期与机器工业时期的那些技术的、经济的与生活环境的极重要特征。至于谈到资本主义家庭劳动,那么,无疑地,它在资本主义工业的结构中起着很重要的作用。同样无疑地,为包买主工作正是机器工业以前的资本主义的突出特征,但是它在资本主义发展的各个不同时期也可以看到(而且规模并不小)。如果不把为包买主工作与资本主义发展的一定时期或一定阶段的整个工业结构联系起来,要了解这种工作的意义是不可能的。替农村小店主定做篮子的农民,在家中为扎维亚洛夫定做刀柄的巴甫洛夫制柄工,为大工厂主或大商人定做衣服、鞋子、手

---

① 《列宁全集》第3卷,北京:人民出版社1984年版,第491—492页。

套或纸盒的女工,都是为包买主工作的,但资本主义家庭劳动在所有这些场合下都有不同的性质与不同的意义。当然,我们决不否认例如毕歇尔在研究前资本主义的工业形式上的功绩,但是他对工业的资本主义形式的分类,我们认为是错误的。对司徒卢威先生的观点(见1898年《世间》第4期),我们不能同意,因为他采用了毕歇尔的理论(即上述那一部分)并把它应用于俄国的"手工业"。(从我1899年写了这段话以后,司徒卢威先生完成了他的科学与政治发展的循环。他从一个摇摆于毕歇尔与马克思之间即自由主义经济学与社会主义经济学之间的人,变成了一个最纯粹的自由派资产者。笔者感到自豪的是尽力协助社会民主党把这类分子清洗出去。)

脚注所标对象是:劳动的社会化。即:"上面叙述的大机器工业与以前的工业形式不同的一些特点,可以用一句话来概括:劳动的社会化。……所有这些,都是使国内生产日益社会化,同时也使生产参加者日益社会化的资本主义过程中的各种要素。①"

(23)为第八章"国内市场的形成"中的第一节"商品流通的增长"做脚注。

脚注内容是:上引《世界经济概述》。在1904年,欧俄(波兰王国、高加索与芬兰也在内)有54878公里,亚俄有8351公里。

脚注所标对象是:俄国铁路网的增长。即:"俄国的铁路网从1865年的3819公里增长到1890年的29063公里②,即增加6倍多。"

(24)为第八章"国内市场的形成"中的第二节"工商业人口的增长"做脚注。

脚注内容是:顺便讲一讲,这些资料概述的作者(上引书第6章第639页)说明,1898年身份证发出数目减少的原因,是由于歉收和农民机器的推广使夏季工人外出到南部各省的人数减少了。这

---

① 《列宁全集》第3卷,北京:人民出版社1984年版,第505—506页。
② 同上书,第507页。

个说明根本讲不通,因为发出的居民证数目减少得最少的是第三类,减得最多的是第一类。1897 年与 1898 年的登记方法可以相比吗?

脚注所标对象是:发出居民证总数[1]。即

	发出的居民证的总数	
省 别	1897 年	1898 年
一、外出做非农业零工占优势的 17 个省……	4437392	3369597
二、过渡性质的 12 个省……	1886733	1674231
三、外出做农业零工占优势的 21 个省……	3009070	2765762
50 个省总计	9333195	7809590

7. 新写了 8 段正文并对原有文字作了 3 处大的补充。因为新写的文字和补充的文字较多,不再赘述。

8. 对第一版作了 75 处小的补充和修改。[2]

9. 对一些表格进行了修改。

在第四章"商业性农业的发展"中的第一节"关于改革后俄国的农业生产以及各种商业性农业的总的资料"的一个表格进行修改。

在第一版中,这个表格[3]是这样的:

欧 俄 50 省

时期	人 口		全部粮食,即谷物加马铃薯(单位千俄石)						马 铃 薯 (单位千俄石)						每一口人的纯收获(单位俄石)		
			播 种		纯 收 获				播 种		纯 收 获				谷物	马铃薯	粮食总计
	单位千	百分数		百分数		百分数				百分数		百分数					
1864—66	61400	100	72225	100	152851	100			6918	100	16996	100			2.21	0.27	2.48
1870—79	69853	114	75620	104	211325	138	100		8757	126	30379	178	100		2.59	0.43	3.02
1883—87	81725	132	117	100	80293	111	106	100	255178	166	120	100	10847	156	123	100	36164	212	119	100	2.68	0.44	3.12
1885—94	86282	140	123	105	92616	128	122	115	265254	173	126	104	16552	239	187	152	44348	260	146	123	2.57	0.50	3.07

---

[1] 《列宁全集》第 3 卷,北京:人民出版社 1984 年版,第 529 页。
[2] 同上书,第 590 页。
[3] 同上书,第 603 页。

在第二版中，这个表格被修改为[①]：

欧俄 50 省

时期	男女人口（单位百万）	全部粮食，即谷物加马铃薯		马铃薯		每一口人的纯收获		
		播种（单位百万俄石）	纯收获	播种	纯收获	谷物（单位俄石）	马铃薯	粮食总计
1864—1866	61.4	72.2	152.8	6.9	17.0	2.21	0.27	2.48
1870—1879	69.8	75.6	211.3	8.7	30.4	2.59	0.43	3.02
1883—1887	81.7	80.3	255.2	10.8	36.2	2.68	0.44	3.12
1885—1894	86.3	92.6	265.2	16.5	44.3	2.57	0.50	3.07
（1900—1904）—1905	107.6	103.5	396.5	24.9	93.9	2.81	0.87	3.68

10. 列宁删去了一些脚注。比如，在第七章"大机器工业的发展"中的第四节"采矿工业的发展"中，列宁在编排"关于南俄排挤乌拉尔的统计资料"的表格时，在第二版中就删去了第一版中这个表格中的一个脚注。在第一版中，"关于南俄排挤乌拉尔的统计资料"是这样的：

年代	炼铁量（单位千普特）						帝国产煤总量（单位百万普特）
	帝国总量	百分数	乌拉尔	百分数	南俄	百分数	
1890	56560	100	28174	49.7	13418	23.7	367.2
1896	98414	100	35457	36.6	39169	39.7	547.2
1897	113982	100	40850	35.8	46350	40.6	—

第一版在 1897 年资料后边还加了一个脚注："1898 年帝国生铁总产量为 13300 万普特，其中南俄生产了 6000 万普特，乌拉尔生产了 4300 万普特（1899 年《俄罗斯新闻》第 1 期）。"这个脚注在第二版中删去了。

---

① 该表格见《列宁全集》第 3 卷，北京：人民出版社 1984 年版，第 222 页。

七　列宁在第二版之后的修改

《俄国资本主义的发展》第二版之后，列宁仍未停止修改。体现如下：

列宁《俄国资本主义的发展》1908年第2版第405页，
上面有列宁的批注（按原版缩小）

1. 人民出版社1984年版的《列宁全集》第3卷中，缩印了列宁对第二版进行修改的痕迹。这一修改痕迹出现在该卷的第 471 页。中共中央编译局的编译者们还特地指出：列宁《俄国资本主义的发展》1908 年第 2 版第 405 页，上面有列宁的批注。

2. 列宁自己明确表示了进一步修改第二版的打算，并且还勾勒了进一步修改第二版的逻辑框架。列宁是这样勾勒进一步修改第二版的逻辑框架的：

首先，确立了进一步修订该书的原则。这个原则就是"俄国革命"。

其次，要为第二版写一个续篇。

最后，再一次的修订出版（应该是第三版——笔者注），将把它分成 2 卷。第 1 卷只分析革命前的俄国资本主义经济，第 2 卷研究革命的总结和结果。①

列宁对《俄国资本主义的发展》
第 2 版的修订

列宁根据《1912 年统计年鉴》
一书作的摘录

---

① 参见《列宁全集》第 3 卷，北京：人民出版社 1984 年版，第 14 页。

3. 列宁后来在已经出版的第二版的《俄国资本主义的发展》中，为第七章"大机器工业的发展"中的第七节"大工厂的增加"中的一个表格增加了新的资料。这个表格是1903年《工厂观察员报告汇编》提供的一些资料，列宁根据这些资料绘制的表格。在第二版出版之后，列宁又给本表补充了1908年的相应资料，这些资料引自1910年出版的《工厂观察员1908年报告汇编》第50—51页。由此可见，列宁在1910年或1911年仍在继续修订自己的这部书。①

4. 《俄国资本主义的发展》一书第二版出版后，列宁仍未停止对这本书的修订工作。他在一本第二版上改正了一些排印错误，画了些着重标记，并作了关于1908年第俄罗斯66省（芬兰未计）工业企业按工人人数分类的新资料的笔记。这些资料系引自1910年在彼得堡出版的《1908年工厂视察员报告汇编》一书，因此列宁的这段笔记只能是1910年或者更晚一些时候写的。这本书的扉页上有列宁的亲笔外文署名："Uljanow"。② 从该图片可以看出，列宁对该书的修改一直没有间断，列宁对新材料的运用也一直没有中断。

5. 1908年之后，列宁继续关注俄国的一些新的数字资料，对部分出版物中出现的新资料变量作了资料摘录。除了上述提到的资料之外，列宁在1910年9月底到11月之间，根据亚·瓦·波果热夫《俄国工人的数量和成分统计》一书，作了"俄国某些省份工人人数总结资料摘录"。在1912年5月8日以后，列宁根据《1912年统计年鉴》一书，作了"俄国某些省份和工业部门工人人数资料摘录"。这些摘录全部收集到俄文第5版《列宁全集》"附则"刊印的《〈俄国资本主义的发展〉一书准备材料》中。

---

① 参见《列宁全集》第3卷：北京：人民出版社1984年版，第468—469、608页。
② 《列宁全集》第57卷，北京：人民出版社1990年版，第700页。

第一部分 历史考证

列宁《俄国资本主义的发展》一书的几种较早中译本和收载这一著作的 1942 年解放社版《列宁选集》第 1 卷的封面

第四章 《俄国资本主义的发展》在中国的传播

在考证《俄国资本主义的发展》在中国的翻译、出版和传播的情况时，不得不提到马祖毅和曹鹤龙。根据著名翻译史学家马祖毅的考证，《俄国资本主义的发展》在中国的传播出版大致有如下几个阶段，这突出体现在他编著的《中国翻译通史（现当代部分）》第一卷的第79—80页，该书由湖北教育出版社于2006年出版。

马祖毅认为，列宁《俄国资本主义的发展》上下卷的首次中译本是由上海春秋书店出版的。1930年10月，出版了上卷，由彭苇秋、杜畏之译，书前有译者序。1932年8月1日，上海新生命书局予以再版。下卷于1933年4月出版，至今未见。[①]

1932年8月，上海神州国光社出版的《经济学教程》一书内摘译了《俄国资本主义的发展》第3章第1节和第2节的前部分，标题为《赋役经营制度和资本主义经营制度的结合》；第5章第1、2、4、5、6、8节，第6章第1、3、4、5、6、7节，第7章第6、7、8、12节，标题为《工业上资本主义的发展》；第3章第8节，标题为《农业上机械的意义》；第4章第9节，标题为《资本主义在俄国农业上的意义》；第1章第1—9节，标题为《人民派经济学者之理论的误谬》；第8章第5节，标题为《边境地方的意义，国内市场呢？国外市场?》。译者是高

[①] 实际上，在笔者的进一步考证中，发现了1933年出版的下卷，并对下卷进行了一些考证工作，请读者见随后行文。

希圣、郭真。①

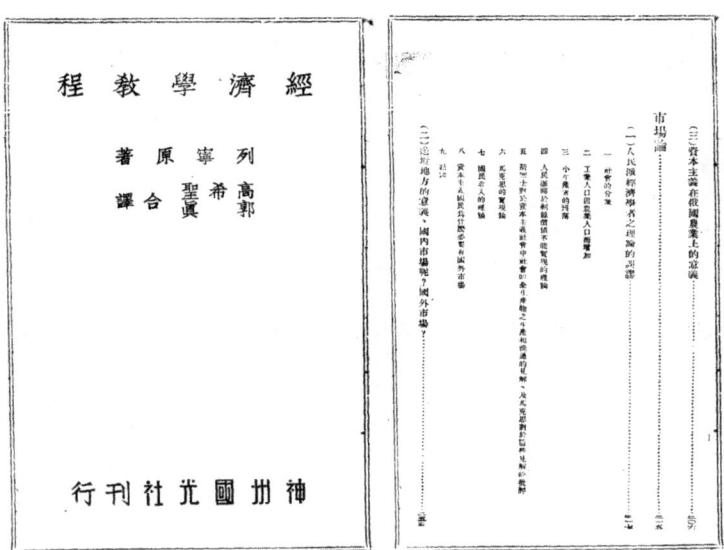

从目录可以看出，部分内容译自《俄国资本主义的发展》。

四川经济学会在新中国成立前编译出版过一本《社会主义经济学》（未署出版日期），其中节译了《俄国资本主义的发展》。此书与上述神州国光社版《经济学教程》均是根据同一俄文版翻译的。

1942年12月，延安解放社出版的《列宁选集》中文版第1卷收有《俄国资本主义的发展》，由何锡麟②等人译，张仲实校。

---

① 需要指出的是，这是根据日本译本重印的，在这本书里，收入了1894—1917年间列宁有关经济问题的重要论文。该译本于1946年11月、1949年3月、1949年8月由原出版社重印三次。另外，1940年2月上海言行出版社也重印过这个译本。见张允侯：《列宁著作中译文年表（1919年12月—1960年3月）》，载《历史研究》1960年第4期，第55页。

② 何锡麟原籍河南濮阳，1915年1月13日出生于天津市军粮城，曾先后在南京金陵中学和北平汇文中学读书。1933年秋，在北平燕京大学社会学系学习。1934年春，在苏州东吴大学社会学系学习。同年秋，考入北京大学经济学系。1935年6月，参与组织成立北平左翼青年大同盟（后改称"北平反帝青年团"）。同年12月，加入北平学联，任执委。1936年1月加入中国共产党，后历任北平社联书记、北平文总执委兼党团组织部部长、中共北平市委文委委员、北平学委会干事会主席。1937年11月，到长沙临时大学学习。1938年3月，到抗大第三期学员班学习。同年5月，调入延安马列学院编译部从事马列经典著作翻译工作，后兼

列宁《俄国资本主义的发展》研究读本

1948年12月，上海棠棣出版社出版了焦敏之①译的《俄国资本主义的发展》，书前有中译本序（1948年11月1日）。1949年7月再版，有写于同年7月9日的第2版序。1951年5月出了第3版。

（续前注）任延安女子大学教员。1941年秋，任中共中央政治研究室世界经济研究小组组长。1943年春至1944年1月，在中共中央宣传部从事党报社论撰写、教材编写及翻译工作。1944年2月，任陕甘宁边区师范学校教导主任。1944年10月至1945年6月，在中共中央外事组从事翻译及研究工作。1945年6月，到中央政治研究室从事研究工作。1946年1月起，先后任中共东北局社会部调查研究室主任，吉林省永吉地委宣传部部长，吉林大学教育长兼文法学院院长、教授，汪清吉林省政府工作团团长，军调第33执行小组支部书记兼翻译，吉林省民主学院教育长。1948年3月，任吉林大学教育长。同年6月，任东北大学（曾改为"东北师范大学"）教育长。1952年11月至1961年10月，任北京师范大学党委书记、第一副校长。1961年11月至1964年4月，任南开大学党委副书记、副校长。1964年5月，任中国科学院哲学社会科学部世界经济研究所副所长。1978年任中央编译局顾问。1987年12月离休。2002年经中央批准享受部长级医疗待遇。2013年8月7日20时35分在北京医院逝世，享年99岁。何锡麟从青年时代起就投身革命。上世纪30年代，受进步思潮的影响，他主编了进步刊物《丧钟》，宣传社会主义思想。1936年他光荣地加入中国共产党。抗日战争时期，何锡麟曾在延安从事马列经典著作翻译工作。1943年初，到中央宣传部工作，从事马列著作、特别是列宁选集的翻译工作，也为中央领导翻译其他资料。1944年冬，调入中共中央外事组。在此期间，他从国外刊物中摘录资料，译成中文，编成《供您参考》，送中央主要领导参阅，受到肯定和表扬。延安时期，何锡麟同志主要翻译的作品有：《马恩丛书》中的《资本论提纲》和《政治经济学论丛》，以及《列宁选集》第一、十一、十六、十七等卷，为党的思想理论事业贡献了自己的力量。本内容来自于中央编译局官方网站对何锡麟同志的生平记述，http://www.cctb.net/news/201308/t20130815_291660.htm。

① 焦敏之（1906—1992），原名焦有功、焦桐。山西祁县人。1925年考进上海大学，开始发表政论，针砭时弊，曾引起左派人士关注。1926年秋，任中共中央刊物《非基督教》杂志的编委。同年冬，被送往莫斯科中山大学学习，在这期间开始翻译苏联的有关著作。1928年10月，转到共产国际东方部任译员。1929年回国。1934年秋，到山西太原与友人创办《中外论坛》，曾为苏联《真理报》等报刊翻译大量文章。其后，翻译出版了《莫洛托夫在苏维埃代表大会上的政府工作报告》单行本，引起反动势力的注意，遂逃往上海。1938—1939年间，在延安抗大及军委编译处工作，期间节译《俄国资本主义的发展》（后有全译本）。1940年赴重庆任苏联驻华大使馆新闻处总编，同时兼任中苏文化协会研究委员会副主任。抗战胜利后，重返上海，相继在上海法学院、暨南大学任教授。1949年以后，历任华东军区三野政治部外语专修学校校长、南京军事学院科学研究部翻译室主任。1961年调天津河北大学任教。文革期间，遭受不公正待遇。1992年逝世于天津。主要译作，除《俄国资本主义的发展》外，尚有：《恩格斯军事论文集》、《马克思主义的美学观》、《列宁论战争》、《文艺的基本问题》、《古代东方社会》等。主要著作有：《苏德战史》、《古代世界史纲》、《近代国家政治史》等。见李文林：《翻译家焦敏之的人生历程》，载《文史精华》2004年增刊2，第31—33页。特别说明：以上这段有关焦敏之先生的简历，是笔者多方打听并与焦敏之的孙子焦雨石先生取得联系后而获得的。为准确起见，焦雨石将其祖父焦敏之的详细简历，以拍照扫描的形式从天津给笔者电子传递。

1949年11月，解放社出版了曹葆华①译的《俄国资本主义的发展》，该书附有译者于1948年12月20日写的"译后"。1952年8月和1957年2月，人民出版社先后两次再版，书后增加了再版写的"译后"。② 曹葆华在"译后"中说："这部古典巨著，我曾在延安翻过一次（1945—1946），可惜译稿在1947年解放社印刷厂撤离瓦窑堡时被敌人全部焚毁了。1948年我又重新翻译，依据的俄文本是苏联马恩列研究院1935年编印的《列宁全集》第3版第3卷，最近翻译完成，却得到了苏联国家政治书籍出版局1941年印行的《列宁全集》第4版第3卷，并译出书中编辑部所加的注释。在翻译时，曾参看过已有的中文本，部分地对看过英文本，有些名词并参看过日文本。王学文同志与毛岸英同志，在我翻译这本书上，曾给了很多帮助。"

1959年8月，中共中央马恩列斯著作编译局译校的《列宁全集》中文第1版第3卷问世，《俄国资本主义的发展》收入其中。③

以上是马祖毅先生的考证，他的考证是值得肯定的，也颇为详细。但是，由于他对该书的翻译出版只考证到1959年，对于1959年之后的

---

① 曹葆华（1906—1978），四川乐山市人。1932年考入清华大学研究院，1935年毕业。在校期间即开始新诗创作，并走上翻译的道路。抗战爆发后，创作过一些宣传抗日的诗歌，发表在国内进步文学杂志上。1938年（方敬认为是1939年。——笔者注）冬年赴延安，在鲁迅艺术文学院文学系任教。1940年加入中国共产党。1944年在中共中央宣传部翻译马恩列斯经典著作，曾任俄文翻译室主任。他先后翻译出版了《马恩列论艺术》、《马恩列斯论文艺》、列宁的《俄国资本主义的发展》、《黑格尔〈逻辑学〉一书摘要》、《唯物主义与经验批判主义》；斯大林的《无政府主义还是社会主义》；恩格斯的《论住宅问题》（与关其侗合译）、《法德农民问题》（与毛岸青合译）、《自然辩证法》（与于光远、谢宁合译）、《从猿到人》；高尔基的《列宁》、《苏联的文学》、《文学论文选》；普罗特金的《俄国天才的学者和批评家——车尔尼雪夫斯基》等。1962年，到中国科学院哲学社会科学部外国文学研究所任研究员，主要翻译外国的文艺理论书籍。"文化大革命"期间，饱受厄运。粉碎"四人帮"后，继续从事翻译工作，1978年9月20日，在校译《普列汉诺夫文集》第五卷时，因疲劳过度溘然长逝，享年72岁。参见魏亦雄：《诗人、翻译家曹葆华》，载《中共乐山市委党校学报》（新论），2006年第6期，第39页；方敬：《忆葆华同志》，载《新文学史料》1981年第2期，第141—144页。

② 马祖毅：《中国翻译通史（现当代部分）》第1卷，武汉：湖北教育出版社2006年版，第79页。中文第一版《列宁全集》第3卷，实际上是1959年9月出版的，而不是8月。估计是马祖毅写错了或者印刷错了，否则这么明显的失误不可能不知道。

③ 同上书，第80页。

情况，并没有涉及，这不能不说是一个遗憾。

1995年，书目文献出版社出版了曹鹤龙主编的《列宁著作在中国（1919—1992年文献调研报告）》一书，该书较为详细地列出了《俄国资本主义的发展》在中国出版的7种译本，分别如下：

1. 彭苇秋、杜畏之译，上海春秋书店1930年10月初版，编者只见到上卷（6+18+12+370）页，大32开，竖排平装，书前有译者序，1930年8月30日写于上海。北京大学图书馆收藏。上海新生命书局1932年8月1日再版上卷（6+17+12+370）页，大32开，竖排平装。中共中央编译局图书馆收藏。1933年4月出版下卷（4+304+27）页，大32开，竖排平装。1934年7月10日出版第3版，编者只见到上卷（5+17+12+370）页，大32开，竖排平装。中共中央编译局图书馆收藏。

2. 高希圣、郭真译，收在神州国光社1932年8月出版的《经济学教程》一书中，摘录第8章第1节、第2节前半部分，标题是"赋役经营制度和资本主义经营制度的结合"；第5章第1、2、4—6、8节，第6章第1、3—7节，第7章第6—8、12节，标题是"工业上资本主义的发展"；第8章第8节，标题是"农业上机械的意义"；第4章第9节，标题是"资本主义在俄国农业上的意义"；第1章第1—9节，标题是"人民派经济学者之理论的误谬"；第8章第5节，标题是"边境地方的意义、国内市场呢？国外市场？"。

3. 四川经济学会译，摘录，收在解放前四川经济学会出版的《社会主义经济学》一书中，出版时间未署。该书与上述《经济学教程》是根据同一俄文版翻译的。

4. 何锡麟等译，张仲实校，节译，标题是"俄国资本主义底发展"，收在延安解放社1942年12月出版的《列宁选集》中文版第1卷。

5. 焦敏之译，上海棠棣出版社于1948年12月初版，（9+24+584）页，大32开，竖排平装，书前中译本序写于1948年11月1日。1949年7月再版，中译本第2版序写于1949年7月9日。1951年5月出版第 3 版，上海图书馆收藏。①

6. 曹葆华译，解放社 1949 年 11 月北京初版，（17 + 598）页，大 32 开，竖排平装，书后译者写的"译后"写于 1948 年 12 月 20 日。人民出版社 1952 年 8 月再版，书后译者写的"译后"写于 1948 年 12 月 20 日和 1952 年 1 月。1957 年 2 月人民出版社出版第 4 版，书后译者写的"译后"写于 1948 年 12 月 20 日、1956 年 12 月 26 日，杭州大学图书馆收藏。

7. 中共中央编译局译校，收在 1959 年 8 月出版的《列宁全集》中文第 1 版第 3 卷。

同时，曹鹤龙对《俄国资本主义的发展》附后的《非批判的批判》一文也进行了考证，认为它的中译文本有 2 种：

1. 焦敏之译，收在 1951 年 5 月上海棠棣出版社出版的《俄国资本主义发展》一书第 3 版，上海图书馆收藏。

2. 中共中央编译局译校，收在 1959 年 8 月出版的《列宁全集》中文第 1 版第 3 卷。

《〈俄国资本主义的发展〉一书准备材料》，中译文首次发表在 1990 年 12 月出版的《列宁全集》中文第 2 版第 57 卷。②

曹鹤龙对《俄国资本主义的发展》在中国的翻译、出版和传播总结得比较系统，在描述的时候也比较简洁。当然，简截了当是优点，但当我们需要进一步了解一些译本详细情况的时候，就显得容量不够了。

---

① 需要指出的是，张允侯考证认为，1948 年 12 月，上海棠棣出版社出版了曹葆华翻译的中译本《俄国资本主义的发展》，并行文指出："见中文版《列宁全集》第三卷，第 1—558 页。"同时，他指出，该书被列入"中苏文化协会丛书"，1949 年 7 月原出版社又重印一次。见张允侯：《列宁著作中译文年表（1919 年 12 月—1960 年 3 月）》，载《历史研究》1960 年第 4 期，第 64—65 页。这里就出现一个问题，难道上海棠棣出版社在 1948 年 12 月出版了两个不同译者翻译的同一部书——《俄国资本主义的发展》？在笔者的考证中，还没有发现张允侯的说法能够成立的证据。

② 曹鹤龙主编：《列宁著作在中国（1919—1992 年文献调研报告）》，北京：书目文献出版社 1995 年版，第 7 页。中文第一版《列宁全集》第 3 卷，实际上是 1959 年 9 月出版的，而不是 8 月。估计是曹鹤龙写错了或者印刷错了，否则这么明显的失误不可能不知道。

那么,《俄国资本主义的发展》在中国出版传播的详细情况又是怎样的呢？根据笔者自己的考证,《俄国资本主义的发展》在中国的翻译出版和传播情况,大致可以分为两个历史时期。这两个时期的分水岭是1949年新中国的成立。1949年之前是该书在中国出版传播的第一个时期,1949年之后至今则是该书在中国出版传播的第二个时期。之所以如此划分,主要原因在于：1949年前后,《俄国资本主义的发展》所面临的时代环境发生了变化,这也影响了该著作在中国的传播。同时,在每一个传播时期内,也可以根据出版传播的实际情况,分成若干的传播阶段。具体如下：

一　在新中国成立前的翻译、出版和传播

笔者在已有学者研究的基础上,重点考察了列宁《俄国资本主义的发展》的全译本的翻译、出版和传播情况。同时也间接地考证了《俄国资本主义的发展》借助其他书籍而得到进一步传播的基本情况。

（一）《俄国资本主义的发展》全译本考证

第一个全译本。1930年10月12日,春秋书店组织出版了乌里雅诺夫著的《俄国资本主义的发展》（上）,当时的翻译者是彭苇秋、杜畏之两人。该书共有370页,25开张,竖版编排。该书封面上的标题是用比较夸张的镌刻字体印刷的。该书的目次包括：译者的序言、作者第一版的序言、作者第二版的序言；第一章：民粹派经济学者理论上的错误；第二章：农民的分化；第三章：地主们从劳役经济到资本主义经济之转变；第四章：商业性的农业之发达。从该书的目次上看,这只是列宁《俄国资本主义的发展》一书的上半部分（第1—4章）。在该书的尾页附有"春秋书店书目录",书目录中包含32本中外书籍,其中包括：恩格斯的《社会进化的原理》（刘侃元翻译）、黎雅赞诺夫的《马克斯与恩格斯》（刘侃元译）、普列汉诺夫等的《唯物史观的基本问题》（刘侃元译）、考茨基等的《唯物史观的实际应用》（刘侃元译）、耶考

芜莱夫的《文学方法论者普列哈诺夫》（何胃译）等。该译本于1932年8月、1934年7月由上海新生命书店重印两次。①

而该书的下部（第5—8章以及附录部分）直到3年之后，即1933年4月10日，才由上海的新生命书局②出版，下卷采用竖排编译，共300页。下册的定价为1元2角。下册的目次包括：第五章：在工业中资本主义发展的第一阶段；第六章：资本主义手工作坊及资本主义的家庭工艺；第七章：大机器工业之发展；第八章：国内市场的形成；附录：一、企业之不同等级表（表一），莫斯科省小农民工业统计对照表（表二）；二、欧俄工场作坊工业统计对照表（表三）；三、欧俄工场作坊工业之最主要的中心（表四、五）；四、非批评之批评。

非常有意思的是，该书的上半部分也同时由新生命书局印刷。从目次和内容上看，1933年新生命书局印制的《俄国资本主义的发展》上册与1930年春秋出版社出版印制的完全一样，所不同的只是印刷质量和版面编排水平有了明显的提高。1936年，新生命书局在《食货》月刊第5期第30页上刊载了《俄国资本主义的发展》的出售广告，广告中称"本书和《唯物论和经验批判论》都为乌氏最重要的理论著作"。③

第二个全译本。1948年12月，棠棣出版社出版了焦敏之翻译的单行本，书名是《俄国资本主义发展》。该书第一版仅仅发行了215本，

---

① 需要指出的是，在出版社这个问题上，张允侯认为是"夏秋书局"。见张允侯：《列宁著作中译文年表（1919年12月—1960年3月）》，载《历史研究》1960年第4期，第53页。实际上，笔者根据原始书籍，查看到的是春秋书局，而不是夏秋书局，估计这是印刷错误，而不是张允侯的考证错误。

② 新生命书局创办于1928年，由周佛海、陶希圣创办，樊仲云主持，陈宝骅担任经理。出版《食货》半月刊、《社会与教育》月刊、《新生命》月刊。还出版《中国问题丛书》，收有陶希圣著：《中国社会之史的分析》、《中国社会与中国革命》、《中国社会现象拾零》、《中国问题之回顾与展望》；沙发诺夫著：《中国社会发展史》，马札亚尔著：《中国经济大纲》；周谷城著：《中国社会之结构》、《中国社会之变化》、《中国社会之现状》；严灵峰著：《中国经济问题研究》；朱其华著：《中国社会的经济结构》，至1934年底，共出20多种。还出版恩格斯：《家庭、私有财产及国家之起源》，李膺扬（杨贤江）译，周佛海校，书前有陶希圣及译者序；乌里扬诺夫（列宁）：《俄国资本主义的发展》上册，彭苇秋、杜畏云译，后出下册；胡愈之著：《莫斯科印象记》等书。1937年歇业。汪精卫国民政府成立之后又恢复，成为其宣传"和平"言论的喉舌之一。

③ 《食货》半月刊，1936年第3卷第5期，第30页。

1936年《食货》月刊第3卷第5期刊登的《俄国资本主义的发展》一书的广告

收入当时的"中苏文化协会丛书"系列。① 但是在1949年7月的第二版中,该书的印数就急剧增加到3500本,是第一版的16倍之多。在第一版和第二版的序言中,译者认为:"列宁在《俄国资本主义发展》中所提出的若干论点,同样在中国是值得参考和灵活运用的。"在序言中,译者还分析了第二版畅销的原因。一是由于上海的解放,该书可以公开出版了。可以推断,该书在当时的上海是不允许公开出版的,是为国民党查禁的禁书。正如该书译者坦言,"本书在初版时,为避免检查,列宁的笔名改用'伊里奇'三字。现在,由第二版起把原著者的笔名正式改为列宁"②。更重要的原因是,该书适应了当时中国革命和客观环境的需要。但是,译者也同样指出了该书的局限性,即"著者列宁没有

---

① 当时的"中苏文化协会丛书"书种很多,包括苏联学者季莫菲耶夫著、水夫译的《苏联文学史》,苏联的米海洛夫著、继纯译、西门宗华主编的《苏联的力量》,苏联的佛米金哥著、吴清友和强立译的《苏联的红军》等许多书籍。这些书籍对促进中苏关系和加强双方的文化交流起到了良好的作用。

② 〔苏〕列宁:《俄国资本主义发展》,焦敏之译,上海棠棣出版社1949年版,第2页。

在本书中具体提出俄国革命的策略任务"①。

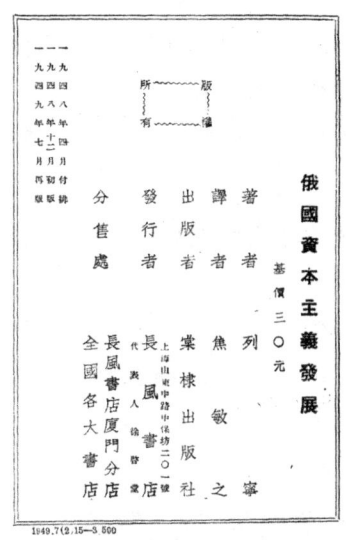

焦敏之译本《俄国资本主义的发展》，1949年棠棣出版社再版

该书的翻译的的确确适应了当时革命的需要，其发行畅销之快，远远超出了译者的预料。"译者原没有想到这样价格昂贵而颇具专门性的书，能在解放军来到之后的一个半月之内销光，竟使译者在时间上来不及重新校阅一次，这是一大遗憾。照目前销售的形势看，也许第二版不久会销售完毕。"②

该书的"中译本序"③评价认为："列宁天才的著作《俄国资本主义发展》，是马克思《资本论》之后第二种最伟大的经济科学的典范。它同《资本论》对现代革命经济科学所发生的作用不相上下……在经济科学领域当中，马克思的《资本论》、列宁的《俄国资本主义发展》和《帝国主义论》以及斯大林在《列宁主义问题》中的若干劳作，确是经济学发展过程中的几块摇撼不动的里程碑。……《俄国资本主义发展》中

---

① 〔苏〕列宁：《俄国资本主义发展》，焦敏之译，上海：棠棣出版社1949年版，第2页。
② 同上。
③ 这一部分应当是棠棣出版社对该书的评价和出版情况的介绍，不是译者的序言。

的一切命题，完全契合于马克思在《资本论》中的一切论旨与命题。然而，有一点，尽管马克思在他的著作中对资本主义社会的总的运动法则有非常科学的指示，可是在列宁以前，鲜有能将马克思的理论运用到各个资本主义国家发展的具体问题上的。在这个问题上，列宁——而且只有列宁，他才天才地把马克思对于资本主义所做的各种主要命题，科学地运用到俄国的实际问题上面。不但如此，《资本论》中的主要的论旨及命题，在《俄国资本主义发展》中尤获得进一步的发呈。"① 所以，将《俄国资本主义的发展》称为"《资本论》第二"的说法，应该是焦敏之的译本的评价。当然，从出版社对该书的评价的溢美之词上看，我们并不能完全排除市场销售的商贾之情，但也的确可以看出《俄国资本主义发展》在当时的社会影响力。

书中交代，焦敏之的译本系依据1949年联共（布）中央直属马昂（恩）列学院（应为马克思恩格斯列宁研究院。——引者注）出版的第四版俄文《列宁全集》第3卷译成。翻译该书的目的，据"中译本序"交代，有三个。"译者翻译这本名著，简单地有三个目的。第一，我国目前的经济，有若干地方类乎俄国的革命以前，列宁对俄国经济的分析，很可以作为我们分析和研究中国经济的参考。第二，我国也有一些类乎民粹派的经济理论家们及波列汉诺夫，我想这本书之后，至少可使这些先生们急起直追，努力猛醒：免去了做中国的民粹派波列汉诺夫或托洛斯基的危险。第三，希望中国的经济学家们看了这本译书之后，用新的科学方法努力于中国经济的分析及研究，像俄国资本主义发展的著者一样，在最近将来写出一本《中国资本主义发展》。这就是我的希望。《俄国资本主义发展》，是在一八九八年尾和一八九九年一月完成，三月出版，距今差不多是整整五十年。所以中译本今天的问世，尤增加了它的意义。这可以说是对《俄国资本主义发展》五十周年的一个纪念。"②

---

① 〔苏〕列宁：《俄国资本主义发展》，焦敏之译，上海：棠棣出版社1949年版，第1页。
② 同上书，第8页。这一部分是焦敏之在1948年11月1日为中译本第一版所写的《中译本序》，并且再次出现了在1949年中译本第二版的前面，算是对翻译《俄国资本主义发展》一文的来龙去脉的交代。

焦敏之的中译本的第二版是竖排版面印刷，共有584页。分为八章。第一章：民粹派经济学家理论的错误；第二章：农业的破产；第三章：土地所有者由工役经济向资本主义经济的过渡；第四章：商业农业的发展；第五章：工业中资本主义的第一阶段；第六章：资本主义的工场手工业及资本主义的家内作业；第七章：大机器工业的发展；第八章：国内市场的形成。该书最后附有附录一、附录二、附录三，并缀有列宁的《非批判的批判》一文和注释、人名表、地名表。

以上是《俄国资本主义的发展》在新民主主义革命时期可以确定的翻译、出版和传播的基本情况。此外，还需要指出一点，就是学术界部分学者在考证《共产党》月刊第1号刊登的"列宁著作一览表"中所列举的著作时，有一些考证是与实际情况有出入的。根据笔者的考证，1920年《共产党》月刊1号上刊登的"列宁著作一览表"的全文如下："我们在下头列表的列宁著作一览表，极不完整。因为几年来这里和俄国断绝交通，俄国各著作家的书籍不能够自由入口。美国的图书馆也极少俄国社会学者和经济学者的著作。所以我们迫得预备这一表只是我们现在所有的。虽然这表不是完全，已经对于经济上，文学上，科学上的范围，非常广阔。这种书籍都是对于经济学、政治学和社会学发表实施的政策。

下列各书籍的先后，都是依着著作年期的次序：（该页侧面印有'震寰译Soviel Russia'字样）

（一）俄罗斯的社会民主党问题（一八九七年出版）

（二）俄罗斯的官本制度发达史（一八九九年在圣彼得堡出版）

（三）经济的创记和论文（同上）

（四）要做什么（一九○二年在德国出版）

（五）告贫乏的农民（为农民对于社会民主党的宗旨而作）（一九○三年在瑞士由俄国革命的社会民主党出版）

（六）进一步退两步（论本党的危机）（一九○四年在瑞士出版）

（七）民主革命中的社会民主党两个政策（一九○五年在瑞士由俄国社会民主工党总部出版）

（八）社会民主实业史略的大纲（一九一七年在彼得格拉出版是由一九〇五年至六年的文集）

（九）解散旧国会和无产阶级的目的（一九〇六年在俄国出版）

（十）一九〇五年至七年俄罗斯第一次革命中的俄国社会民主的大纲（一九〇七年著，一九一七年在彼得格拉出版）

（十一）经验批评主义的唯物哲学（反动哲学的批评释义一九一〇年出版）

（十二）帝国主义的是资本主义的末日（一九一五年著一九一七年在彼得格拉出版）

（十三）俄国的政党和无产阶级的目的（一九一七年在彼得格拉出版）

（十四）论进行方法的文书（一九一七年在彼得格拉出版）

（十五）革命的教训（同上）

（十六）农业中资本发达律的新论据（卷一论美国农务经济中的资本主义 一九一七年彼得格拉出版）

（十七）国家与革命（一九一七年在彼得格拉出版）

（十八）苏维埃政府的要图（即苏维埃实现）（一九一八年在彼得格拉出版）

（十九）无产阶级的革命与考斯基汉奸（一九一八年在彼得格拉出版）

列宁也会翻了许多外国经济学和社会学的著作。我们只说一本很重要的是'职工同盟主义的学理和实施'又名'工业革命'。"①

从上述的考证看，《俄国资本主义的发展》并未出现在这个著作一览表中。另外，在这一时期，还有一些有待考证的疑问，笔者在此提出来，供有兴趣的读者继续考证和填充。

疑问之一：1921年9月，人民出版社在上海秘密成立，为避免检查，它在出版的书刊上都印有"广州人民出版社出版"的字样。该社成立后就确定出版《马克思全书》15种、《列宁全书》14种（包括

---

① 参见《共产党》月刊1号，"列宁著作一览表"。原文有些是明显的错误之处，笔者并未将之纠正，除了想将原始文献呈现读者之外，还因为这些错误读者应该很容易地看出来。

《帝国主义论》、《"左派"幼稚病》、《论策略书》等著作)、《康民尼斯特丛书》11种和其他理论书籍9种。① 然而,据张静庐辑注的《中国现代出版史料》(甲编)中《第一次国内革命战争时期出版物简目》,所列人民出版社出版的新书仅16种,分别是:《马克思全书》3种——《共产党宣言》、《资本论入门》、《工钱劳动与资本》;《列宁全书》4种——《列宁传》、《共产党礼拜六》、《讨论进行计划书》、《劳农会之建设》;《康民尼斯特丛书》4种——《共产党底计划》、《俄国共产党纲》、《国际劳动运动中之重要时事问题》、《第三国际议案及宣言》,以及《李卜可内西纪念》、《两个工人谈话》、《太平洋会议与吾人之态度》、《俄国革命纪实》等4种临时性宣传小册子。除此之外,根据顾锦屏、陈聪的考证,"由于反对势力的迫害和物质条件的困难,马克思全书只出了《共产党宣言》、《雇佣劳动与资本》、《社会主义从空想到科学的发展》、《哥达纲领批判》,列宁全书只出了《苏维埃政权的当前任务》、《论策略书》、《论无产阶级在这次革命中的任务》、《伟大的创举》、《苏维埃政权的成就和困难》等著作"②。然而,河南人民出版社1988年出版的《社会主义大辞典》一书的考证认为:1921年9月1日成立的中共中央第一个出版机构——人民出版社宣布出版一套列宁著作中译本丛书,总称为"列宁全书"。原计划出14种,但由于反动势力的压迫,实际上只出了《苏维埃政权的当前任务》、《论策略书》、《劳农政府之成就与困难》和《共产党礼拜六》等4种。③ 从中可以看出,对于当时《列宁全书》的实际出版物的数量和书籍,学术界还是存在一些考证上的分歧。既然分歧双方在出版数量以及出版物的名称上有了很大的考证出入,那真实的情况又是什么呢?这些出版物中是否包括《俄国资本主义的发展》呢?这需要进一步核实。

---

① 《新青年》第9卷第5号上刊有人民出版社的书目预告,这个预告中是否有《俄国资本主义的发展》呢?笔者尚未找到。

② 顾锦屏、陈聪:《马克思主义经典著作编译工作六十年》,载俞可平主编:《马列经典在中国六十年》,北京:中央编译出版社2010年版,第4页。

③ 高放:《社会主义大辞典》,郑州:河南人民出版社1988年版,第555页。

疑问之二：黄炎培曾经在《"民风"船上读马克思列宁传》一文中说："我所认识，在专研一种学说之前，必先读这位专家的传记，了解他的毕生情况。一九二一年我在北京会见李大钊，但对马克思列宁主义还没有认识。一九三六年，乘民生公司的"民生"轮入川，在船上读了《马克思传》三本，《列宁传》一本，这才初步打下了我学习马克思列宁主义的一些基础。"① 作者提到的《列宁传》是哪个版本的呢？他读到的《列宁传》中是否有关于《俄国资本主义的发展》一书的资料呢？如果有，那么，这是否可以间接证明《俄国资本主义的发展》对一部分中国人走上革命道路起到了积极的作用？

疑问之三：陕西靖国军时期，世界上发生了惊天动地的大事件，这就是苏联十月革命——在地球1/6的面积上诞生了第一个社会主义国家。追随孙中山的陕西靖国军将士和三原各校进步师生，采用各种方式宣传"劳武俄国之革命"，大谈社会主义。虽然对苏维埃和社会主义的理解仅仅是初步的，但一片憧憬之心、向往之情感念不已。学校师生自编自演话剧《列宁传》，歌颂苏维埃的缔造者。……于右任听说师生排演《列宁传》后非常高兴，邀请他们到总司令部所在地"尊经阁"公演。于右任、胡景翼、杨虎城、曹世英等和一部分将士及附近商民一通观看，于右任和大家不断鼓掌祝贺，气氛极一时之盛。当时在三原，"列宁"、"苏俄"、"十月革命"、"穷人当家作主"等成了人们的日常话题。② 那么，这个话剧是否提及《俄国资本主义的发展》呢？

需要说明是，《俄国资本主义的发展》在新民主主义革命时期的传播并不是一帆风顺的，而是曲折丛生。除了国统区将其打入"禁书"的冷宫之外，翻译条件、印刷条件、物质条件等十分匮乏。比如，在延安时期，延安马列学院编译部的主要任务是编译"马恩全书"、《列宁

---

① 黄炎培：《八十年来·黄炎培自述》，上海：文汇出版社2000年版，第141—142页。
② 潘志新编著：《于右任的故事》，西安：三秦出版社1995年版，第43页。那么，在学生自编自演的《列宁传》中，是否有列宁关于《俄国资本主义的发展》的基本思想呢？比如反对民粹派中有关"俄国绕开资本主义"而进入社会主义等错误思想呢？如果有，那么，《俄国资本主义的发展》在中国的翻译或传播的时间将早于马祖毅先生和笔者考证的1930年。

选集》以及斯大林的著作。但是，当时的翻译条件十分艰苦，不但物质条件匮乏，而且所需要的翻译资料和工具书籍也十分匮乏，这给翻译工作带来极大困难。"翻译条件很困难，主要是图书资料少，特别是工具书少。当时毛主席的图书馆也不大，我们要查大英百科全书等也找不到。当时只有一些历史书籍和类似年鉴之类的书……当时每人要有一部顶用的字典就相当不错了，因此翻译中碰到难句子，有时一两天也搞不出来。"① 再比如，在延安时期，《俄国资本主义的发展》已经作为《列宁选集》20卷其中的内容翻译出来了，并且已经出版。但是，由于战争不断，其他的列宁译稿惨遭厄运。"《列宁选集》20卷，从1938年开始出书，直到1947年3月撤离延安以前，末了一卷第20卷，在延安已经译出，并付排打印好纸型，但未及时印出，由中央宣传部出版科副科长张仲实经手将纸型埋在瓦窑堡永坪，后来被蒋军挖出来烧掉了。"②

那么，包括《俄国资本主义的发展》在内的列宁著作，在整个新民主主义革命时期的出版统计情况又如何呢？根据张静庐的统计，从1921年到1949年，列宁共有184本中译本在中国传播，其中就包括影响很大的《俄国资本主义的发展》一书。见表格：

1921—1949年马克思、恩格斯、列宁、斯大林著作中译本统计

年代	马克思恩格斯	列宁	斯大林	马恩列斯合著	总　计
1921—1927	6	23	2	0	31
1927—1937	38	38	30	7	113
1937—1945	30	57	80	25	192
1945—1949	6	66	98	16	186
总　计	80	184	210	48	522

资料来源：张静庐辑注：《中国现代出版史料·丙编》，中华书局1957年版，第247页。

在关于列宁著作翻译、出版和传播的基本问题上，臧仲伦也给出了一个概数。他认为，"据不完全统计，从中国共产党成立到第一次国内

---

① 《马克思恩格斯著作在中国的传播》，北京：人民出版社1983年版，第128页。
② 吴道宏辑注：《中国出版史料》第2卷，山东：山东教育出版社、湖北：湖北教育出版社2000年版，第299页。

革命战争结束,共翻译出版列宁著作三十多种"①。但是,在他的这本《中国翻译史话》中,臧忠伦没有直接提到列宁的《俄国资本主义的发展》一书的具体翻译出版情况。

(二)《俄国资本主义的发展》以其他的方式传播

在新民主主义革命时期,《俄国资本主义的发展》除了以部分节译、全译以及单行本的传播方式之外,还借助《列宁家书集》、《列宁传》以及《联共(布)党史简明教程》等中译本而在中国得到进一步的传播。

1. 借助《列宁家书集》传播。1937年12月,俄文版《列宁家书集》由上海新知书店出版,翻译者为徐懋庸。该书由法国学者巴比塞和库勒拉主编。本书所收为列宁在1893年至1917年间给家属的信。该译本于1938年5月在广东重印。1949年11月,北京的生活·读书·新知三联书店出版了第一版,印数为1—5000册。1950年4月,该出版社又出版了第二版,印数为5001—10000册,发行量不小。在《列宁家书集》中,列宁在给母亲、姐姐、友人等的信中,具体谈及了创作《俄国资本主义的发展》一书的困难和收获,以及出版该书的基本情况。从该书目录上看,除了五篇序文之外,正文共分五辑,其中第一辑:彼得堡的初期(1894—1896)和第二辑:在西伯利亚的流放中(1897—1900),重点讲述的就是列宁在这一时期的一些故事,广泛涉及了这一时期的列宁著作,其中屡次提及《俄国资本主义的发展》。

2. 借助《联共(布)党史简明教程》传播。1939年2月,由联共(布)中央委员会编著并且经联共(布)中央委员会审定的《联共(布)党史简明教程》②(俄文1938年版)一书开始在中国出现中文译

---

① 臧仲伦著:《中国翻译史话》,济南:山东教育出版社1991年版,第78页。
② 这部《教程》在中国的发行量是十分惊人的。苏共中央决定出版的苏共党史还有1959年出版的由鲍·尼·波诺马廖夫主编的《苏联共产党历史》,第三部是1964年出版的多卷本《苏联共产党历史》。随着中苏关系的冷暖不定,中国人对于这个《教程》也赋予了诸多的思想感情,尤其对后面两部《苏联共产党历史》特别是对多卷本的《苏联共产党历史》,更是颇多微词。当然,如果避开《教程》中意识形态的斗争不谈,单纯地从该著作传播《俄国资本主义的发展》一书的思想上来讲,还是应当提及的。

第一部分　历史考证

《列宁家书集（1893—1922年）》，里面多处提到
《俄国资本主义的发展》一书

本。笔者接触到较早的译本是1939年2月由中国出版社出版，博古任总校阅的译本，竖版倒看排印。在该译本的扉页上印有"报纸本每册实价国币一元四角，嘉乐纸本每册实价国币一元"的字样。在《联共（布）党史简明教程》中，提到了列宁早期反对民粹派与"合法马克思主义者"的问题。从形式上看，这部苏联权威的党史教材，并没有直接提到《俄国资本主义的发展》一书，但从行文内容看，却使用了与《俄国资本主义的发展》相同或相近的文字。随着《教程》在中国的传播，《俄国资本主义的发展》一书的主要内容和主要思想，尤其是《俄国资本主义的发展》中反对民粹派与"合法马克思主义者"的一些观点，也逐渐被中国人所接触和认识。"仅1953年《教程》就发行了9万5千册，1954年发行40万零5千册，1955年发行36万册。"① "连同

---

① 刘彦章：《〈联共（布）党史简明教程〉若干问题简析》，载《马克思恩格斯列宁斯大林研究》2006年第3期，第44页。

建国前在内，估计《教程》在我国出版和发行（包括苏联印行的中文版）不下1000万册。"①

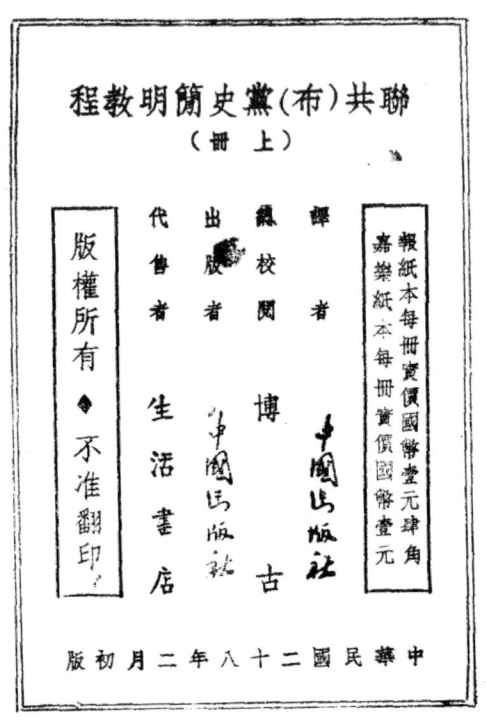

1939年，中国出版社出版的经博古总校阅的
《联共（布）党史简明教程》（上册）

3. 借助《列宁传》传播。由苏联著名学者凯尔任采夫编写的《列宁传》在我国的影响比较大。普拉东·米哈伊洛维奇·凯尔任采夫（1881—1940）的这本《列宁传》，原著出版于1934年，作者是苏联历史学家和党的活动家。中译本出版于1940年，是企程、朔望两同志根据译自苏联《外国工人出版社》1937年出版的英文本，该英文本是以俄文本第2版修正本为根据翻译的。1949年，大连新中国书局出版了

---

① 姜琦、周尚文：《对〈联共（布）党史简明教程〉的几点看法》，载《书林》1982年第1期，第3页。

第 1 版。同年，大连的读书出版社也出版了中文版。1950 年，北京生活·读书·新知三联书店，出版了新版。1975 年，生活·读书·新知三联书社再次出版了新版。1980 年，李湖将凯尔任采夫版本的朝鲜文版的《列宁传》翻译成中文，由民族出版社出版。2000 年，金铣翻译了中译本，由中共中央党校出版。2002 年，该书由金铣翻译，时代文艺出版社出版。在这部《列宁传》中，著者用了很多的笔墨来介绍、评价和解释《俄国资本主义的发展》一书。

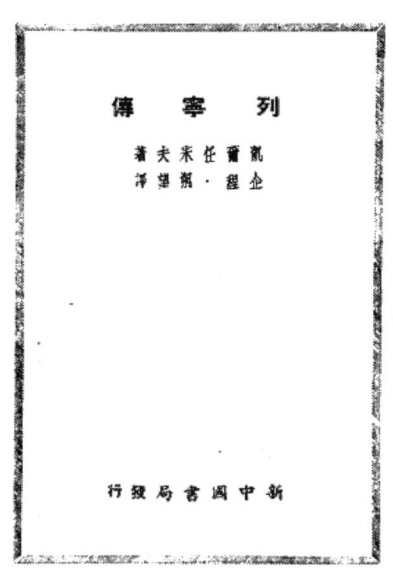

凯尔任采夫著《列宁传》，企程、朔望译，该版本发行甚广，
书中介绍了《俄国资本主义的发展》的创作过程及其内容

总结上述有关《俄国资本主义的发展》的出版传播资料可以知道，《俄国资本主义的发展》在新民主主义革命时期有如下翻译特点：一是从翻译内容看，有一个从节译到全译的逐步发展过程。《俄国资本主义的发展》最早是被节译、摘译至中国，随后才出现了全译本。第二，从翻译力量上看，有一个从分散到集中的逐步发展过程。最早是一些马克思主义研究者出于爱好或者个体中共党员出于革命需要，依靠个人力量来完成翻译的。到了抗日战争时期，中国共产党有组织的集体翻译有了

新的发展。① 第三，从翻译水平看，有一个逐步提高的过程。在早期的翻译过程中，因为缺少专业翻译工具和书籍，翻译质量不是很高。在这一点上，德国著名的汉语语言学与中国现代史学家李博（Wolfgang Lippert）认为，大致在20世纪20年代中期，大量的马克思主义术语和马克思主义概念在中国固定下来了。② 到了后期，随着社会的发展和外文工具的不断增加，翻译的水平大大提高了。③

如果再进一步深入分析的话，我们可以这样认为，《俄国资本主义的发展》之所以在中国新民主主义革命时期得到广泛传播，主要原因是：列宁的《俄国资本主义的发展》一书的主旨和政治倾向性的结论，与中国半殖民地半封建社会的历史任务有着十分相似的天然契合性。《俄国资本主义的发展》一书所描写和研究的对象与旧中国的社会现实十分近似。我们知道，《俄国资本主义的发展》一书的研究对象就是"俄国资本主义国内市场的形成问题"，但资本主义在俄国的发展并不充分，它受制于俄国农奴制的羁绊。而在旧中国，处在封建主义和帝国主义夹缝中的中国资本主义的国内市场也在艰难地形成和发展，资本主义的因素在旧中国是客观存在的，并且表现为民族资本主义和官僚资本

---

① 人民出版社的郇中建在《与时代同行——马列著作出版90年》一文中写道：1938年5月5日，马列学院在延安成立，设有编译部，专门从事马列著作的翻译，这些书均由中共中央在延安创立的出版机构——解放社出版。在抗日战争中，自觉地用马克思主义的军事理论指导革命战争是我们党马列著作出版的一个鲜明特色。1938年，中央军委把马克思主义军事理论作为军事干部的必修课，中央军委专门组织一个编译部，翻译马克思主义的军事著作。为了提高马列著作的翻译质量，1943年5月27日，毛泽东提议，中央作出了《关于一九四三年翻译工作的决定》，指出："为提高高级干部理论学习，许多马恩列斯的著作必须重新校阅。"并为此组织了翻译校阅委员会，希望"参加这一委员会的各同志把这一工作当做对党最负责并必须按时完成的业务之一部分"。这个决定，反映了党对马列著作翻译准确性的重视和组织上的保证。参见郇中建：《与时代同行——马列著作出版90年》，载《求是》2011年第18期。

② 〔德〕李博（Wolfgang Lippert）：《汉语中的马克思主义术语的起源与作用》，赵倩、王草、葛平竹译，中国社会科学出版社2003年版，第2页，"前言"。

③ 从马克思及马克思主义在中国早期的传播来看，列宁名字的翻译多达13个。笔者根据一些资料，进行整理甄别出来的，这些译名分别如下：李宁、李林、李年、黎宁、蓝银、黎林、蓝宁、蓝丁、尼奇拉斯烈银、里林、利宁、雷宁、勤灵等。但从经典作家的名字被多样化翻译的情况看，也可以推知马克思主义在中国传播的曲折性和复杂性。

主义两种形态。资本主义在中俄两国的发展具有相似的社会背景,两国无产阶级的革命任务也具有了相似性。所以,在新民主主义革命时期,革命和政治的需要,拉近了《俄国资本主义的发展》在中国传播的亲切感,加快了该著作在中国传播的步伐。

二 在新中国成立后的翻译、出版和传播

《俄国资本主义的发展》在新中国成立之后的传播,可分成两个阶段。1949年至1978年为第一个阶段;1978至今是第二个阶段。之所以分成这两个阶段,主要原因是1978年前后,中国经济社会发生了重大变化,这种变化又影响了人们对于《俄国资本主义的发展》一书的态度。

第一个阶段:1949年至1978年

在考证这一时期的出版传播史时,将从以下几种类型来论述。

1. 发行单行本来传播

1949年11月初,解放社出版了列宁著、曹葆华翻译的《俄国资本主义的发展》一书。该书共599页,竖排编印,当时印数是1—10000。[①] 版权页印有"一九四九年十一月北京初版"以及出版编号"0189"字样。从该译本的目次看,共包括:第一版序言。第二版序言。第一章:民粹派经济学家们的理论错误;第二章:农民的分化;第三章:土地占有制从劳役经济过渡到资本主义经济;第四章:商业性农业的发展;第五章:工业中资本主义发展的最初诸阶段;第六章:资本主义工场手工业与资本主义家庭工作;第七章:大机器工业的发展;第八章:国内市场的形成。附录(一:莫斯科州农民小工艺的统计材料总括图表;二:欧俄工厂工业统计材料集成;三:欧俄工厂工业最重要的中心)。非批判的批判(关于斯科沃尔佐夫先生所著论文《商品拜物

---

① 这一译本除了曹葆华之外,毛岸英、王学文对本书的翻译也给予了很多的帮助。

教》,载 1899 年《科学评论》第 12 期)。注释。译后。

该书出版之后,迅速在社会上产生了极其重要的影响。1953 年 4 月,在北京出版第三版,到 1954 年 1 月,北京又进行了第四次印刷,这时的印数为 22001—27000。在 1954 年的第四次印刷中,仍然采用竖排编译的方式印制,目次设置没有变化,共 599 页。

到了 1957 年,已经由人民出版社出版了第四版,第五次印刷,印数为 27001—41600 册,编排设计由纵排版面改为横排版面,共 549 页,定价为 1.9 元。在第四版中,交代了译本的母本根据是:"写于一八九六——一八九九年,一八九九年三月底第一次出版单行本,根据一九〇八年第二版原文排印。"目次与第一版基本上没有明显的改变。

但是,在笔者考证该译本时,发现了一个既十分有趣但又十分奇怪的事情,就是关于该译本的版本,笔者在查阅资料时,发现了一个"版本真空",即从查阅的资料看,该译本有明确的第一版、第三版、第四版。但是,在可以获得的资料中,却很难找到该书第二版的有价值的信息。笔者偶然从"读秀知识库"中获得的资料显示:1950 年,中南新华书店出版了曹葆华翻译的《俄国资本主义的发展:大工业国内市场形成的过程》一书。如果按照时间推算,该书恰巧处于第一版(1949 年)和第三版(1953 年)的中间,从时间上分析,应当是该书的第二版。但是,作为中南新华书店而言,应当是该书店的第一版,抑或是对该书的第一版的翻印。在超星图书的"读秀知识库"中,笔者搜寻中南新华书店 1950 年的《俄国资本主义的发展:大工业国内市场形成的过程》一书,只有一个图书封面,书里的著作权页、目次页、内容页等都查不到。2012 年 12 月,笔者有幸参加了超星公司的一个知识培训,在培训的过程中,笔者向有关的培训师问及了这一问题,但没有获得有价值的反馈信息。随后,笔者慎重地电话咨询了该公司的售后服务人员,被告知这个中南新华书店的版本的确存在,但仍然没有提供更多的信息。总之,第二版的中译本说明、目次、页数、编译编排、价格等信息,还需要进一步收集整理和挖掘研究。如果从图书收藏的角度看,曹葆华译本的第二版,尤其是中南新华书店的版本应当是一个急需破解的译本悬案，是十分值得研究的。

1960年3月，人民出版社出版了《俄国资本主义的发展》第五版，这是中央编译局的一个译本，但作为曹葆华版本的第五个版本。1962年，该书进行了第八次印刷。①

2. 借助中文第一版《列宁全集》来传播

1959年，中央编译局编译的《列宁全集》第3卷，由人民出版社出版，该卷是《俄国资本主义的发展》著作专卷。该卷采用横排编印，共604页，定价2.65元。由于社会需求量极大，第一次印刷的数量远远满足不了需求。次年，1960年6月，在北京进行了第2次印刷。目次前页有翻译说明："'列宁全集'中文版是根据中国共产党中央委员会决定，由中共中央马克思恩格斯列宁斯大林著作编译局依照'列宁全集'俄文版第四版译出的。'列宁全集'俄文版是根据俄共（布）第九次代表大会和苏联苏维埃第二次代表大会的决定出版的，其第四版是由苏共中央马克思列宁主义研究院编辑、苏联国家政治书籍出版局于1941年开始出版的。"①

该卷编译的《俄国资本主义的发展》目录共分两部分，第一部分包括：第一版序言，第二版序言；第一章 民粹派经济学家的理论错误；第二章 农民的分化；第三章 地主从徭役经济到资本主义经济

---

① 需要交代一下，我考证的结果与人民出版社马列著作编辑室考证的结果有些地方是相同的，有些地方是有出入的。根据人民出版社马列著作编辑室编的考证，《俄国资本主义的发展》单行本在1949年之后的出版情况有两种译本，分别是：1. 曹葆华译本。本译本根据1935年《列宁全集》俄文第三版第3卷译出，又据苏联国家政治书籍出版局1941年《列宁全集》俄文第四版第3卷校订过。全书共八章，文前有"第一版序言"和"第二版序言"，之后有附录三篇及《非批判的批判》一文，共504000字。本书初版由解放出版社于1949年11月出版，1952年5月由人民出版社重印再版。1953年4月为第三版（平装2.46元），1957年2月为第四版（第5次印刷，精装1.90元）。2. 中央编译局译本。本译本系按《列宁全集》俄文版第3卷所载译文排印。全书407000字。本书出版于1960年3月（作为第五版），至1962年11月为5版8次（平装1.95元）。见人民出版社马列著作编辑室编：《马克思恩格斯列宁斯大林著作中文本书目版本简介（1950—1983）》，北京：人民出版社1985年版，第111页。该著作当时印刷数为5000册。

① 见"编译说明"，《列宁全集》第3卷，人民出版社1959年版，1960年第2次印刷。

的过渡；第四章　商业性农业的发展；第五章　工业中资本主义的最初阶段；第六章　资本主义工场手工业和资本主义家庭劳动；第七章　大机器工业的发展；第八章　国内市场的形成。附录：一　莫斯科省农民小手工业统计资料综合表；二　欧俄工厂工业统计材料汇编；三　欧俄最重要的工厂工业中心。第二部分包括：非批判的批判（评1899年《科学评论》第12期巴·斯科沃佐夫先生的论文《商品拜物教》）；注释。在中文第一版的《列宁全集》第3卷中，还设置了12幅插图。其中包括"1899年列宁《俄国资本主义的发展》一书第1版的封面"和"1908年列宁《俄国资本主义的发展》一书第2版的封面"，上面有作者的亲笔署名，等等。

　　从官方来说，新中国成立后，马列著作出版的一个突出成果就是三大全集的出版，这为马克思主义的系统研究提供了基础文本。1953年9月，人民出版社开始出版由中央编译局翻译的《斯大林全集》，到1958年6月，出齐全部13卷《斯大林全集》。1956—1963年，出版《列宁全集》中文第1版全部39卷。1956年12月，出版《马克思恩格斯全集》中文第1版第1卷，到1966年共出版21卷。在中文版第一版的《列宁全集》中，《俄国资本主义的发展》被收入到《列宁全集》第3卷中。但是，列宁为创作《俄国资本主义的发展》而准备的材料却没有收入进去，直到1990年的《列宁全集》第二版第57卷，这个准备材料才收入进去。

3. 借助《列宁论国际政治与国际法》来传播

　　1959年9月，世界知识出版社出版了中文版《列宁论国际政治与国际法》一书，该书摘录了《俄国资本主义的发展》的部分内容，包括：第一章中的第八节，即"为什么资本主义国家需要国外市场？"；第八章中的第五节，即"边区的意义。国内市场还是国际市场？"。实际上，该书译自1958年苏联国际关系研究所出版社出版的俄文版《列宁论国际政治与国际法》。在中文版著作权页中，笔者没有发现一版一次的印量，也没有发现"内部发行"或"内部读物"的字样，该书精装本单册定价3元8角。

4. 借助中文《列宁选集》第一版、第二版来传播

在这期间，根据社会的多层次需求，为了满足不同读者群的需要，中央编译局又编译出版了中文第一版、第二版的四卷本《列宁选集》，分别于1960年和1972年出版。1960年，中文第一版四卷本的《列宁选集》由人民出版社出版。在该版本的第一卷中，列宁的《俄国资本主义的发展》的部分章节被收入其中。1972年，中文第二版《列宁选集》出版。该版本由中央编译局编译，人民出版社出版。与第一版相似，在该版第一卷中，《俄国资本主义的发展》部分被收入进去。①

以上是《俄国资本主义的发展》在这一时期，以单行本、《列宁全集》第三卷著作专卷、或者借助《列宁选集》中文第一版、第二版的形式在中国的出版传播。除此之外，《俄国资本主义的发展》还以其他的形式，在中国得到进一步的传播，刊布极广。

5. 借助其他方式传播

（1）借助研究专著来传播。1950年3月，北京的中华书局出版了俄国的巴希科夫著、李少甫翻译的《论列宁的〈俄国资本主义的发展〉及其在经济学中的作用》一书，有力地促进了列宁《俄国资本主义的发展》在中国的传播。该书共60页，定价2.5元，竖排编印，印数为1—5000册，封底印有（14655）字样。该书是中华书局的"新时代小丛书第32种"②。这个小册子是李少甫根据苏联的《经济问题》杂志1949年第1期翻译的中译本。这篇文章具有纪念性意义，

---

① 需要说明的是，在延安时期，中国共产党就已经出版了《列宁选集》。从版本学意义上说，这才是《列宁选集》中文版第一版。但是，由于延安版本的《列宁选集》包括了将近20卷册，内容十分庞大，基本都快成为"全集"的形式了，也就是说，若不从版本学上考证，仅从内容容量上分析的话，延安时期的《列宁选集》还真的具有"全集"的形式。而建国后出版的《列宁选集》，仅仅包括了4个卷册。从内容容量上看，这才是真正意义上的"选集"。所以，在建国后出版的中文《列宁选集》的著作权页中，我们很清晰地看到中文第一版、第二版、第三版、第三版修订版等字样，这也是可以理解的。

② 当时中华书局的"新时代小丛书"包括了苏联学者波斯皮罗夫著的《联共布党史是马列主义的实践》、苏联学者康士坦丁诺夫著的《唯心史观和唯物史观》、俄国李甫著的《美国无产阶级状况》等近百十种，内容十分丰富，社会影响极大。

因为文中交代:"列宁这本书问世的时期离开我们已经五十年了……但是,列宁这本书不是'历史':它是我们的同时代者;它和我们活在一起并将永远活着。""这一天才著作的不朽思想,曾在我们光荣的布尔什维克党的行动中及我国革命运动的过程中起过巨大的作用;它们以许多头等重要的理论原则充实了科学共产主义的宝库,并且根深蒂固地变成马列主义科学原则的一部分。"①

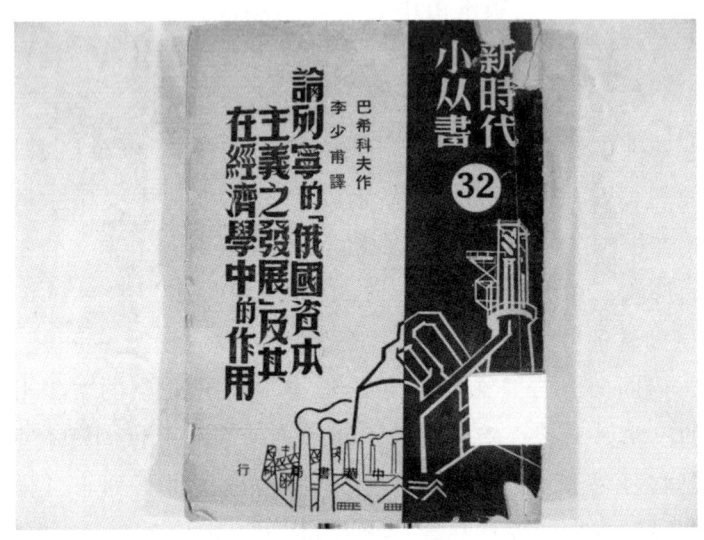

巴希科夫:《论列宁的〈俄国资本主义之发展〉及其在经济学中的作用》,
李少甫译,中华书局印行,1950年版

1955年6月,人民出版社出版了中文版的苏联科学院经济研究所编、中央编译局翻译的《政治经济学教科书》一书,该书在第五章"资本主义的简单协作和工场手工业"中,多次提及《俄国资本主义的发展》并进行了评述。3个月后,该书再版。1956年出版了增订第

---

① 〔苏〕巴希科夫著:《论列宁的〈俄国资本主义的发展〉及其在经济学中的作用》,李少甫译,北京:中华书局1950年版,第3页。在考证一些资料时,笔者认为该版本应当从各个途径搜集和购买,它是研究《俄国资本主义的发展》的必备材料。但是,当前书市的变化,令笔者始料不及。一些《俄国资本主义的发展》的较早的单行版本,只要是书的"品相"在九成新的,在"孔夫子"、"淘宝网"等网站上,报价都很高。不得已,为获得该书资料,只好花费高价委托国家图书馆拍照留存。

二版。随后，该书在中国不断地再版。列宁《俄国资本主义的发展》也随之被广大读者所熟知。①

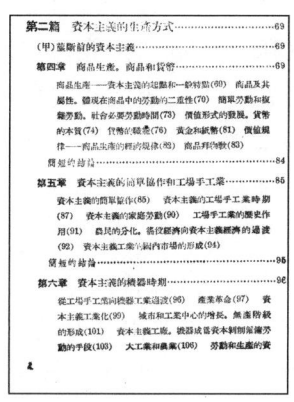

苏联科学院经济研究所编：《政治经济学教科书》，书中介绍了
《俄国资本主义的发展》的许多内容

1960年，人民出版社出版了由苏联科学院通讯院士鲍·尼·波诺马辽夫主编的《苏联共产党历史》一书。该书在第二章"为在俄国建立马克思主义政党而斗争。俄国社会民主工党的成立。布尔什维主义的产生（1894—1904）"中的第一节"马克思主义发展中的列宁阶段的开始。列宁反对民粹主义和'合法马克思主义'的斗争。彼得堡'工人阶级解放斗争协会'。俄国社会民主工党第一次代表大会。"中，多次提到《俄国资本主义的发展》，并给予该书很高评价。该版本的《苏联共产党历史》在当时有相当影响，发行量很大。根据当时《文化部党组、对外文委党组关于苏联出版的中文版〈苏联共产党历

---

① 我们从中文第二版的"第二版前言"中，可窥见该著作在中国的发行影响力："1954年底出版的政治经济学教科书第一版，曾印六百余万册，已于短期内卖完。除俄文外，教科书还用许多民族语言出版，并且在国外许多国家中出版。"见"第二版前言"，苏联科学院经济研究所编：《政治经济学教科书》，中央编译局译，北京：人民出版社1956年版，第1页。当然，随着时间的发展以及中苏关系的恩恩怨怨，中国人对于这部影响深远的《政治经济学教科书》的态度也恰如中苏双方的亲疏变化的关系一样，冷热不均。但是，抛开意识形态色彩，单从《俄国资本主义的发展》一书的传播史来看，苏联的这部《政治经济学教科书》的确起到了推波助澜的作用。

史〉发行问题向中央宣传部的请示报告（1960年12月28日）》中提到："《苏联共产党历史》（波诺马辽夫主编），今年1月由人民出版社出版，共印11万册。另由国际书店向苏联订购了苏联外国文书籍出版的中文版《苏联共产党历史》（纸型由人民出版社供给的）20万册。……现在，人民出版社出版的《苏联共产党历史》存书已不多，而苏联的版本20万册只售出2000册。根据北京、上海、沈阳等地书店的反映，现在还有许多人要购买此书。我们意见，在当前情况下，可以把苏联版本的《苏联共产党历史》在各大中城市的出售数量稍作增加，但也不宜大量销行。现拟再以2万至3万册在大中城市门市部发行。剩下约17万册以后看情况再说。"①

1964年，北京的生活·读书·新知三联书店出版了汝仁撰写的《〈俄国资本主义的发展〉介绍》一书。该书的出版也大大地促进了《俄国资本主义的发展》在中国的传播。该书当时第一版印数就达到了11500册，影响不小。该书的结构体例基本上是三段式的传统写法。一是该书的写作背景和基本结构；二是该书的基本内容解读；三是对该书历史地位的评价。他认为："彻底粉碎民粹派思想的历史任务是由列宁在19世纪末叶撰写的一系列著作来完成的；其中，《俄国资本主义的发展》一书起了主要作用。"②

（2）借助一些传记读物来传播。1958年，人民出版社出版了由翟松年翻译的《回忆列宁》。作为列宁的战友，萨波瓦洛夫回忆了列宁是如何在艰难的流放日子里，创作《俄国资本主义的发展》等著作的。"他正是在西伯利亚做出了很好地、一贯地利用时间来工作的榜样。这可以从他阅读报纸的方法上看出来。平常，邮件每星期从米努辛斯克往各乡投送两次。因此要迟三四天才能收到当天的报纸。列宁收到报纸后并不迫不及待地马上忙着阅读，也不在一天里目不旁瞬地把报纸'从头看到尾'，而是读完一号，例如从第一号，便把其余几

---

① 根据中央档案馆保存的原件抄录。
② 汝仁：《〈俄国资本主义的发展〉介绍》，北京：生活·读书·新知三联书店1964年版，第104页。

第一部分　历史考证

汝仁：《〈俄国资本主义的发展〉介绍》

号——从第二和第三号——留给以后几天去读。按照这样的阅读顺序，他每天只读完一号。这种办法使他能得以读完大量材料，这些材料都是他给大型杂志撰文，写像'俄国资本主义的发展'这类巨著和像'评经济浪漫主义'这类大文章，以及给'新语'、'科学评论'、'开端'、'生活'等杂志撰写其他文章，与同志们和朋友们往返通讯所必需的。"①

1960年，生活·读书·新知三联书店出版了苏共中央版本的《列宁传》。苏共中央马克思列宁主义研究院组织集体编写的《列宁

---

① 〔苏〕萨波瓦洛夫：《在西伯利亚流放地》，见《回忆列宁》，翟松年译，北京：人民出版社1958年版，第44页。

传》。参与编写的人员分别是：彼·尼·波斯别罗夫（主编）、符·叶·叶夫格拉弗夫、符·雅·捷文、列·弗·伊利切夫、弗·符·康斯坦丁诺夫、阿·普·科苏尼尔科夫、兹·阿·列文娜、格·德·奥比奇金、普·恩·费多谢也夫。该本《列宁传》是根据苏联共产党中央委员会的决议编写，编写者的任务是：在这本书中阐述列宁的传记材料，同时也阐述他的极其重要的指导思想。该版本的《列宁传》和过去的版本比较，更充分地运用了大量的回忆材料。列宁的同时代人和他的战友追忆了许多鲜明的事实，描绘出了作为一个领袖、一个同志、一个人的弗拉基米尔·伊里奇的栩栩如生的形象。在这部列宁的传记中，详细记述了列宁创作、出版《俄国资本主义的发展》一书的背景情况和历史过程。

1960年1月，《列宁家书集》由中央编译局编译，人民出版社出版。本集除全部收入中文版《列宁全集》第37卷所包括的列宁在1893—1922年给亲属的274封书信以外，并附有克鲁普斯卡娅给列宁亲属的信54封。在这个版本的《列宁家书集》的大量信件中，《俄国资本主义的发展》一书被经常提及，可以说是考察《俄国资本主义的发展》一书创作时间表的必备工具书。

这一时期，国内掀起了一股学习、翻译和研究《俄国资本主义的发展》的小高潮，这与当时的政治大氛围是分不开的。据曾在中央编译局工作过的张钟朴回忆说："当时斯大林主编的苏联《政治经济学教科书》译成中文以后，在我国掀起了学习的高潮。1955年9月，这部教科书出了第2版，内容有些改变。当时，我把新出的第2版的俄文原文同第1版内容一一对比，然后再把比较重要的修改概括为几方面，写了一篇文章《关于〈政治经济学教科书〉增订第二版》，刊登在《学报》1956年3月的第3号上（署名用的是'研究室整理'），这篇文章也受到了一定的关注。"①

---

① 张钟朴：《和人民共和国一道成长：建国六十周年回忆在编译局的岁月》，载俞可平主编：《马列经典在中国六十年》，北京：中央编译出版社2010年版，第266页。（《学报》指的是当时中央编译局的内部刊物《学报》。）

从 1949 年到 1959 年底，中国出版了众多的列宁著作。根据 1960 年苏联《真理报》刊登的《列宁著作在社会主义国家翻译出版概况》的通讯可以知道，"从 1949 年 10 月到 1959 年底，列宁的著作在中国已经出版了 168 种，总印数为 826 万 5 千册；其中用汉文出版了 142 种，印 817 万册；用少数民族文字出版了 26 种，印数为 9 万 5 千册。"① 这其中，就包括《俄国资本主义的发展》一书。

1966 年"文化大革命"爆发，马列经典著作出版工作曾一度遭受曲折。1970 年年底，毛泽东建议在全党特别是高级干部中学习 6 本马列著作，即《共产党宣言》、《哥达纲领批判》、《法兰西内战》、《反杜林论》、《唯物主义和经验批判主义》、《国家与革命》。人民出版社出版了中央编译局重新译校过的这 6 本书。在这里，列宁的《俄国资本主义的发展》一书并没有列入其中。

第二个阶段：1978 年至今

十一届三中全会之后，单行本的《俄国资本主义的发展》，再也没有出版或者重印。但是，它在中国的传播并没有销声匿迹，而是以其他传播方式继续发挥着理论价值。

1. 借助《列宁全集》中文第二版来传播

1982 年，中共中央决定出版《列宁全集》中文第二版，由中央编译局编译。《列宁全集》中文第二版以《列宁全集》俄文第五版为基础，并增收《列宁文集》俄文版中的部分文献，共 60 卷。特别值得指出的是，《列宁全集》中文第二版是由我国自行编辑的、目前世界上收入列宁文献最多的列宁全集，表现出鲜明的中国特色。这套全集约 3000 万字，人民出版社于 1990 年 12 月出齐全部 60 卷。《列宁全集》中文第 2 版的出版是我国马列著作编译出版中的一件大事，标志着我国马列著作的编译出版迈上了新台阶，达到了新水平。

---

① 见《列宁著作在社会主义国家翻译出版概况》，载《真理报》1960 年 3 月 11 日，转引于《读书》1960 年第 7 期，第 37 页。

与中文第一版相同的是，列宁的《俄国资本主义的发展》被编入了该版本的《列宁全集》第3卷，该卷是《俄国资本主义的发展》的著作专卷本。与中文第一版《列宁全集》不同的是，该版的第57卷作为列宁创作《俄国资本主义的发展》的笔记卷，即《〈俄国资本主义的发展〉一书准备材料（1888—1893年）》。

可以说，《俄国资本主义的发展》随着《列宁全集》中文第二版的出版发行而不断地为年轻读者所认识。在发行问题上，当时在人民出版社工作的张惠卿曾经回忆说，当时的"新华书店为了搞好新版全集的发行工作，从总店到各基层店都很重视，北京发行所印发了内容介绍，先后向全国书店进行了三次专项征订。特别是储运公司的包装发运工作十分紧张，要赶在国庆前把书发到全国各大城市，以便在国庆节和北京同时发行"①。可以看出，包括《俄国资本主义的发展》在内的《列宁全集》，在当时的发行量是很大的，也是颇受读者欢迎的。

2. 借助《列宁选集》中文第三版来传播

1995年由中央编译局编译，人民出版社出版了中文第三版的四卷本《列宁选集》。在该版本的《列宁选集》第一卷中，收入了《俄国资本主义的发展》部分章节，包括第一章"民粹派经济学家的理论错误"、第八章"国内市场的形成"。同时，列宁撰写的与《俄国资本主义的发展》有关的《非批判的批判》一文也被收入进去了。

2012年，人民出版社出版了四卷本《列宁选集》第三版修订版，该版本由中央编译局编译。在该版第一卷中，《俄国资本主义的发展》的一些重要章节被收入其中，包括：第二版序言、第一章的全部内容、第八章的全部内容。作为曾经参与编辑《列宁选集》第三版修订版的研究员翟民刚介绍，2012年的《列宁选集》修订版与1995年《列宁选集》第三版相比，《俄国资本主义的发展》被收入的内容一

---

① 张惠卿：《谈谈新版〈列宁全集〉》，载《读书》1984年第11期，第6页。

模一样，两者前后没有什么变化。① 因此，除了《列宁全集》以及《俄国资本主义的发展》单行本外，较之于《列宁专题文集》，中文第三版及其修订版的《列宁选集》是收入《俄国资本主义的发展》内容最多的版本。所以，从时间上推算，2012年《列宁选集》第三版修订版第一卷中的《俄国资本主义的发展》中的内容，应当算是《俄国资本主义的发展》在中国的最新版本和最新译本。

3. 借助《列宁专题文集》来传播

2009年，由中央编译局编译、人民出版社出版了五卷本的《列宁专题文集》。其中，收录在《列宁专题文集（论资本主义）》专卷的第一篇文章，就是《俄国资本主义的发展》的部分章节，包括"第二版序言"、全部"第一章"和"第八章"的第六节，即"资本主义的'使命'"等内容。该卷于2009年12月第一版第一次印刷，由于在著作权页没有标明印数，笔者也不能冒昧揣测第一次印刷的数量。那么，这套包括《俄国资本主义的发展》部分内容在内的《列宁专题文集》的发行量到底是多少呢？根据新华社2011年1月5日的通讯可以知道，《列宁专题文集》的发行量是巨大的。报道说："记者近日从人民出版社获悉，截至2010年12月22日，十卷本《马克思恩格斯文集》和五卷本《列宁专题文集》自出版发行一周年以来，发行量已突破两万套。"② 该通讯报道之后，2011年4月该卷又进行了第二次印刷，但著作权页同样没有标明印刷数量。虽然目前无从得知具体的发行数量，但可以肯定的是，发行销售量一定是不小的。

需要说明的是，在《列宁全集》和《列宁选集》编辑出版之后和在五卷本的《列宁专题文集》编辑出版之前，中央编译局应社会的需求，还编辑出版了一套21册的"马克思列宁主义文库"，其中列宁的著作、书信、文章、笔记编辑入库的有《列宁论新经济政策》、《唯物主义与经验批判主义》、《帝国主义是资本主义的最高阶段》、《列宁论

---

① 个别文字的更改不能算做内容的更改。比如"像"与"象"。
② 新华社北京电：《〈马克思恩格斯文集〉〈列宁专题文集〉发行突破两万套》，新华社北京2011年1月5日电。

马克思主义》、《社会主义和宗教》、《列宁短篇哲学著作》、《列宁最后的书信和文章》、《哲学笔记》等。虽然列宁的《俄国资本主义的发展》并没有摘编入选,但在列宁的主要著作在中国的出版传播史上,中央编译局作出了不可磨灭的历史性贡献。

4. 借助一些经济学著作来传播

(1)八所高等师范院校版本。1980年,湖南人民出版社出版了八所高等师范院校编著的《简明政治经济学史》一书,印数为58001册。1984年由同一出版社出版了第二版,印数为58001—81200册。编者在书中介绍列宁的主要经济著作时,提到并评价了《俄国资本主义的发展》一书。

(2)中国人民大学版本。1982年,由中国人民大学农业经济系经典著作选读教学组组织编写的《马克思、恩格斯、列宁农业经济著作讲解》(校内用书),对列宁的《俄国资本主义的发展》一书作了十分详尽的介绍和讲解,是研究《俄国资本主义的发展》一书的必备资料。①

(3)尚德文版本。北京大学经济学教授尚德文在80年代和90年代分别创作了研究列宁经济思想的专著。一本是《列宁经济理论的形成和发展》(北京大学出版社1983年版,共6万字,印数1—11000册,定

---

① 《列宁全集》第3卷,人民出版社1959年版,第583页。该段文字是中国人民大学1982年印制的校内使用的资料编写的,见中国人民大学农业经济系经典著作选读教学组在1982年组织编写的《马克思、恩格斯、列宁农业经济著作讲解》(校内用书)第130页。关于该著作中引用的这段列宁给友人的信,新的版本和翻译如下:"自从我被捕以后就老想实现一个计划,而且这个念头愈来愈强烈了。我很久以来就在研究一个经济问题(关于国内加工工业品的销售问题),搜集了一些书刊,订了研究计划,甚至还写了一些东西。"《列宁全集》第53卷,北京:人民出版社1988年版,第19页。这段话实际上是列宁在1896年1月2日《致亚·基·切博塔廖娃》的信的开头一段。这封信是列宁写于狱中并被保存下来的第一封信。信是寄给乌里扬诺夫一家的知交伊·尼·切博塔廖夫的妻子亚·基·切博塔廖娃的,其实是写给狱外的同志们的,其中包括娜·康·克鲁普斯卡娅。列宁写这封信的目的之一是要打听一下,和他同时被捕的还有哪些人。据安·伊·乌里扬诺娃－叶利扎罗娃回忆,列宁在随信寄出的书单中,夹了一些打了问号的书名,表面上似乎是对书名没有把握,实际上是想了解某个同志的情况。如有一本书是布雷姆的《论小啮齿类动物》,就是想探问格·马·克尔日扎诺夫斯基的遭遇,因为他的化名是苏斯利克(即黄鼠)。这个书单没有保存下来。列宁在信中说的计划,即写作《俄国资本主义的发展》。

价：0.30元）的小册子。另一本是《列宁经济思想发展史》（经济科学出版社1992年版，共32.6万字，印数1—2200册，定价：6.60元）的专著。后者是前者的进一步完善和发展，被中国人民大学宋涛教授赞为"是建国以来系统地研究列宁全部经济思想的不可多得的优秀作品之一"。（见该书"序"，第2页）。后者的目次包括三大篇。第一篇是俄国资本主义发展和土地问题的理论；第二篇是帝国主义理论的形成和创立；第三篇是社会主义的经济理论与实践。尚德文对列宁《俄国资本主义的发展》的研究，主要还是体现在第一篇中。但是就总体而言，作者在"后记"中交代："全书分为三个大的部分，其中第一部分主要研究属于列宁早期阶段的经济理论与纲领的形成过程；第二部分研究列宁中期阶段的经济理论，包括帝国主义和垄断资本主义理论的创立，以及这一理论从马克思、恩格斯到列宁的发展线索与比较分析；第三部分研究列宁晚期的社会主义经济理论、政策与实践，为全书之重点，篇幅约占全书的3/5。作者所设计的框架结构是从现实与历史相统一的原则出发的，其中大部分章节都直接或间接地涉及到目前社会主义体制改革中一些带普遍性的问题。"[1] 如果从字数所占比例分析，尚德文在后一部著作中对列宁早期经济思想的研究，抑或充其量说成对《俄国资本主义的发展》的研究，也只有6万字左右。而实际上，他的《列宁经济思想发展史》的第一篇的内容，与1983年出版的《列宁经济理论的形成和发展》（也是6万字左右）的内容是大同小异的，两者相比，后者篇章结构的调整远远大于对前者实际内容的扩充，当然后者也有进一步的发展，只是前者"作为一个专对列宁早期经济著作作详尽分析的尝试，是十分值得欢迎的"[2]。也就是说，单单对于列宁早期资本主义经济理论的研究而言，这本《列宁经济理论的形成和发展》的小册子，仍然不失为一本值得参考的著作。

（4）卡拉达也夫版本。1983年，由苏联经济学家卡拉达也夫、雷

---

[1] 尚德文：《列宁经济思想发展史》，北京：经济科学出版社1992年版，第396页。
[2] 尚德文：《列宁经济理论的形成和发展》，北京：北京大学出版社1983年版，"序"，第Ⅱ页。

季娜著的《经济学说史讲义（从马克思主义产生到伟大十月革命）》一书的中文版由人民出版社重印出版，印数为17300册。该版本由翟松年根据苏联社会经济书籍出版社1961年俄文版译出，三联书店1963年2月出版中文版。从印数上可以看出，该书在马克思主义政治经济学界的影响还是不小的。书中占用了大致2万字的篇幅重点介绍和论述了《俄国资本主义的发展》一书，是一部不可多得的好资料。

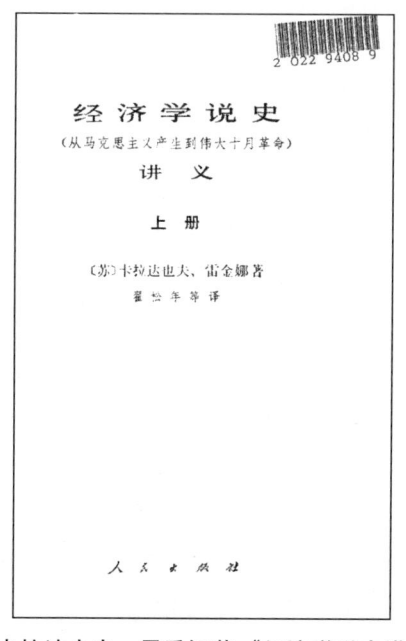 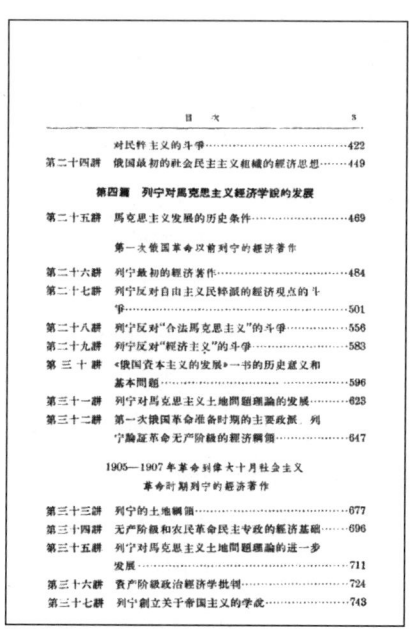

卡拉达也夫、雷季娜著《经济学说史讲义（从马克思主义产生到伟大十月革命）》
该书第三十章标题：《俄国资本主义的发展》一书的历史意义和基本问题

（5）吴斐丹版本。1984年，贵州人民出版社出版了吴斐丹的经济学专著《经济学说史》一书，印数为10000册，发行量不算小。该书在讲到第十一章"列宁对马克思主义政治经济学的发展"时，不费笔墨地提及了《俄国资本主义的发展》，但论述极少。

（6）吴澄华版本。1985年，吉林人民出版社出版了吴澄华的《经济学说史纲》一书，印数为3050册。在第十三讲"列宁的经济学说"中，专门列出一个专节来讲述《俄国资本主义的发展》一书，但主要是对《俄国资本主义的发展》一书内容的介绍。同时认为,《俄国资本主义的发展》是对列宁在其之前的经济思想的另一种解读,之前的经济思想主要是从逻辑上和抽象上来说明俄国资本主义发展的道路问题,而列宁的《俄国资本主义的发展》一书,则是从事实上和统计上来论述资本主义在俄国的发展,从而为无产阶级革命提供了历史根据。

(7)鲁勉采夫版本。1985年,苏联科学院院士A. M. 鲁勉采夫主编的《政治经济学》(上册)由高等教育出版社出版了中文版,印数为1—6200册。(据莫斯科政治书籍出版社1982年出版的《政治经济学》增订第五版译出。原书经苏联高等和中等专业教育部批准为高等经济学校和经济系教科书。)该书在第十一章"社会资本的再生产。经济危机"中的第三节"列宁对马克思的社会资本再生产理论的发展。生产资料生产优先增长的规律"中的第二目和第三目,即"列宁对民粹派国内市场理论的批判"和"列宁对'合法马克思主义者'的批判"中,提到了《俄国资本主义的发展》,并作了评述。

(8)陈孟熙版本。1986年,光明日报出版社出版了陈孟熙主编的《经济学说史简编》一书,印数为6900册。该书被收入"自修大学丛书"。在书中,陈孟熙讲到"十月革命以前列宁的经济学说"时,着笔不多地提到了《俄国资本主义的发展》一书,并稍作评述。1992年,陈孟熙主编的《经济学说史教程》一书,由中国人民大学出版社出版。该书相对于《经济学史简编》来说,较多地论及了《俄国资本主义的发展》。

(9)雷季娜版本。1987年,中国人民大学出版社出版了苏联经济学家M. H. 雷季娜、Е. Г. 华西列夫斯基、B. B. 戈洛索夫等著的《经济学说史》一书。该书由周新城、吴小贺翻译,印数为1—6000册。该书母本源于莫斯科高等学校出版社1983年的俄文版。在这部50多万字的书中,雷季娜等人对《俄国资本主义的发展》一书作了高度评价。

(10)吴忠观版本。1987年,西南财经大学出版社出版了吴忠观主编的《经济学说史》一书,印数为4000册。在书中,吴忠观对《俄国资本主义的发展》进行了介绍和评价。

（11）李子猷等人版本。1988年，李子猷、刘永佶、王毅武、宋宁等人合著的《列宁的经济学说》①一书，由陕西人民出版社出版，印数1—1500册。在这部专著中，作者在感叹列宁经济思想研究之少的同时，明确地将列宁的经济思想划分为三个大的历史时期："1893年至1914年为第一个时期，1914年至1917年为第二个时期，1917年至1924年为第三个时期。分期的主要的、直接的根据，是列宁经济理论研究的侧重点和结果。在第一个时期，列宁的经济理论研究是围绕俄国资本主义经济的形成、发展、特点和趋势而展开的。作为结果，列宁从多方面大大发展了马克思主义关于资本主义经济的理论。"②正是基于这种分期思路，该书的书目结构分成了三篇，分别是：第一篇　关于资本主义经济的理论；第二篇　关于帝国主义经济的理论；第三篇　关于社会主义经济的理论。在每一篇中，又可以分成若干的章节。书后附有"列宁经济学说年表"。

---

① 由于该书将列宁的资本主义理论部分划分为1893—1914之间的21年的时间跨度，在这21年的时间里，列宁除了写出《俄国资本主义的发展》之外，还写作大量的反对俄国"经济主义"、"浪漫主义"、"合法马克思主义者"、"民粹派"、"马尔萨斯主义"等错误观点的经济论文和著作。尤其是1900年列宁流放期满之后，更是创作了大量的与农民、地主、地租、土地、贫民、罢工、人口等问题有关的著作。这就从逻辑上决定了该书论述和探讨《俄国资本主义的发展》一书时，不得不必须兼顾列宁其他的经济学著作，甚至对其他经济学著作的研读多于对《俄国资本主义的发展》的研读。而实际上，该著作将列宁的资本主义经济理论又细分为五个部分来探讨，分别是资本主义经济的形成和发展、社会资本再生产和经济危机、土地问题和地租、无产阶级贫困化、资本主义人口过剩和俄国人口问题等。就这五个问题而言，《俄国资本主义的发展》并不具有包罗其全部的容量，或者毋宁说《俄国资本主义的发展》一书所探讨的重点仅仅是上述五个部分的其中之一二。因此，该著作仅就研究《俄国资本主义的发展》而言，并不具有十分突出的代表性意义。因为从该书研究列宁的资本主义理论部分所引用材料看，分别引用了《列宁全集》第1、2、3、4、5、6、10、13、15、18、19、21、23、24、29、37等卷册。在讨论具体某个议题时，则偏重于某个文献的引用。比如，在论述"土地和地租"问题时，较多地引用了《列宁全集》第13卷的内容。只有在论述"俄国工商业资本主义的形成和发展"和"俄国农业资本主义的形成和发展"时，才较多地引用了《列宁全集》第3卷，即《俄国资本主义的发展》的内容，但所占的篇幅也仅有6个开张即11页的容量（该书第19—30页）。不过，由于在80年代，列宁早期经济思想的研究尚处低潮，而该著作作为80年代研究列宁经济思想的专著，也不失其典型的意义。加之人们对列宁《俄国资本主义的发展》的忽略，社会上更是少有人研究之，所以，该著作还是具有一定的借鉴意义。

② 李子猷、刘永佶、王毅武、宋宁：《列宁的经济学说》，西安：陕西人民出版社1988年版，第5页，"导言"。

(12) 刘永佶版本。1988 年，中共中央党校出版社出版了刘永佶的专著《政治经济学方法论史》，印数为 1—8000 册。该著作的特色，主要体现在它以马克思主义政治经济学的方法论的发展历史为研究对象。所以，与其他著作不同，这是专门从政治经济学方法论的角度来论述《俄国资本主义的发展》一书的。

(13) 蔡中兴版本。1989 年，上海人民出版社出版了《马克思主义经济思想流派》一书，印数为 1—3500 册。该书由蔡中兴、蒋自强、沈海山、徐永禄主编。在书中，编者详细提及和论述《俄国资本主义的发展》一书。

(14) 方崇桂版本。1989 年，上海复旦大学出版社出版了《经济学说史》一书，该书由方崇桂、尹伯成主编，当时印数为 1—5000 册。该著作着笔不多地评述了《俄国资本主义的发展》。

(15) T. B. 里亚布什金版本。1991 年，中国统计出版社出版了由王毓贤等人翻译的《列宁著作与统计学》一书，该书著者是苏联的统计学家 T. B. 里亚布什金，该书中文版印数为 1—2000 册，主要在统计系统发行并作为经济学专业人士的参考书。该书翻译母本为 1978 年莫斯科科学出版社出版的俄文版。在书中，T. B. 里亚布什金详细评述了《俄国资本主义的发展》在统计学上的意义，以及这种统计方法对列宁经济思想的影响。

(16) 陶大镛版本。1991 年，江苏人民出版社出版了由陶大镛主编的《马克思主义经济思想史——外国经济思想史新编》（下）一书，该书对列宁《俄国资本主义的发展》一书作出了评价。

(17) 郭连成版本。1992 年，郭连成著的《列宁经济思想与探索》（上）一书，由东北财经大学出版社出版，该书对列宁的《俄国资本主义的发展》作了较为深入的分析。

(18) 王元璋版本。1995 年，武汉大学出版社出版了王元璋的专著《列宁经济发展思想研究》，该书提及并论述了列宁的《俄国资本主义的发展》一书在列宁思想发展中的意义。该书作为"1991—1995 年国家重点图书"被列入了"经济发展研究丛书"，该书印数为 1—

1000 册。

（19）杨承训版本。1998 年，天津人民出版社出版了杨承训的专著《市场经济理论典鉴——列宁商品经济理论系统研究》。在该书第一篇"基本理论"的第三章"重大贡献（一）：丰富商品经济一般理论"的第三节"市场对社会经济的调节作用"部分，作者谈到了《俄国资本主义的发展》一书，并将之视为列宁早期经济学著作的典型代表。

（20）萧国亮版本。2005 年，北京大学出版社出版了萧国亮的专著《中国社会经济史研究：独特的"食货"之路》。萧国亮在书中谈到了《俄国资本主义的发展》一书并对其作了评价，认为这是运用马克思历史唯物主义研究经济发展史的上乘之作。

（21）程恩富版本。2006 年，东方出版中心出版了由程恩富主编的《马克思主义经济思想史——经典作家卷》一书。这本书涉及列宁的经济思想形成发展的条件、形成时期、发展时期、完善时期等内容，其中在列宁的经济思想的形成时期，着重提到了"关于俄国资本主义发展的思想"。

（22）姚开建版本。2010 年，人民出版社出版了由姚开建编著的《马克思主义经济学说史》一书。该书列入"21 世纪经济学系列教材"。书中对列宁《俄国资本主义的发展》进行了较为详细的研究和论述，这些研究和论述集中在该书的第 199—206 页。

以上二十几部不同的著作或教材，都是著者在编选或解读列宁经济思想时，直接引用了《俄国资本主义的发展》一书的内容，或者对《俄国资本主义的发展》进行了评述和研究。由于笔者接触资料有限，可能还有些涉及《俄国资本主义的发展》一书的其他著作，没有查看到。

但是，也有例外情况。比如，张光明著的《布尔什维主义与社会民主主义的历史分野》一书，在谈到俄国资本主义的时候，著者的参考文献和行文内容广泛涉猎了葛兰西、马克思、普列汉诺夫、T. 山宁、波克罗夫斯基、梁士琴科、沃夫奇克等人的著作，但是却极少涉及列宁，即便有涉及列宁的文字，也很少直接引用的列宁著作，而是多转引米·

伊·瓦西里也夫-尤任回忆列宁的文章——《在第一次革命的烈火中》，这不能不说是一个遗憾。因为著者在本章节中谈到了俄国民粹派和民粹主义。按照逻辑和历史的自然发展，作者理应安排一定的篇幅提到彻底击败民粹派的列宁，更应该提到彻底击碎自由主义民粹派的《俄国资本主义的发展》一书。

同样意外的是，在 2012 年，由高等教育出版社和人民出版社共同出版的《马克思主义经济学说史》一书（该书被列入"马克思主义理论研究和建设工程重点教材"），该教材在讲到"列宁主义对马克思主义经济学的发展"时，提到了列宁早期的几篇经济文章，却不提《俄国资本主义的发展》一书。要知道，《俄国资本主义的发展》一书在列宁早期经济思想中，占据了同时期其他经济学著作不可比拟的历史地位。

5. 借助教科书、党史著作、传记等方式传播

一些有关列宁的教科书、党史著作、人物传记等，至今已经有了很多版本。在这些不同类型的著作中，有些是研究性的，有些是描述性的，有些传记则有夸大的嫌疑。所以，作为学术性比较强的《俄国资本主义的发展》一书，并不会必然地出现于所有的列宁传记以及党史教材中。笔者着重考察了以下几个版本的《列宁传》以及党史教材。之所以选择这些版本，一是比之于其他版本的《列宁传》，这些版本的著作中涉及了《俄国资本主义的发展》，在这些著作中，《俄国资本主义的发展》得到了很好的研究和描述；二是它们的印数和发行量相对比较大。随着这些《列宁传》的大量发行，列宁的《俄国资本主义的发展》的写作背景、出版过程、基本内容等也逐步被读者所熟悉。

（1）《回忆列宁》。这是列宁的亲属、战友、外国友人等回忆列宁的文章汇编，共 5 个卷册。该著作由上海外国语学院列宁著作翻译研究室译出，人民出版社于 1982 年出版了第一版。印数为 1—32500 册。该著作是研究列宁的重要的参考资料，其中多处涉及了列宁在被捕流亡时期创作《俄国资本主义的发展》一书的情况，或者提到了《俄国资本主义的发展》一书的一些内容。

（2）《列宁传》。中国学者刘凤舞编写的《列宁传》对《俄国资本主义的发展》作了较多的介绍。比如，"这本专著受到读者的欢迎，《开端》杂志1899年第三期发表了《俄国资本主义的发展。大工业国内市场形成的过程》第三章的前六节，标题是：《现代俄国农业中资本主义经济对徭役经济的排挤》；《俄罗斯新闻》刊登了出版消息；出版者玛·伊·沃多沃佐娃在写给一位朋友的信中，愉快地谈到她出版的弗拉基米尔·伊里奇的著作很快销售一空的情况，她写道：'最近我的某些出版物之受人欢迎，简直令人惊奇，——我指的是伊林的那本《俄国资本主义的发展》。这本书我是春天出版的，尽管夏天来了，复活节之前又有大批青年涌出首都，但这本书还是快得使人不能相信地销售一空……不能不怀着极大的兴趣来阅读这本引人入胜的书。'"①

（3）《列宁画传（1870—1924）》。2012年，重庆出版集团和中央编译出版社共同出版了由中央编译局编纂的《列宁画传（1870—1924）》一书，著作版权页没有印数。该画传被时任中央宣传部部长的刘云山评价为：由中央编译局编纂、重庆出版集团和中央编译出版社联合出版的三部画传②，以《马克思恩格斯文集》、《列宁专题文集》的编译成果为基础，用生动的图片、朴实的文字，全面展示了马克思、恩格斯和列宁的卓越贡献，有助于读者特别是青年读者深切感悟他们的光辉品格、深刻领会他们的宝贵思想，是宣传普及马克思主义经典著作的重要读物，是推进马克思主义大众化的有益尝试。在《列宁画传（1870—1924）》中"早期的革命活动"一章中，介绍了列宁在监狱和流放地创作《俄国资本主义的发展》一书的情况，并作出高度评价。

总体来看，新中国成立后，我们党和国家的工作重点和工作重心发

---

① 转引自刘凤舞：《列宁传》，江苏人民出版社1992年版，第93—94页。奥·拉松斯基：《书的威力》，沃龙涅什1966年版，第11页。

② 指《马克思画传（1818—1883）》、《恩格斯画传（1820—1895）》、《列宁画传（1870—1924）》。

生了变化,从先前的新民主主义革命逐步转变到社会主义革命和社会主义建设上来了。社会的主要矛盾转变为人民群众日益增长的物质文化需要同落后的社会生产之间的矛盾。在这样的历史背景下,列宁的《俄国资本主义的发展》一书在中国的出版和传播较之于新中国成立之前,也出现了明显的变化。这些变化体现在:

变化一,单行本的《俄国资本主义的发展》印制的数量和版期呈现了明显的萎缩趋势,甚至消失。这里的主要原因是《列宁全集》中文第一版、第二版和《列宁选集》第二版、第三版、第三版修订版,以及《列宁专题文集(论资本主义)》的出版和发行。由于这些出版物的编译、出版和发行带有官方背景,它们的发行量很大,传播范围也很广泛。比如,"《马克思恩格斯选集》中文第1版和《列宁选集》中文第2版于1972年由人民出版社出版,发行量分别为949万部和1109万部。"①《俄国资本主义的发展》由于被全部或部分收入上述出版物中,在它们大量发行的背景下,单行本的《俄国资本主义的发展》也似乎显得没有必要继续出版了。

变化二,在含有"经典著作"字样的出版物中,《俄国资本主义的发展》几乎见不到踪影。这可以从下列事实得到确证:

在"读秀知识库"、"ACDAL"、"国家图书馆"的中文书库中,笔者以"经典著作选编"、"经典著作选读"、"经典著作选介"、"经典著作导读"、"经典著作研读"、"经典著作读本"、"经典著作研究读本"等为搜索项进行搜索(截止到2013年8月11日)。

从搜索结果看,在全国几乎所有的"985"高校中,都不约而同地编撰了包含"经典著作"字样的专著、教材或者教辅,加上其他一些高校、党校和科研院所,以及国家组织力量编写开发的类似读物,其出版发行的数量是惊人的。但是,在这些冠有"经典著作"字样的专著、教材或者教辅材料中,绝大多数的是书名中含有

---

① 顾锦屏、陈聪:《马克思主义经典著作编译工作六十年》,载俞可平主编:《马列经典在中国六十年》,北京:中央编译出版社2010年版,第4页。

"哲学经典著作"、"政治经济学经典著作"、"科学社会主义经典著作"、"马克思主义经典著作",间或还有"辩证唯物主义和历史唯物主义经典著作"、"马克思主义思想政治教育经典著作",等等。令人十分遗憾和吃惊的是,笔者颇费了一番时间逐个阅读了上述不同版本的目录或者目次后,至今没有发现上述哪个版本中的书中摘选了列宁的《俄国资本主义的发展》,也鲜有对《俄国资本主义的发展》进行了解读或者介绍。即便书名中冠有"政治经济学经典著作"的也同样如此。①

也就是说,在当前一些较有影响的马克思主义经典著作的编选出版物中,《俄国资本主义的发展》很少被收入进去。比如,在王国刚、严强、洪银兴主编的《社会主义经济的经典理论——马列经典著作选讲》(南京大学出版社1990年版)一书中,不仅阐述了马克思、恩格斯、列宁和斯大林等经典作家的社会主义经济学说,还阐述了长期领导中国社会主义革命和建设的领导人毛泽东、陈云、邓小平的有关经典著作。该书从逻辑架构上分成了三个相互关联的部分。第一篇:社会主义经济理论的创立。(马克思恩格斯的著作)。第二篇:向社会主义社会过渡的理论。(列宁的著作)。第三篇:建设社会主义的理论。(斯大林、毛泽东、陈云、邓小平的著作)。而在第二篇的列宁专篇中,编者摘选了列宁五部著作中有关社会主义经济理论的部分来分别讲解。这五部著作分别是列宁的《国家与革命》、《苏维埃政权的当前任务》、《无产阶级专政时代的经济和政治》、《论粮食税》和《论合作制》。可以看出,《俄国资本主义的发展》并没有成为摘选的对象,更不用说是讲解的对象了。笔者分析,这里的原因极有可能是因为《俄国资本主义的发展》所论述的对象,与该选编的主题"社会主义"有着一定的差距。

张奎良主编的《马克思主义经典著作文本选读释义》(黑龙江人民

---

① 在此类教材或教辅中,收入最多的是《资本论》、《政治经济学批判》、《论粮食税》、《新经济政策》等。

出版社 2006 年版）。在书中，编者选定了列宁的《国家与革命》一文作为选读对象。同样也是没有将列宁的《俄国资本主义的发展》一书列入书目。

笔者在感到费解和遗憾的同时，却仍然在费了一番周折之后，很意外地在《农业经济经典著作选读》一书中，发现其收入、摘编、解读了列宁的《俄国资本主义的发展》。该书由秦少伟主编、1993 年由农业出版社出版，曾作为当时"全国高等农业院校教材"，印数 1—1150 册，定价 2.55 元。从印数看，即便作为学生或者培训干部使用的教材，数量也不是很多，并且在此之后也没有重印或者再版。遗憾之余，这也算对自己有多多少少的一些精神安慰。

同样令人欣慰的是，笔者发现一些辞典将《俄国资本主义的发展》作为词条收入进去。比如 1993 年 3 月，人民日报出版社出版的由廖盖隆等主编的《马克思主义百科要览》一书，以及同年 5 月中国和平出版社出版的由卢之超主编的《马克思主义大辞典》一书，都将《俄国资本主义的发展》作为"词条"收入进去。

变化三，2004 年之后，《俄国资本主义的发展》在中国的出版传播又有了新的变化。是年，党中央实施了马克思主义理论研究和建设工程。该工程的一项重要任务是由中央编译局具体负责和承担经典作家著作的编译、翻译、研究等工作。《马克思恩格斯文集》和《列宁专题文集》是马列经典著作编译的新成果，也是我国马克思主义研究的新成果，反映了马克思主义中国化的进程，具有鲜明的中国特色。2009 年 12 月 25 日，两部文集出版发行。李长春高度评价指出：两部文集的编译体现了中央的要求，代表了当前我国马克思主义经典著作编译的最高水平。在此背景下，《俄国资本主义的发展》的出版传播呈现了一些可喜的势头。表现在两个方面：其一，2012 年中央编译局的社会科学基金，将《俄国资本主义的发展》列为马克思主义经典著作研究读本之一。笔者有幸承担了这项任务。坦率地讲，如果不是国家力量以及中央编译局的助推，没有中央编译局社会科学基金的大力支持，笔者对列宁的这部在 20 世纪

30年代被国人称之为与《资本论》比肩的伟大著作，也是无心顾及的。

其二，近几年来，报纸期刊上关于《俄国资本主义的发展》的论文和介绍逐渐多了起来，虽然达不到20世纪30年代和50年代那样的热度，但比之于从"文化大革命"到改革开放之前的这一阶段，还是多了一些。但是，我们不得不承认，《俄国资本主义的发展》一书的历史价值和学术研究的意义，在当前研究浮躁和"学术快餐"的大氛围下，并没有达到应有的重视程度。所以，进一步推动《俄国资本主义的发展》的研究传播，任重而道远。

综上所述，如果说新民主主义革命时期，中国社会对《俄国资本主义的发展》的需求多是政治性的话，那么，今天的中国学术界对《俄国资本主义的发展》的需求则更多的是思想性和学术性的。可以说，通过《俄国资本主义的发展》一书在新中国前后出版传播的情况对比，也可以推想中国社会制度的变迁和中国共产党承担的历史任务的转变。

更重要的是，新中国成立后，尤其是1956年的"一化三改"的社会主义改造完成之后，中国的社会形态发生了质的变化：从旧中国那种半殖民地半封建社会的状态，转变到社会主义社会上来了。社会形态的改变，直接引起的后果是党和政府承担的历史任务的改变。在新民主主义革命时期，中国共产党的历史任务是带领全国各族人民求得民族独立和人民解放，但在社会主义改造之后，中国共产党的历史任务就转变为带领全国各族人民争取国家繁荣富强和人民共同富裕。

历史任务的改变，直接决定了为历史任务服务的思想理论必须与时俱进地发生变化，否则历史任务也难以完成。在全国人民热火朝天地开展社会主义建设和改革开放的大背景下，列宁有关社会主义建设和社会主义管理的书籍文章被大量地出版和传播，这也在情理之中。比如列宁的《论粮食税》等不仅有了官方的单行本（中央编译局在《马克思列宁主义文库》中收入编译了列宁部分有关社会主义建设的著作,《论粮食税》等只是其中之一),而且在以包含"经典著作"四个字的专著、选读、导读、选介、选编、读本、研究等书籍中,更是被大量地作为研读的对象,在此不再赘述。邓小平曾经说过,在新的时代背景下,如何理解社会主义的问题?他指出,"可能列宁的思路比较好,搞了个新经济政策"①。一个国家的理论发展程度,取决于理论满足于这个国家的需要程度。《俄国资本主义的发展》在中国的出版传播,从新中国成立之前的热火朝天到新中国成立之后的逐渐萎缩,与中国社会性质的改变以及共产党解决的历史任务的变化密切相关。

通观《俄国资本主义的发展》在中国翻译、出版和传播的基本情况,笔者认为,如果从施动者的角度看,《俄国资本主义的发展》在中国的传播大致有两种类型。一是主动传播。单行本的《俄国资本主义的发展》或者官方的《列宁全集》、《列宁选集》、《列宁专题文集》等,可以看做是《俄国资本主义的发展》的主动式传播。这是因为单行本的内容比较单一,读者所读内容的可选择性不大。读者看到单行本后,就只能将它读下去,而不能读其他读物了,否则只有放弃阅读。所以,相对于单行本而言,读者是被动的,单行本是主动的。另外,《列宁全集》、《列宁选集》、《列宁专题文集》的发行带有官方背景,这些版本是一些高校和图书馆的必订之物。虽然现在讲求购买自由,但从一定意义上讲,作为收入《俄国资本主义的发展》内容的列宁的全集、选集和文集的发行,仍然可以是视为是官方主动推介的典型。二是被动传播。除上述这种主动式出版传播之外,《俄国资本主义的发展》还通过被动式的传播渠道而全国刊布。这里的被动式传播,主要是指《俄国资本主义的发展》在带有非"经典"字样的著作、教材、专著、传记等读物中,借助这些读物的出版发行而被传播至一些读者群中。

需要指出的是,《俄国资本主义的发展》除了在专家学者中间得到

---

① 《邓小平文选》第3卷,北京:人民出版社1993年版,第139页。

广泛的传播之外,我们的伟大领袖毛泽东,也曾在外出时将此书列为随身阅读之物。①

三 列宁著作在中国出版情况的统计说明

根据中央编译局一些专家学者的统计和计算,新中国成立后,尤其是改革开放以来,列宁的著作出版情况有了明显的变化。这些统计资料表格如下②:

1949—1965 年列宁著作出版情况统计表③

	1949—1954	1955	1956	1957	1958	1959	1960	1961	1962	1963	1964	1965
列宁著作	43	17	7	12	21	32	16	1	5	8	10	7

注:本文表格统计数字说明:(1)表中数字单位均为"种"。(2)数据来源为《全国总书目》、《全国新书目》、《中国出版年鉴》、《1949—1986 全国内部发行图书总目》、《马克思恩格斯列宁斯大林著作中文书目版本简介:1950—1983》,以及中央编译局图书馆和国家图书馆检索目录。(3)表中的统计数字含改版书,不含重印图书。(4)同时出版的多卷选集等均按 1 种图书统计,出版时间不同的全集、选集、文选等,各卷按单卷计为 1 种。(5)统计数字中不含同一版本图书的"大字体"、盲文本、少数民族语言文本、外文本、线装本等特殊版本。

---

① "这里有一个书目,是一九五九年十月二十三日毛泽东外出前指名要带走的书籍。这是从当时我的登记本里照录下来的,读者可以从中窥见毛泽东博览群书情况之一斑。"

10 月 23 日

主席今天外出,我带走一大批书,种类很多,包括的范围很广。他指示要以下一些:马克思、恩格斯、列宁、斯大林的主要著作,诸如:《资本论》、《马恩文选》(两卷本)、《工资、价格和利润》、《哥达纲领批判》、《政治经济学批判》、《反杜林论》、《自然辩证法》、《马恩通信集》、《列宁文选》(两卷集)、《二月革命到十月革命》、《无产阶级革命和叛徒考茨基》、《国家与革命》、《"左派"幼稚病》、《帝国主义是资本主义的最高阶段》、《俄国资本主义的发展》、《进一步,退两步》、《做什么》、《什么是"人民之友"》、《无政府主义还是社会主义?》、《列宁主义基础》、《列宁主义问题》、《联共党史》……"逄先知:《博览群书的革命家——毛泽东读书生活我见我闻》,载龚育之、逄先知、石仲泉著:《毛泽东的读书生活》,北京:生活·读书·新知三联书店 1986 年版,第 18 页。

② 部分内容具体参考了郗卫东执笔的《马列文献信息整理出版六十年》一文,该文被收入俞可平主编:《马列经典在中国六十年》一书,北京:中央编译出版社 2010 年版,第 127—133 页,在此表示感谢。

③ 同上书,第 127 页。

1970—1978 年列宁著作出版情况统计表①

	1970	1971	1972	1973	1974	1975	1976	1977	1978
列宁著作	2	18	1	4	4	14	10	0	0

1979—1994 年列宁著作及研究出版情况统计表②

	1979	1980	1981	1982	1983	1984	1985	1986	1987	1988	1989	1990	1991	1992	1993	1994
列宁著作	2	0	1	1	2	6	5	19	11	20	3	24	1	4	1	1

1995—2008 年列宁著作及研究出版情况统计表③

	1995	1996	1997	1998	1999	2000	2001	2002	2003	2004	2005	2006	2007	2008
列宁著作	1	0	0	0	0	0	4	0	1	0	0	0	0	0

建国 60 年列宁著作单行本出版情况统计表④

	列宁著作单行本
1949.10.1—1956	88
1966—1969	6
1970—1978	51
1979—1994	8
1995—2008	1
60 年总计	154

---

① 郄卫东：《马列文献信息整理出版六十年》，载俞可平主编：《马列经典在中国六十年》，北京：中央编译出版社 2010 年版，第 128 页。
② 同上书，第 129 页。
③ 同上书，第 131 页。
④ 同上书，第 132 页。

建国 60 年列宁选读、汇编类著作出版情况统计表[①]

	列宁专题文集汇编	斯大林专题文集汇编	汇合专题文集汇编	合　计
1949.10.1—1956	33	8	75	134
1966—1969	0	0	0	1
1970—1978	1	0	17	18
1979—1994	20	3	187	248
1995—2008	3	0	49	65
60 年总计	57	11	328	466

建国 60 年列宁生平传记和学习研究图书出版情况统计表[②]

	列宁	
	生平	研究
1949.10.1—1956	26	40
1966—1969	0	0
1970—1978	0	55
1979—1994	37	104
1995—2008	14	25
60 年总计	77	224

根据比较结果，并纵观上述 60 年来列宁著作及相关研究著作的出版情况，我们可以总结出以下三个特点：（1）新中国成立后，我国列宁著作及相关研究著作的出版取得了丰硕成果，其出版状况是和我国的政治、经济形势与社会发展紧密相关的，并呈现出阶段性特征；（2）建国之后，特别是改革开放以来，经典著作的出版重心快速向马克思恩格斯著作转移；（3）目前，我国列宁著作的出版重点已经开始从翻译向研究过渡，学术性研究逐渐深入，而研究的内容与领域正呈现出多领域、多层次、多角度的特点。[③]

---

① 郗卫东：《马列文献信息整理出版六十年》，载俞可平主编：《马列经典在中国六十年》，北京：中央编译出版社 2010 年版，第 132 页。
② 同上。
③ 同上书，第 133 页。

第五章 《俄国资本主义的发展》在世界其他国家的传播

《俄国资本主义的发展》除了在中国得到广泛的翻译、出版和传播之外,在世界上其他国家也得到了广泛的传播。《俄国资本主义的发展》首先是在苏联得到广泛的传播,然后推广到世界上其他国家和地区。

一 在苏联的传播

1899年和1908年该书在俄国先后出版了两个版本的单行本,出版以后,市场反应强烈,销量很好。在后来随着《列宁全集》第一版、二版、三版、四版、五版的出版,《俄国资本主义的发展》得以不断地传播。①

1920年,俄共(布)九大决议中就决定出版《列宁全集》第一版,到1926年便完成了20卷(26册)。全集第一版开始由国家出版社出版,后由列宁研究院完成,加米涅夫等人主持了这项工作。这是列宁在世时唯一出版的《列宁全集》,其中包括了《俄国资本主义的发展》一书。但对其发行量,笔者尚未查到。

1938年,由联共(布)中央委员会编著并且经联共(布)中央委员会审定的《联共(布)党史简明教程》一书,开始正式出版。在该书中,虽然没有直接提到《俄国资本主义的发展》一书,但该书讲到

---

① 请参看随后索沃金的答复。

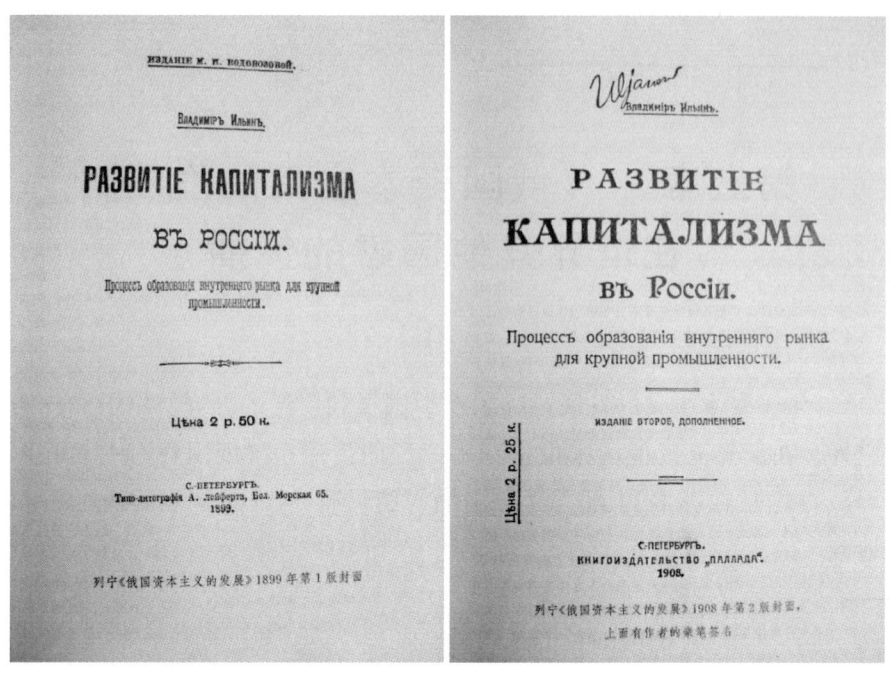

列宁《俄国资本主义的发展》　　　列宁《俄国资本主义的发展》1908 年
1899 年第 1 版封面　　　　　　　第 2 版封面上面有作者的亲笔签名

列宁反对民粹派与"合法马克思主义者"的问题时,使用了《俄国资本主义的发展》一书中的许多重要思想和观点。"至 1956 年《教程》在苏联国内印刷了 301 次,印量多达两三千万册之多。"①

1949 年,苏联的《经济问题》杂志在新年第一期上发表了著名经济学家巴希科夫的一篇长文,该文章题目是《论列宁的〈俄国资本主义的发展〉及其在经济学中的作用》。文章内容丰富,是当时研究宣传列宁《俄国资本主义的发展》一书的代表作。

据文华考证,1950 年,《俄国资本主义的发展》以俄文本形式在俄国出版了单行本。另外在苏联的 50 年代、60 年代和 70 年代曾经出版了英文版的单行本。

---

① 朱宝强:《〈联共(布)党史简明教程〉的出版即推介传播》,载《经济研究导刊》2012 年第 13 期,第 240 页。

《俄国资本主义的发展》一书第 2 版合同

1954 年，由苏联科学院经济研究所编的《政治经济学教科书》一书，由莫斯科政治书籍出版社出版，该书作为经济学教科书在苏联全国推广。在该书第五章的"资本主义的简单协作和工场手工业"中，不仅大量引用了《俄国资本主义的发展》的原著论断，甚至这一章的某些节、目都与《俄国资本主义的发展》一书的某些节、目也是相同或相似的。比如，这部《政治经济学教科书》中的"资本主义的家庭劳动"、"农民的分化"、"徭役经济向资本主义经济的过渡"、"资本主义工业的国内市场的形成"等章、节、目，与列宁《俄国资本主义的发展》一书中的"资本主义工场手工业和资本主义家庭劳动"、"农民的分化"、"地主从徭役经济到资本主义经济的过渡"、"国内市场的形成"等章、节、目的标题惊人地相似。这部几乎可以代表当时苏联最高水平的经济学著作，被多次再版，并以多种文字在苏联及国外发行，该书在我国的影响尤其突出，而列宁的《俄国资本主义的发展》一书也随之被广泛传播。

1956 年，莫斯科出版社出版英文单行本的《俄国资本主义的发展》，即 The Development of Capitalism in Russia：the Process of the Forma-

tion of a Home Market for Large – scale Industry，Moscow：Foreign Languages Publishing House，1956。

1958年，苏联国际关系研究所出版社出版了俄文版《列宁论国际政治与国际法》一书，该书摘录了《俄国资本主义的发展》的部分内容，包括：第一章中的第八节，即"为什么资本主义国家需要国外市场？"；第八章中的第五节，即"边区的意义。国内市场还是国际市场？"，但对该书的编辑、印数等情况尚不清楚。

1961年，苏联社会经济书籍出版社出版了俄文版的《经济学说史讲义（从马克思主义产生到伟大十月革命）》，该书由苏联著名经济学家卡拉达也夫、雷季娜著。在书中，两位经济学家在讲到列宁主义经济学阶段的时候，不惜2万多字的笔墨重点介绍和讲解了《俄国资本主义的发展》一书，其标题就直奔主题——《〈俄国资本主义的发展〉一书的历史意义和基本问题》。这部《经济学说史讲义》也被译为中文，广受欢迎。

1963—1968年之间，苏联出版了一大批有关列宁统计思想的学术专著，这些专著试图深入而连续地阐述统计学领域中的列宁思想，并把它用于统计分析、社会研究等等。在这些著作中，都提到了《俄国资本主义的发展》一书的统计学意义。《列宁著作中的统计学》丛书主要包括下列著作：С. М. 古列维奇著：《列宁与社会主义国家统计》，莫斯科，国家统计出版社1963年版；И. Г. 马雷著：《列宁著作中的人口统计问题》，莫斯科，国家统计出版社1963年版；Т. В. 里亚布什金著：《列宁著作中的统计分析方法》，莫斯科，统计出版社1964年版；И. Ю. 比萨列夫著：《列宁著作中的劳动统计问题》，莫斯科，统计出版社1964年版；И. Г. 马雷著：《列宁研究工作中的农业统计问题》，莫斯科，统计出版社1965年版，等等。而到了20世纪70年代，列宁著作中的统计思想，更是集中体现在三卷本的集体学术专著《列宁与现代统计学》中。《列宁与现代统计》，莫斯科，统计出版社第1卷1970年出版，第2卷1971年出版，第3卷1973年出版。随着这些统计领域书籍的出版和发行，列宁《俄国资本主义的发展》一书以及该书的统计学意义为大家所熟知。

1964年,莫斯科出版社出版了英文版《俄国资本主义的发展》,即 The Development of Capitalism in Russia, Moscow：Progress Publishers, 1964。

1969—1970年,苏联政治书籍出版社出版了五卷本的《回忆列宁》,发行量很广,影响很大,并被翻译成中文。这是列宁亲属、战友及外国友人对列宁的追忆。其中有些地方涉及了《俄国资本主义的发展》一书的创作史和对书中内容的一些介绍。尤其涉及了列宁在创作《俄国资本主义的发展》时,如何研究学习和宣传使用《资本论》的一些细节问题。

1974年,莫斯科出版社再次出版了英文版《俄国资本主义的发展》,即 The Development of Capitalism in Russia, Moscow：Progress Publishers。

到了1980年,据《苏联新书》1980年第2期的《全世界出版列宁著作简况》的报道：到1979年1月,苏联出版了116种文字的版本,其中本国各民族文字65种,外国文字51种,总印数为531167000册。但是,在苏联出版的116种文字的列宁著作里,有多少种语言文字是与《俄国资本主义的发展》有关呢？笔者并没有查找到。

我国学者张坚在1981年撰文介绍了包括《俄国资本主义的发展》在内的《列宁全集》等著作在苏联的出版翻译情况。"列宁著作在十月革命前就开始公开或秘密地出版,革命后,则大量的发行,并被翻译成各种文字。现在世界上的列宁的单篇著作已有一百三十多种语言的版本。《列宁全集》也有几十种语言的版本。……单是苏联研究院就用十八种语言出版了《列宁全集》,其中有一些是他们国内的少数民族语言。"①

1982年,苏联科学院院士 A. M. 鲁勉采夫主编的《政治经济学》

---

① 张坚：《列宁著作及其在苏联的出版情况——在上海马列著作研究会上的发言》,载《马克思主义研究资料》1983年第3期,北京：人民出版社1983年版,第67—68页。他在当时的这个发言中还认为：苏联出了一到四版《列宁全集》,在俄文中其实都没有"全"这个字的意思,就是《列宁著作》或《列宁著作集》。只是在出版第五版时,强调了"完备的"《列宁全集》。

由莫斯科政治书籍出版社出版了增订第五版，该书经苏联高等和中等专业教育部批准为高等经济学校和经济系教科书。在该书中，作者不但提及了列宁《俄国资本主义的发展》一书，而且对该书进行了高度评价。根据笔者接触的这部《政治经济学》的资料，还没有查找到该著作以前的几个不同版本的出版时间，也不能直接推定该著作的以往版本里就一定包含对《俄国资本主义的发展》一书的介绍与评价。但至少在这个增订第五版里，鲁勉采夫高度评价了列宁的《俄国资本主义的发展》一书的意义。假如在此之前的四个版本里有关于《俄国资本主义的发展》一书的介绍和评价，根据鲁勉采夫的影响力以及该书作为教科书的优势，加上经过了一版再版，该著作的发行量也一定是很大的，那么，《俄国资本主义的发展》一书也一定会随之广布苏联。

1983年，经苏联高等和中等专业教育部批准，莫斯科高等学校出版社以俄文形式出版了由著名的经济学说史家雷季娜等编著的《经济学说史》一书，该书作为大学各经济专业的教材全国发行。在书中，雷季娜等人高度评价了《俄国资本主义的发展》一书的意义。①

1984年莫斯科高等学校出版社分别出版了苏联教育部社会科学教学主管局组织编写的马克思列宁主义哲学、政治经济学、科学共产主义、联共党史、哲学史等五个学科的教学大纲。在这个教学大纲中的"政治经济学大纲"部分，列宁的《俄国资本主义的发展》在多个章节中，被推荐为重要的参考书目。②

1989年，《苏共中央通报》第11期发表了苏共中央马列主义研究院列宁著作部主任、历史学家 A. M. 索沃金的一篇答复文章。这篇文章主要是对《列宁全集》俄文版几个版本情况所作的答复。由于《俄国资本主义的发展》自始至终都被收入《列宁全集》的不同版本中，它也必将随着《列宁全集》不同版本的先后出版发行而广泛传播。在答

---

① 〔苏〕M. H. 雷季娜、E. Г. 华西列夫斯基、B. B. 戈洛索夫等：《经济学说史》，周新成、吴小贺译，北京：中国人民大学出版社1987年版，"译者说明"，第1页。

② 见苏联高等和中等专业教育部社会科学教学主管局编：《苏联高等院校政治理论课教学大纲》，吴虹滨、赵大伦译，北京：求实出版社1987年版，第53—124页。

复中，А. М. 索沃金通报了包含《俄国资本主义的发展》在内的《列宁全集》的出版发行情况：还在 1920 年俄共（布）九大决议中就决定出版《列宁全集》第一版，到 1926 年便完成了 20 卷（26 册），其中包括了列宁的 1500 部著作。全集第一版开始由国家出版社出版，后由列宁研究院完成，加米涅夫等人主持了这项工作。

《列宁全集》第一版还未出齐，便开始筹备和出版第二版和第三版，加米涅夫再次参与了这一工作。第二版和第三版的内容完全相同，只是版本的装订不同，都由 30 卷组成，从 1925 年开始到 1932 年共用了近八年时间，收入了列宁的 2700 多部著作。

《列宁全集》第三版完成后，在困难的环境下继续进行新版的准备工作。1940 年通过了再版《列宁全集》第四版的决议，1941 年开始出版第 1 卷，到 1950 年完成，整整历时 10 年，共有 35 卷。但这个版本深受斯大林个人崇拜的影响，致使列宁的许多作品没有收入第四版，为此这个版本以后又增补了 10 卷。

1957 年 1 月 8 日苏共中央通过出版《列宁全集》决议，即《列宁全集》第五版。这之后的 8 年中共编辑出版了 55 卷，总共发行量为 65 万—70 万套。第五版包括了当时所能得到的和马列研究院收藏的所有列宁的作品、书信和为其著作、演讲准备的资料。这个版本总共收入列宁近 9000 件作品和文献，其中有半数以上是以前版本中没有的，1070 件是第一次公开发表的。

既便如此，列宁的著作和文献远未收齐。至今仍有许多学者、党的老战士、档案专家、博物馆和图书馆工作者、外交官和新闻工作者等继续在国内外寻找列宁的文献并把新的发现收入《列宁汇编》中，目前已按时间顺序出版了 41 卷。1970 年纪念列宁诞辰 100 周年之际，马列主义研究院开始编辑出版《列宁年谱（1870—1924）》，到 1982 年已出版了 12 卷。年谱按时间顺序逐年、逐月、逐日，以至精确到小时和分钟，非常详细地叙述了列宁的生平活动，其中首次公布了近 6000 种新的文献。

随着大量的列宁文献被发现，20 多年前编辑的《列宁全集》第五版已远不能适应新的现实。目前正全力研究和注释这些新发现的文献，并把这些文献收入即将问世的《列宁全集》第六版中。《列宁全集》第六版将收入第五版中没有的7000多件文献。新版初步打算编成70卷，前45卷收集列宁的文章，其后13卷是列宁的书信和比第五版多一倍的文件，第三部分共12卷，是对列宁主要文章的诠释。总共将有1.6万件文献和资料，其中有1000多件是至今还未公开发表过的。但是，仍有相当一部分列宁的文章珍藏在外国的档案馆或个人手中，列宁文稿的收集、编辑仍有很多工作要做。此外，还准备把列宁的所有作品按时间顺序编写出索引。1989年底提交新版本中的2卷进行讨论——即全集的第一卷和书信卷中的一卷，经讨论和批准后开始有计划地出版《列宁全集》第六版。① 第六版拟于1992年出第一批书。但是，由于1991年苏联的解体以及随之而来的苏共中央马列主义研究院的改弦易辙，编印《列宁全集》俄文第六版的设想未能实现。②

　　以上是《俄国资本主义的发展》以文字的形式在俄国的出版传播，除此之外，是不是还有其他的传播形式呢？笔者认为，除了文字的版本之外，《俄国资本主义的发展》有可能还以宣传画的特殊形式在俄国国内进行传播。乌里扬诺夫省文化局副局长M. B. 切尔诺夫曾经在《乌里扬诺夫省各图书馆是如何宣传列宁著作的》一文中提到："最近三年，出版了12种有关列宁著作的宣传画，如：关于'做什么？'、'社会民主党在民主革命时期中的两个策略'、'帝国主义是资本主义的最高阶段'、'青年团的任务'以及'列宁论劳动生产率'等书的宣传画。"③ 在这里，虽然没有提及《俄国资本主义的发展》一书，但根据他随后的行文中提到的"宣传列宁著作的宣传画随处可见"，我们可以推测，

---

① 见郭建平：《〈列宁全集〉俄文第6版即将问世》，载《党校科研信息》1990年第9期，第13—14页。泽贤：《苏联准备编发〈列宁全集〉第六版》，载《世界知识》1990年第12期，第17页。

② 庄前生主编：《马克思主义经典文献的出版和传播研究》，北京：中国社会科学出版社2010年版，第60—61页。

③ 乌里扬诺夫省文化局副局长M. B. 切尔诺夫：《乌里扬诺夫省各图书馆是如何宣传列宁著作的》，载《图书馆学通讯》1960年3月31日，第16页。

列宁的这部著作极有可能也曾以宣传画的形式来宣传推广。当然,这还需要进一步的考证和确证。

可以预料,《俄国资本主义的发展》必将随着《列宁全集》第六版的出版发行,在俄国以及国际上得到进一步的传播。

二 在其他国家的传播

1958年9月11日,英国设菲尔德大学科学工作者菲尔丁·克拉克在牛津举行的"现代教会活动会议"的讲话中谈到了这样的话:"目前在全世界范围内没有任何书籍的翻译能比列宁著作的翻译更多。列宁的著作在书籍的出版上已经代替圣经而占了第一位。"[①]

1960年,苏联的《真理报》发表了一则《列宁著作在社会主义国家翻译出版概况》的报道,报道指出包括《俄国资本主义的发展》在内的《列宁全集》以及其他著作在阿尔巴尼亚、保加利亚、匈牙利、民主德国、越南民主共和国、中国、民主朝鲜、蒙古人民共和国、波兰、罗马尼亚、捷克斯洛伐克等11个社会主义国家的出版传播情况。具体报道如下:

阿尔巴尼亚:从阿尔巴尼亚解放到现在,列宁的论文和讲演稿出版了72种,印数为368000册。现在俄文版《列宁全集》第四版有10卷已经翻译出版。全集将在1961年出齐。

保加利亚:从1950年开始到1953年止已经全部完成了《列宁全集》第四版的翻译出版工作。每卷印数为20000册。从1944年9月到1959年8月,用保加利亚文翻译和出版了列宁的著作总计146种,印数为226000册。

匈牙利:匈牙利在人民民主政权巩固以后,从1948年开始系统地出版列宁的著作以及列宁文选。35卷本的《列宁全集》第四版的翻译

[①] 转引自庄前生主编:《马克思主义经典文献的出版和传播研究》,北京:中国社会科学出版社2010年版,第74页。

工作，是从1951年开始，于1955年结束的。列宁著作的单行本，已经用匈牙利文出版了217种。

民主德国：目前民主德国正在广泛地出版列宁的著作。在迪茨出版社的《马克思列宁主义丛书》中，出版了列宁的著作22种。在《马克思列宁主义小丛书》中，列宁的著作出版了30种以上。其他出版社出版了列宁的著作14种。从1952年起，俄文版《列宁全集》第四版已经开始翻译出版。

越南民主共和国：从1955年到1959年，越南民主共和国出版了列宁著作73种，总印数为343546册。这个数字对于一个人口为1300万、而且刚刚消灭了基本劳动群众的文盲的国家来说是有着重大意义的。它说明人民是多么渴望学习列宁主义思想。

中华人民共和国：中国人民革命的胜利，创造了出版传播马克思著作的有利条件。38卷本的第四版《列宁全集》已经在1959年——中华人民共和国成立十周年前夕全部翻译出齐。在不到十年的时期内——从1949年10月到1959年底，列宁的著作已经出版了168种，总印数为8265000册；其中用汉文出版了142种，印8170000册；用少数民族文字出版了26种，印数为95000册。

民主朝鲜：在1945年苏联军队帮助朝鲜人民从日本帝国主义者的枷锁下解放出来，朝鲜人民民主主义共和国建立以后，列宁著作就用朝鲜文大量出版。20卷的《列宁选集》翻译出版了30000—40000册。就是在1950—1953年朝鲜劳动人民进行反对美国帝国主义者的解放战争的时候，列宁著作的出版也没有中止过。从1954年起，开始用朝鲜文翻译俄文版《列宁全集》第四版，现在已经出版了29卷。

蒙古人民共和国：从1953年到1956年，用蒙古文出版了列宁著作60种，每种印数为20000册。俄文版《列宁全集》第四版的翻译工作正在进行中。1959年已经出版了第一卷，印数为20000册。被翻译成蒙古文的共计有19卷。

波兰：在最近15年内，人民波兰出版了列宁的著作和著作选45种。其中有许多种出版了好几版。俄文版《列宁全集》第四版的翻译工作陆续进行了八年，到伟大的十月社会主义革命 40 周年的时候已经全部结束。1958 年出版了增补的第 36 和 37 卷。《列宁全集》37 卷总印数为 2370000 册。在最近 15 年内，波兰一共出版了列宁的著作和小册子 9740500 册。

罗马尼亚：罗马尼亚在解放后出版了 107 种列宁的著作，总印数为 5500000 册。由俄文版第四版译出的《列宁全集》38 卷全部出版了。列宁著作专题文集也出版了 18 种。

捷克斯洛伐克：从 1948 年 2 月起，捷克斯洛伐克开始大量出版和传播列宁的著作。起初是用捷克文和斯拉夫文出版列宁的主要著作和两卷本的《列宁文选》，随后开始翻译俄文版《列宁全集》第四卷。现在已经用捷克文出版了 36 卷，用斯拉夫文出版了 37 卷。①

我国学者文华考证指出：截至 1970 年，列宁著作在资本主义国家出版过大约 3400 次。在这些国家中，日本出版列宁著作的次数最多，有 1300 多次。在这里面，就有列宁的《俄国资本主义的发展》一书。亚洲、非洲和拉丁美洲各国，都出版了列宁的单行本著作，如伊朗 1975 年出版《怎么办?》，土耳其 1971 年、印度 1976 年出版《资本主义在俄国的发展》等。②

据 1980 年苏联《科学共产主义》杂志、《社会科学》杂志和《真理报》等有关资料，《资本主义在俄国的发展》在世界其他国家用 16 中文字出版过 56 次。③

据《苏联新书》1980 年第 2 期的《全世界出版列宁著作简况》的报道：列宁的著作在全世界翻译的出版物中占第一位。有 63 个国家用 134 种文字出版了列宁的著作。出版《列宁全集》第四版译文的国家有

---

① 《列宁著作在社会主义国家翻译出版概况》，载《真理报》1960 年 3 月 11 日，转引于《读书》1960 年第 7 期，第 37 页。

② 庄前生主编：《马克思主义经典文献的出版和传播研究》，北京：中国社会科学出版社 2010 年版，第 77 页。这里的《资本主义在俄国的发展》是不是《俄国资本主义的发展》呢？根据笔者后来的查证，证实了两者实际上是同一本书，只是书名在翻译的时候，有了一些变化。

③ 同上书，第 74 页。

中、保、波、捷、东德、罗马尼亚、匈、越、蒙、朝、古等国。翻译出版《列宁全集》第四、五两种版本的，有意、日、阿根廷和希腊。翻译第五版的有罗、南、匈、东德等国家。在这其中，就包括《俄国资本主义的发展》一书。

列宁著作在20世纪80年代曾是世界上最受欢迎的读物。根据《湖北日报》1991年的6月4日第四版的报道说：联合国教科文组织曾于1991年公布的一项资料表明，从1979年至1985年6月间，在全世界最受读者欢迎的著作家的作品中，排在第一位的是列宁，他的著作已被世界各国翻译出版405次。

2004年7月，俄罗斯教育部再版发行了《联共（布）党史简明教程》，新书封面特别注明"这是《简明教程》的第302次印刷"。出版者在扉页上写道："你读过《简明教程》吗？她被誉为马克思列宁主义的百科浓缩，曾在世界上以126种文字出版，发行4280万部。"① 由于《俄国资本主义的发展》的主要观点曾被《教程》多次提及，随着巨量《教程》在世界上的传播发行，《俄国资本主义的发展》的基本观点逐步传播到世界各地。

我们知道，列宁撰写和出版《俄国资本主义的发展》一书时，正值第二国际备受争议的时期。那么，第二国际时期的一些著名的理论家对于《俄国资本主义的发展》一书的关注情况又会怎么样呢？笔者选择了被列宁称为"最伟大的理论家"的布哈林，以及罗莎·卢森堡、威廉·李卜克内西、普列汉诺夫等人的一些有关著作来考察，但他们的著作中很少提及《俄国资本主义的发展》。

众所周知，马克思主义传入中国经过了日本的渠道。那么，《俄国资本主义的发展》在日本的传播情况怎样呢？1982年，日本学者不破哲三在《社会形态论争和历史唯物主义》一文中，提到了列宁早期批判民粹派错误观点的文章，尤其在其中的"列宁和社会经济形态"章

---

① 张树华、徐海燕：《俄重新出版发行〈联共（布）党史简明教程〉》，载《红旗文稿》2006年第1期，第10页。

节，还间接提到了《俄国资本主义的发展》一文的核心观点和基本思想，但不破哲三并没有直接提及《俄国资本主义的发展》一书。①

2012年8月14日，在中央编译局做访问学者的日本学者明石博行②，在中央编译局的2号楼501会议室做了一场名为"交往关系'Verkehr'再考"的学术沙龙讲座。在讨论交流环节，我问了这样一个问题：当前日本学术界对列宁经济思想研究的状况如何呢？

明石博行的回答是：80年代后，日本学术界对列宁的评价比较低下了，也基本上不再使用马克思列宁主义的说法了，研究者的人数不断减少，但不是说列宁不再是理论家和革命家。虽然尊敬列宁是个理论家和革命家，但他的理论落后了，对列宁的研究不如对马克思的研究更具有意义。

对于《俄国资本主义的发展》在国际上的传播情况，还需要进一步地探索，这是一个未竟的学术研究。搞好了这一项工作，也算是对传播列宁思想的一点小贡献。

---

① 〔日〕不破哲三：《科学社会主义研究》，张碧清、陈应年译，北京：人民出版社1982年版，第144—169页。

② 日本驹泽大学经营学部教授，日本"马克思恩格斯研究者的会"负责人，主要研究方向是政治经济学和经济社会学。

第二部分　研究状况

　　《俄国资本主义的发展》出版之后,引起了思想学术界的关注,也激发了研究者对《俄国资本主义的发展》一书的兴趣。在俄国,出现了不同的研究态度,并且这种研究态度随着时间的变化,也在变化。在中国,对《俄国资本主义的发展》的研究,呈现出一些特点和趋势。

第六章　国外研究状况

《俄国资本主义的发展》第一版甫一诞生，就引起了两类人的关注和研究。一是无产阶级阵营的关注和研究，基本态度是欢呼和鼓舞；二是自由主义民粹派的关注和研究，基本态度是抨击和否定。在《俄国资本主义的发展》第一版和第二版出版后不久，就有人在杂志和报纸上发表关于该著作的书评，也有以书商的名义发表的简介。随着该著作的传播，国外学者（主要是苏联学者）的研究也逐渐深入。苏联学者的研究，主要集中在《俄国资本主义的发展》一书历史地位、主要观点、价值意义等几个方面。

一　有关《俄国资本主义的发展》的若干论点

1. 关于《俄国资本主义的发展》一书的优缺点

在这个问题上，有两个基本观点：一是着意赞成该书的优点；二是刻意丑化该书的缺点。甚至同一读者，也往往兼有上述两种不同的矛盾心态。

其一，关于该书的优点。有人认为该书的优点是提供了丰富详实的原始资料，使人们能了解俄国农民的真实情况。比如在第一版出版不久，就有读者认为，"年轻的经济学家的巨著包含了大量非常有价值的和几乎是原始的材料。这些材料清晰地阐述了农民生活的各个方面。这就是每个人都会喜欢这本书的一个方面。"[①]

[①] 《对〈俄国资本主义的发展〉一书的匿名评论》，载1899年10月《摩·奥·沃尔弗图书公司各书店文学、科学和书名书刊出版社小学》第1期，张正芸译、范忆竹校。转引自《马列著作编译资料》第6辑，北京：人民出版社1979年版，第83页。

还有研究者认为，系统性和统一性是该书的优点。比如，波·阿维洛夫在《教育》杂志上发表书评认为，"伊林的书非常系统地和成功地表达了一个明确的观点，一个明确的经济发展公式。他按照这个公式，非常成功地组织了丰富的材料，同时对这个公式作出相应的限制和修正。这种统一性和这样自始至终贯彻一个思想，是伊林这本书的一个很大的优点。""由于始终贯穿一个基本观点，作者能够分辨清楚各种最复杂的生活现象，并且能够给予正确的说明，因此在广大读者面前大量单个的事实连成了一整幅经济发展过程的画面。"①

波·阿维洛夫进一步认为，从语言行文和遣词造句上看，该书明白晓畅，资料详实。他指出，"由于书中的叙述非常生动和清楚，尽管是大量枯燥的事实材料，但非专业人士也很容易看懂。我们可以特别热心地向读者推荐这本书，因为书中所说的问题是所有关心社会问题的人都要感兴趣的。"②

在1908年第二版出版不久，读者波·韦谢洛夫斯基就在杂志上撰文发表书评。他认为，"伊林先生的书，1899年出了第一版，并早已售完。无论从专业人员方面，还是从广大读者方面它都获得了完全应有的重视。"③

其二，关于该书的缺点。同样是读者波·阿维洛夫，他在评论列宁这部著作优点的同时，也认为该书的缺点之一就是它缩小了自己的研究范围。他认为，"我们也不能不指出，作者不必要地缩小了自己的任务。我们认为，在证明俄国资本主义发展时，他不仅要较多地注意俄国经济发展与西欧国家的这种发展的共同性，也要较多地注意俄国的特点和前工业时代的特点。此外，我们也不能完全同意作者的某些意见，这些我

---

① 〔俄〕波·阿维洛夫：《对〈俄国资本主义的发展〉一书所写的评论》，载1899年10月《教育》杂志第10期，张正芸译、范忆竹校。转引自《马列著作编译资料》第6辑，北京：人民出版社1979年版，第82页。

② 同上。

③ 〔俄〕波·韦谢洛夫斯基：《对〈俄国资本主义的发展〉一书所写的评论》，载1908年5月《现代世界》杂志第5期，张正芸译、范忆竹校。转引自《马列著作编译资料》第6辑，北京：人民出版社1979年版，第95页。

们将在其他的地方去谈。"①

也有读者认为,《俄国资本主义的发展》第二版在使用材料上存在一定的缺陷。波·韦谢洛夫斯基认为,"从材料的丰富性来看,著作中比较不足的部分是谈论'大机器工业的发展'的那些章节。我们讲过,第一次出版伊林先生的书是在九年以前。从那时起,大量有价值的材料充实了统计学和一般经济学书籍。这些材料大都证实了作者在大约十年前根据马克思主义的前提,对'资本主义发展'所作的预测。但同时,最新的研究对阐明所观察的经济发展过程也提供了一些新的东西。……伊林先生现在重新出版自己的书,似乎应该根据这些新的线索来补充自己对分化的分析。但是我们在第二版中并没有看到这些。总而言之,伊林先生对材料加工得太少了。他的所有补充总共是二十至二十五条注释,并且每条只有几行字;然后是简短的,没有经过深入分析的两节:一是'1886—1891 年和 1896—1900 年两次军马调查的比较'一节,二是有关 1897 年调查材料的一段。这就是全部的补充。其实,从九十年代下半期开始出现了不少有价值的地方自治局的统计考察,出版了(从 1900 年起)工厂视察员的报告汇编,还有矿业、蒸汽运输业等等行业发展的新资料。所有这些材料伊林先生在其著作的第二版中都未予以注意,这是这一版的重大的缺陷。"②

2. 关于《俄国资本主义的发展》对民粹派的影响

在这个问题上,主要有两个基本观点。一类观点认为,该著作沉重地打击了民粹派,捍卫了马克思主义政治经济学的纯洁性。另外一种观点是认为该书并没有真正地触及民粹派的痛处,是对民粹派的一知半解。在十月革命之前,这两种观点基本上是对立的,但在十月革命之后,基本上是以第一种观点为主。

---

① 〔俄〕波·阿维洛夫:《对〈俄国资本主义的发展〉一书所写的评论》,载 1899 年 10 月《教育》杂志第 10 期,张正芸译、范忆竹校。转引自《马列著作编译资料》第 6 辑,北京:人民出版社 1979 年版,第 82 页。
② 〔俄〕波·韦谢洛夫斯基:《对〈俄国资本主义的发展〉一书所写的评论》,载 1908 年 5 月《现代世界》杂志第 5 期,张正芸译、范忆竹校。转引自《马列著作编译资料》第 6 辑,北京:人民出版社 1979 年版,第 95—96 页。

总体看来，持第一种观点的人居多。在《俄国资本主义的发展》第一版出版后不久，就有书评认为，"伊林这本书的理论部分将会引起许多异议，在这部分中充满了对'民粹派'的尖锐批评，并且重弹马克思主义理论的老调。"① 与此同时，一些社会民主党人也在一些报纸上撰文发表了对《俄国资本主义的发展》的述评。"例如《格鲁吉亚日报》发表了高加索社会民主党人伊·鲁津写的《俄国资本主义的发展》述评，他指出，弗拉基米尔·伊林的这部书以其严格的科学客观研究而值得重视，这部书的目的在于反对民粹派。"② 巴·别尔林认为，"众所周知，在俄国资本主义国内市场的形成问题上，很长时间内几乎只流行着民粹主义的观点。瓦·沃·先生和尼·—逊先生是这种观点的最著名的理论家。弗·伊林认真地详细地批判了这种观点，但是他不仅仅限于否定，他还论述了自己解决这个问题的观点。为此目的，他阐述了改革后时代的国内市场的形成过程。国外市场和国外贸易问题则完全抛在一边。"③

十月革命之后，持有这种观点的研究者更多。现仅举几例。比如，苏联著名的历史学家波斯别洛夫认为，"列宁在流放期间完成了他的经典著作'俄国资本主义的发展'，这一著作从思想上最后粉碎了民粹主义。"④ 同样，苏联著名历史学家凯尔任采夫也认为，"《俄国资本主义的发展》一书给民粹派的理论一个致命的打击。"⑤

而经济学家对于该书的评价，更是甚高。巴希科夫认为，列宁的

---

① 《对〈俄国资本主义的发展〉一书的匿名评论》，载1899年10月《摩·奥·沃尔弗图书公司各书店文学、科学和书名书刊出版小学》第1期，张正芸译、范忆竹校。转引自《马列著作编译资料》第6辑，北京：人民出版社1979年版，第83页。

② 转引自刘凤舞：《列宁传》，江苏人民出版社1992年版，第94页。

③〔苏〕巴·别尔林：《对〈俄国资本主义的发展〉一书所写的评论》，载1900年2月《生活》杂志第2期，张正芸译、范忆竹校。转引自《马列著作编译资料》第6辑，北京：人民出版社1979年版，第94页。

④ 苏共中央马克思主义研究院编：《列宁传》，马京、华国译，北京：生活·读书·新知三联书店1960年版，第79页。

⑤〔苏〕凯尔任采夫：《列宁传》，企程、朔望译，北京：生活·读书·新知三联书店1975年版，第32页。

《俄国资本主义的发展》一书完成了对于民粹主义的思想瓦解。民粹派的完全的思想瓦解,与马克思主义在俄国之奠定,已由列宁在19世纪90年代的革命活动予以保证,并由列宁的《俄国资本主义的发展》予以完成。经济学家卡拉达耶夫和雷季娜也认为,列宁在《俄国资本主义的发展》一书中完成和总结了他自己早先为彻底粉碎民粹派的思想观点而对俄国改革后的经济所作的研究。而苏联经济学家A. M. 鲁勉采夫则直接指出,"列宁的所有这些论点,奠定了研究俄国资本主义发展及其国内市场形成的具体历史过程的基础。列宁所著《俄国资本主义的发展》一书,是进一步对马克思主义的创造性的发展,并从思想上彻底粉碎了自由自由民粹派。"①

以上观点,基本上都认为《俄国资本主义的发展》沉重打击了民粹派。但是,也有另外一种观点认为《俄国资本主义的发展》是对民粹派理论的一孔之见和囫囵吞枣,书中有许多关于民粹派的错误理解。就在《俄国资本主义的发展》第一版之后不久,就有民粹派经济学家帕·斯克沃尔佐夫在《科学评论》1899年第12期上发表了《商品拜物教》一文来反对列宁的这部著作,列宁为此还专门写了《非批判的批判》一文作为回应。

3. 关于《俄国资本主义主义的发展》对无产阶级的影响

在这个问题上,主要以正面评价为主。体现在两个方面:一是认为该书促进了马克思主义与工人运动的结合。苏联学者巴希科夫认为:"俄国在九十年代中叶结束了社会民主党的'孕育发展过程';在列宁领导之下,开始了实际解决马克思主义与工人运动结合的任务。在这种社会主义与工人运动结合的过程中,马克思主义经济学,尤其是列宁的《俄国资本主义的发展》一书起了巨大的作用。"② 雷季娜等经济学家在评价这部书时认为,"在这部天才的著作中,列宁指出了工人阶级在俄

---

① 〔苏〕A. M. 鲁勉采夫主编:《政治经济学(上册)》,北京:高等教育出版社1985年版,第324页。
② 〔苏〕巴希科夫:《论列宁的〈俄国资本主义的发展〉及其在经济学中的作用》,李少甫译,中华书局1950年版,第5页。

国革命中起领导作用的经济基础,揭露了农民的两重性——他作为群众的革命性的经济基础以及这批群众内部私有者倾向与无产阶级倾向的对立。该书整个来说应该科学地论证而且已经论证了在资产阶级民主革命中工人阶级与农民结成联盟,在无产阶级革命中工人阶级与最贫苦农民结成联盟,同时在两类革命中工人阶级起领导作用的可能性与必要性。"①

二是该书在许多方面为无产阶级的革命纲领和领导权奠定了基础。苏共中央马克思主义研究院认为,"《俄国资本主义的发展》一书,为工人阶级与农民联盟的思想和行将到来的革命中无产阶级领导权的思想提供了全面、深刻的经济论据。列宁指明,无产阶级的队伍不论在城市还是在农村,都在不断迅速增长,——俄国工人阶级正在变成一支巨大的政治力量。在该书第二版序言中,列宁根据俄国第一次革命已有的经验,特别强调了工人阶级的领导作用。"② 苏联历史学家凯尔任采夫则直接指出,"列宁在他的这本书里,以科学的论据,正确地指出了俄国经济发展所要走的道路,并为制定革命的工人政党的纲领和策略提供了依据。"③

曾经代表苏联官方意识形态的《苏联共产党历史》也认为,"1899年出版的列宁的'俄国资本主义的发展'一书,在发展马克思主义和对马克思主义骨干进行思想理论教育方面,都起了极大的作用。这本书完成了从思想上粉碎了民粹主义的任务。""列宁对俄国的经济发展和各阶级的相互关系的分析后来成了给马克思主义政党制定纲领和策略的根据。"④

---

① 〔苏〕M. H. 雷季娜、E. Г. 华西列夫斯基、B. B. 戈洛索夫等:《经济学说史》,周新成、吴小贺译,北京:中国人民大学出版社1987年版,第276页。
② 苏共中央马克思列宁主义研究院编:《列宁传》,马京、华国译,北京:生活·读书·新知三联书店出版1960年版,第84页。
③ 〔苏〕凯尔任采夫:《列宁传》,企程、朔望译,北京:生活·读书·新知三联书店1975年版,第34页。
④ 〔苏〕鲍·尼·波诺马辽夫主编:《苏联共产党历史》,北京:人民出版社1960年版,第36页。

经济学家卡拉达耶夫和雷季娜（即雷金娜）认为：《俄国资本主义的发展》是列宁对共产党纲领的理论上的论证。这本书解决的许多问题都具有国际意义。《俄国资本主义的发展》一书，是对于资产阶级民主革命即将来临的国家的经济所作的全新的马克思列宁主义的分析，而这种资产阶级民主革命是带有进一步向社会主义革命过渡的任务的。经济学家巴希科夫在《论列宁的〈俄国资本主义的发展〉及其在经济学中的作用》一文中认为：列宁的这本书对于制订俄国马克思主义工人政党的纲领和决定布尔什维克党在俄国革命基本问题中的政策曾起了巨大作用。

4. 关于《俄国资本主义的发展》与马克思主义的关系

这个问题比较复杂，因为该书第一版后不久，围绕该书是否真正继承了马克思的经济思想问题，理论界出现了一些争执。这些争执主要是围绕《俄国资本主义的发展》与《资本论》以及马克思的实现论而展开的。所以，在《俄国资本主义的发展》与马克思主义的关系问题上，大致有两种不同的观点。

第一种观点：认为该书没有深刻理解《资本论》的社会再生产理论。在俄文第一版不久，民粹派经济学家巴·斯克沃尔佐夫就在其《商品拜物教》一文中指出，伊林不清楚马克思《资本论》的再生产理论。"关于这个理论伊林先生进行了探讨，可是对于它的卓越性作者却依然是卓越地没有弄懂。为什么，第一，他不运用这一理论，第二，他捏造出自己的理论，并把他冒充为马克思的理论。"[①] 对于列宁关于资本主义再生产的诸多概念性解释和定义，"我不认为这种定义的确切性会证明伊林先生对马克思'卓越的'实现论有清楚的了解!?"[②] "简单地说，伊林先生的理论是不能解释资本主义社会中的生产、再生产和产品的分

[①] 〔苏〕巴·斯克沃尔佐夫：《商品拜物教》，载《科学评论》1899年12月第12期，张正芸译、范忆竹校。转引自《马列著作编译资料》第6辑，北京：人民出版社1979年版，第83页。

[②] 同上书，第87页。

配的。"①

巴·别尔林也认为,列宁对《资本论》的社会再生产公式掌握得不够到位,"《资本论》第二卷的著名公式当然是纯粹抽象的理论,这是所有研究俄国资本主义命运的人应该了解和牢记的。马克思的关于为生产而生产的论点作为以前片面论题的反题仍然应该被批判地接受。我们认为,伊林先生对这点认识得不够清楚。"②

与社会再生产理论相关的第二个问题,就是马克思的实现论,实现论问题实际上是第一个问题的延伸。巴·斯克沃尔佐夫认为,《俄国资本主义的发展》一书没有弄清楚马克思的实现论,也无法科学地说明俄国社会总产品的生产和再生产问题。他认为,"伊林先生无疑有权提出自己的在资本主义社会中社会产品实现的理论并用它来解释社会关系,但他没有丝毫权利把自己的理论冒充为马克思的理论。不知道为什么在书的开头抬出了实现论,因为伊林先生借助于它并没有证明俄国社会产品的生产和再生产。"③

第二种观点:认为该书是《资本论》的继续,即认为该书是马克思经济学的直接继续。巴·别尔林认为,"马克思的抽象理论是作者的出发点和主导线。"④

巴希科夫认为,列宁的《俄国资本主义的发展》一书是在马克思的《资本论》以后头一本杰出的政治经济学作品。在这本书中阐述的政治经济思想代表了列宁对于马克思创造的理论原则的拥护,同时又是对马克思主义政治经济学的进一步论证与发展。

---

① 〔苏〕巴·斯克沃尔佐夫:《商品拜物教》,载《科学评论》1899年12月第12期,张正芸译、范忆竹校。转引自《马列著作编译资料》第6辑,北京:人民出版社1979年版,第88页。
② 〔苏〕巴·别尔林:《对〈俄国资本主义的发展〉一书所写的评论》,载《生活》1900年2月第2期,张正芸译、范忆竹校。转引自《马列著作编译资料》第6辑,北京:人民出版社1979年版,第94页。
③ 〔苏〕巴·斯克沃尔佐夫:《商品拜物教》,载《科学评论》1899年12月第12期,张正芸译、范忆竹校。转引自《马列著作编译资料》第6辑,北京:人民出版社1979年版,第93页。
④ 〔苏〕巴·别尔林:《对〈俄国资本主义的发展〉一书所写的评论》,载《生活》1900年2月第2期,张正芸译、范忆竹校。转引自《马列著作编译资料》第6辑,北京:人民出版社1979年版,第94页。

巴希科夫同时在《论列宁的〈俄国资本主义的发展〉及其在经济学中的作用》一文中指出，列宁这本书的最伟大意义不在于藉赖它完成了对民粹主义的思想瓦解和揭穿了"合法的马克思主义者"的理论立场；列宁对于革命以前俄国经济及其冲突与阶级结构的分析，乃是列宁关于帝国主义条件下的革命学说的坚固基础。《俄国资本主义的发展》一书及19世纪90年代列宁的其他著作奠定了列宁主义在政治经济学中的始基。

经济学家雷季娜认为，"90年代最后一本天才著作是列宁的《俄国资本主义的发展》，这本书是1899年3月底第一次出版的。该书总结了并进一步深刻地发展了90年代列宁著作中阐述的所有主要问题。这本著作是马克思和恩格斯政治经济学的直接继续和发展。"① "在《俄国资本主义的发展》一书以及其他经济著作中，列宁第一次科学地分析了改革后俄国的经济和阶级结构，捍卫和进一步发展了马克思和恩格斯关于商品生产的实质和基本特点、资本主义起源、资本主义发展的三个阶段、再生产和危机以及资本主义条件下工人阶级相对和绝对恶化的学说。"②

经济学家卡拉达耶夫和雷季娜在《〈俄国资本主义的发展〉的历史意义和理论问题》一书中认为：在马克思主义著作中，列宁第一次揭示了马克思的实现论不仅对于解决国内市场问题，而且对于国民收入和国民消费问题的全部意义。当说明实现的问题时，这些问题再也不是单独存在的问题了。列宁根据马克思的资本主义再生产理论，指出了民粹派关于没有国外市场剩余价值就不可能实现的理论是完全错误的，是没有根据的。而且他们进一步指出，列宁的这本书是把马克思的理论运用于俄国的研究著作，但是它同时具有国际意义。列宁的研究进一步发展了马克思《资本论》的基本思想。

5. 关于《俄国资本主义的发展》的方法论问题

在《俄国资本主义的发展》一书的方法论问题上，苏联学者突出

---

① 〔苏〕M. H. 雷季娜、E. Г. 华西列夫斯基、B. B. 戈洛索夫等：《经济学说史》，周新成、吴小贺译，北京：中国人民大学出版社1987年版，第276页。

② 同上书，第277页。

从两个方面来论述。其一是统计学方法；其二是抽象与具体相结合的方法。

其一，统计学方法。在这个问题上，也有两种不同的态度：一种态度认为该书滥用了统计学方法；另一种态度认为该书是对无产阶级统计学的创新发展，具有重要意义。后一种态度居于主导地位。

关于第一种态度。我们知道，列宁在《俄国资本主义的发展》中对民粹派、官方统计对于农民资料按份地的分类方法提出了质疑，并指出了这种分类方法的错误所在。巴·斯克沃尔佐夫从维护民粹派的利益出发，竭力证明按份地分类法的正确性，他在为民粹派经济学者尼·—逊辩护的同时攻击列宁说，"伊林先生提出的分类——经济的规模和类型——完全搞乱了对我国农民从一种社会形态向另一种社会形态的过渡条件的历史了解。伊林先生的提议倒更像针对手工业调查，就像德国所做的那样。"①"伊林先生应该认真地了解这个问题并驳倒尼·—逊先生的上述这个观点。对按份地多少分类的担心不应当妨碍弄清楚这个商品经济发展中的基本问题。"②第一种态度大多数是在民粹派与"合法马克思主义者"中间流行，但在十月革命之后，该种态度渐次弱化。

关于第二种态度。大多数学者认为列宁的这部著作具有十分重要的统计学意义。历史学家凯尔任采夫认为，"《俄国资本主义的发展》这部书成为俄国马克思主义者在反对民粹主义的斗争中的一个强有力的武器。它给他们提供了一个有事实、有数据、有论据的完备的武器库。它为革命的马克思主义者一切进一步的理论工作和实际工作提供了一个坚实的基础。"③苏联著名的统计学家 T. 科兹洛夫认为：列宁《俄国资本主义的发展》等经济学著作，"无情地批判了腐朽的资产阶级的统计，揭露了它的粗暴和辩护性的反动本质。列宁特别有力地捍卫了在马克思

---

① 〔苏〕巴·斯克沃尔佐夫：《商品拜物教》，载《科学评论》1899 年 12 月第 12 期，张正芸译、范忆竹校。转引自《马列著作编译资料》第 6 辑，北京：人民出版社 1979 年版，第 88 页。

② 同上书，第 90 页。

③ 〔苏〕凯尔任采夫：《列宁传》，企程、朔望译，北京：生活·读书·新知三联书店 1975 年版，第 34 页。

和恩格斯著作中所奠定的统计科学基础,发展了马克思主义的统计理论,将统计作为一个认识社会的最强有力的武器利用了。"①

巴希科夫在《论列宁的〈俄国资本主义的发展〉及其在经济学中的作用》一文中认为:列宁在引用大批统计材料时,对于这些材料还加以精细考核,借用科学的马克思主义的经济统计方法加以研究。他揭穿了政府的与民粹派的统计的谬误,指出民粹派对于统计材料所作的研究方法是不符合科学的。列宁进行了许多复杂计算,对农户加以严格的科学的分类,逼迫枯燥的数字以肯定的语言说出无可争辩的事实。列宁这本书奠定了经济统计发展的新阶段的始基;在这本书中指出了真正科学的、马克思主义经济统计的基础。经济学家卡拉达耶夫和雷季娜也认为,列宁在批判萨拉托夫省的统计人员时,驳斥了他们按照份地的分类法,并且指出必须要按富裕程度(按耕畜、按耕地)来分类。

实际上,《俄国资本主义的发展》一书出版之后,在经济学界和统计学界引起了很大反响。列宁在世的时候,就有很多的学者对列宁的统计学思想进行过研究。而在列宁逝世之后,"列宁的著作经常被各种科学文献引用,成为现代统计一系列原理,特别是统计分类方法的依据。通过大量论文宣传和系统论述列宁关于各种统计问题的见解,一大批博士论文和副博士论文对列宁著作中包括的统计思想和基本原理进行了深入的分析。"② 在这些被引用的列宁文献中,《俄国资本主义的发展》被广泛引用和推荐。苏联科学院通讯院士 T. B. 里亚布什金就受列宁统计思想的影响,在专门研究了列宁著作中的统计学意义之后,又写就了《列宁著作与统计学》的学术专著。在该著作中,他高度评价了《俄国资本主义的发展》一书。

到了 20 世纪 60 年代,在 1963—1968 年之间,苏联出版了一大批有关列宁统计思想的学术专著,其中的《列宁著作中的统计学》丛书

---

① 〔苏〕T. 科兹洛夫:《列宁著作中的统计》,高拱辰、蒋朝洲译,载《统计工作通讯》1954 年第 2 期,第 32 页。(译自 1954 年苏联《统计通报》第 1 期)

② 〔苏〕T. B. 里亚布什金:《列宁著作与统计学》,王毓贤等译,北京:中国统计出版社 1991 年版,第 5 页。

影响很大。《列宁著作中的统计学》丛书主要包括下列著作：С. М. 古列维奇著：《列宁与社会主义国家统计》，莫斯科，国家统计出版社1963年版；И. Г. 马雷著：《列宁著作中的人口统计问题》，莫斯科，国家统计出版社1963年版；Т. В. 里亚布什金著：《列宁著作中的统计分析方法》，莫斯科，统计出版社1964年版；И. Ю. 比萨列夫著：《列宁著作中的劳动统计问题》，莫斯科，统计出版社1964年版；И. Г. 马雷著：《列宁研究工作中的农业统计问题》，莫斯科，统计出版社1965年版，等等。而到了20世纪70年代，列宁著作中的统计思想，更是集中体现在三卷本的集体学术专著《列宁与现代统计学》中。① 总之，这些专著试图深入而连续地阐述统计学领域中的列宁思想，并把它用于统计分析、社会研究等。

其二，认为该书充分运用了抽象与具体相结合的方法。

苏联学者巴希科夫在《论列宁的〈俄国资本主义的发展〉及其在经济学中的作用》一文中认为，在列宁的《俄国资本主义的发展》一书中，我们看见了问题的抽象理论分析与周密具体的研究含有深刻的内部联系与不可分离的统一。

经济学家卡拉达耶夫和雷季娜认为：在《俄国资本主义的发展》第一章中，从抽象的理论上证明资本主义的国内市场是由发展着的资本主义本身造成的，这种资本主义加深着社会分工，使直接生产者分化为资本家和工人。但是资本主义的发展程度，不能从抽象的理论上加以确定。这里还需要对具体历史材料进行分析。列宁在这部书的以后各章中就作了这种分析。列宁在第一章中阐述了政治经济学的理论原理之后，就转到实际部分，根据马克思主义的这些原理分析俄国资本主义的发展程度。

除了上述几个大的方面之外，还有学者从《俄国资本主义的发展》与普列汉诺夫在论证俄国资本主义的异同点上，进行了分析研究。比如

---

① 《列宁与现代统计》，莫斯科：统计出版社第1卷1970年出版，第2卷1971年出版，第3卷1973年出版。苏联的这些统计学著作，基本都涉及《俄国资本主义的发展》一书，并对该书的统计学意义进行了高度评价。

巴希科夫认为：列宁不仅与民粹派不同，后者采取极原始的粗笨方法来研究俄国经济；而且也与普列汉诺夫不同，他只研究俄国资本主义的结果，不能揭穿资本主义发展的过程，但列宁在这方面的表现的确是完全掌握了科学经济工作的最完善的方法。

二 国外学者研究分析

从上述基本的理论事实可以看出，由于《俄国资本主义的发展》一书的内容十分丰富，有些学者从不同的角度探讨了其中的若干方面，这就造成观点不一，论证各异。总体看来，国外学者尤其是苏联学者对于《俄国资本主义的发展》一书的研究态度是有变化的。研究态度的变化，可以从三个时间段来分析。

首先，从1899年到十月革命。在这一时间段里，《俄国资本主义的发展》在俄国分别出版了第一版和第二版的单行本。由于这时的布尔什维克和资产阶级还在争夺革命政权，敌我双方的思想理论家都竭力宣传自己所代表的政治阵营。因此，在十月革命之前，对待《俄国资本主义的发展》主要有两种态度，一是批判的态度，二是肯定的态度。持有反对态度的主要是以民粹派与"合法马克思主义者"为代表，持有肯定观点的学者主要是以社会民主党人、布尔什维克以及支持他们的学者为代表。这两种态度都可以在一些带有倾向的刊物报纸上公开地表述自己的意见。[①] 也就是说，如果从学术研究与政治立场这个方面来比较的话，在这一时期，研究者对待《俄国资本主义的发展》一书的态度，在研究该书的同时，多是带有感情色彩的政治心理立场。

其次，从十月革命到苏联解体。在十月革命之后，布尔什维克取得了无产阶级革命政权，而随着革命的胜利，代表小资产阶级和资产阶级的民粹派以及"合法马克思主义者"日益式微，他们反对和批判《俄

---

① 参见《列宁同时代人对〈俄国资本主义的发展〉的评论》，张正芸译、范忆竹校，载《马列著作编译资料》1979年第6辑，北京：人民出版社1979年版，第79—97页。

国资本主义的发展》一书的政治观点渐渐退出理论舞台。随着斯大林逐步地肃清各种反共思潮，在意识形态领域实行"一言堂"。社会上对待列宁著作的态度基本上是"一边倒"地支持，即便有些微词的言论，也很难有大的影响。所以，肯定《俄国资本主义的发展》一书的意义和价值，是这一时期的主导性态度。

除了无产阶级执掌政权是主要原因之外，《列宁全集》第一、二、三、四、五版相继以多种文字出版，也使得《俄国资本主义的发展》在俄国广泛传播。同时，《俄国资本主义的发展》也曾经用其他语言在苏联先后出版发行，也促进了不同人群对著作的深度研究。所以，社会上对待《俄国资本主义的发展》一书的态度基本上以肯定为主流趋势。

另外，在这一时期，虽然以反击和攻讦列宁主义而臭名昭著的西方"列宁学"猛烈批判列宁主义，但他们较多地批判的是列宁的政治哲学、政党思想、"一国胜利论"、"新经济政策"、"帝国主义思想"等；所批判的列宁文本也较多地集中在《国家与革命》、《论新经济政策》、《唯物主义和经验批判主义》、《帝国主义是资本主义的最高阶段》、《哲学笔记》、《共产主义运动中的"左派"幼稚病》等著作，相对于上述著作来讲，列宁的《俄国资本主义的发展》一书所受关注相对较少。①

最后，从苏联解体至今。随着苏联解体，禁锢人们头脑的意识形态逐渐解套，研究者在脱离意识形态藩篱的同时，开始更多地从学术、思想、理论上来研究列宁。但是，苏东剧变之后，苏联人民在呼吸自由空气的同时，却并没有看到他们所期望的国家繁荣富强和人民共同富裕的景象。一些研究者又开始怀念社会主义时期的列宁和斯大林。在这种情况下，对列宁的研究出现了多样化的趋势。就苏联哲学界来说，大致就

---

① 我们可以从叶卫平的著作《西方"列宁学"研究》一书中，得到若干有关西方学者对待列宁著作的态度，也可以从中发现列宁著作在西方传播和影响的若干蛛丝马迹。参见叶卫平：《西方"列宁学"研究》，北京：中国人民大学出版社1991年版。该书被收入"中国人民大学博士文库"，印数为1—3000册。

有三个不同的立场公开地研究马克思主义、列宁主义：一个是被布洛夫称为正统派或教条派的立场；一个是将斯大林排除于马克思主义之外的立场；一个是最流行的多元化立场，其中可能含有反马克思主义的立场。① 所以，苏联解体之后，苏联学术界对列宁的研究大多是学术化的、多样化的。比如，普利马克发表了《另外一个列宁》，在文章中他表述了自己对列宁理论遗产的理解。②

---

① 参见布洛夫：《俄国的马克思主义研究》，张百春译，载《苏州大学学报（哲学社会科学版）》2007年第5期，第6页。布洛夫系俄罗斯科学院哲学研究所研究员。
② 同上。

第七章 国内研究状况

《俄国资本主义的发展》是列宁最重要的早期代表作,也是列宁彻底粉碎自由主义民粹派的重磅炸弹。该书在列宁在世的时候,曾经先后出版了两版。自从该著作传入中国之后,对该著作的研究和解读始终没有停止过。综合看来,国内思想学术界对该著作的研究,其状况大致如下。

一 国内研究的主要论域

1.《俄国资本主义的发展》对于民粹派的影响

在这个问题上,学者的观点比较一致,基本上都认为《俄国资本主义的发展》是对民粹派的彻底批驳。有些研究者比较注重描述《俄国资本主义的发展》对民粹派批驳的结果。比如,吴道弘认为,《俄国资本主义的发展》"批判了民粹派在俄国资本主义发展问题和国内市场问题上的错误观点,从而在思想上完成了粉碎民粹主义的任务"[1]。刘凤舞也认为,"这部著作对民粹派的'俄国特殊论',即俄国似乎可以走非资本主义发展道路的谬论给了致命的打击。……这一著作对马克思主义世界观在俄国的传播起了巨大的作用。它完成了从思想上粉碎民粹主义的任务。"[2] 姚开建则直接点题,认为"在批判民粹派错误思想的同时,列宁也批判了'合法马克思主义者'"[3]。

---

[1] 吴道弘:《我国关于列宁著作编辑出版概述》,载《编辑之友》1989年第2期,第88页。
[2] 刘凤舞:《列宁传》,南京:江苏人民出版社1992年版,第95页。
[3] 姚开建主编:《马克思主义经济学说史》,北京:中国人民大学出版社2010年版,第201页。

另外，有些学者在研究这个问题的时候，会加入一些细节上的论述。比如，姚开建认为，"俄国资本主义的发展问题是19世纪90年代列宁经济理论研究的中心问题，是在与俄国民粹派和'合法马克思主义者'的论战与批判中形成的。"① 卫兴华等人具体指出了列宁批驳民粹派的细节问题，"列宁运用马克思的实现论，批驳了民粹派的额外价值难以实现的错误观点。"② 陈孟熙认为，"作为90年代的代表作，在《俄国资本主义的发展》一书中，列宁全面系统地阐述了俄国资本主义形成和发展的过程，彻底批判了民粹派和'合法马克思主义者'的错误观点，捍卫和发展了马克思关于资本主义形成的学说。"③ 纪明山也认为，"该书对改革后俄国经济的整个发展，从各个方面、各个环节及其相互联系中进行了周密深入的分析和论证，科学地阐明了俄国资本主义国内市场形成的过程，揭示了俄国资本主义形成和发展的特点和规律，彻底批判了民粹派的错误观点，进一步丰富和发展了马克思主义政治经济学。"④ 此外，一些教科书在涉及这个问题的时候，也带有理论细节的描述。比如有教材认为："《俄国资本主义的发展》……它全面清算了自由主义民粹派的经济思想和经济理论。该书的写作方法是，从国内市场问题入手，从俄国国民经济各部门发展的实际过程出发，对俄国资本主义的发展加以全面地研究和论证，从根本上揭露和粉碎自由主义民粹派的反马克思主义观点及其思想基础。"⑤

2.《俄国资本主义的发展》的理论意义

基本观点认为，《俄国资本主义的发展》是列宁对马克思主义经济

---

① 姚开建主编：《马克思主义经济学说史》，北京：中国人民大学出版社2010年版，第199页。

② 卫兴华、胡若痴：《正确认识和对待资本主义——〈列宁专题文集论资本主义〉学习笔记》，载《高校理论战线》2010年第6期，第10页。

③ 陈孟熙主编：《经济学说史教程》，北京：中国人民大学出版社1992年版，第481—482页。

④ 纪明山：《从实际出发研究和揭示俄国资本主义形成和发展的特殊规律》，载《南开经济研究》1994年第2期，第27页。

⑤ 中国人民大学农业经济系经典著作选读教学组编著：《马克思、恩格斯、列宁农业经济著作讲解》（校内用书），1982年，第135—136页。

学说的丰富和发展,但在丰富发展的程度上,研究者的描述还是不完全一样的。也有学者将之与马克思主义"三化"(中国化、时代化、大众化)联系起来。

其一,在该著作与《资本论》的关系上,除了中央编译局在中文第二版《列宁全集》第3卷的题注中提出该著作是"资本论直接继续"的观点之外,大多书研究者也持有类似的观点,但在遣词用句上有些差异。比如,刘凤舞将之视为《资本论》之后的最重要的经济学著作。"弗拉基米尔·伊里奇的《俄国资本主义的发展》是继马克思《资本论》之后的最重要的经济著作。它从思想上彻底粉碎了民粹主义的理论基础,彻底揭露了'合法马克思主义者'的资产阶级本质,不仅捍卫了马克思主义的经济学说,而且从资本主义发展与国内市场相互关系方面发展了马克思关于资本主义市场问题的学说,从区分封建制度经济的基本特征的考察过程中发展了马克思关于资本主义起源的经济理论学说,同时在社会资本再生产方面,都极大地丰富和发展了马克思的学说。"① 尚德文则将之视为《资本论》之后最重要的经济学著作之一。"《俄国资本主义的发展》是继马克思《资本论》之后的最重要的经济著作之一。它不仅捍卫了马克思的经济学说,而且发展了马克思主义经济学说的许多极重要的原理。"②

还有些学者认为这部著作是《资本论》在俄国的具体化。比如吴道弘认为,"列宁运用马克思主义学说分析了革命前俄国的经济,具体研究了国内市场的形成问题,是马克思《资本论》思想的具体化和发展,是对马克思主义经济理论发展的重大贡献。"③ 李子猷、刘永佶、毅武、宋宁等也认为,"在这部伟大著作中,列宁运用马克思《资本论》中的一般原理,全面地、具体地分析了俄国资本主义的发展问题,

---

① 刘凤舞:《列宁传》,南京:江苏人民出版社1992年版,第100页。
② 尚德文:《列宁经济理论的形成和发展》,北京:北京大学出版社1983年版,第44—45页。
③ 吴道弘:《我国关于列宁著作编辑出版概述》,载《编辑之友》1989年第2期,第88页。

系统地总结并进一步发展了他在九十年代所阐述的经济思想,成功地捍卫并发展了马克思主义政治经济学,特别是关于资本主义生产方式的形成与发展的学说和关于社会总资本再生产与流通的学说,从理论上彻底粉碎了民粹主义以及'合法马克思主义者'这两个思想派别,并为1905年至1907年的革命提供了理论依据。这部著作标志着马克思主义政治经济学史上列宁主义阶段的开端。"①

其二,认为该书标志着列宁关于俄国资本主义发展理论的创立。尚德文认为,"列宁所著《俄国资本主义的发展》一书是19世纪90年代反对自由民粹主义和巨大研究工作的总结,并且标志着列宁关于俄国资本主义发展理论的创立。"② 吴忠观也认为,"《俄国资本主义的发展(大工业国内市场的形成)》一书是列宁对俄国政治经济学进行深入研究的总结,它标志着列宁关于俄国资本主义发展理论的创立。该书在马克思主义政治经济学史上有非常重要的意义。列宁这一著作不论在材料、观点和方法上都与反对民粹主义的其他著作如《论所谓市场问题》、《什么是人民之友?》、《民粹主义的经济内容》有紧密的联系。列宁在书中进一步论述和研究了上述著作中已经论证过的问题。"③

其三,认为该著作丰富发展了马克思主义政治经济学。持有这种观点的学者人数较多,现撷取包括上文提到的部分学者的观点。"马克思在《资本论》中完全以英国为样板,分析了资本主义发展过程。列宁则根据马克思经济理论的基本原理,研究和分析了不同于英国国情的俄国资本主义发展道路,一八九〇年在西伯利亚流亡期间写成了《俄国资本主义的发展》一书,从而丰富和发展了马克思主义政治经济学。"④ 姚开建认为,"在反对民粹派、'合法马克思主义者'等错误思想的斗

---

① 李子猷等:《列宁的经济学说》,西安:陕西人民出版社1988年版,第9页,"导言"。
② 尚德文:《列宁经济理论的形成和发展》,北京:北京大学出版社1983年版,第27页。
③ 吴忠观主编:《经济学说史》,成都:西南财经大学出版社1987年版,第587页。
④ 陈孟熙主编:《经济学说史简编》,北京:光明日报出版社1986年版,第294—295页。

争中,列宁密切结合俄国的实际,全面考察了俄国资本主义在农业和工业发展的过程,揭示了市场经济早期的发展规律,对马克思主义经济理论的发展作出了重要贡献。"① 也有理论认为,"十九世纪末,列宁在反对民粹派的斗争中,结合俄国社会经济情况,全面地论述和发展了马克思主义关于再生产和市场问题理论,科学地阐明了俄国资本主义发展的道路,丰富和发展了马克思主义的经济学说。"②

另外,一些学者在阐明上述结论的时候,还附带了一些理论细节的描述,用以说明该著作是从哪些方面丰富发展了马克思主义政治经济学。比如,汝仁认为,"《俄国资本主义的发展》一书的贡献主要体现在理论和实践两个方面。理论上的伟大贡献包括:捍卫和发展了马克思的资本主义再生产原理;建构了完整的农业资本主义的理论体系;发展了马克思关于工业资本主义三个阶段的原理,深刻地揭明了资本主义工业发展的一条完整的规律。"③"《俄国资本主义的发展》这一伟大著作,无论就其对马克思主义理论的贡献,对政治实践的指导作用,或是对我们学习和研究马克思列宁主义的教育意义等各个方面来说,都具有不朽的价值。"④ 方崇桂认为,"列宁在《论所谓市场问题》、《俄国资本主义的发展》等文中,对俄国资本主义生产关系的产生和发展作了马克思主义的分析,并针对民粹派关于'市场问题'的谬论,深刻地阐述和发展了马克思主义关于社会总资本再生产的原理。"⑤

郭连成也认为,列宁的《俄国资本主义的发展》一书的理论意义和理论上的贡献主要体现以下几个方面:一、捍卫和发展了马克思的再生产理论。包括:深刻论述了马克思关于社会总产品构成的原理;批判

---

① 姚开建主编:《马克思主义经济学说史》,北京:中国人民大学出版社2010年版,第201页。
② 八所高等师范院校编:《简明政治经济学史》,长沙:湖南人民出版社1984年版,第378—378页。
③ 汝仁:《〈俄国资本主义的发展〉介绍》,北京:生活·读书·新知三联书店1964年版,第114页。
④ 同上。
⑤ 方崇桂、尹伯成主编:《经济学说史》,上海:复旦大学出版社1989年版,第521页。

了自由主义民粹派否定生产资料比消费资料增长更快，以及"合法马克思主义者"片面强调生产资料增长更快并夸大其作用的错误观点。二、丰富了马克思主义关于农业和工业资本主义生产和发展的理论。包括：列宁以其俄国农业资本主义发展的理论和丰富的实际资料，实现了马克思晚年曾打算用俄国资料来补充自己的理论这一愿望；根据马克思主义关于工业资本主义三个阶段的理论，通过对俄国资本主义发展过程的深入分析研究，揭示了俄国资本主义工业发展的规律。①

纪明山指出，"列宁对俄国资本主义形成和发展特殊规律的揭示和对马克思主义经济学说的新贡献主要有以下几个方面：（1）着重考察了俄国小商品生产者通过自身分化而产生资本主义的过程，完成了马克思所提出的关于资本主义产生的'纯经济'途径的分析。（2）结合俄国实际论述了自然经济到资本主义经济的过渡，发展了马克思关于资本主义形成一般过程的理论。（3）分析了俄国农业中资本主义形成的过程及其特殊规律，丰富和发展了马克思关于农业中资本主义形成和发展的学说。（4）阐明了俄国工业中资本主义形成和发展的特点，捍卫和发展了马克思关于工业中资本主义发展三个阶段的学说。"②

其四，认为出版包括《俄国资本主义的发展》在内的经典作家的全集、选集、文集等，推动了马克思主义"三化"工作。以人民出版社为代表的出版单位认为，"两部文集（指《马克思恩格斯文集》《列宁专题文集》——引者注）销量突破两万套是马克思主义中国化、时代化和大众化的重大成果，标志着我国马克思主义理论研究和建设工程的出版发行取得重大成绩，更好地促进了我国马克思主义学习型政党的建设。"③作为曾经参与编辑《列宁专题文集（论资本主义）》并提供《俄国资本主义的发展》题注初稿的研究者高晓惠也认为，对题注的不

---

① 参见郭连成：《列宁经济思想与探索》（上），大连：东北财经大学出版社1992年版，第88—93页。
② 纪明山：《从实际出发研究和揭示俄国资本主义形成和发展的特殊规律》，载《南开经济研究》1994年第2期，第29—34页。
③ 新华社北京电：《发行突破两万套〈马克思恩格斯文集〉〈列宁专题文集〉》，新华社北京电，2011年1月5日。

断的反复修改,"不仅体现了编者的负责态度,也表现编者对推进马克思主义大众化所作的努力"①。有学者指出,包括《俄国资本主义的发展》在内的《列宁专题文集》的出版,是当前学术研究和理论探索的"基础性读本","是党员干部和专业理论工作者的学习范本,又可作为高校马克思主义理论专业的必读教材。"②

3. 《俄国资本主义的发展》的实践意义

这个问题实际上是上述第四个问题的延伸,因为既然是对马克思主义经济学说的丰富发展,那它就一定会促进无产阶级的革命进程。汝仁认为,这部书对无产阶级的革命实践有着重要的意义。"对政治实践的巨大指导作用,体现在:指明了俄国无产阶级的历史任务;为无产阶级在资产阶级民主革命中的领导权思想提供了全面的、深刻的经济论据;为工农联盟理论提供了全面的、深刻的经济论据。由此作者认为,它是我们学习和研究马克思列宁主义的典范。"③

也有人认为它促进了资产阶级民主革命。蔡中兴等人认为,"在《俄国资本主义的发展》这一继《资本论》之后的最重要的经济学巨著中,围绕俄国资本主义国内市场形成的过程这个中心问题,在批判民粹派与'合法马克思主义者'的错误观点的同时,详尽地考察了俄国资本主义的产生和发展,全面研究和分析俄国的经济与社会阶级结构,科学地论证了资产阶级民主革命的经济基础。"④

还有人认为,该书奠定了无产阶级的革命纲领。"列宁对俄国资本主义产生和发展的分析,从经济上论证了工人阶级作为俄国民主革命的政治领导力量的作用和它在历史运动中的力量,以及农民作为无产阶级

---

① 高晓惠:《从〈列宁专题文集〉谈起……》,载《科学社会主义》2010年第4期,第34页。
② 邢贲思:《写在十卷本〈马克思恩格斯文集〉和五卷本〈列宁专题文集〉出版之际》,载《毛泽东邓小平理论研究》2010年第1期,第5页。
③ 汝仁:《〈俄国资本主义的发展〉介绍》,北京:生活·读书·新知三联书店1964年版,第114页。
④ 蔡中兴等主编:《马克思主义经济思想流派》,上海:上海人民出版社1989年版,第197—198页。

同盟军的作用,并且后来成了布尔什维克党制定纲领和策略的根据,对俄国革命实践具有伟大的指导意义。"①

中央编译局编的《列宁画传(1870—1924)》曾将之与社会主义改造联系起来,认为"这部著作批判了自由主义民粹派和右翼社会民主党人的理论错误,指出俄国革命的正确发展方向只能是依靠工人阶级和农民群众对整个社会进行真正的和根本的社会主义改造"②。

此外,也有人认为该著作的基本观点对我国经济社会建设具有指导意义。"列宁在《俄国资本主义的发展》中阐述了资本主义具有提高社会劳动生产力和使劳动社会化的历史进步作用。列宁的论述是我们正确认识和对待资本主义,成功地建设有中国特色的社会主义的指导思想。"③

4.《俄国资本主义的发展》的方法论

在这一点上,有三个观点具有代表性。一是认为该著作充分运用了科学的抽象法。比如刘永佶认为,"列宁在其理论研究和革命斗争的第一阶段,则把揭示俄国资本主义发展的特殊规律作为重点,写出了《俄国资本主义的发展》这样的巨著。列宁的研究带有方法上的创造性,为科学抽象法的丰富和发展作出了贡献。"④ 他同时也认为,"列宁在《俄国资本主义的发展》一书中,分别从工商业和农业两个方面,对俄国资本主义的发展过程进行了探讨。在这种探讨中,充分体现了他对科学抽象法的深刻理解和具体运用。"⑤

二是认为该著作充分运用了统计学方法。比如丁振兴认为,"《俄国资本主义的发展》既是一部马克思列宁主义的政治经济理论的光辉文

---

① 蔡中兴等主编:《马克思主义经济思想流派》,上海:上海人民出版社 1989 年版,第 197—198 页。
② 中央编译局编:《列宁画传(1870—1924)》,重庆出版集团、中央编译出版社 2012 年版,第 14 页。
③ 曾胜林:《资本主义的历史进步作用——读列宁〈列宁俄国资本主义的发展〉》,载《深圳大学学报(人文社会科学版)》1995 年第 1 期,第 52 页。
④ 刘永佶:《政治经济学方法论史》,北京:中共中央党校出版社 1988 年版,第 267 页。
⑤ 同上书,第 269 页。

献，又是一部马克思主义的统计理论的不朽经典著作，是对继承和发展马克思、恩格斯的统计思想理论作出的卓越贡献。"①

三是认为该著作运用了历史唯物主义的方法。比如萧国亮认为，"无产阶级革命导师列宁研究俄国经济史的科学巨著——《俄国资本主义的发展》，运用马克思的历史唯物主义理论和方法，对俄国自1861年农奴制改革以来的资本主义发展历程进行了全面的科学研究。学习这部著作，对于研究中国经济发展史，仍有极大的启示。"② 他再次强调，列宁在《俄国资本主义的发展》中"运用了马克思政治经济学和历史唯物主义的研究方法"③。

二　国内研究的状况分析

结合前文所述的《俄国资本主义的发展》在国内传播的基本史实，综观当前研究成果，不难发现，关于《俄国资本主义的发展》的研究状况大致如下：

1. 关于研究的时间问题

这可以分成两个时间段，一个是 1952 年之前，对《俄国资本主义的发展》的研究，大多是停留在译介方面，突出表现在译者在中文版的《俄国资本主义的发展》的前言部分，作一个介绍性的说明。根据笔者所能查到的资料，在 20 世纪 50 年代之前，还没有出现一部著作来专门研究《俄国资本主义的发展》，甚至连以《俄国资本主义的发展》为题目的文章、论文也不多见；即便有，也多是在介绍列宁著作的时候提及。

这种情况发生改变是在 1952 年之后。当时，在中央及地方的一些

---

① 丁振兴：《从〈俄国资本主义的发展〉一书学习列宁的统计思想》，载《郑州航空工业管理学院学报》1986 年第 1 期，第 36 页。
② 萧国亮：《运用马克思历史唯物主义研究经济发展史——读列宁〈俄国资本主义的发展〉》，载《江淮论坛》1987 年第 4 期，第 50 页。
③ 同上书，第 51 页。

报纸上，出现了一些学者对《俄国资本主义的发展》的专题性研究。1952年4月22日，龚世其在《人民日报》上发表了《列宁的伟大著作"俄国资本主义底发展"》一文。1954年4月12日，孙叔平写了《列宁的〈俄国资本主义的发展〉》一文，并在《人民日报》上公开发表。1959年5月16日，迟蓼洲在《人民日报》上发表了《一个范例——读列宁"俄国资本主义底发展"想到的》一文。1961年7月21日，龚维敬在《解放日报》上发表了《列宁在研究工作中的科学精神——重读〈俄国资本主义的发展〉的体会》一文。1962年2月16日，胡昌善在《湖北日报》上发表了《在监狱中流放中写成的书〈俄国资本主义的发展〉》。1964年，中国出现了第一部专门研究《俄国资本主义的发展》的学术专著，这一年，北京的生活·读书·新知三联书店出版了汝仁著的《〈俄国资本主义的发展〉介绍》。可以说，从1952年之后，中国人对于《俄国资本主义的发展》的研究进入了一个新的境界，即从以往的译介为主逐步转变到研究为主，并且呈现出了多元化、多层次的特点。

2. 关于研究的基本特征

其一，研究《俄国资本主义的发展》译本和版本的多，但将每一个译本和版本的具体情况介绍的少。从大量的学术著作看，较多地从翻译史和出版史的角度，侧重于将《俄国资本主义的发展》作为研究对象。比如，曹鹤龙在《列宁著作在中国（1919—1992年文献调研报告）》一书中，在涉及《俄国资本主义的发展》部分，仅仅用了1300个字，就将《俄国资本主义的发展》的7个译本介绍完了。马祖毅在《中国翻译通史（现当代部分）》第一卷中，涉及《俄国资本主义的发展》部分，仅仅用了1800个字就将《俄国资本主义的发展》的几个译本介绍完了。他们的研究，可谓言简意赅。但是，对于每一个译本的印数、排版、再版、内容等方面的具体介绍，无论是曹鹤龙还是马祖毅都没有深入下去。

其二，研究列宁对于俄国资本主义态度的多，但是将列宁与其他学者进行比较的少，即缺少比较研究。在《俄国资本主义的发展》中，列宁批判了自由主义民粹派的错误的经济学观点。那么，在当时的时代背景下，除了列宁之外，还有没有其他代表人物对于俄国资本主义持不同的态度？实际上，除了列宁和民粹派对于资本主义有明确的态度之外，还有其他人如普列汉诺夫也对俄国资本主义的发展形成了不同的态度。

那么，列宁和普列汉诺夫对俄国资本主义的态度有什么样的异同呢？他们的本质区别在哪里？我们知道，同样都对民粹派进行了严厉的批判，但为什么只有列宁的批判是彻底的呢？普列汉诺夫的批判与列宁的批判有什么不一样？对于这些问题，以往的研究着墨不多，还比较薄弱。笔者认为，如果在研究《俄国资本主义的发展》时不将列宁与普列汉诺夫进行比较，我们仍然无法得出列宁批判民粹派是彻底的而普列汉诺夫批判民粹派是不彻底的结论。

其三，单一性研究的比较多，复合性研究的比较少。"单一性"与"复合性"都是相对而言的，不具有绝对性。这里的单一性表现在这样两个方面：（1）集中研究《俄国资本主义的发展》的译本、版本等，但忽略了对该著作内容的研究。比较突出的是曹鹤龙与马祖毅。译本、版本研究是最基础性的，为深入研究《俄国资本主义的发展》奠定了版本学、翻译学、文本学的基础。但是，只集中研究该著作的译本和版本，则对《俄国资本主义的发展》的内容研究的比较少。（2）集中研究《俄国资本主义的发展》的内容，但忽略了对该著作译本、版本的考证性研究。这从笔者前文提到的许多著作中，都反映了这一点，在此不再赘述。研究《俄国资本主义的发展》是十分必要的，但如果缺少了译本、版本的支撑，这种研究就显得比较枯燥和单薄。可以看出，这两个方面的单一性表现为要么注重译本研究而忽视内容研究，要么注重内容研究而忽视译本研究。

由于研究的单一性比较突出，这就直接造成了对该著作复合性研究的比较少。表现如下：（1）缺乏将译本、版本研究与对该著作内容的研究相互结合在一起的研究。在这方面，苏联的学者卡拉达耶夫和雷季娜作出了很好的探索。他们在《经济学说史（从马克思主义产生到伟大十月革命）讲义》一书中，简单地探索了《俄国资本主义的发展》一书的版本问题，较多地研究了《俄国资本主义的发展》的内容。虽然这种探索还不是十分的完备，但毕竟为我们提供了很好的借鉴。（2）缺乏有关《俄国资本主义的发展》的通俗性读物。在当前收集到的资料中，大多数资料的学究气氛比较浓厚，这不利于该著作的传播，群众也不太能接受。如何从通俗易懂和全面介绍的角度来研究《俄国资本主义的发展》是一个亟待解决的问题，也是当前研究《俄国资本主义的发展》的薄弱环节，需要我们进一步地探索。

其四，研究《俄国资本主义的发展》的内容的多，而研究《俄国资本主义的发展》的方法论的少。不可否认，以往学者对于《俄国资本主义的发展》内容的研究，的确是值得肯定的。但是，相对于研究内容而言，对于该著作所使用的方法的研究却不多。实际上，从方法论的角度来把握《俄国资本主义的发展》是研究列宁经济学思想的抓手之一。毛泽东说："我们不但要提出任务，而且要解决完成任务的方法问题。我们的任务是过河，但是没有桥或没有船就不能过。不解决桥或船的问题，过河就是一句空话。不解决方法问题，任务也只是瞎说一顿。"[①]

问题是，列宁采用了什么方法剔除了民粹派关于资本主义的"熄灭论"？又采用什么样的方式方法将马克思主义的理论运用于俄国的实际？这些方法对于当今马克思主义中国化事业有什么样的借鉴意义？对这些问题的研究视野有待拓展，研究方法有待深入。

3. 关于研究的趋势

总体看，当前研究《俄国资本主义的发展》是下降的。不可否认，《俄国资本主义的发展》在中国的出版传播曾经出现了两个高潮。第一波高潮是在20世纪的30—40年代。出现高潮的原因是《俄国资本主义的发展》所研究的内容与当时中国半殖民地半封建的国情基本契合，符合当时中国革命的需要。第二波高潮是在20世纪的50年代。出现高潮

[①] 《毛泽东选集》第1卷，北京：人民出版社1991年版，第139页。

的原因是中国面临着从新民主主义向社会主义过渡的问题，面临着"三大改造"尤其是改造民族资本主义的问题。什么是资本主义，如何对待资本主义，成为当时中国社会共同关心的焦点。《俄国资本主义的发展》也契合了当时中国经济社会发展的需要。但是，随着第二波高潮的消退，《俄国资本主义的发展》逐渐淡出了广大群众的视野，它的出版传播已经被大大地限制在经院学术之内，研究的趋势也呈现了下降的状况，出现这种状况有几个原因：

一是出版界在发行马克思主义经典著作的单行本时，没有将《俄国资本主义的发展》列入其中。笔者认为，这是主要的原因。一般来讲，老百姓接触到的经典作家的著作，最受欢迎的常常是版式适中、便于携带、便于阅读、价格适宜的单行本。《俄国资本主义的发展》之所以能在 20 世纪的 30—40 年代和 50 年代出现两次传播高潮，除了上述的政治社会原因之外，与该书是单行本、价格适中也不无关系。《列宁全集》的发行对象主要是体制内的党政机关、事业单位、高校党校科研院所等单位，至于占全国总人口大多数的体制外的广大的农民群众以及近些年的"两新组织"、社区群众等，基本上接触不到《列宁全集》，或者不怎么关心《列宁全集》。这就必然造成收录有《俄国资本主义的发展》的《列宁全集》第 3 卷的出版传播必然受到极大影响。

二是随着 2004 年中央马克思主义理论研究和建设工程的逐步开展和推进，以及近些年中国社会科学基金设定的关于"社会发展"的项目工程，对《俄国资本主义的发展》的研究才开始出现了一些带有热度的火星。但是，这些研究者的工作单位基本上都是体制内的单位，并且他们研究的目的基本上都局限在获得基金项目、论文著作发表、基金项目结项、职称评定等方面。所以，这些研究难逃实用主义的窠臼，其研究成果大多都是使用学究式的语言，以彰显自己的文字素养和学理知识。殊不知，越是这样做，《俄国资本主义的发展》就离群众越远。

在这样的一种氛围之下，《俄国资本主义的发展》的研究呈现了这种状态：（1）局限在知识分子之中，即便如此，也只是一部分人研究之。很多的知识分子，在选定"经典著作"时，也忘记了《俄国资本主义的发展》,老百姓更不可能有很多了解;(2)研究态度与20世纪30年代和50年代相比,消极因素较多。当然,这里的原因比较复杂。如果说20世纪的两次传播高潮是出于国家革命和建设的需要的话,如今,研究者的态度基本上转到了服务自己或者服务单位的方面上来了。所以,即便当前出现了一些研究《俄国资本主义的发展》的火花,但无论是研究的质量、数量,还是热度,其总体趋势是下降的。笔者担心,长此以往,这部"《资本论》第二"可能会被群众彻底遗忘。

总之,学界对于《俄国资本主义的发展》的研究,已经积累了相当的丰硕成果,为推动研究的纵深和视域的拓展夯实了基础。而其存在的研究"盲点"和薄弱环节,则为进一步的研究提供了可资拓展的空间。

三 进一步研究的展望

以往学者对《俄国资本主义的发展》的研究,为今后深化拓展和纵深研究奠定了良好基础。但是,由于以往学者的研究还存在一些需要进一步完善的地方,比如研究的单一性和缺乏整体性等,因此需要进一步地深化对《俄国资本主义的发展》的研究。在此,笔者大胆展望,对《俄国资本主义的发展》的研究,尤其是在研究方法上作出前瞻性思考。

深化《俄国资本主义的发展》的研究,不仅要在研究论域上有新突破,而且要注重研究方法的拓新。方法是否科学,一定程度上会直接影响研究结果正确与否。基于此,笔者提出如下的研究方法:

第一,宏观把握与微观分析相结合。对《俄国资本主义的发展》的研究,宏观把握与微观分析是并行不悖的。在宏观把握中,社会分工成为《俄国资本主义的发展》的最基本、最核心的分析元素。在微观分析中,农业、工业和大机器工业则成为重要的分析元素。社会分工体现在许多方面:农业与工业的分离,农业与手工业的分离,手工业与商业的分离,等等。可以说,社会分工是列宁分析俄国资本主义的核心概念，其经济学理论、唯物史观、社会革命、经济学说等都服从这一概念，或者是对这一概念张力的适度支撑。

而农业、工业和大机器工业则是社会分工的物质载体，因此我们很自然地看到列宁对于俄国农民的分化情况、俄国工业资本主义发展的三个阶段的分析，等等。这些行业既作为具体社会分工而存在，又是作为社会分工的微观领域而存在，这样从宏观和微观两种角度的分析并不冲突。

第二，系统分析法。研究《俄国资本主义的发展》涉及诸多方面，有哲学、历史学、经济学、社会学等，我们应将其看做一个有机的整体，以学科互融的宽广视角来分析和把握。（1）哲学分析法。研究《俄国资本主义的发展》，除了关注其应有的内容之外，还要关注其本质、逻辑架构、规律提炼等方面。要从《俄国资本主义的发展》一书的内容中，提炼出列宁基本的经济学思想和观点。（2）历史学方法。一是将《俄国资本主义的发展》的写作看做一个历史的过程。考察列宁创作该著作的历史背景。注重时间的连续性和思想进程的关联性，或者毋宁说基于文化传播和文化融合的视角，研究列宁是如何在与民粹派的理论冲突中作出正确的选择；二是关注与历史过程相对应的历史资料，主要是认真查阅历史档案，研读历史文献，清理出列宁、普列汉诺夫对于俄国资本主义的发展所持有的态度，做到史论结合。（3）社会学方法。列宁对于俄国资本主义的基本态度，实质上包含列宁对俄国经济社会研究和列宁将马克思主义基本理论运用于俄国社会的双向过程。因此，社会结构理论、社会变迁理论、社会调试理论等应成为我们借鉴的方法。（4）整体分析方法。也就是克服以往学者研究的薄弱环节，将《俄国资本主义的发展》的翻译传播史与内容研究、时代解读等紧密地结合起来，从整体性和复合性的角度出发，力求完整地呈现给读者一个立体式的解读模式。

第三，逻辑与历史相一致的方法。《俄国资本主义的发展》中，"俄国向何处去"是时代背景，"社会分工"是其核心，"国内市场的形成"是其主线。但是，采用什么样的方法将它们恰当地展现出来，并不简单。恩格斯在阐述马克思的科学理论体系和科学研究方法时曾说过，"历史常常是跳跃式地和曲折地前进的，如果必须处处跟随着它，那就势必不仅会注意许多无关紧要的材料，而且也会常常打断思想进程；……历史从哪里开始，思想进程也应当从哪里开始，而思想进程的进一步发展不过是历史过程在抽象的、理论上前后一贯的形式上的反映；这种反映是经过修正的，然而是按照现实的历史过程本身的规律修正的，这时，每一个要素可以在它完全成熟而具有典型性的发展点上加以考察。"①因此，研究《俄国资本主义的发展》，其范畴、命题、逻辑起点等并非绝对服从地符合其形成和发展的时间序列，它们之间的联系方式和前后位置允许在描述结构中出现符合历史的差异，这样可以更为合乎逻辑地展示列宁经济学思想的真实性，扬长避短。因此，逻辑与历史相一致的方法必然成为重要之选。

---

① 《马克思恩格斯选集》第 2 卷，北京：人民出版社 1995 年版，第 43 页。

第三部分　当代解读

《俄国资本主义的发展》无论在结构上还是在内容上,都表现出《资本论》的一些特征。《俄国资本主义的发展》的方法论特征也十分明显,而列宁创作该著作也体现了马克思主义经典作家科学研究的精气神。

第八章 《俄国资本主义的发展》的结构及内容

一 该书的结构

《俄国资本主义的发展》分别在1899年和1908年出版了俄文第一版、第二版。第二版与第一版相比，有一些变化，主要体现在资料的充实、注释的增加等技术性方面。从内容结构上看，两个版本的变化不大。

该书分为第一版序言、第二版序言、八章内容、附录等几个部分。正文部分主要包括八章内容，这是该书的核心和最重要的组成部分。中文第二版《列宁全集》第3卷是《俄国资本主义的发展》的专卷。根据该卷的基本信息，《俄国资本主义的发展》一书的所有页码容量一共有562页。除去第一版序言、第二版序言、附录，正文部分的八章页码容量共有546页。《俄国资本主义的发展》一书的逻辑结构十分清晰明了。总体上看，该书采用了总—分—总的逻辑结构。具体而言，该书的逻辑结构可以分为三部分。

第一部分，统括部分。统括部分就是第一章。这一章是全书的引言。就是说，列宁要将读者引向何处，这一部分交代清楚了。在这一章中，列宁依据马克思主义经济学，集中批判了自由主义民粹派的理论错误，阐述了有关资本主义、资本主义国内市场等几个基本的理论问题。

第二部分，分析论证部分。分析论证部分主要包括第二章到第七章。在这一部分，列宁主要从两个角度来说明俄国资本主义发展的客观现实性和历史必然性。一个角度是俄国农业资本主义的发展，体现在第二章到第四章。另一个角度是俄国工业资本主义的发展，体现在第五章到第七章。至于列宁提到的机器工业部分，实际上也是可以纳入工业资本主义的发展中来分析。

第三部分，升华总结部分。升华总结部分就是第八章，也是最后一章。在第八章中，列宁开宗明义地指出，"现在我们把前几章中考察过的资料作一总结，并想说明一下国民经济各个部门在其资本主义发展中的相互依存关系。"①

列宁采用总—分—总的写作手法，始终围绕一个核心主题，即俄国资本主义是如何一步一步形成、发展的，以及俄国大工业国内市场形成演进的历史过程。

此外，还有三个重要的附录。三个附录分别是：附录一：莫斯科省农民小手工业统计资料汇总表。附录二：欧俄工厂工业统计资料汇编。附录三：欧俄最重要的工业中心。② 这三个附录，基本上都体现了俄国工业资本主义的发展状况。

首先，附录一是莫斯科省农民小手工业统计资料汇总表。这个汇总表，是列宁根据所掌握的莫斯科省手工业者的按户调查资料，自己重新制定的汇总表。"在这里，调查人员并未提供任何分类表，因此我们必须自己来编制这些表，按照每一作坊的工人人数（本户工人和雇佣工人），有时按照生产规模及其技术设备等等，把每一种行业的手工业者都划分成等级（Ⅰ是低级，Ⅱ是中极，Ⅲ是高级）。"③ 绘制这个附录表，列宁所依据的资料主要有：《莫斯科省统计资料汇编》第6卷和第7卷；《莫斯科省手工业》和**安·伊萨耶夫**《莫斯科省手工业》1876—1877年莫斯科版，共2卷；《弗拉基米尔省手工业》中刊登的有关少数的几种手工业的资料。④

通过有重点地分析这个附录表的基本信息，列宁得出了如下的

---

① 《列宁全集》第3卷，北京：人民出版社1984年版，第507页。
② 同上书，第554—564页。
③ 同上书，第310页。
④ 参见同上书，第309页。

几个重要的结论：一是雇佣劳动的作用随着作坊规模的扩大而增大。二是小商品生产的趋势是愈来愈多地使用雇佣劳动，建立资本主义的作坊。三是雇佣劳动的使用随着本户工人人数的增多而增多。四是家庭协作是资本主义协作的基础。五是劳动生产率随着作坊规模的扩大而提高。①

附录二是欧俄工厂工业统计资料汇编。这个资料汇编，列宁根据有关资料亲自进行了修改。列宁明确指出，"在附录二中，我们引用了官方出版物中刊载过的关于改革后时代我国工厂工业的资料，即1863—1879年和1885—1891年的资料。"② 但是，列宁对俄国官方出版物中的统计资料并不满意，甚至认为官方的许多统计资料是"混乱状态"。因此，列宁按照时间顺序，开始认真地梳理和研究19世纪60—90年代的官方资料。

附录二正是列宁认真分析和研究的结果。分析研究"可以得出这样的结论：我国工厂统计资料如果不加专门整理，在极大多数场合是不能用的；整理的主要目的，应当是把比较适用的和绝对不适用的资料区别开来"③。列宁以官方对"工厂"概念的混用为例，特别强调了官方统计资料的不准确性。"首先必须对'工厂'这个概念定出一种确切的标志，没有这个条件，而只根据关于一些企业（在不同时期，不同数目的小磨坊、小油坊、小烧砖场等等都被列入这些企业的数目之中）的资料，就来说明大机器工业的发展，这是荒谬的。"④

附录三则是关于欧俄最重要的工业中心。列宁认为，为了说明大机器工业，必须研究生产集中在最大工厂的问题，同时还必须研究生产集中在各个工厂工业中心的问题和工厂中心的各种不同形式的问题。"可惜我国工厂统计不仅供给一些不能令人满意的和不能比较的材料，而且对这些材料的整理也很不够。……但是为了确切说明大工业的分布，必

---

① 参见《列宁全集》第3卷，北京：人民出版社1984年版，第313—314页。
② 同上书，第417页。
③ 同上书，第427页。
④ 同上书，第428页。

须采用各个中心，即各个城市、各个工厂村或彼此距离相近的几个工厂村的资料。"① 所以，列宁在参考了官方的1897年和1890年的《工厂一览表》等资料基础上，自己算出了当时俄国工厂工业集中在最重要中心的资料，也就是附录三。

通过附录三，列宁认为，俄国工厂中心主要有三种类型，即城市、工厂村、手工业村。在三种类型中，城市是工厂中心的典型，但工厂村和手工业村发展却十分迅猛。到1890年左右，乡村中心与城市中心相比，乡村中心的工人人数已经占到整个俄国工人人数的1/3强，乡村中心的发展速度领先于城市中心的发展速度。"这个结论具有重要的意义，因为它表明俄国**工业**人口的数量大大地超过**城市**人口。"②

通过对城市中心和乡村中心的比较，列宁认为，俄国"工厂工业大概具有下列的趋势：在城市以外扩展特别迅速；建立新的工厂中心并比城市中心更快地把它们向前推进；深入似乎与资本主义大企业世界隔绝的穷乡僻壤"③。

根据附录三所反映的大量信息，列宁得出如下结论："第一，大机器工业是以怎样的速度改造着社会经济关系。过去要几百年才能形成的东西，现在不过10年光景就实现了。……第二，工厂向乡村的迁移表明，资本主义克服了农民村社的等级闭塞状态为它设置的障碍，甚至从这种闭塞状态里面取得了利益。……第三，相当数量的乡村工厂中心及其迅速的发展表明，认为俄国工厂与农民群众处于隔绝状态、俄国工厂对农民的影响很小的意见是没有根据的。相反，我国工厂工业分布的特点表明，它的影响很广泛，远不限于工厂墙壁之内。"④

最后，关于三个附录的作用。在笔者接触到的许多资料中，发现极少有研究者对《俄国资本主义的发展》的附录部分作认真的分析，至多是简单地提到它们的解释功能，对于三个附录的相似点基本上都没有

---

① 《列宁全集》第3卷，北京：人民出版社1984年版，第475—476页。
② 同上书，第479页。
③ 同上。
④ 同上书，第479—482页。

提到。实际上，认真分析《俄国资本主义的发展》三个附录还是很有意义的。

一般而言，作为正文的附录部分，其作用主要是便于读者查考有关作者的情况、有关内容的背景、有关问题的资料，从而更全面地、更深刻地、更准确地理解书籍或者文章的正文。《俄国资本主义的发展》的三个附录也起到了这样的作用。

这三个附录具有一些相似的特征。一是三个附录都是列宁在对官方资料不甚满意的情况下，自己亲手绘制的。官方的统计资料是列宁绘制附录的最基本的素材，但官方统计资料漏洞很多，统计的方法也存在很多问题，有些统计的功能项不能反映俄国工业发展的真实情况。总之，在官方统计资料漏洞较多和不能满足需要的情况下，出于真实实证俄国工业资本主义的需要，列宁亲自精心绘制了三个有关俄国工业资本主义发展的附录。二是三个附录里的功能项、数字、产业分类等，都经过了认真的推敲和研究，是列宁经过精心研究的，而不是数字资料的随意堆砌。三是这三个附录基本上都是围绕着俄国工业资本主义的发展而展开的，是为列宁论证工场手工业、大机器工业的发展状况而服务的。

二　该书的主要内容

由于该著作有47万字之多，内容十分丰富，其中有些章节，比如第一章、第二章都有相对独立的意义。因此，笔者将逐章解读这部著作的内容。

第一章　民粹派经济学家的理论错误

这一章是全书的开篇章节，是全书的引言，也是全书的统领章，是火车头。如果这一章不能交代清楚几个基本问题，如全书依据的理论基础、所坚持的基本观点等是什么，就会直接影响读者的阅读情绪。因为在当时，已经有许多的理论学者都出版了以"资本主义发展"为主题的学术专著，其中包括自由主义民粹派的经济学家、甚至"劳动解放社"的普列汉诺夫、查苏里奇,等等。所以,列宁必须在第一章中,就阐明自己的理论根据和对资本主义所持有的最基本态度,以及自己与民粹派的区别,这才能够使得自己的这部以"俄国资本主义发展"为主题的专著,特色鲜明。第一章的主要内容如下:

1. 深入阐述社会分工理论

这是马克思主义经济学与民粹派经济学者产生分歧的理论基础。列宁认为,随着生产力的发展和社会分工的深化,农业、手工业、加工工业、采掘业、商业等之间的分工越来越深入,这不仅引起农产品和工业品之间的交换,而且也引起各种农产品内部的交换。这种商业性(和资本主义的)农业的专门化,既出现在所有的资本主义国家中,出现在国际分工中,也出现在改革后的俄国。因此,列宁强调指出,"社会分工是商品经济和资本主义全部发展过程的基础"①,社会分工是资本主义产生和发展的前提。资本主义不可能在缺少社会分工的真空里产生,更不会在人们的思维想象中产生。

但是,俄国的民粹派理论家无视这样的现实,却愿意从空洞的思辨中寻找俄国资本主义产生的前提。由于脱离了俄国经济社会发展的客观实际,民粹派理论家最终注定无论怎样的努力,都不会获得关于商品经济发展的真实材料。但是,他们在罔顾社会分工的同时,又言辞凿凿地论证资本主义发生和发展的基础。在这种二律背反的理论挣扎中,民粹派理论家只剩下空想揣测。民粹派理论家在这个问题上,其观点大致有两个。一是"挤进说"。代表人物是瓦·巴·沃龙佐夫。列宁指出,"瓦·沃·先生在其《俄国农业和工业的分工》(1884年《欧洲通报》第7期)一文中,'否认了''社会分工原则在俄国占统治地位'(第347页)②,宣称我国的社会分工'不是从人民生活深处成长起来的,而是企图从外部硬挤进去'(第338页)。"③ 二是"人为说"。代表人物是尼·弗·丹尼尔逊。列宁批评指出,"尼·—逊先生在其《论文集》

---

① 《列宁全集》第3卷,北京:人民出版社1984年版,第19页。
② 同上。
③ 同上。

中，关于出售粮食数量的增加发表了如下的议论：'这种现象也许意味着生产的粮食是在全国较平均地分配的，阿尔汉格尔斯克的渔夫现在吃到萨马拉的粮食，而萨马拉的农民则有阿尔汉格尔斯克的鱼佐餐。**实际上根本没有这回事**。'（《我国改革后的社会经济论文集》1893年圣彼得堡版第37页）没有任何资料，不顾众所周知的事实，就在这里公开断定俄国没有社会分工！民粹派除了否认一切商品经济的基础——社会分工或宣布其为'人为的'以外，就再也没有其他办法来建立俄国资本主义'人为性'的理论了。"① 可以看出，无论是"挤进说"还是"人为说"，都充分表明了一个基本的理论事实，就是：民粹派理论家依赖于理论的揣测和逻辑的推演，都没有考虑俄国社会分工这一客观的经济现象。

对待社会分工的不同态度是列宁与民粹派经济学家的显著的理论分歧。列宁将社会分工视为资本主义全部发展过程的基础，而民粹派则无视社会分工。正因为如此，列宁尖锐地批评道，"我国民粹派理论家把这种发展过程说成是人为措施的结果，是'离开道路'的结果等等，极力抹杀俄国社会分工的事实，或者极力削弱这一事实的意义，是十分自然的。"②

总体看来，列宁在社会分工的问题上，依据马克思主义的经济学说，详细阐明了社会分工是商品经济和资本主义全部发展过程的基础，并指出工业与农业分离、加工工业与采掘工业分离等社会分工的深化，其结果是既有的部门和行业各自再分成许多更小的部门和更小的行业，这些部门以商品形式生产专门的产品并用以同其他生产部门交换。所以，社会分工是资本主义国内市场建立过程的前提和关键。因此，随着社会分工的日益发展，资本主义的市场也逐步确立。

正是依据这样的基本理论，列宁深入地批判了自由主义民粹派的一系列的错误。

---

① 《列宁全集》第3卷，北京：人民出版社1984年版，第19页。
② 同上。

2. 深入阐述人口分离的意义

第一，工业人口的增加与农业人口的减少对于资本主义发展是有相对意义的。列宁认为，商品经济的发展意味着社会分工的细化，意味着越来越多的人口从农业中分离出来，同时也意味着工业人口的增加。列宁认为，"没有工商业人口的增加，农业人口的减少，资本主义是不能设想的，并且谁都知道，这种现象在一切资本主义国家中表现得极为明显。"① 实际上，列宁对人口问题的分析，仍然是建立在社会分工的基础之上的。列宁甚至认为，这是再简单不过的事实，简单得"未必用得着证明"。工业人口和农业人口之间的结构变化，"不能不对整个农村结构产生极深远的影响，不能不引起商业性的和资本主义的农业的发展。"②

然而，俄国民粹派经济学家却完全忽视了俄国农业人口在逐步地减少而工业人口却在逐步地增加的客观事实，并且也没有注意到农业人口的减少正在逐渐地影响俄国农业的发展状况。用列宁的话说就是，"民粹派经济学的代表无论在他们纯理论性的论断中，或者在关于俄国资本主义的论断中，完全忽视了这一规律（关于这一规律在俄国表现的特点，我们将在下面第8章详细论述）。在瓦·沃·先生和尼·—逊先生关于资本主义国内市场的理论中，漏掉了一件实实在在的小事：人口离开农业到工业中去，以及这一事实对农业的影响。"③ 在这个问题上，列宁又追加了一些论述。在他的《评经济浪漫主义。西斯蒙第和我国的西斯蒙第主义者》一文中已经指出，西欧浪漫主义者和俄国民粹派对工业人口增加问题所抱的态度是一样的。

列宁批评民粹派主观主义地对待调查材料，借助于平均数字来歪曲事实，以证明资本主义并未在手工业中得到发展、手工业根本不同于资本主义工业等错误观点。列宁批判了民粹派在手工业问题上的小资产阶级观点，指明了资本主义对手工业的渗透，以及由此引起的手工业者的

---

① 《列宁全集》第3卷，北京：人民出版社1984年版，第20页。
② 同上。
③ 同上书，第20—21页。

阶级分化。

第二，小商品生产者的分化和破产对形成资本主义的国内市场是有意义的。

生产力水平的不均衡，必然有小生产者的产生，任何国家都是如此。19世纪末20世纪初的俄国也不例外。问题是，随着资本主义的发展，小生产者也会不断地破产而加入到资本主义劳动大军中来，进而会对国内市场产生一定的影响。那么，小生产者的破产与国内市场的关系如何呢？在这个问题上，列宁与民粹派经济学家有着很大的分歧。

列宁认为，小生产者的破产和贫困化，使他们手中的生产资料转移到他人之手，"这些生产资料的新占有者以商品形式生产那些原先归生产者本人消费的产品，就是说扩大国内市场；这些新的占有者在扩大自己生产时，向市场提出对新工具、原料、运输工具等等的需求，以及对消费品的需求（这些新占有者日益富有，他们的消费就自然增多）。"[①]在列宁看来，小生产者的破产和贫困化，对他们自身而言，似乎是消费市场的萎缩、国内市场的减少和生活窘迫的摧残，但从整个国内市场的发展看，却是对国内市场不断扩大的贡献。

俄国民粹派经济学家在这个问题上持有与列宁完全不同的观点。尼·弗·丹尼尔逊和瓦·巴·沃龙佐夫在他们的经济学著作中，反复不断地论证，小生产者的破产和贫困化使资本主义的"国内市场日益缩小"，使"居民的购买力日益缩减"。对于这种观点，列宁尖锐地指出，民粹派经济学家"只从小生产者破产这一事实断定国内市场的缩小。这种观点是完全错误的，而这种观点所以顽固地残留在我国经济著作中只能解释为民粹派的浪漫主义成见"[②]。

列宁甚至用反讽的文字来说明民粹派经济学家的错误。他指出，"从抽象的理论观点来看，在商品经济和资本主义正在发展的社会中，小生产者破产所表明的情况与尼·—逊先生和瓦·沃·先生想从这个破

---

① 《列宁全集》第3卷，北京：人民出版社1984年版，第22页。
② 同上书，第21页。

产中作出的结论相反,是国内市场的建立,而不是缩小。如果同一位尼·—逊先生先验地宣称俄国小生产者的破产表明国内市场的缩小,而又引证我们刚才引证的马克思的相反论断(《论文集》第71页和第114页),那么,这只证明这位著作家有引用《资本论》的话来打自己耳光的卓越才能。"①

列宁指出,直接生产者同生产资料的分离标志着从简单商品生产向资本主义生产的过渡,标志着国内市场的建立。小生产者的破产并没有造成国内市场的缩小,反而扩大了国内市场。生产资料变成了新占有者的资本,被用来进行商品生产,从而也变成了商品,这就出现了生产资料的市场。小生产者愈加破产和贫困化,就愈要出卖自己的劳动力,就愈要在市场上购买自己的生活资料,这就提供了消费品的国内市场。

总之,在这个问题上,列宁认为,"直接生产者同生产资料的分离标志着从简单商品生产向资本主义生产的过渡,标志着国内市场的建立。小生产者的破产并没有造成国内市场的缩小,相反地,扩大了国内市场。生产资料变成了新占有者的资本,被用来进行商品生产,因而也变成了商品,这就出现了生产资料的市场。小生产者愈破产,就愈要出卖自己的劳动力,就愈要在市场上购买自己的生活资料,这就提供了消费品的国内市场。"②

3. 深入阐述了其他问题,批驳民粹派的错误

其一是深入阐述马克思的实现理论。首先,列宁大量使用《资本论》的材料阐述了马克思实现论的基本原理。列宁认为,所谓实现问题,就是如何为每一部分资本主义产品按价值和物质形态在市场上找到替换它的另一部分产品。因此,应当撇开对外贸易。因为把它扯在一起就使问题从一国转移到数国,这丝毫不能促进问题的解决。实现的困难是因为各生产部门分配的不合比例引起的。它不仅在实现剩余价值时经

---

① 《列宁全集》第3卷,北京:人民出版社1984年版,第22页。
② 同上书,第II页。

常发生，而且在实现可变资本和不变资本时也经常发生。没有这种困难，资本主义生产根本不可能存在。① 其次，阐释了马克思实现论的意义。这个意义，主要表现在国民收入方面。列宁列举了普鲁东、瓦·沃·、尼·—逊、洛贝尔图斯等人的错误。列宁指出，不正确地阐述社会总产品的实现过程，也就无法弄清收入问题。所以，上述人士"单独提出'国民收入'和'国民消费'的问题是绝对得不到解决的，这只能滋长一些经院式的论断、释义和分类，只有分析了社会总资本的生产过程，这个问题才能完全得到解决"②。

其二是阐述了判断资本主义国内市场发展的成熟度问题。列宁指出，资本主义的国内市场是由发展着的资本主义建立的，因为资本主义的发展加深了社会分工，并把直接生产者分化为资本家和工人。国内市场的发展程度就是国内资本主义的发展程度，撇开资本主义的发展程度问题而单独提出国内市场的限度问题是错误的。

其三是表明了对待马克思主义理论遗产的正确态度。1897 年底，列宁在流放地写的《我们拒绝什么遗产?》一文也是批判自由主义民粹派的错误论调的。当时自由主义民粹派的报刊制造舆论，说马克思主义者抛弃优秀的传统，拒绝革命民主主义的思想"遗产"。列宁驳斥说，讲到继承遗产时，一定不能把 60 年代启蒙派的遗产和民粹派的遗产两种完全不同的东西混同起来。民粹派自认是 60 年代启蒙派遗产的继承者，而实际上在一系列有关俄国社会生活的重要问题上都落后于 60 年代的启蒙派。列宁把俄国 60 年代启蒙派的观点同民粹派的观点以及社会民主党人的观点作了对比之后指出，更彻底、更忠实的遗产保存者，不是民粹派，而是马克思主义者。列宁进一步指出：马克思主义者保存遗产，不像档案保管员保存故纸堆；保存遗产并不是局限于遗产，而是要在新的历史条件下使遗产得到发扬。列宁的这些论断具有重大意义，它不仅批评了俄国的自由主义民粹派，而且从正面阐明了无产阶级政党

---

① 见《列宁全集》第 3 卷，北京：人民出版社 1984 年版，第 Ⅱ—Ⅲ 页。
② 同上书，第 46 页。

如何对待本国革命传统的问题。①

列宁在同波特列索夫的通信中谈到如何继承思想遗产的问题时，表示同意关于俄国的思想遗产不是一个统一的东西的说法。列宁明确提到，俄国社会民主党人要继承的不是卡尔金的遗产，而是车尔尼雪夫斯基的遗产，后者才是俄国60年代革命民主主义者思想遗产的主要代表。列宁在这篇文章中表述的基本观点，与《俄国资本主义的发展》第一章中的一些观点具有相通之处。

第二章 农民的分化

在这一章中，列宁利用俄国19世纪80—90年代有关土地、牲畜、农具、雇佣劳动、农民生产水平和生活情况的大量资料，全面地说明了改革后俄国农村资本主义的发展。列宁指出，民粹派把农民占有土地、牲畜、农具等情况的数字化成平均数的做法是不科学的，它歪曲了农村现状，抹杀了俄国资本主义的矛盾和农民的分化过程。

通过对统计资料的分析，列宁得出结论：现代俄国农民所处的社会经济环境是商品经济。农民中的社会经济关系结构表明，这里存在着资本主义所固有的一切矛盾，如：竞争，抢租和抢购土地，生产集中在少数人手中，大多数人落入无产阶级队伍，等等。这说明村社中的经济关系结构不是特殊结构，而是普通的小资产阶级结构。俄国村社农民不是资本主义的对抗者，而是资本主义最深厚、最牢固的基地。旧的农民不仅在分化，而且在彻底瓦解和消亡，被完全新型的农村居民所代替，这就是农村资产阶级和农村无产阶级。介于上述两种新型农民之间的是中等农民。他们处于很不稳固的地位，能爬到上等户的为数极少；资本主义发展的整个过程使他们沦为下等户。农民分化的原因是私有制下商品生产的矛盾和商品生产者之间的竞争。农民的分化建立了资本主义的国内市场。列宁还指出，俄国农村中的商业资本和高利贷资本，特别是农奴制度的残余——工役制，阻碍农村资本主义的发展。

---

① 见《列宁全集》第2卷，北京：人民出版社1984年版，第Ⅴ—Ⅵ页。

第三部分　当代解读

在俄国理论界中，有许多关于农民经济状况的著作都指出了农民的"分解"。列宁认为，小农分化为农业企业主和农业工人的过程，是资本主义生产中国内市场形成的基础。因此，在第二章中，列宁重点论述的是"农民的分化"。为了阐述这个问题，列宁借助官方统计资料，并在科学修改和计算统计资料的基础上，科学地分析了"农民的分化"这一事实。

1. 利用官方资料，确证农民分化这一事实

列宁利用了许多省份的官方统计资料，用来说明农民分化的事实性和客观性。资料一，即新罗西亚地方自治局统计资料。列宁认为，根据弗·波斯特尼科夫的《南俄农民经济》和新罗西亚地方自治局的统计资料可以知道，这正是资本主义生产理论所论述的那种国内市场建立的过程："国内市场"的发展，一方面是由于商业性即企业性农业的产品变为商品；另一方面是由于贫穷农民出卖的劳动力变成商品。

列宁发现，农民的分化在不同等级的农民身上的表现形式是不一样的。对于下等户而言，下等户由不种地和种地少的户主组成。农村无产阶级除了出卖自己的劳动力，还从出租自己的份地中取得收入。对于中等户而言，中等户的状况是过渡性的，他们的经济处于不稳定的状况，他们必须靠插犋①来耕种自己的土地。靠插犋耕种土地，生产率是较低的（转移时耗费时间，马匹不足等）。因此，中等户在农民资产阶级和农村无产阶级之间具有不稳定性和过渡性。而对于富裕农民来说，尽管富裕农民拥有的份地最多，但他们还是把大量的购买地和租地集中在自己手里，变成了小土地占有者和农场主。贫苦农民将土地出租给富裕农户从而获得租地资金的现象十分普遍。这里已经看到了商业性活动了——土地变成了商品和"猎取金钱的机器"。富裕农民的耕作技术也大大超过中等农民（经营规模较大，农具较多，有闲置的货币资金等）。农业生产的成本随着生产规模的扩大而降低，这是十分自然的现

---

① 指两家或几家农户合用牲口、农具，共同耕种。周立波曾经在《暴风骤雨》中提到："老孙头站在旁边寻思着：要是赵家分了马，他插车插犋，不用找别家，别家嘎咕，赵大嫂子好说话。"

象。因此，大农户的生产率较高因而也较稳固。"商品生产渗入农业愈深，农民之间的竞争、争夺土地的斗争、争取经济独立的斗争愈加剧烈，促使农民资产阶级排挤中等农民和贫苦农民的这一规律就必定愈加有力地表现出来。"①

总之，南俄农民经济的地方自治局统计资料的数据，确凿地说明农民资产阶级手中所集中的租地除了个人租地之外，还包括共同的租地即村社租地；同时也说明，农民资产阶级也是商业资本和高利贷资本的代表。农民资产阶级手中掌握了商业资本（以土地作抵押出借款项，收购各种产品等）和产业资本（靠雇用工人来经营的商业性农业等）的两条线。所以，农民的完全分化，说明农民资产阶级在农村中占完全的统治地位。

资料二，萨马拉省地方自治局统计资料。列宁认为，根据东部省份萨马拉省地方自治局的统计资料，各类等级不同的农户不仅经营规模不同，而且经营方法也不相同。在下等户中，独立的业主是很少的，贫苦农民根本没有改良农具，而中等农民的改良农具也是微不足道的。对于有份地的雇农和做日工的"农民"而言，他们生活资料的主要来源是出卖劳动力，因而地主有时也会给自己的雇农一头或两头牲畜，以便把他们束缚在自己的农场上并降低工资。富裕农民把资本主义畜牧业同大规模的资本主义耕作业结合起来了。所以，富裕农民掌握了全部农业生产的绝大多数，而购买地和租地的集中程度十分巨大。根据萨马拉省地方自治局的统计资料，"全部购买地的9/10以上集中在1.8%的最大富户手中。在全部租地中，有69.7%集中在农民资本家手中，86.6%集中在上等农户手中。把有关租种份地和出租份地的资料对照一下，就清楚地看出土地落到了农民资产阶级手中。"② 所以，富裕农户自然会提供更大更多的销售粮。富裕农民生产销售粮，而贫穷农民必须出卖自己的劳动力来购买粮食，资本主义农民恰恰是在"村社社员"中间发展

---

① 《列宁全集》第3卷，北京：人民出版社1984年版，第58页。

② 同上书，第70页。

起来的，而所谓的"村社联系"则完全适应于大耕作者的雇用雇农经济。

资料三，萨拉托夫省地方自治局统计资料。列宁认为，根据中部省份萨拉托夫省地方自治局的统计资料，播种面积集中在大耕作者手中，富裕农民掌握着全部耕种面积的绝大多数。愈是富裕的农民，他们的租地就愈多，尽管他们有较多的份地。富裕农民在排挤中等农民，农民经济中份地的作用在农民的两极有日益缩小的趋向。随着播种面积的集中和农业日益带有商业性，农业变成了资本主义的农业。"我们看到了已经熟悉的现象：下等户出卖劳动力，上等户则购买劳动力。"① 因此，下等户十分贫困。

在分析萨拉托夫省地方自治局统计资料时，列宁对民粹派按份地的分类方法进行了批驳。他一开始就驳斥了这种分类法，提出应一律采用按殷实程度（按役畜，按播种面积）的分类法。虽然按份地的分类法在俄国地方自治统计中最为普遍，但是，如果采用按份地的分类法，我们就把贫苦农民和富裕农民加在一起了。因为贫苦农民出租土地，富裕农民却租种或购买土地；贫苦农民抛弃土地，富裕农民却"收集"土地；贫苦农民的牲畜很少，经营极差；富裕农民的牲畜很多，土地施肥，进行种子改良，等等。换句话说，民粹派把农村无产者和农村资产阶级分子加在一起了。这样加起来得出"平均数"抹杀了分化，因此纯粹是虚假的。如果采用这种方法，民粹派显然抹杀了农民的分化，把无产农民描绘得比实际情况好些（这是由于把富裕农民同无产农民加在一起并算出平均数所造成的）；同时，把富裕农民描绘得实力小些，因为在多份地农户这一等中，除了大多数殷实农户以外，还有一些贫穷农户。

所以，列宁认为，尼·—逊先生按照 0 个、1 个、2 个等劳力的各类农户，来计算每户农民的租地，这是不合适的方法。"毫不奇怪，把富裕户和贫苦户**加在一起**，除以被加户数，无论在哪里都可以得出'平

---

① 《列宁全集》第 3 卷，北京：人民出版社 1984 年版，第 75 页。

均分配'的!"① 因此,列宁认为,在整理农民的按户资料时,不应该只按份地分类。"经济统计必须把**经营的规模和类型**作为分类的根据。区别这些类型的标志,应当按照当地的农业条件和形式来决定;如果在租放谷物业的条件下,可以只按播种面积(或按役畜)分类,那么在其他条件下,就必须考虑到技术作物的种植、农产品的技术加工、块根作物或牧草的种植、牛奶业、蔬菜业等等。当农民把农业与副业大规模结合在一起时,就必须把上述两种分类法结合起来,即把按农业的规模和类型的分类法同按'副业'的规模和类型的分类法结合起来。汇总农民经济按户调查资料的方法问题,决不像初看起来那样是一个单纯专业性的和次要的问题。相反,可以毫不夸张地说,在目前,这是地方自治局统计的基本问题。按户调查资料的完备性和搜集这些资料的技术达到了极为完善的程度,但是由于不能令人满意的汇总工作,许多极有价值的资料完全遗漏了,研究者所掌握的只是'平均'数字(关于村社、乡、农民类别、份地面积等等的'平均'数字)。然而这些'平均'数字,正如我们已经看到的和将要在下面看到的那样,往往是完全虚假的。"②

资料四,彼尔姆省地方自治局统计资料。列宁根据资料认为,占有土地最多的富裕农民同样抢租土地,份地同样从贫穷农民那里(通过出租)转到殷实农民那里,份地在两个不同方向即农村两极所起的作用同样在减小。贫苦农民和富裕农民在经营制度和经营方式上有极大的差别。而这种差别是到处都会有的,因为富裕农民到处都把大部分农民牲畜集中在自己手里,并且更有可能把自己的劳动花在改善经营上。

所以,大多数富裕农户使用了这种或那种形式的雇佣劳动。雇农和日工队伍的形成,是富裕农户存在的必要条件。"非常值得指出的是,雇用日工的农户数和雇用雇农的农户数之间的比值,**从下等农户到上等农户是递减的**。在下等户中,雇用日工的农户数总是超过雇用雇农的农

---

① 《列宁全集》第3卷,北京:人民出版社1984年版,第81页。
② 同上书,第85—86页。

户数好多倍。相反，在上等户中，雇用雇农的农户数有时甚至大于雇用日工的农户数。这一事实明显地表明，在上等农户中，经常使用雇佣劳动的真正的雇用雇农的农户形成了；雇佣劳动是比较均匀地按季节分配的，因而可以不必出较高的价钱和费更多的事去雇用日工。"①

与批判民粹派按份地分类的错误方法相似，列宁则对这个资料中关于"副业"的统计方法进行了批判。资料中划分出两种基本类型的"副业"：（1）农民变成农村资产阶级（拥有工商企业）；（2）农民变成农村无产阶级（出卖劳动力，即所谓的"农业副业"）。但是，列宁指出，"把类型极不相同的活计混在一起，统称之为'副业'或'外水'，把'农业和手工业相结合'说成是（就像瓦·沃·先生和尼·—逊先生那样）某种均一的、清一色的和排斥资本主义的东西，是多么严重地歪曲了现实。"②

资料五，下诺夫哥罗德省地方自治局统计资料。列宁认为，根据资料分析可知，富裕农民尽管份地较多，但他们还是集中了购买地，集中了租地，"收集了"贫苦农民出租的份地。因此"农民"使用的土地的实际分配，完全不同于份地的分配。富裕农民把商业性农业和资本主义农业（有雇农的农户占很大的百分数）同工商企业结合在一起；而贫苦农民则把出卖自己的劳动力（"挣外水"）同微不足道的播种面积结合在一起，就是说，他们变成有份地的雇农和日工。

同样地，列宁指出，下诺夫哥罗德省统计人员犯了一个很大的错误，就是只泛泛地研究了农民田地的单位面积产量问题，而没有分别地研究贫穷农民的田地和富裕农民的田地的单位面积产量问题。列宁甚至认为，各类农户在播种面积上的差别，要比它们在实际占有土地和使用土地面积上的差别还要大些，至于它们在份地面积上的差别就更不用说了。这就再三向我们表明：按占有的份地分类是完全不合适的，份地占有的"平均化"现在已成了一种法律上的虚构。

---

① 《列宁全集》第 3 卷，北京：人民出版社 1984 年版，第 88—89 页。
② 同上书，第 91 页。

除了利用上述几个省份的官方统计资料之外，列宁还利用了奥廖尔省地方自治局统计资料。列宁根据这些资料，同样得出在奥廖尔省农民分化为两个极端相反的类型的结论：一方面分化为农村无产阶级（抛弃土地和出卖劳动力），另一方面分化为农民资产阶级（购买土地，租种大量土地，特别是租种份地，改善经营，雇用雇农和这里略去不计的日工，把工商企业同农业结合起来）。此外，列宁还通过1888—1891年和1896—1900年两次军马调查的资料比较，认为农民的贫困和被剥夺现象正在日益加剧。列宁认为，军马调查的资料是典型，"因为对马匹多的和马匹少的农民间的关系已作过分析，并发现这种关系在极不相同的地区也非常相同"①。

列宁认为，他在研究农民分化时，使用了上述多个省份地方自治局统计资料，这些"已经把符合这些条件的并且我们也有可能加以利用的地方自治局统计材料包罗无遗了。为了全面起见，我们现在还要简略地指出其余不太完整的同类的资料（即以全面的按户调查为根据的资料）"②。从这里可以看出，列宁身上透出的那种一丝不苟追求真理的宝贵精神，是值得我们学习的。

2. 系统总结关于农民分化的地方自治局统计资料

首先，按份地分类法对于研究农民的分化是不合适的。一般来讲，份地的分配是平均的，这是基于法律的强制性。但是，即便如此，富裕农民排挤贫苦农民的过程也开始了：上等户占有的份地的比重比他们人口的比重略大，而下等户占有的份地的比重却比他们人口的比重略小。村社是袒护农民资产阶级利益的。但是同实际占有土地的情况相比，份地分配不平均的现象还是微不足道的。所以，这种分类法对贫困农民来说是不公正的。

其次，农民的分化程度主要有两种类型的代表性区域。第一类是以塔夫利达省、萨马拉省、萨拉托夫省和彼尔姆省种地的农民的分化为代

---

① 《列宁全集》第3卷，北京：人民出版社1984年版，第117页。
② 同上书，第101页。

表。这一类地区的土地最多的是纯农业区,农业是粗放性的。在这种农业性质下,种地农民的分化容易计算,因而也表现得很明显。第二类是以奥廖尔省、沃罗涅日省和下诺夫哥罗德省为代表。在这类地区,商业性农业和雇佣劳动意义上的"副业"和非农业工作意义上的"副业"十分明显,对农民分化的意义巨大。

最后,不同类型农民的经营方式各异。富裕农民既把资本投入农业(购买土地、租地、雇用工人、改良农具等),也把资本投入工业企业、商业和高利贷:商业资本和企业资本有着密切的联系,至于哪一种形式的资本占优势,则取决于周围的条件。有雇农的农户到处都集中在富裕农民一类中,富裕农民(尽管他们的家庭人口较多)如果没有"补充"他们的农业工人阶级,他们是生存不下去的。

购买地大量地集中在富裕农民手中,租地也大多数集中在富裕农户手中,并且他们租种土地的价格较为低廉。"农民资产阶级这样抢租土地,明显地证明'农民租种土地'**带有工业性**(为出售产品而购买土地)。"① 主要的土地出租者是下等户,他们力求摆脱份地,这些份地正转入(不顾法律的禁止和限制)业主手中。因此,当人们对议论"农民"租种土地和"农民"又出租土地时,实际上前者主要是指农民资产阶级,后者主要是指农民无产阶级。

最后,农户之间的关系在发生变化。列宁认为,上等农户同下等农户间的关系,正带着农村资产阶级同农村无产阶级的关系所具有的那些特点。这种关系在有着极不相同条件的极不相同地区都非常相同。最关键最核心的是土地的购买、租种和出租与份地的关系,也决定着各类农户实际占有土地的情况。在播种面积的分配上,上等户排挤下等户的现象表现得更为明显——这也许是因为无产农民常常无力经营自己的土地而把它抛弃。富裕农户现在已在农民经济中起着主导作用,他们手中集中的播种面积份额几乎等于其余农民全部播种面积的份额。

---

① 《列宁全集》第3卷,北京:人民出版社1984年版,第112页。

3. 深入分析关于农民家庭收支的地方自治局统计资料

列宁认为，根据统计资料，从家庭收支的差别中可以清楚地看出各类农民之间的区别。根据每类农户的经营支出在其总支出中所占的比重，就可以发现农村中已经出现了农村无产者，也出现了业主。实际上，两极的两类农户即农民无产者和农村企业主的副业收入超过了农业的总收入。农民变为农村无产阶级，建立了以消费品为主的市场；而农民变为农村资产阶级，则建立了以生产资料为主的市场。换句话说，我们看到，在下等农户中，劳动力变成了商品，而在上等农户中，生产资料变成了资本。这两种变化恰恰产生了国内市场的建立过程，而这个过程已为适用于一切资本主义国家的那个理论所确定。正因为如此，恩格斯在谈到1891年的饥荒时写道，饥荒意味着资本主义国内市场的建立——这一原理在民粹派看来是不可理解的，因为他们把农民的破产仅仅看做是"人民生产"的衰落，而不看做是宗法式经济向资本主义经济的转化。更好笑的是，列宁认为，尼·—逊先生写了整整一部书来论述国内市场，但是他并没有察觉到农民分化引起国内市场建立的过程。

另外，农民的收支资料完全推翻了一个相当流行的观点，即认为赋税在商品经济发展中起着重要作用。毫无疑问，货币代役租和赋税曾经是交换发展的重要因素，但在商品经济已经完全站稳脚跟的情况下，赋税的上述意义就远远退到了次要地位。所以，对于农民而言，货币收入和货币支出的百分数（特别有规律的是支出的百分数），是从中间各类农户向两极逐渐增大的。"家庭收支表也向我们表明，**农民的分化建立了资本主义的国内市场**，一方面使农民沦为雇农，另一方面又使农民变成小商品生产者，变成小资产者。"①

4. 总结了农民分化的若干结论

列宁根据上述多项官方统计资料，在客观分析和认真研究的基础上，得出了如下重要结论。

---

① 《列宁全集》第3卷，北京：人民出版社1984年版，第129页。

（1）现代俄国农民所处的社会经济环境是商品经济。

（2）农民（种地的和村社的）中的社会经济关系的结构表明，这里存在着任何商品经济和任何资本主义所固有的一切矛盾：竞争，争取经济独立的斗争，抢租和抢购土地，生产集中在少数人手中，大多数人被排挤到无产阶级的队伍中去，受少数人的商业资本和雇佣的剥削。

"村社"农村中的经济关系结构绝不是特殊的结构（"人民生产"等），而是普通的小资产阶级结构，俄国村社农民不是资本主义的对抗者，而是资本主义最深厚和最牢固的基地。尽管这里存在排挤资本主义发展的制度，但"村社"内部资本主义因素在不断形成。

（3）农民中一切经济矛盾的总和构成了农民的分化。这意味着旧的宗法式农民的彻底瓦解和新型农村居民的形成。

对于农民分解的过程，很早就人指出来了。但列宁认为，"他们指出的一切都是极零碎的。从未有人试图系统地研究这个现象，因此，尽管有非常丰富的地方自治局统计机关的按户调查资料，但是我们至今所掌握的有关这一现象的说明材料还是不够的。因此产生了这样一种情况：大多数谈到这个问题的著作家，都把农民的分化只看做是财产不平均现象的产生，只看做是一种'分解'，正像所有的民粹派，特别是卡雷舍夫先生所爱讲的那样。"①

但是，"分解"一词并不能概括农民身上正在发生的事实，旧的农民不仅在"分解"，并且在彻底瓦解和消亡，被完全新型的农村居民所排挤。这种新型的农村居民是商品经济和资本主义生产占统治地位的社会的基础。这些新的类型就是农村资产阶级（主要是小资产阶级）和农村无产阶级，即农业中的商品生产者阶级和农业雇佣工人阶级。

（4）农民的分化减少了中等"农民"而发展着两极的两类农民，从而形成了两种新型的农村居民。他们的共同特征，是经济的商品性即货币性。第一种新的类型是农村资产阶级或富裕农民。商业性农业与工商企业相结合，是这种农民特有的一种"农业同手工业相结合"的形

---

① 《列宁全集》第3卷，北京：人民出版社1984年版，第147页。

式。另一种类型是农村无产阶级，即有份地的雇佣工人阶级，包括无地的农民。最典型的俄国农村无产阶级是有份地的雇农、日工、小工、建筑工人和其他工人。

（5）中等农民。他们的特点是商品经济发展得最差。就经济地位来说，大多数情况下，如果不依靠出卖劳动力来赚取"外水"而靠独立劳动，他们的生活是入不敷出的。就社会关系来说，他们摇摆于上等户和下等户之间。能爬上上等户的极少，大多数逐步沦为下等户。所以，农民资产阶级不仅排挤下等户，而且也排挤中等户。"这样，就产生了资本主义经济所特有的'非农民化'——中间分子的消失和两极的增强。"①

（6）农民的分化建立了资本主义的国内市场。在下等户中，主要是形成个人消费的市场。农村资产阶级的形成和发展从两个方面建立市场：一是靠生产资料形成生产消费的市场；二是同时也靠个人消费市场，殷实的农民的个人消费需求也在日益增长。

（7）关于农民的分化是否在向前发展及其发展速度的问题。移民运动的发展，大大推动了农民的分化，特别是种地的农民的分化。迁移离开的农民，主要是中等富裕程度的农民，而留在家乡的主要是两极的两类农民。这样，迁移加强了迁出地区农民的分化，并且把分化的因素又带到迁入地区。

（8）商业资本和高利贷资本在俄国农村中起着巨大作用。这一部分是列宁将马克思《资本论》的基本原理运用于俄国的生动写照，应该认真分析研究一下。列宁认为，商业和高利贷在瓦解旧生产方式时，会导致资本主义生产方式代替旧的生产方式。在俄国村社农村中，资本的作用不限于盘剥和高利贷，资本也投入生产。比如，富农不仅把钱投入商业企业，而且还用来改善经营，购买土地而后租种土地，改良农具和牲畜，雇用工人，等等。

俄国农村中商业资本和高利贷资本的独立发展阻碍着农民的分化。

---

① 《列宁全集》第 3 卷，北京：人民出版社 1984 年版，第 154 页。

商业愈是向前发展,把乡村和城市接近起来,排挤原始的农村集市和破坏农村小店主的垄断地位,欧洲式的正规的信贷形式愈发展,使农村的高利贷者受到排挤,那么,农民的分化就会愈深愈厉害。

(9) 徭役经济的残余即工役制,也是阻碍农民分化的重要现象。工役制需要的是中等农民,他们不十分富裕,但也不是无产者。

第三章 地主从徭役经济到资本主义经济的过渡

这一章主要论述俄国改革后的地主经济逐步向资本主义农业经济转变的过程,说明俄国农业资本主义的发展特点是存在大量的农奴制残余。俄国的地主经济在改革前是徭役制度,在改革后是工役制度和资本主义制度的奇妙结合。所谓工役制度,是指地主让附近的农民用自己的农具耕种地主的土地。它几乎保留了徭役经济的一切特点,是徭役经济的直接残余,其偿付劳动报酬的形式虽然很多,但并不改变这一制度的实质。所谓资本主义制度,是指雇佣工人用地主的农具耕种地主的土地。这种资本主义制度必然会排挤工役制度,是一种进步现象。

这一章是列宁在该著作中首次以专章的形式来谈论地主经济,重点论述了地主经济结构以及它在 1861 年改革后的历史演进。为了阐述地主经济,列宁对 1861 年农奴制改革后遗留的工役制详加论述,对机器对地主经济的影响进行了考察,对地主经济中的雇工现象进行了考察。同时,在论述地主经济的时候,列宁还不忘对民粹派经济学家在这个问题上的错误观点,进行有力的批判。

1. 深入分析徭役经济

列宁主要从两个方面来说明这个问题:

其一是总结了徭役经济的基本特点。徭役经济的基本特点表现为农民对地主的人身依附关系和农民的人身自由被限制。这种经济制度在农奴制社会里,占据主导地位。这是因为,农奴制时代的地主经济结构,其世袭土地分为地主土地和农民土地,后者是份地,即农民从封建主那里领到的耕地。土地所有权属于封建主,农民使用份地时必须在封建主土地上做无偿劳役,或缴纳实物、货币地租,担负各种赋税和徭役。农民的必要劳动养活自己，剩余劳动则归地主。"这里的剩余劳动和必要劳动在空间上是分开的：农民替地主耕种地主的土地，替自己耕种自己的份地；他们在一星期中有几天替地主干活，其余几天为自己干活。"① 这样一来，农民经营份地，是地主经济存在的前提，其目的不是保证农民获得生活资料，而是保证地主获得劳动力。

所以，列宁认为，徭役经济存在的前提是：第一，自然经济占统治地位。它必然是一个闭关自守的整体，与外界缺少联系。农奴制后期，地主为出卖而生产粮食，这是旧制度崩溃的先声。第二，直接生产者必须分得生产资料特别是土地，同时他必须被束缚在土地上，否则就不能保证地主获得劳动力。第三，农民对地主的人身依附是这种经济制度的条件。农民不能获得自由流动的条件。第四，技术的极端低劣和停滞是上述经济制度的前提和后果，因为经营农业的都是些迫于贫困、处于人身依附地位和头脑愚昧的小农。

其二是分析了徭役经济制度向资本主义经济制度过渡的问题，实际上就是徭役经济制度和资本主义经济制度的结合问题。首先，列宁认为，这种过渡是十分缓慢的。原因是：第一，资本主义生产所必需的条件尚未充分具备。比如，具有人身自由的雇佣农民阶层还没有形成等。第二，旧的徭役经济制度只不过遭到了破坏，但还没有彻底消灭。地主还掌握着农民份地极为重要的部分，如割地、森林、操场、牧场等，而没有这些，农民根本不能独立经营土地。结果，地主仍然可以通过工役制形式继续实行旧的经济制度，依然可以通过暂时义务农身份、连环保、体罚农民、派农民出公差等手段实现农民对地主的人身依附。所以，尽管徭役经济随着农奴制的废除而崩溃了，农民经济脱离地主经济，农民要赎回自己的土地归自己所有，但是，地主经济要过渡到资本主义经济制度却不是一蹴而就的事情。

在过渡时期，资本主义经济不能即时产生，徭役经济也不能即时消失，这种经济制度只能是徭役经济与资本主义经济制度的结合体。在过

---

① 《列宁全集》第 3 卷，北京：人民出版社 1984 年版，第 160—161 页。

渡时期，现代地主经济的经济组织可以归结为以各种方式结合起来的两种基本制度：工役制度和资本主义制度。

2. 深入分析工役制度

首先，工役制度是与资本主义制度结合在一起的。列宁认为，工役制度就是用附近农民的农具和牲畜来耕种土地，其偿付形式并不改变这一制度的实质（不管是计件雇佣制下的货币偿付，对分制下的实物偿付，或者是狭义工役制下的土地或各种农业用地偿付）。工役制乃是徭役经济的直接残余。"上述两种制度在实际生活中以各种各样的方式奇妙地交织在一起，它们在许多地主田庄上相互结合，并被应用到各种经济工作上去。这样两种截然不同的甚至是彼此对立的经济制度结合在一起，在实际生活中就会引起一连串极其深刻复杂的冲突和矛盾，许多业主就在这些矛盾的压力下遭到破产等等，这是十分自然的。这一切都是任何一个过渡时代固有的现象。"①

列宁认为，大体上看，工役制在纯俄罗斯人的省份中占优势，资本主义制度在整个欧俄占优势。但是，有时候工役制度正在向资本主义制度过渡，并且两者紧密地结合在一起，想分开两者加以区别都是不可能的。

其次，工役制的形式是多样的，比如农村的"计件雇佣制"、"按亩制"、"全包制"、"工偿债"等。工役制的一大堆名称，说明它流行极广，形式极多。"在这种形式下，整个工役制所固有的特征，即这种雇佣劳动的高利贷盘剥性质就表现得特别突出。"②

在工役制的表现形式中，列宁认为，尤其要注意用工役换取土地的形式即所谓工役地租和实物地租。出租土地在地主经济中有两种截然相反的意义：有时候是为了取得地租而把农场转给他人；有时候是经营自己经济的一种方法，是保证田庄获得劳动力的一种方法。所以，租地是徭役经济的直接残余，但它有时不知不觉地在向资本主义制度过渡。所

---

① 《列宁全集》第 3 卷，北京：人民出版社 1984 年版，第 166 页。
② 同上书，第 171 页。

以，工役制下的劳动报酬比资本主义"自由"雇佣下的劳动报酬低。第一，实物地租，即工役制地租和对分制地租比货币地租贵很多。第二，实物地租在最贫困的农户中特别发达。殷实农民尽量以货币租地，贫困农民以"劳动力"偿付为代价来租地从而无奈地变为雇佣工人。第三，资本主义"自由"雇佣下的劳动价格比工役制下的劳动价格要高许多。

最后，工役制是逐步衰落的。为了保持工役制度，份地仍然是保证地主取得廉价劳动力的手段。"如果不通过这种或那种形式把居民束缚在居住的地方，束缚在'村社'里，如果没有公民权利的某些不平等，工役制作为一种制度便无法存在。"① 很自然地，劳动生产率低下、经营方式保守等，就是工役制的必然结果。

1816年改革后，工役制逐步衰落。工役制使陈旧的技术长久不变，只是在实行改革后（指1861年改革）才开始迅速让位给资本主义。新的资本主义经济形式尽管存在着它所固有的种种矛盾，但毕竟是一大进步了。工役制经济结构没有任何引起技术改革的刺激因素，工役制的自然经济、与世隔绝、人身依附等都排斥了技术革新的可能。所以，工役制度的衰落有着历史的必然性。

原因之一，是商品经济与工役制不相容。因为工役制建立在自然经济、技术停滞以及地主与农民不可分割的联系之上。商品经济和商业性农业的发展都时刻破坏着工役制的发展。

原因之二，在于工役制本身也在逐步形成否定自己的条件。列宁认为，工役制分为两种情况。（1）只有有役畜和农具的农民业主才能承担的工役制（如"全包"的耕种和耕地等）；（2）没有任何农具的农村无产者也能承担的工役制（如收割、割草、脱粒等）。第二种工役制是向资本主义的直接过渡，它通过一系列极不显著的转变过程同资本主义相融合。在工役制被资本主义排挤的过程中，重心从第一种工役制转移到第二种工役制具有很重要的意义。所以，列宁认为，许多经济学家总

---

① 《列宁全集》第3卷，北京：人民出版社1984年版，第176页。

是谈论整个工役制,而不作这样的区别,是不合适的。

原因之三表现在,农民的分化是工役制衰落的最主要原因。农民分化同资本主义排挤工役制之间的这种不可分割的联系,早就被一些学者注意到了。官方的统计也说明了农民的破产引起了资本主义对工役制的排挤。第一种工役制与中等农民的联系是明显而先天的。自然经济和中等农民愈衰落下去,工役制就愈加遭受资本主义的有力排挤。富裕农民和农村无产阶级也同样不适合工役制。富裕农民有自己的耕地。农村无产阶级有人身自由,不受地主限制,可以自由到城市做工寻找外水。"我国大地主对农民到城市去以及一切寻找'外水'的做法,普遍感到不满;因此,他们埋怨农民'很少受到束缚'。纯粹资本主义雇佣劳动的发展从根本上破坏着工役制度。"①

3. 深入揭批民粹派经济学家在地主经济上的错误

民粹派经济学家在地主经济上的错误,主要是虽然承认工役制度是徭役经济的残余,但不彻底。表现在他们把工役制度理想化,主要是不承认现代地主经济结构是工役制和资本主义制度的结合,前后两者是此消彼长的关系。这种将工役制度理想化的做法,"就是民粹派的地主经济演进论的基本特征"②。列宁认为,民粹派这套理论方法非常简单,就是不承认农民分得土地是徭役经济或者工役经济的一个条件,同时将"独立的"农民必须缴纳的工役地租、实物地租或货币地租的事实抽象化。

为了进一步揭批民粹派的错误,列宁举了不少的例子。比如,列宁指出,卡布鲁柯夫是将工役制理想化的代表人物,他在作为统计学家评述莫斯科省纯粹资本主义农场的实际类型时,却将那些证明俄国农业资本主义进步性的事实也反映出来了。卡布鲁柯夫用自己的话论述了工役制向资本主义制度过渡的历史必然性,但他本人的思想却奇怪地停留在理想化的工役制的幻想之中。"由此可见,如此热心地要把工役制理想

---

① 《列宁全集》第 3 卷,北京:人民出版社 1984 年版,第 180 页。
② 同上书,第 183 页。

化的卡布鲁柯夫先生本人对我国纯粹资本主义农场所作的评述，完全证实了下述事实：俄国资本主义正在**创造**一种必然**要求**农业合理化和废除盘剥的社会条件，相反，工役制却**排除**农业合理化的可能性，使技术的停滞和生产者的受盘剥永远保留下去。"①

另外，为了彻底批判民粹派经济学家在地主经济上的错误，列宁决定"以其人之道还治其人之身"。他利用恩格尔哈特②展开了对民粹派的攻击。恩格尔哈特在民粹派中间具有十分特殊的地位。列宁认为，批评民粹派的观点，以恩格尔哈特农场为对象具有积极的意义。"因为这个农场的演进，正好是一幅改革后俄国整个地主经济演进的基本特点的缩影。"③

当恩格尔哈特刚刚经营农场时，农场建立在传统的工役制和盘剥基础之上。恩格尔哈特的农场具有当时俄国所有的特点，这就是：工役制、剥削、极低的劳动生产率、"低得难以想象的"（恩格尔哈特自己语）劳动报酬、停滞不前的耕作法。那么，恩格尔哈特是如何改变这一经营方式的呢？"他改种亚麻，即改种需要大量劳动力的商业性工业作物。这样一来，就加强了农业的商业性质和资本主义性质。"④ 如何获得劳动力呢？恩格尔哈特开始购买农具和马匹，将一部分工作交给雇农去做或者按计件雇人去做。"为了提高劳动生产率，恩格尔哈特采用了资本主义生产的有效方法：计件工作制。"⑤ 恩格尔哈特自己也认为，如果他不把土地交给农民按全包耕作，他就无法收割黑麦。经过一系列的改革，结果劳动生产率提高了，对工人的盘剥也获得了更多的利益，雇工的工资也比以往的有份地的雇农高得多。

恩格尔哈特农场的资本主义制度也体现在耕地作业中。犁代替了旧

---

① 《列宁全集》第 3 卷，北京：人民出版社 1984 年版，第 186 页。
② 恩格尔哈特是民粹派观点的热衷者，他的许多观点都与民粹派保持了高度的一致性。同时他也拥有自己的农场，但他却对自己农场正在发生的资本主义性质的历史变化熟视无睹。所以，列宁单列一个专节，用恩格尔哈特农场的实例来说明民粹派观点的极端荒谬性。
③ 《列宁全集》第 3 卷，北京：人民出版社 1984 年版，第 187 页。
④ 同上书，第 188 页。
⑤ 同上。

式浅耕犁，工作从被盘剥的农民手中转到了雇农手中。可见，农业技术的改变同资本主义排挤工役制是紧密联系的，但这种排挤是渐进性的，即经营制度从工役制与资本主义结合在一起，慢慢地重心转向了整个资本主义制度。恩格尔哈特在改造农场组织时，也是从工役制和盘剥开始，然后过渡到第二种工役制为主，但这种工役制不是以农民业主为前提，而是以农业雇农和日工为前提。

总之，列宁认为，"恩格尔哈特本人的农场，比任何议论都更好地驳倒了恩格尔哈特的民粹主义理论。恩格尔哈特的目的是要创立一个合理的农场，但是在当前的社会经济关系下，他如不组织使用雇农的农场，便做不到这一点。在他的农场里，农业技术的提高和资本主义对工役制的排挤是同时并行的，就像在俄国所有一切地主农场中的情形一样。"①

4. 深入分析机器在农业生产中的意义

首先，列宁分析了机器在农业中的使用情况。列宁认为，1861年改革后，机器在农业中的使用大致可以分为四个时期。第一个时期，1861年到70年代初。地主对国外机器的态度从争着购买到逐步降温。第二个时期，从70年代初到80年代中期。这个时期的特征是：国外机器输入极其有规律地、迅速地增长；国内机器生产也有规律地增长，但速度较慢。第三个时期，从80年代中期到90年代初期，对国外机器的使用下降。因为从1885年起的进口机器关税制增加了国外机器的成本，使之价格高昂，同时农业危机也不断出现。第四个时期，从90年代初开始，国外机器输入又增加了，国内农业机器的生产也增长得特别快。

总之，机器的使用普及到了农业生产的一切部门和个别产品生产的全部作业：风车、精选机、谷物清选机（选粮筒）、谷物烘干机、甘草压榨机、亚麻碎茎机等在普遍采用。机器应用的日益增长，自然引起对机器发动机的需求，除蒸汽发动机外，煤油发动机也开始推广。不过，

---

① 《列宁全集》第3卷，北京：人民出版社1984年版，第190页。

对于官方统计资料中关于机器使用情况的数据,列宁不甚满意,"可惜,关于俄国农业机器和农具的生产情况,却没有这样完备和精确的资料。我国工厂的统计不能令人满意,整个机器生产和农业机器生产混在一起,没有任何明确规定的原则来区分农业机器的'工厂'生产和'手工业'生产,——这一切不能提供俄国农业机器制造业发展的全貌。"①

但是,列宁还是综合了官方的统计资料,自己绘制了农工机器和农具的生产、输入和使用情况的统计表。这个统计表表明,改良农具排挤原始农具的过程(因而也是资本主义排挤原始经济形式的过程)是多么明显。外出做零工的现象对农业机器数量的增加和工资的提高有影响。在一些地方,甚至出现了用机器代替人收割庄稼这样一种特殊行业。

其次,分析了机器在农业中的意义。意义之一,机器农业带有资本主义的性质,即导致资本主义关系的形成和进一步发展,同时资本主义正是引起和扩大在农业中使用机器的因素,两者有着相互的作用。所以,机器的使用大大提高了劳动生产率,"单是俄国农业中日益广泛使用机器这一事实,就足以使人看出,尼·—逊先生所谓俄国粮食生产'绝对停滞'(《论文集》第32页)乃至农业劳动'生产率下降'的论断,是完全站不住脚的。这个论断与公认的事实相抵触,尼·—逊先生需要它,是要把前资本主义的制度理想化。"② 所以,民粹派对农业中使用机器问题的态度是极不彻底的。"承认使用机器的好处和进步意义,维护发展和促进使用机器的各种措施,同时又忽视机器在俄国农业中是按资本主义方式使用的,这就滑到大小地主的观点上去了。我们的民粹派恰恰忽略了采用农业机器和改良农具的资本主义性质……回避正是资本主义促进机器在我国农业中的使用这个事实。"③

意义之二,机器导致生产的积聚和资本主义协作在农业中的应用。一方面,采购大机器需要大量的资本,只有大业主才能办到;另一方

---

① 《列宁全集》第3卷,北京:人民出版社1984年版,第192页。
② 同上书,第201页。
③ 同上书,第206页。

面，只有需要加工的产品数量很大，使用机器才不会亏本，扩大生产是采用机器的必要条件。一般来讲，使用大机器生产的农场规模也很大。但是，如果仅仅把粗放式地扩大种植面积这种形式看做农业积聚，那就错了。民粹派的尼·—逊就持有这种观点。实际上，农业生产的积聚表现为各种各样的形式，生产的积聚同工人在农场的广泛协作有着不可分割的联系。民粹派妄谈村社可以轻而易举地将生产协作应用于农业时，资本主义已经把村社分化为许多彼此利益冲突的经济集团，建立了以雇佣工人广泛协作为基础的大农场。

意义之三，机器为资本主义建立了国内市场。第一，生产资料市场。第二，劳动力市场。地主农场购置自己的农具，必然会使靠工役谋取生活资料的中等农民遭到破产。机器在农业中的经常使用，毫不留情地排挤宗法式的"中等"农民，正像蒸汽织布机排挤手工业织工一样。具体而言，列宁认为，机器的使用造成了大量使用妇女劳动和儿童劳动，并形成了近乎工厂工人等级制的工人等级制。如南俄农庄工人分为：（1）整劳动力；（2）半劳动力；（3）力气大的半劳动力；（4）干灵活的半劳动力。所以，对于不同的工人而言，机器增加了工人的劳动强度。按照资本主义方式使用机器极大刺激业主延长工作日，农业中出现了前所未有的夜工，同时机器的使用也经常发生农业工人受伤的情况。

5. 高度重视农业中的雇佣现象

首先，1861 年改革后，农业中的雇佣现象十分普遍。列宁认为，在 80 年代，大约有 1/5 的农民处于这样一种境地：他们的"最主要工作"，就是在富裕农民和地主那里做雇佣工作。这样，农村无产阶级的企业主和广大的农村无产阶级出现了，他们之间逐渐形成相互依赖的关系。而农民外出寻找雇佣工作所产生的大规模流动，在俄国早就有人提到。比如拉斯波平认为，这种现象并不是一般的农民外出寻找"外水"，而是农业中雇佣工人阶级形成的过程。

其次，自由雇佣劳动在农业中具有重要的意义。意义之一，即工人的大批流动造成了高度发达的资本主义所固有的独特雇佣形式。在南部和东南部形成了许多劳动力市场，成千上万的工人聚集在那里，雇主们也会到那里。这种市场常常同城市、工业中心、商业村和市集结合在一起。中心区所具有的工业性质特别吸引工人，因为他们也乐于受人雇用去做非农业工作。意义之二，农业雇佣直接催生了资本主义劳动力市场。列宁认为，随着农业雇佣的扩大，资本主义就在各个边疆地区创造了"农业和手工业结合"的新形式，即农业雇佣劳动和非农业雇佣劳动的结合。这种结合，只有在资本主义最后阶段即大机器工业时代，才有可能达到广泛的规模。因为大机器工业破坏了技巧、"手艺"的作用，由一种职业转到另一种职业变得容易了，雇佣形式一律化了。雇主与雇工之间的关系就是直接的劳动力买卖。一般而言，小资本压榨工人特别厉害。当然，由于农业雇佣规模的扩大，大机器工业把大量工人集中在一起，改革了生产方法，撕毁了掩盖阶级关系的一切传统的、宗法式的屏障和外衣，总是使社会注意力转到这种关系上来，引起实行社会监督和社会调节的尝试。这种现象在俄国资本主义农业最发达的地区中开始表现出来了。

最后，列宁批判了民粹派经济学家在农业雇佣问题上的错误观点。民粹派经济学家把工役制理想化了，闭眼不看资本主义比工役制进步的地方。他们反对工人"外出做零工"，赞成在当地挣"外水"。与民粹派的理论相反，列宁认为，"工人的'迁移'不仅给工人本身带来'纯经济上的'益处，而且一般说来应当认为是一种进步现象。"① 根据如下：第一，迁移能给工人带来纯经济上的益处，因为他们所去的地方工资较高，在那里他们当雇工的境况较有利。第二，迁移能破坏盘剥性的雇佣形式和工役制。所以，农民甚至情愿跑到矿井去，以逃避工役和盘剥。第三，迁移意味着造成居民的流动。不造成居民的流动，就不可能有居民的开化。

第四章 商业性农业的发展

这一章主要论述俄国农业资本主义的发展。列宁指出，改革后俄国

---

① 《列宁全集》第 3 卷，北京：人民出版社 1984 年版，第 218 页。

农业发展的基本特点是农业越来越带有商业性质。商业性农业的发展必然导致农业生产方面的一系列变化，表现为农产品生产量和农业劳动生产率的提高、农业的专业化、各种不同农业地区的形成、技术性农业生产和市郊经济的发展等。商业性农业的增长建立了资本主义国内市场。这是因为：第一，农业的专业化引起了各农业地区之间、各农场之间和各种农产品之间的交换；第二，农业愈是被卷入商品流通，农场居民对消费品的需求就增长得愈快；第三，对生产资料的需求也增长得愈快；第四，产生了对劳动力需求。

这一章是列宁在考察农民经济和地主经济结构的基础上，研究商业性农业发展的问题。这一章涉及的问题比较多，为此，列宁从商业性谷物地区、商业性畜牧业地区、市郊经济、民粹派关于农业资本主义的理论、马克思恩格斯关于小农问题的看法等几个方面详细分析。

1. 深入分析了1861年改革后俄国商业性农业的发展情况

首先，列宁深入分析了1861年改革后俄国商业性农业的总体资料。列宁认为，1861年改革后，俄国农业最大的特点之一，是不同农业地区的独特化，商业性农业的发展表现为农业的专业化。比如形成专门的亚麻业地区、畜牧业地区等。但是，"我们现在的任务应当是研究农业专业化这一过程。我们应当考察各种商业性农业是否有所发展，资本主义农业在这种情况下是否正在形成……不言而喻，要达到我们的目的，只要研究几个最主要的商业性农业地区就够了。"① 这些商业性农业地区，就是列宁随后剖析的商业性谷物业地区、商业性畜牧业地区、亚麻业地区、市郊经济等。

所以，1861年改革后时代，俄国的一个普遍事实是：商业性农业在增长，工商业人口增加，农业人口分化为农村企业主和农村无产阶级，农业本身越来越专业化，因而为销售而生产的粮食数量的增长，要比全国生产的粮食总量的增长快得多。但是，民粹派经济学家总是设法回避这一事实，即改革后时代的特征正是商业性农业的发展。

---

① 《列宁全集》第3卷，北京：人民出版社1984年版，第224页。

其次，列宁对代表性的商业性农业进行了深入分析。第一，商业性谷物业地区。这个地区包括欧俄的南部和东部边疆地区，即新罗西亚和伏尔加左岸的草原省份。这里农业的特点是粗放性和大量生产销售粮。俄罗斯中部工业的发展和边疆地区商业性农业的发展有着不可分割的联系，二者互相为对方建立市场。工业省份从南方得到粮食，同时把自己工厂的产品送到那里销售。"只是由于这种社会分工，草原地方的移民才能够专门从事农业，并在国内市场上，特别是在国外市场上销售大量谷物。"①

在商业性谷物地区，大型谷物粮仓的出现大大促进了商品性的粮食生产和提高了商品粮生产的技术。它按照资本主义大工业的形式进行粮食分类和保管，并降低了大耕作者的开支，结果使依靠宗法式的小生产者"完全落到了富农和高利贷者手中"。而且，机器的使用在该行业发展得特别迅速，出现了由雇佣工人进行巨大协作的大农场。"农民在这些地方有着多么广阔的播种面积，这里的资本主义关系即使在村社内部也表现得多么尖锐。"②

第二，商业性畜牧业地区。列宁认为，商业性畜牧业的发展具有特殊的意义，其发展建立了国内市场，首先是生产资料的国内市场；其次是劳动力的国内市场。商业性畜牧业在1861年之后得到了迅速的发展，形成专门性的乳制品行业。通过分析《欧俄北部和中部地带牛奶业统计概论》和其他信息，发现"资料使人毫不怀疑这种特殊的商业性农业有了巨大发展。在这里，资本主义的增长也引起了陈旧技术的改革"③。一些新的科学技术开始在该行业广泛应用。比如，离心机即分离机的使用、保温锅、螺旋式压榨机、改良地窖的使用，细菌学的应用等，逐渐代替了传统的乳脂沉淀法等。总之，市场的需要引起了技术上的改良。这样，资本用自己的力量在改造传统技术的同时，也在改造着资本与劳动之间的关系。"资本拥有最新的改良工具和工作方法，不仅仅用以从

---

① 《列宁全集》第3卷，北京：人民出版社1984年版，第227页。
② 同上书，第228页。
③ 同上书，第234页。

牛奶中分离乳脂,而且也用以从这种'勤快'中榨出'乳脂',从贫苦农民的子女那里夺走牛奶。"①

所以,商业性农业的发展证明了农业中的彻底改革,农业成了企业性的农业并且不再因循守旧了。"不难看出,这类大企业的作用有多大:一方面它们夺取了大众市场(把没有油脂的牛奶卖给不富裕的市民),另一方面,它们为农村企业主大大扩展了市场。农村企业主获得了极大的动力来扩大和改良商业性农业。"②

第三,关于牛奶业地区农民的分化。农民的分化同当地的商业性形式有着密切的联系,商业性农业正是农民分化的主要因素。在俄国的不同地区,村社内部的社会经济关系是完全相似的。"农户——庄稼汉"(尼·—逊用语)不论在哪里都分化为少数的农村企业主和大批的农村无产阶级。但是,同样的农村经济关系往往表现为极其不同的农业形式和生活形式,因此农民的分化往往是从商业性农业地区开始进行的,并且往往分化为农民的对立阶层。

农民雇用工人这一事实是商业性农业地区农民资产阶级经营成就的最突出标志。当地的地主感到,他们的竞争者在不断增多,他们在写给农业司的报告中,有时竟把缺少工人的现象归咎于富裕农民抢雇工人。当然,少数富裕农民的这一切成就给大批贫苦农民造成了沉重的负担。农民经常被迫挨饿,因为自从某个地区开办了干酪制造厂以来,乳制品都被送到这些干酪制造厂和乳脂制造厂去了,而他们平时就喝掺水的牛奶。

商业性农业的进步使下等农户的境况日益恶化,把他们完全推出农民的行业,转而推进了农民无产阶级的行列。在民粹派的著作里曾经指出牛奶业的进步和农民饮食的恶化之间的矛盾。但列宁认为,民粹派对于在农民中和农业中所发生的现象的评价是狭隘的。"他们只看到了一种形式的矛盾、一个地区的矛盾,而不了解这种矛盾是整个社会经济制

---

① 《列宁全集》第3卷,北京:人民出版社1984年版,第235页。
② 同上书,第237页。

度所固有的,是以不同的形式在各处出现的。……他们看到一种农业进步的矛盾意义,却不了解,譬如说,机器在农业中也像在工业中一样,具有完全相同的政治经济学上的意义。"①

第四,亚麻业地区。列宁认为,亚麻是"技术作物"中最重要的一种。这个术语已经表明了它所在的地区正是商业性农业。《军事统计汇编》中记载,在出产亚麻的普斯科夫省,亚麻早就是农民的"首要货币"。1861年改革后,商业性亚麻业的发展十分显著。那么,亚麻业是如何形成的呢?列宁认为,亚麻业地区形成了两种极端,一是稀少的很富裕的村镇,二是广大的贫困农村。大部分的亚麻收入仍然归包买主,而群众则无可奈何地依附于包买主。商业性资本逐渐统治了亚麻业地区,资本把亚麻也变成了一种赌博,使大批小农破产,这些小农降低了亚麻的质量,耗尽了地力,直到出租份地,最后扩大了"外出做零工"的工人的人数。这样,亚麻业既是社会分工的产物,同时也对社会分工产生了重要的影响。这些影响有二:

一是商业性亚麻业的发展不仅引起工农业之间的交换(出卖亚麻和购买工厂产品),而且也引起各种商业性农业之间的交换(出卖亚麻和购买粮食)。"这一很有意思的现象清楚地表明,资本主义国内市场的建立不仅是由于农业人口转入工业,而且也是由于商业性农业的专业化。"②

二是亚麻业的发展加快了农民的分化和阶层的对立。"商业性农业的增长在亚麻业地区也引起了资本的统治和农民的分化。而土地租价的昂贵、商业资本的压力、农民的被束缚于份地以及份地的高额赎金,无疑都严重阻碍农民的分化过程。所以,农民购买土地和外出做零工的现象越发展,改良农具和改良耕作方法越普遍,产业资本对商业资本的排挤就越快,农民中农村资产阶级的形成以及资本主义制度对地主经济的工役制度的排挤就进行得越快。"③ 同时,亚麻业的发展也催生了技术

---

① 《列宁全集》第3卷,北京:人民出版社1984年版,第249页。
② 同上书,第251页。
③ 同上书,第253—254页。

设备的提高，马拉的库特式的亚麻碎茎机开始流行起来。亚麻纤维的加工需要较多的工人，因此，亚麻业的发展一方面使农民在冬季有较多的活计，另一方面又形成了种植亚麻的地主和富裕农民对雇佣劳动的需求。

第五，农产品的技术加工。列宁认为，技术性农业生产或者工厂农业系统的增长对于资本主义的发展有着很重要的意义。第一，这种增长是商业性农业发展的一种形式，而且也正是这种形式才特别突出地表明了农业如何变为资本主义社会的一个工业部门。第二，农产品技术加工的发展通常总是和农业的技术进步密切联系着的：一方面，加工原料的生产本身常常要求不断改进农业（例如，种植块根作物）；另一方面，加工时剩下的废料往往可以用于农业，提高农业的效益，至少部分地恢复工农业之间的平衡和相互依赖关系，而资本主义最深刻的矛盾之一就是对这种平衡和相互依赖关系的破坏。技术性加工农业主要包括酿酒业、制糖业、马铃薯淀粉业等。列宁对这些行业都进行了详细的分析。

（1）酿酒业。绝大多数的酿酒厂直接同农业联系着。这些酿酒厂几乎全部属于地主而且主要是贵族所有，这些酿酒厂就有资本主义企业的性质。在工役制占优势的地区，农业的商业性质往往（同其他地区相比）表现在以粮食和马铃薯制造伏特加酒方面。1861年改革后，用马铃薯酿酒发展得特别快。所以，马铃薯的播种量和收获量的巨大增长，正是意味着商业性农业和资本主义农业的增长，同时意味着农业技术的提高和多圃轮作制代替三圃制等。地主和富裕农民扩大马铃薯的种植，意味着对雇佣劳动需求的增加。因此，"如果说专门从事酿酒业的工人人数减少了，那么从另一方面来说，栽种块根作物的资本主义经营方式对工役制的排挤，就增加了对农村日工的需求。"①

（2）甜菜制糖业。甜菜制糖业比酿酒业更集中于大型资本主义企业，它也是地主（主要是贵族）田庄的组成部分。1861年改革后，甜菜制糖业的发展十分迅速。甜菜在耕种时，广泛使用了经过改良的工具

---

① 《列宁全集》第3卷，北京：人民出版社1984年版，第258页。

和犁，甚至还使用了蒸汽动力耕地。"随着资本主义大农业的这种进步，极大地增加了对农业雇佣工人——雇农、特别是日工的需求，同时妇女劳动和儿童劳动也使用得特别广泛。"① 甜菜种植园工人的状况是最苦的。列宁引用《哈尔科夫省医务通讯》（1899年9月，转引自1899年《俄罗斯新闻》第254号）中的描述："秋天，**伤寒病的蔓延**，常常是从那些在**富裕农民的甜菜种植园中工作的青年人**那里开始的。这些种植园主为工人休息和过夜而准备的工棚真是脏极了，工人睡觉铺的禾秸到工作结束时简直都成了垃圾，因为从来没有换过，因此这里就成了传染病的发源地。"② 由此可见，甜菜生产的增长大大地提高了对农业工人的需求，使附近农民变成了农村无产阶级。

（3）马铃薯淀粉业。1861年改革后，由于需要用淀粉的纺织工业的巨大发展，用马铃薯（部分也用小麦和其他粮食）制造淀粉的行业在改革后时代增长得特别迅速，而且它的技术逐渐改进，一些需要大量固定资本和具有高度劳动生产率的较大的作坊也建立起来了。改良磨碎机代替了手工磨碎机，接着出现了马拉转动装置，最后采用了滚筒。随着生产的扩大，小型的资本主义作坊对雇佣劳动的使用在增加，劳动生产率也在提高。这些作坊使农民资产阶级获得了大量利润，并且提高了农业技术。"凡有'磨碎机'作坊的农民，他们的耕作条件都很有利。种马铃薯（在份地上，而主要是在租地上）所得的收入比种黑麦和燕麦所得的收入大得多。工厂主为了扩大自己的经营，便极力租进贫苦农民的份地。"③ 这些淀粉糖主是农民资产阶级的典型代表。总之，无论在淀粉业地区，或是在俄国其他一切商业性农业地区，一个资本主义农业的农村企业主阶级正在形成。

（4）烟草业。1861年改革后，烟草业的种植得到迅速发展。种植烟草需要大量的雇佣工人。"我们十分清楚地看到，农业愈是带有商业

---

① 《列宁全集》第3卷，北京：人民出版社1984年版，第259页。
② 同上书，第260页。
③ 同上书，第263页。

性质，它的资本主义组织就愈发展。"① 生产的资本主义组织在这里引起了商业资本的猛烈发展以及超出生产范围以外的一切剥削的空间加剧。"小的种烟户没有晾烟房，不能使产品发酵（完成发酵过程）并且把它（经过3—6个星期后）作为成品卖出去。他们**用半价**把产品作为非成品卖给包买主，这些包买主往往本身也在租地上种植烟草。包买主'千方百计地压榨小的种植园主'。商业性农业就是商业性的资本主义生产，在烟草业这一农业部门中也可以明显地观察到（只要善于选取正确的方法）这种关系。"②

（5）商业性蔬菜业。在1861年改革后，商业性蔬菜业的发展比果园业更为迅速，它广泛存在于城市附近、工厂居住区、工商业村、铁路沿线以及全国各地因产蔬菜而闻名的个别村庄，对这种产品的需求不只是工业人口，还有农业人口。因此，这种产业为群众提供数量极大的消费品。大菜园主的温床框数数以千计，中等菜园主的温床框数数以百计。资本主义关系，无论以商业资本的形式，或者以雇佣工人的形式，都发展得非常广泛。蔬菜技术的加工——罐头业非常发达。

温室蔬菜栽培也属于蔬菜业，但是，只有农民资产阶级才能从事温室业。

工业性瓜田业也属于商业性农业。在这里，列宁讲述了一个十分有趣的"西瓜危机"的真实故事，用以说明商业性农业部门的资本主义性质。80年代以前的工业性瓜田业只是由一小部分人控制，并获得了巨额利润。这些都是真正的小资产者，他们千方百计阻止生产者数量的增加，非常谨慎地向邻居保守这项有利可图的"秘密"。90年代粮食价格的跌落，迫使农户转向寻找摆脱困境的出路，因而推动了这项生产。瓜地面积在短短几年内迅速成倍地增长。"瓜地面积的急遽扩大终于在1896年引起了生产过剩和危机，完全证实了这一商业性农业部门的资本主义性质。西瓜价格跌落到连铁路运费都不能收回了。西瓜扔在地里

---

① 《列宁全集》第3卷，北京：人民出版社1984年版，第269—270页。
② 同上书，第270—271页。

不去收获。企业主们过去尝过巨额利润的甜头,现在也尝到亏本的滋味了。但是最值得注意的是他们所选择的克服危机的手段。这就是:争夺新市场,降低产品价格和铁路运费,使产品从'奢侈品变成居民的消费品'(而在出产地则变成喂牲畜的饲料。)……不管这一'行业'未来的命运怎样,'西瓜危机'的历史总是很有教益的,它是农业资本主义演进的一幅虽然很小但很鲜明的图画。"[①]

此外,列宁还分析了榨油业和果园业,对这两种行业的农业资本主义性质进行了阐述,其基本的观点与对上述农业行业的分析大致相同。

最后,列宁分析了与商业性农业有关的市郊经济。列宁认为,市郊经济是指小农把各种东西都拿来做点买卖,如自己的房屋(出租给避暑的人和房客)、自己的院落、自己的马匹、自己农业上的宅旁园地上的各种产品——粮食、饲料、牛奶、肉类、蔬菜、浆果、鱼类、木材等,出售自己老婆的奶(首都附近的哺乳业),为外来的城里人进行各种花样繁多的(有时甚至不便说出口的)服务来赚钱,以及其他。但是,这类农民实际上仍然是农民,只是形式上有些变化而已,虽然旧的宗法式农民完全被资本主义改造了,他们完全屈服于"货币权力"。民粹派通常将市郊农民单独划出来,说他们"已经不是农民"了。这实际上是错误的。城市、工厂和工商业村、火车站增加得愈快,俄国村社社员向这类农民的转变就会愈广泛。

2. 总结了资本主义在俄国农业中的意义

列宁在第二章、第三章和第四章中,从两个方面研究了俄国农业中的资本主义问题。首先,研究了农民经济和地主经济中现存的社会经济关系的结构——改革后时代形成的结构。列宁认为,农民在极其迅速地分化为数量很少但经济地位很强大的农村资产阶级和农村无产阶级。同这种"非农民化"过程紧密联系着的,是地主从工役经济制度向资本主义经济制度的过渡。其次,列宁又从另一方面考察了这同一个过程。列宁以农业向商品生产转变的形式为出发点,研究了商业性农业每一种

[①] 《列宁全集》第 3 卷,北京:人民出版社 1984 年版,第 275—276 页。

最主要的形式所特有的社会经济关系。可以看出,"农民经济和地主经济中的上述过程,像红线一样也贯穿在各种各样的农业条件之中。"①

通过在第二章、第三章和第四章有关资本主义在俄国农业中的情况的分析,列宁得出如下基本结论:

第一,1861年改革后农业演进的基本特点是农业越来越带有商业的即企业的性质。对于地主经济来说,这一事实十分明显。对于农民经济来说,这种现象不容易确定。因为:(1)使用雇佣劳动并不是农村小资产阶级必不可少的标志。(2)农村小资产者(不论在俄国或在其他资本主义国家)通过许多过渡梯阶同小块土地"农民"、同分得一小块份地的农村无产者结合在一起。"这种情况是那种认为'农民'中没有农村资产阶级和农村无产阶级之分的理论长期存在的原因之一。"②

第二,由于农业的性质,它向商品生产的转变是以特殊方式进行的,和工业中的这种过程并不一样。加工工业分为各个完全独立的部门,这些部门都只生产一种产品或产品的一个部分。而农业性工业则不分为各个完全独立的部门,它只是在一种场合下专门生产一种市场产品,而在另一种场合下又专门生产另一种市场产品。因此,商业性农业的形式非常多种多样,它不仅在不同的地区形式各异,而且在不同的农场也不相同。

第三,商业性农业的增长建立了资本主义的国内市场。(1)农业的专业化引起了各农业地区之间、各农场之间和各种农产品之间的交换。(2)农业愈是被卷入商品流通,农村居民对提供个人消费的加工工业产品的需求就增长得愈快。(3)正是对生产资料需求的增快,无论是农村的小企业主还是大企业主,靠旧式的"农民的"工具和建筑物等,都不可能经营新的商业性农业。(4)产生对劳动力的需求,因为农村小资产阶级的形成和地主向资本主义经济的过渡,都是以农业雇农和日工队伍的形成为前提的。

---

① 《列宁全集》第3卷,北京:人民出版社1984年版,第277页。
② 同上书,第278页。

第四，资本主义在农业人口中间大大扩大和加剧了这样一些矛盾，没有这些矛盾这种生产方式就根本不能存在。俄国的农业资本主义，就其历史意义来说，仍然是一个巨大的进步力量。（1）资本主义把务农者一方面从"世袭领主"，另一方面从宗法式的依附农民变成了同现代社会中其他一切业主一样的手工业者。在资本主义以前，务农者同本村以外的世界完全隔绝开来。资本主义却将村野的务农者同整个外界隔绝的状态彻底打破了。（2）农业资本主义第一次打破了俄国农业数百年来的停滞状态，大大地推动了俄国农业技术的改造和社会劳动生产力的发展。墨守成规的自然经济的单一性被商业性农业形式多样性代替了；原始的农具开始让位于改良农具和机器；旧耕作制度的固定不变状况被新的耕作方法破坏了。"商业性农业的各种特殊种类的形成，使农业中的资本主义危机和资本主义生产过剩成为可能和不可避免，但是这些危机（和所有资本主义危机一样）更加有力地推动了世界生产和劳动社会化的发展。"① （3）资本主义第一次在俄国建立了以机器的使用和工人的广泛协作为基础的大规模农业生产。"资本主义破坏了地方的闭塞性和狭隘性，打破了农民中世纪的狭小划分，而代之以全国性的大规模划分，即把农民划分为在整个资本主义经济体系中占据不同地位的一些阶级。"② （4）俄国的农业资本主义第一次连根摧毁了工役制和农民的人身依附关系。

总之，列宁认为，资本主义在俄国农业中的意义表现在积极和消极两个方面。"在强调资本主义在俄国农业中的进步历史作用时，我们丝毫没有忘记这种经济制度的历史暂时性，也没有忘记它固有的深刻的社会矛盾。相反，我们在上面已经指出，正是那些只会哭诉资本主义'破坏'的民粹派分子，才极其肤浅地估计这些矛盾，抹杀农民的分化，无

---

① 《列宁全集》第3卷，北京：人民出版社1984年版，第281页。但是，西欧的浪漫主义者和俄国的民粹派，极力强调这一过程中资本主义农业的片面性，强调资本主义所造成的不稳定和危机，并且根据这一点来否认资本主义的前进运动比前资本主义的停滞所具有的进步性。

② 《列宁全集》第3卷，北京：人民出版社1984年版，第282页。

视我国农业中使用机器的资本主义性质,用'农业副业'或'外水'等等说法来掩盖农业雇佣工人阶级的形成。"①

3. 用马克思主义观点剖解民粹派"冬闲"理论和农业危机理论

首先,深入分析了民粹派的"冬闲"理论。列宁认为,以瓦·沃·、尼·—逊、布卡鲁柯夫等为代表的民粹派经济学家的"冬闲"理论的主要内容是:在资本主义制度下,农业是一般不与其他产业部门发生联系的特殊产业部门。农业只占用了全年的五六个月。因此,农业的资本主义化就产生了"冬闲",使"农民阶级的工作时间只限于工作年中的一部分"。这是"农民阶级经济状况恶化的根本原因",是"国内市场缩小"和社会"社会生产力浪费"的根本原因。

列宁认为,民粹派的"冬闲"理论是建立在农活全年分配不平均的基础上的,仅仅抓住这一点就无限抽象地夸大,而抛开宗法式农业转变为资本主义农业的这一复杂过程的其他一切特点,这是企图恢复关于前资本主义的"人民生产"的浪漫主义学说的拙劣手法。

仅仅指出民粹派"冬闲"理论是错误的还不足以说明问题,还必须指出它的错误所在。列宁进一步分析认为,民粹派的"冬闲"理论是十分狭隘的,它忽略了一些农业发展的实际过程。第一,农业愈是专业化,农业人口减少得就愈多,农业人口在全国人口中所占的比例也就愈少。民粹派忘记了这一点。第二,资本主义的前提是农业企业要同工业企业完全分离。但是,这并不是说不容许农业雇佣劳动同工业雇佣劳动相结合。在一切发达的资本主义社会里,我们都可以看到这种结合。资本主义和大工业愈是猛烈地发展,对工人需求的变动,不仅在农业中,而且在工业中,一般说来也愈是厉害。第三,一些农村企业主在农场增补劳动力方面有时有困难。但是,他们也有办法把工人束缚在自己的农场上,这就是分给工人一小块土地等。第四,离开资本主义人口过剩的总问题而提出农民"冬闲"的问题是完全错误的。失业工人的形成是整个资本主义特有的现象,农业的特点只不过使这种现象具有一些

---

① 《列宁全集》第3卷,北京:人民出版社1984年版,第284页。

特殊形式。所以，列宁准确地指出，"我国农民冬季失业现象的产生，与其说是由于资本主义，倒不如说是由于资本主义发展得不够。……在大俄罗斯各省中，资本主义最不发达、工役制占优势的省份，冬季失业现象最严重。这是完全可以理解的。工役制阻碍了劳动生产率的提高，阻碍了工农业的发展，从而也就阻碍了对劳动力的需求的增加，与此同时，它把农民固定在份地上，使他们既找不到冬季工作，也无法依靠自己可怜的农业为生。"①

其次，用恩格斯关于现代农业危机的见解剖解民粹派的错误。民粹派想把《资本论》第三卷中的某些言论，解释得与他们的小农业优越于大农业、农业资本主义不起进步的历史作用这样一些见解相一致。为此，他们特别引用《资本论》第三卷中的一些论述作为支撑。但是，列宁指出，民粹派在引用《资本论》的论述时，却没有解释如下基本的问题：（1）从什么意义上引用《资本论》的论述；（2）没有把《资本论》的论述从上下文联系起来进行分析；（3）没有把引用《资本论》的论述与马克思关于小农业的整个学说联系起来分析。

所以，民粹派实际上误用了《资本论》的论述。列宁指出，民粹派引用的《资本论》的论述，"这是完全孤立的一段话，是插在谈原料价格的变动如何影响利润的一章里讲的，而不是在专门谈农业的第6篇里讲的"②，也就是说，民粹派用移花接木的手段，肆意篡改了马克思关于小农经济的基本观点。民粹派"究竟根据什么逻辑可以由此作出结论说，马克思承认小农业的生命力，而不承认农业在资本主义中的进步历史作用呢"③？

列宁指出，民粹派经济学家的逻辑就是不断地找各种借口，借以证明他们关于小农经济的观点的正确性。比如尼·—逊就找了一个借口，他引用了恩格斯对现代农业危机的意见，意图借助这个意见推翻马克思关于农业资本主义历史进步作用的基本原理。但是，尼·—逊像其他民

---

① 《列宁全集》第3卷，北京：人民出版社1984年版，第288—289页。
② 同上书，第291页。
③ 同上书，第292页。

粹派经济学家一样篡改了恩格斯的本意。恩格斯的本意是，现代农业危机降低了地租，甚至要完全消灭地租，农业资本主义实现着它所特有的消灭土地所有权的垄断的趋向。农业资本主义又向前迈进了一大步：它无限扩大农产品的商业性生产，把许多新的国家拖上了世界舞台；它把宗法式的农业从它的最后的避难所（如俄国和印度）赶了出去；它在农业中建立了空前未有的完全工厂化的粮食生产，这种生产的基础就是有极完善的机器装备的大批工人的协作；它极为猛烈地加剧了欧洲各古老国家的紧张状态，降低了地租，从而破坏了看起来似乎是最巩固的垄断。但是，尼·—逊等民粹派经济学家却企图借当前的农业危机来推翻农业在资本主义中的进步历史作用的理论。

万变不离其宗。列宁认为，无论民粹派如何美化他们关于农民土地占有形式的理论，不管农民对土地占有形式如何，农民资产阶级同农村无产阶级之间的关系，决不会因此而在本质上有丝毫改变。"真正重要的问题根本不是土地的占有形式，而是继续压在农民身上的各种纯中世纪的旧残余：农民村团的等级隔绝、连环保、与私有土地税负根本不能相比的过高的农民土地税负、农民土地的转让、农民的移动和迁居没有充分自由等。所有这些旧制度根本不能保证农民不分化，而只能增加工役和盘剥的各种形式，严重阻碍整个社会的发展。"[①]

可以看出，从第二章到第四章，这三章主要讲的是改革后俄国农业资本主义演进的特点。列宁总结说，俄国的农业资本主义就其历史意义而言，是一个巨大的进步。第一，农业资本主义把务农者变成了从事工业者。第二，推动了农业技术的改造和社会劳动生产力的发展。第三，第一次在俄国建立了以机器的使用和工人的广泛协作为基础的大规模农业生产。第四，第一次连根摧毁了工役制和农民的人身依附关系。

列宁主要通过这三章讲述了1861年农奴制改革后，俄国农业资本主义演进和发展状况。但是，要完整地反映俄国资本主义发展的全部面貌，单单一个农业领域还不足以说明情况。因此，在随后的几个章节

[①] 《列宁全集》第3卷，北京：人民出版社1984年版，第290页。

中，列宁将俄国工业资本主义的发展、商业性资本主义的发展、国内市场的发展等作为考察的重点。从第五章开始到第七章，列宁就重点阐述了俄国手工业资本主义、资本主义工场手工业和资本主义家庭劳动、大机器工业的发展等方面。这从逻辑上也讲得通、讲得顺。

第五章　工业中资本主义各最初阶段

第五章是列宁在本著作中第一次用专章的形式来谈论"工业资本主义的经济结构以及这一结构的演进性质"。也就是说，在论述完俄国农业资本主义经济结构的演进之后，列宁开始从工业领域来考察俄国资本主义的发展问题。

1. 深入分析小手工业中的行会精神

列宁认为，在商品生产处于萌芽状态时，小手工业者之间的竞争还很平静，不很激烈，这时的小手工业的行会精神的自然经济特征十分明显。比如，家庭工业是自然经济的附属物，它不是一个行业，因为手工业在这里同农业不可分割地联结为一个整体。同样，脱离宗法式农业的第一种工业形式——手艺，也与宗法式的小农业一样，其特征是墨守成规、分散零碎、规模狭小。因而将农村手艺人同小商品生产者或者雇佣工人区别开来，并不容易。但地方自治局统计汇编将全部建筑工人列入"手艺人"一类是不正确的。"从政治经济学的观点来看，这种混淆是完全错误的，因为大量的建筑工人不属于按照消费者的订货来工作的独立手工业者，他们属于受承包人雇用的雇佣工人。"① 所以，在商品经济发展的最低阶段，行会精神是与当时低下的生产力发展水平相适应的。

但随着市场的扩大，小商品生产者普遍担心竞争，竭力地方保护，阻碍竞争者进入本地区。这时的行会精神逐步从自然经济状态过渡到商品经济状态，行会精神对本行会的发展发挥着重要影响力。"随着市场扩大并遍及广大地区，这种竞争就日益加剧，它破坏了小手工业者靠他

---

① 《列宁全集》第 3 卷，北京：人民出版社 1984 年版，第 298 页。

那真正的垄断地位而造成的宗法式的安宁。小商品生产者感到，与其他社会阶层的利益相反，他的利益要求维持这种垄断地位，因此他**害怕**竞争。小商品生产者不论是个人或集体，都千方百计地阻止竞争，'不让'竞争者进入本地区，巩固自己拥有一定顾客圈子的小业主的稳定地位。"① "因为竞争无情地破坏了小手艺人和小手工业者在他们苟且偷安的生活中不受任何人和任何事物惊扰的宗法式乐园。"②

列宁甚至以鞣制业为例来说明小手工业者的地方保护和行业保护的程度，指出"手艺人进入他人地区有时候还会引起流血冲突"③。有的小手工业者为了防止竞争，"竭力隐瞒技术发明和技术改良，对别人隐讳赚钱的活计，这种情况在许多行业中都确实存在，而且肯定带有普遍性。"④ 更有甚者，为了防止技艺外泄，一些村庄在婚姻问题上惯行了令人匪夷所思的做法。比如，以五金业著称的下诺夫哥罗德省别兹沃德诺耶村，"他们就不把自己的女儿嫁到邻村去，而且也尽可能不娶邻村的姑娘。"⑤

即便行会精神会对生产力的发展起到一定的消极作用，但列宁同时认为，行会精神一定程度上反而增加了竞争的激烈程度，而竞争对于小手工业的发展而言是积极的。"竞争和资本主义对这些小手工业者作了一件有益的历史性工作，把他们从穷乡僻壤中拖了出来。"⑥

2. 深入分析了小商品生产者的分化及其后果问题

这一部分实际上是整个第五章的主体性内容，列宁从以下几个重要的方面体现出对"工业中资本主义的各最初阶段"的分析。

首先，小商品生产的分化是个历史的缓慢的过程。列宁认为，1861年农奴制改革后，俄国资本主义发展最初步骤的小手工业的增长，表现为两种发展的过程：第一，小手工业者和手艺人从人口一

---

① 《列宁全集》第3卷，北京：人民出版社1984年版，第301页。
② 同上书，第345页。
③ 同上书，第301页。
④ 同上书，第302页。
⑤ 同上。
⑥ 同上书，第345页。

向稠密、经济十分发达的中部省份迁到边疆地区。经济发达省份的资本主义工场手工业和大机器生产威胁着小生产，加上边疆地区的竞争不很激烈和生活费用低，于是出现了小生产者从发达地区迁往边疆地区的现象。第二，在当地居民中形成新的小手工业并扩展原有的手工业。一般说来，"在新兴手工业的第一批作坊里雇佣工人非常多，这些雇佣工人日后变成了小业主，这是最普遍的通常现象。"① 这些学徒一旦学成之后，就急于各奔东西，开设自己的小作坊。

在考察小商品生产者的分化时，列宁特地使用了"莫斯科省手工业者的按户调查资料"。列宁认为，应当按照小手工业者生产经营规模来对他们详加分类，这样才能确定雇佣劳动在每一类中的作用、技术状况等。但是，"在不同的手工业中，必须采用不同的标准来划分手工业者的等级。"②

通过分析小手工业者的不同分类，列宁认为，雇佣劳动的作用随着作坊的扩大而增大。作坊的规模越大，雇佣工人的比例就越多。小商品生产的趋势是愈来愈多地使用雇佣劳动，建立资本主义的作坊，而且雇佣劳动的使用随着本户工人人数的增多而增加。这表现在高级手工业虽然拥有最多的本户工人，但仍然集中了大量雇佣工人。因此，"家庭协作"是资本主义协作的基础。但同时，列宁指出，"不言而喻，这个'规律'只适用于最小的商品生产者，只适用于资本主义的萌芽；这个规律证明，农民的趋势是变成小资产者。只要建立起有相当多雇佣工人的作坊，'家庭协作'的意义就必然下降。"③ 换句话说，只要手工业具有的规模小到使"家庭协作"在其中起主要作用，那么这种协作就是资本主义协作发展的最可靠保证。

小商品生产者分化出的农民小手工业的经济结构，是典型的小资产阶级结构，因此就有俄国落后经济资本主义发展的典型特点。"农民小手工业的扩大、发展和改善，只能是一方面分出少数小资本家，另一方

---

① 《列宁全集》第3卷，北京：人民出版社1984年版，第305页。
② 同上书，第310页。
③ 同上书，第314页。

面分出多数雇佣工人或生活得比雇佣工人更苦更坏的'独立手工业者'。"① 农民小手工业的发展，使较殷实的手工业者扩大了对生产资料和来自农村无产阶级队伍的劳动力的需求。

其次，小商品生产者分化的层级是逐步提高的。列宁认为，资本主义的作坊起初是少数，并不起眼，但随着使用工人人数的增加，它引起生产本身一连串的变化，并且"创立了相当广泛的资本主义协作来代替先前生产上的分散性，并且大大提高了劳动生产率"②。所以，资本主义协作在农民小手工业中表现出来巨大作用和进步意义。在这一点上，列宁认为，民粹派经济学家又犯了严重的错误。

列宁认为，经过不断的分化，一些小商品生产者建立较大的作坊，这是向比较高级的工业形式的过渡。资本主义的简单协作是从分散的小生产中发展起来的。可见，俄国农民的小手工业中出现的也正是资本主义的起点。每个等级中每个工人的生产总额的资料表明：劳动生产率随着作坊规模的扩大而提高。大作坊总是在技术方面装备良好，配备有优良的工具、设备和机器等。所以，即使在农民小手工业中，起巨大作用的还是比较大的资本主义作坊。

最后，小商品生产者分化产生了重大的影响。列宁认为，小商品生产者的不断分化产生了重要后果和重要影响。

影响之一是在小手工业中出现商业性资本。列宁认为，农民小手工业在许多情况下产生出特种的包买主，他们专门从事销售产品和收购原料的商业业务，并且通常以这种或那种形式使小手工业者从属于自己。包买主的主要经济业务是为专卖商品而收买商品，他们是商业资本的代表。包买主的出现，对于俄国前资本主义的农村而言具有重要的意义。"正如没有大量商品经营资本和货币经营资本，发达的资本主义是不可想象的一样，没有地方小市场的'主人'小商人和包买主，前资本主义的农村也是不可想象的。"③

---

① 《列宁全集》第3卷，北京：人民出版社1984年版，第319页。
② 同上书，第323页。
③ 同上书，第345页。

包买主产生的原因有哪些呢？列宁认为，一是小生产者的分散性、孤立性以及他们之间的经济摩擦和斗争。二是与商业资本发挥的作用有关，即掌控商品的销售和原料的收购。包买主大批地收购原料或制品，减少了销售的费用，把小规模的、偶然的和不正规的销售变为大规模的和正规的销售。这必然使小生产者同市场隔绝并在强大的商业资本面前无力自卫，小生产者必然依附于商业资本。为了说明包买主产生的过程，列宁引用了莫斯科省花边业调查资料中的"女商人"的产生过程，来强调小手工业中商业资本产生的必然性。有些包买主同时也是拥有自己作坊的手工业者。

也就是说，在小生产者分散和完全分化的情况下，只有大资本才能组织大规模的销售，这样，大资本便使手工业者处于完全孤立无援和依附的地位。列宁认为，"在商品经济环境下，小生产者中间不仅必然分化出较富裕的手工业者，而且还分化出商业资本的代表。这些商业资本的代表一经形成，大规模的整批的销售就必然要排挤小规模的分散的销售。"① 这也就是说：在为大市场生产的情况下，小规模的分散的销售是绝对不可能的。所以，民粹派认为通过"组织销售"就能帮助"手工业者"的理论是十分荒谬的。这是由于他们忽视了小商品生产者的分散性和他们的完全分化，忽视了在小商品生产者中间产生并继续产生着"包买主"这一事实，是他们不懂得商品生产与资本主义销售之间有着不可分割的联系造成的。

小手工业中的商业资本都有哪些具体的表现形式呢？列宁认为主要有四种：第一种形式，也是最简单的形式，是商人（或大作坊业主）向小商品生产者收购制品。在竞争不发达的情况下，包买主是农民或小手工业将制品卖出去的主要形式，包买主利用自己的垄断地位无限制地降低他付给生产者的价格。第二种形式，就是商业资本同高利贷相结合：经常要用钱的农民向包买主借钱，然后用自己的商品来偿还债务。在这种情况下，农民或小手工业者的收入往往少于雇佣工人，债务人对

---

① 《列宁全集》第3卷，北京：人民出版社1984年版，第328页。

债权人的人身依附关系十分明显，债务人更容易遭受盘剥而穷困潦倒。第三种形式，就是以商品偿付制品，这是农民包买主常用手段之一。这个形式的特点是：它不仅是小手工业所固有的，而且是商品经济和资本主义所有不发达阶段所固有的。第四种形式，就是商人以手工业者生产上所必需的各种商品（原料或辅助材料等）来作支付。把生产材料卖给小手工业者也是商业资本的一种形式，并且它同收购制品的业务完全一致，只是方向相反。从这种形式开始到商业资本的最高形式，即包买主把材料直接分发给手工业者去进行生产并付给一定的报酬，只差一步了。"手工业者事实上成了在自己家中为资本家工作的雇佣工人，包买主的商业资本在这里就转为产业资本。资本主义的家庭劳动形成了。"①

产生的第二个结果，是这种分化影响了手工业和其他行业的关系，首先是与农业的关系。列宁认为，主要是手工业与农业分离了，手工业获得了独立发展的资本条件。在资本主义发展的最初阶段，手工业和农业还没有完全分化出来。但是，一般说来，手工业业主是很"宽裕的"农民，是农民资产阶级的代表，而雇佣工人则是从破产的农民群众中吸收来的。同时，手工业业主雇用"种地人"是个十分普遍的现象。农民手工业者雇用农业工人这个事实表明：农民小手工业的出现，证明了资本主义的历史进步作用，即提高了居民的生活水平和他们的需求。富裕和殷实的业主开设作坊，从农村无产阶级中雇用工人，积蓄货币资金来从事商业业务和高利贷业务。相反，贫苦农民的代表则提供雇佣工人、为包买主工作的手工业者以及受商业资本势力压迫最甚的低级的小手工业业主。"资本主义社会特有的工业同农业的分离，在这个阶段上还是以萌芽的状态表现出来，但是它毕竟已经表现出来了，而且（这特别重要）它的表现与民粹派所想象的完全不同。"② 在民粹派看来，手工业不危害农业，是因为手工业有利可图而抛弃农业。

实际上，列宁认为，这是民粹派根本不了解农民经济结构的矛盾，

---

① 《列宁全集》第3卷，北京：人民出版社1984年版，第332页。
② 同上书，第339页。

而拙劣虚构出来的一个结论。工业同农业的分离是同农民的分化相联系的,它是通过两极道路而实现的:第一极是从农民中分离出作坊主。少数富裕农户开办工业作坊,不断扩大工业作坊,雇用农民来从事农业,而自己将大量的时间用在手工业上,自己变成了小市民和商人。通过对各种统计资料的分析,列宁认为,不经营农业的"手工业者"和经营农业的"手工业者"之间的区别是:(1)劳动生产率较高;(2)手工业的纯收入额高得多;(3)文化水平和识字率较高。这说明,"甚至在资本主义的最初阶段,也可以看到工业提高居民生活水平的趋向。"①第二极是从农民中分化出雇佣工人。贫苦农民日益破产和变成雇佣工人。对于这一极而言,不是因为手工业有利可图而抛弃农业,而是贫苦和破产迫使人们离开土地。出现了一些农民鄙视农民的现象,阶层的裂痕不断加深。从事手工业的农民"开始瞧不起'愚昧的'农民以及他们那种宗法式的村野习气,力求摆脱最繁重的和报酬最差的农业工作。在资本主义最不发达的小手工业中,这种现象表现得还很微弱;工业工人还刚开始从农业工人中分化出来。在资本主义工业的以后各个发展阶段,我们将要看到,这种现象会大量出现。"②

3. 提出了关于俄国农村前资本主义主义经济的几点意见

列宁在深入分析小商品生产者分化之后,提出了关于"俄国农民前资本主义经济"的几点意见。

首先,提出了是"速度"还是"过渡"的问题。列宁根据各国农村资本主义发展的现实,纠正民粹派在这个问题上的错误认识。列宁认为,许多人往往把"俄国资本主义的命运"问题的实质理解成这样:似乎速度如何(即资本主义发展的速度如何)的问题具有主要意义。但是,究竟如何和从何而来(即俄国前资本主义的经济结构如何)的问题具有重要得的意义。民粹派经济学家最重要的错误,正是对这两个问题作了不正确的回答,即对俄国资本主义究竟怎样发展作了不正确的

---

① 《列宁全集》第 3 卷,北京:人民出版社 1984 年版,第 338 页。
② 同上书,第 335 页。

描述，对前资本主义的制度虚假地加以理想化。

其次，俄国前资本主义农民的发展具有特殊性。一是孤立的"蜂房式"结构。在一小块农村就可以形成一个地方的市场小网络，但与其他地方的农村市场小网络有着壁垒间隔。就像一个蜂窝中的蜂房一样，走不出去蜂房，就不会与其他的蜜蜂进行有效的交流。所以，从经济方面考察，列宁认为，俄国前资本主义的农村是"**一个地方小市场网，这些地方小市场把一些极小的小生产者群联结起来，他们由于自己的孤立经营、他们之间的许多中世纪壁垒和中世纪依附关系的残余而处于分散状态**"①。

二是小生产者的分散性表现在小生产者的分化上，以及农村村社的分散性和农民的分化上。"姑且拿萨拉托夫省地方自治局统计汇编来说吧。这里的农民分为以下各种等级：有赐地的农民、私有农民、完全私有农民、国家农民、有村社地产的国家农民、有切特维尔梯地产的国家农民、原属地主的国家农民、皇族农民、租种官地的农民、无地农民、前地主农民中的私有农民、赎买了宅院的农民、前皇族农民中的私有农民、常住私有农民、移居农民、前地主农民中的有赐地农民、前国家农民中的私有农民、脱离农奴籍的农民、免缴代役租的农民、自由耕作农、暂时义务农、前工厂农民等等，此外还有注册农民、外来农民等等。"②马克思主义认为，农民的分化具有历史进步性，但民粹派既看不到农民的分化也否定这种分化的进步意义。

第六章 资本主义工场手工业和资本主义家庭劳动

第六章主要阐述的是工业资本主义发展的第二个阶段，即工场手工业。为了充分阐述工场手工业的形成和特点，列宁从工场手工业的经济

---

① 《列宁全集》第3卷，北京：人民出版社1984年版，第343页。
② 同上书，第343—344页。俄国农民作为封建社会一个阶级分为三大类：1. 私有主农民即地主农民；2. 国家农民即官地农民；3. 皇族农民。每一大类又分为若干在出身、占有土地和使用土地形式、法律地位和土地状况等方面互不相同的等级和特殊类别。1861年的农民改革保留了五花八门的农民类别，这种状况一直持续到1917年。参见《列宁全集》第3卷，北京：人民出版社1984年版，第604—605页。那么，根据列宁所引用的官方资料，俄国当时存在的农民类别有24种之多。

结构、工场手工业的技术等多个方面进行了详细的分析。

1. 深入分析工场手工业的形成逻辑

首先，纠正了官方以及民粹派在"手工工业"概念上的错误认识。列宁认为，"手工工业"是一个不科学的概念，它的外延过于宽泛，"因为它通常包括了从家庭手工业和手艺开始到很大的手工工场的雇佣劳动为止的所有一切工业形式"①。用"手工工业"的概念将许多类型的经济组织混淆起来的做法，是十分流行且不正确的。但是，"民粹派经济学家却毫无批判、毫无意义地搬用这种做法。"② 那么，既然是个不科学的概念，为什么"手工工业"这个概念又十分流行呢？列宁认为，"手工业"这个专门术语之所以有生命力，最主要的是由于俄国社会存在着等级制度，人们很少将商人和贵族（即使他们也是小工业者）列入"手工业者"之中。"手工业"一般是指各种农民的手工业，而且仅仅是指农民的手工业。也就是说，"手工工业"意味着农业与工业的两重性，是与农民分不开的。

其次，分析了工场手工业的二元性特征。列宁认为，"工场手工业经济结构的特征，是手工业者的分化比小手工业中的分化深刻得多，而我们看到，在小手工业中，工业中的分化同农业中的分化是同时并进的。"③ 为了充分说明俄国资本主义工场手工业发展的情况，列宁详细考察了织造业、制毡业、宽边帽业、软帽业、大麻纺织业、绳索业、木材加工业、畜产品加工业、矿物加工业、金属加工业、首饰业、饮茶业、手风琴业等。通过对这些不同手工业的考察，列宁认为这些尚未采取大机器工业体系的行业，都是资本主义工场手工业的表现形式，工场手工业是社会分工初步分化的结果，也是资本主义简单协作在社会分工基础上的进一步发展的较高级形式。

工场手工业在工业资本主义发展中具有重要的地位，它是资本原始形式的小商品生产同大机器工业（工厂）之间的中间环节。工场手工

---

① 《列宁全集》第 3 卷，北京：人民出版社 1984 年版，第 410 页。
② 同上书，第 410—411 页。
③ 同上书，第 393 页。

业与小商品生产有着千丝万缕的联系，因为它的基础仍然是手工技术，大作坊还不能根本排挤小作坊，还不能使手工业者完全脱离农业。另一方面，"使工场手工业同工厂接近的，是大市场、拥有雇佣工人的大作坊以及使无产者工人群众完全依附于自己的大资本的形成。"① 也就是说，资本主义工场手工业具有两重性，一方面它是小商品生产发展的高级表现形式，另一方面又具有发展到大机器工业的趋势。所以，列宁批评了那种认为手工业生产是"人民性"而大机器生产是"人为性"且两者没有关联的错误观点。

2. 社会分工对工场手工业发展的意义

社会分工显然改进了工场手工业的技术基础，但这种改进是十分缓慢的，因为工场手工业的技术基础仍然牢牢地钉在小商品生产者的技术层面上。这就是许多行业具有悠久的历史传统，但历经多年仍然无法获得生产方法上的重大变革的主要原因。但是，社会分工在工场手工业中的发展，也为大机器工业体系的出现准备了可能的条件。机器的使用需要复杂的工序，每个复杂的工序需要有明确的技术分工和将之分解为简单的技术操作工序。工场手工业恰好提供了这种简单的技术分工和比较低级的分工合作制。"例如，在织造业中，织布机早就征服了简单织物的生产，但丝织业主要还是采用手工方法。在五金业中，机器首先应用于一种最简单的工序——研磨等等。但是，这种把生产分成各种最简单的工序的做法（这是实行大机器生产所必要的准备步骤），也使小手工业发展起来。"② 所以，在工场手工业内部，社会分工是客观存在的现实，尽管发展得不是很快。但是，列宁指出，民粹派经济学家的错误之一，就是忽视或者抹杀局部"手工业者"是资本主义工场手工业的组成部分这一事实。

另外，社会分工促进了资本主义人才队伍的成长。列宁认为，社会分工在工场手工业内部培养了两类人。一是手艺高超的工人。这些人

---

① 《列宁全集》第 3 卷，北京：人民出版社 1984 年版，第 347 页。
② 同上书，第 389 页。

中，有些就是机器的发明者，比如珍妮纺纱机就是由纺织工人哈格里斯夫发明的。同时由于社会分工的发展，出现了专门从事"批发手艺"的现象。这种现象与地域分工紧密联系，比如出现了专门从事某种技艺或生产的村庄和地区，这使得手艺的发展越来越具有部落性、团体性和地域性。二是造就一大批的"局部的工人"——即局部手工业者。这些人的局部肢体畸形或者残废。"在分工中出现了能工巧匠和残废者。前者人数极少，他们使调查者惊叹不已；后者大批出现，他们是肺部不健康、双手过分发达、'驼背'等等的'手工业者'。"①

最后，社会分工促进了工场手工业生产力的地区分工，并促进了农业和工业的进一步分离。但是，工人与土地仍然保持了联系，他们在一定程度上仍然是从事手工生产的农民，并且不同分工地区之间的联系也十分松散，甚至闭塞隔绝。"工人同土地保持联系，工匠被固定在某一种专业上，这一切必然造成工场手工业各个工业地区的闭塞状态；有时这种地方闭塞状态达到完全与外界隔绝的地步，同外界有往来的只是一些商人—业主。"② 所以，地区分工是工场手工业的特点。但列宁同时指出，工场手工业不排斥小工业，甚至会促使小手工业发展起来，尤其是在广大的乡村形成了许多的非农工业中心。列宁认为，"非农业中心是俄国资本主义工场手工业的最典型特点，它把附近农村的居民（他们都是半农业者半工业者）吸引到自己身边，并且支配着这些农村。"③ "显然，在这方面也突出地表现了工场手工业在小手工生产和工厂之间的过渡性质。既然在西欧，资本主义工场手工业时期还不能使工业工人完全脱离农业，那么在俄国，在保存着许多把农民束缚在土地上的制度的情况下，这种脱离就不能不推迟。"④

3. 深入分析工场手工业的经济结构

列宁在考察工场手工业的发展历史和基本特征之后，对于工场手工

---

① 《列宁全集》第 3 卷，北京：人民出版社 1984 年版，第 391 页。
② 同上书，第 391 页。
③ 同上书，第 394 页。
④ 同上书，第 393—394 页。

业的经济结构进行了详细的考察。他认为：首先，在工场手工业的经济结构中，商业资本与产业资本已经交织在一起。这是新型的经济结构，它的后果就是出现了"包买主"和"厂主"[1]。大多数的工人是雇佣工人，但他们对资本关系的依附形式是多样的，有的是在业主作坊中做工、有的是为业主从事家庭劳动等。此外，工场手工业中还保持了"相当数量的所谓独立生产者"[2]。列宁以1861年改革前后工场手工业的劳资关系的变化来说明问题。他认为，在1861年改革之前，劳动对资本的依附是不固定的，而且"还没有引起各个生产参加者集团之间的分裂。……业主同工人之间的差别较小，大资本家（他们总是支配着工场手工业的首位）几乎没有"[3]。但是，在1861年改革后，劳资之间的对立越来越典型，也越来越明显。但所有的依附形式都掩盖不了这样的事实：劳动的代表和资本的代表之间的分裂在这里已经充分表现出来。

当然，列宁同时认为，工场手工业中的商业资本与产业资本的交织，是与数量较少的大作坊和数量较多的小作坊的并存有关的。"资本主义工场手工业的**典型现象**，就是少数较大的作坊和大量小作坊同时并存。"[4] 大作坊是从小作坊成长起来的，小作坊有时只是工场手工业的场外部分，在多数情况下，大作坊属于大业主并使小业主从属于自己的商业资本，起着联系大作坊和小作坊的作用。大业主主要是将材料（或者某个工序）分配给小作坊来完成，这时的"包买主"差不多总是和手工工场主（按照流行的不正确的用语，把手工工场主叫做"厂主"，把所有稍微大些的作坊都算做"工厂"）交错在一起。"商业资本的发展程度同产业资本的发展程度成反比例。……手工业中的大作坊愈少，'包买'就愈发达，反过来说也是一样；变换的只是资本的形式，而资本在任何情况下都居于支配地位，并且使'独立的'手工业者的处境

---

[1] 当然，这里的包买主和厂主，无论是数量上还是从生产的集中度上看，都无法与大机器工业的厂主相提并论。
[2] 《列宁全集》第3卷，北京：人民出版社1984年版，第395页。
[3] 同上书，第396页。
[4] 同上书，第398页。

常常比雇佣工人的处境恶劣得多。"①

其次,列宁批评民粹派忽视或抹杀工场手工业经济结构中商业资本和产业资本之间的联系的错误观点。

列宁认为,工场手工业特殊附属物表现为资本主义的家庭劳动,它在工业资本主义的各个阶段都存在。"在资本主义发展的工场手工业时期(它所固有的特点是保存着工人同土地的联系,在大作坊周围存在着许多小作坊),不把工作分到家里去做,那是很难想象的,几乎是不可能想象的。"② 首先,在家庭劳动的情况下,资本家和工人之间有很多中间人。这些中间人从资本家那里整批接受生产任务,然后分批给家庭工人,于是产生了"真正的 sweating system,即榨取血汗的制度,这是最厉害的剥削制度"③。其次,资本主义的家庭劳动同极其不卫生的工作环境联系着。由于企业主会到更廉价和偏远的地方寻求工人,这就无形中降低了工人的生活水平和需求水平。但是,农民离开土地要损失一笔钱(就是说,为土地所支付的钱超过从土地所得的收入,出租份地者还要付款给租地者),这就阻碍了资本主义家庭劳动的流动性,主要原因是由于封建的农奴制造成的人身依附关系,这是十分有害的。同时,资本主义的家庭劳动与农民的分化不无关系。最后,资本主义的家庭劳动变相地充当了资本主义的相对过剩人口,或者说家庭工人几乎是资本主义"后备军"中最大的一部分。④

第七章 大机器工业的发展

第七章是前面六章的升华部分。之所以这样讲,是因为这一章论述的重点是:大机器工业是资本主义的最高峰,也是资本主义消极因素和

---

① 《列宁全集》第 3 卷,北京:人民出版社 1984 年版,第 400 页。
② 同上书,第 401 页。
③ 同上书,第 402 页。
④ 马克思在《资本论》中明确地指出了资本主义的家庭工人是资本主义所特有的相对过剩人口之一。但民粹派在这个问题上,犯了过犹不及的毛病。比如瓦·沃·先生和尼·—逊先生本想遵循马克思的这个基本理论,但却根本不去分析俄国 1861 年改革后时代俄国已经形成和正在形成的"后备军"的那些具体形式。

积极因素的最高峰。前面六章的阐述都是为第七章服务的,是从俄国资本主义发展的最初的低级阶段形式向高级阶段形式的一步一步的发展。到了第七章,列宁所阐述的资本主义的最高峰出现了。所以,前六章是第七章的铺路石,没有前六章的充分阐述,第七章就缺少了逻辑支撑,而第七章关于"大机器工业的发展",则是从更高的视角来阐述了俄国资本主义发展的历史阶段。

为了充分说明"大机器工业的发展",列宁从以下几个方面进行了详细论证:科学界定工厂的概念、官方统计资料谬误的症结点分析、重要行业的统计资料分析、工业与农业的完全分离、俄国工业资本主义发展的三个阶段等。

1. 工厂的科学概念及其民粹派的错误

列宁认为,马克思主义所认为的"工厂"与俄国官方和民粹派所认为的"工厂"是不一样的。列宁认为,所谓工厂就是机器体系在生产中的广泛运用,它是工业资本主义的最高阶段,是工业资本主义的高级形式。在马克思看来,工厂工业又可以称为大机器工业。工厂工业即大机器工业的出现,带来的是技术的根本性变革和社会生产关系的急剧变动:"社会生产关系的最剧烈的破坏,各个生产参加者集团之间的彻底分裂,与传统的完全决裂,资本主义一切阴暗面的加剧和扩大,以及资本主义使劳动大量社会化。"① 所以,大机器工业是资本主义的最高峰,也是资本主义消极因素与积极因素交织叠加的最高峰。工厂工业出现的标志是机器体系的运用,而不是工人人数的增加与否。这样一来,手工工场等工业资本主义的其他形式也就与工厂不可同日而语,更不能将它们混淆起来。如果将它们混淆在一起,就看不到资本主义发展的历史阶段性过程,也就无法科学地说明资本主义发展的历史进步性及其消极作用。

但是,俄国民粹派和官方的统计书刊认为,所谓的工厂就是"任何

---

① 《列宁全集》第3卷,北京:人民出版社1984年版,第415页。

有相当数量雇佣工人的相当大的工业企业"。① 可以看出，民粹派和官方对工厂的定义依据是工人人数的增加，而不是机器体系的运用。这与列宁对工厂的界定是完全相反的。由于民粹派依据工人人数来界定工厂的概念，这就必然导致他们过多地依赖统计资料来说明资本主义的发展问题，也就必然会混淆手工工场与工厂工业的区别。"我国民粹派经济学家正是犯了这种错误，像我们已经看到的，他们天真地把一般资本主义同'工厂'工业等同起来，他们想通过对工厂统计资料的简单探讨来解决'资本主义的使命'问题，甚至解决资本主义的'联合作用'问题……他们更严重的错误就是非常死板和狭隘地理解马克思的理论。"②

所以，在工厂概念这个问题上，民粹派经济的错误突出表现在：第一，将大机器工业发展的问题归结为工厂统计问题。在民粹派看来，大机器工业的出现不是因为资本主义技术革新和生产力的提高，而是由工厂统计的数字创造出来的一个文字概念。列宁认为，民粹派过度依赖统计资料，但却不能说明国家工业资本主义发展所经历的形式和特点。这种靠头脑计算就能催生大机器工业的做法，是十分错误的。另外，民粹派过度依赖俄国的统计资料，却对国外的资料视而不见，是只见树木不见森林的形而上学。第二，民粹派将资本主义的历史使命归结为不断增加工人人数。民粹派避而不谈资本主义使劳动社会化，却避重就轻地下结论说，资本主义的历史作用就是增加工人人数。他们只看到资本主义历史作用的表面现象，却不能深入地总结和认真地探讨背后的带有规律性的东西。这是十分奇怪和不可思议的事情。

既然民粹派在工厂概念上的错误来源于他们所依赖的统计资料，那么，对统计资料作一个认真的考察就是十分必要的。因为俄国的"书刊中简直是在滥用这种统计数字"。通过考察工厂统计资料的状

---

① 《列宁全集》第3卷，北京：人民出版社1984年版，第415页。
② 同上书，第416页。

况问题,列宁认为还可以"分析那些证明改革后时代大机器工业发展的资料"①。

2. 官方统计资料谬误的症结点分析

列宁使用消极的文字来说明俄国官方的工厂统计资料的糟糕状况。这些问题主要表现在:

第一,对工厂概念的界定不清楚。列宁认为,工厂一词被当前的行政机关泛用、滥用,已经十分庸俗化了。"'工厂'这个概念没有任何确切的定义,因此省的行政机关,甚至县的行政机关,对这个术语的应用都各不相同。"② 但有一点可以肯定,就是相关的行政机关都认为工厂就意味着相当数量的工人人数的增加。但是,"相当数量"是一个概数而不是确定数,每个行政机关对这个数字的理解是不一样的,这样一来,工厂的概念的外延就扩大了。

第二,缺少统一领导。统计资料的编写是个十分严肃的政治问题,而不单单是学术问题。列宁认为,俄国当前统计资料的编写出了严重的问题,就是缺少一个统一的负责机关,出现了"九龙治水"的现象。统计工作好像有单位负责,但每个单位又负不好责任。"没有一个中央机关来领导正规地统一地收集和审查报表的工作。工业企业分属于各个不同的主管部门(矿业司、工商业司、无定额税务司等),造成了更大的混乱。"③

第三,编写人员素质低。列宁在写于1898年的《论我国工厂统计问题》一文中,详细地分析了工商业司新近出版的关于俄国工厂工业的出版物,尤其是对卡雷舍夫的统计学著作进行了批评。列宁一针见血地指出,"很遗憾,我国工厂统计的编制工作根本不能适应大家对这种资

---

① 《列宁全集》第3卷,北京:人民出版社1984年版,第417页。
② 同上。需要指出的是,虽然后来俄国工厂统计进行了改革,提出了工厂概念的新的指标:有机器发动机或15名以上的工人等。但列宁认为,尽管进行了改革,但工厂统计几乎看不出什么改进,"工厂"概念仍然极不明确,工厂的统计数字常常是完全带有偶然性的,要使用这些改进工厂标准后的统计资料,仍然需要极其慎重。那么,如何做到工厂统计数字的准确性呢,列宁认为"只有正确的、按欧洲方式组织起来的工业调查,才能使我国工业统计摆脱混乱状态"。
③ 《列宁全集》第3卷,北京:人民出版社1984年版,第417页。

料的普遍需要。我国这一经济统计部门的现状，实在令人痛心；恐怕更令人痛心的是，编写经济统计的人对自己所整理的数字性质如何，这些数字对于作出某些结论是否可靠和是否有用，往往无知得惊人。"①

第四，统计资料编写得错误百出。主要表现这样几个方面。

(1) 工厂人数和工厂数被随意地改变。由于各省对于什么应当算做工厂没有统一的标准，各省负责统计的部门在同一个行业的统计资料中，出现了随意缩小或者随意夸大工厂人数和工厂数的奇怪现象。列宁引用了彼·谢苗诺夫、布申、博克和季米里亚捷夫的观点来说明这个问题的严重性。"各省对于什么应当算做工厂也没有一致的定义，例如许多省把风力磨坊、烧砖场和小工业作坊都算进工厂数中，而有些省却没有把它们计算在内，因此，连各省工厂总数的比较材料也失去了意义。"② 另外，19世纪70年代的《财政部年鉴》刊载的行业数也不完全，有漏登记的情况。

(2) 数字来源不权威，或者数字来源不明确。列宁在考察《军事统计资料》(1871年圣彼得堡版第4编：俄罗斯) 时发现，该统计资料得出的一些数字不是引自财政部的报表，而是引自中央统计委员会党的专门资料。但可笑的是，"这些资料并没有在委员会的任何一种出版物上发表过，究竟是什么人、什么时候、怎样收集和整理的也不知道。"③

(3) 统计报表的功能项不完备。列宁以1889年起工商业司编写的《俄国工厂工业材料汇编》为例说明问题，指出1891年以前，"它只包括不缴纳消费税的行业，从1892年起，就包括了矿业和缴纳消费税的行业在内的所有行业；同时没有把可以同以前的资料作比较的资料单独列出，也完全没有说明把矿厂包括到工厂总数中去的方法（例如，矿厂统计从来没有提供矿厂的产值，而只提供产量。不知道《汇编》的编者究竟是怎样算出生产总额的)"④。

---

① 《列宁全集》第4卷，北京：人民出版社1984年版，第9页。
② 彼·谢苗诺夫《俄罗斯帝国统计年鉴》1866年版第1卷序言第XXVII页。转引自《列宁全集》第3卷，北京：人民出版社1984年版，第418页。
③ 《列宁全集》第3卷，北京：人民出版社1984年版，第420页。
④ 同上书，第424页。

列宁作有批注的《财政部年鉴》第 1 编（1869 年），第 144 页第五，急需确立工厂的概念。列宁认为，当前俄国工厂统计资料在大多数情况下是不能使用的，需要专门地整理，把适用的资料与不适用的资料区别开来，以便确定俄国工厂的数目是在增加还是在减少。而首先要克服的困难，就是工厂概念的混乱使用。这样，"首先必须对'工厂'这个概念定出一种确切的标志，没有这个条件，而只根据关于一些企业（在不同时期，不同数目的小磨坊、小油坊、小烧砖场等等都被列入这些企业的数目之中）的资料，就来说明大机器工业的发展，这是荒谬的。"①

通过对纺织业、木材加工业、化学工业、畜产品加工业、陶瓷业、冶金业、食品业、缴纳消费税的行业及其他各种行业的分析，列宁得出如下的结论。（1）俄国工厂数目在改革后时代是迅速增加的。但是，俄国官方工厂统计数字所得出的结论却是相反的。（2）工厂工人的人数与工厂的生产规模被官方的统计夸大了。（3）俄国不同时期和不同省份的工厂统计资料的任何比较，在未有相反的证明以前，都应当认为是不可靠的。

3. 机器体系在重点行业的使用情况分析

由于大机器工业的广泛使用，使得工业与农业完全分离。这个基本原理是马克思在《资本论》中表述的基本观点，但民粹派经济学家却常常忽略了这个原理。"尼·—逊先生在其《论文集》中处处谈论'工业与农业的分离'，然而他不想根据确切的资料去详细分析这个过程究竟是怎样进行的以及它采取哪些不同的形式。"② 正是大机器工业对工业人口的生活条件进行了完全的和彻底的变革，使他们同农业以及与之相联系的几百年宗法式生活传统彻底分离。但同时，大机器工业也造成了农业中的雇佣工人与工业中的雇佣工人相接近的条件："第一，大机器工业把最初在非农业中心所形成的工商业生活方式带到乡村中去；第二，大机器工业造成了人口的流动性以及雇用农业工人与手工业工人的

---

① 《列宁全集》第 3 卷，北京：人民出版社 1984 年版，第 428 页。
② 同上书，第 493 页。

巨大市场；第三，大机器工业把机器应用于农业时，把具有最高生活水平的有技术的工业工人带到乡村。"① 具体而言，大机器工业的应用情况如下：

（1）在采矿工业方面，列宁用乌拉尔采矿区与南俄采矿工业区作了对比。在乌拉尔采矿区，农奴制的残余、工役制的强有力发展、工人的被束缚、很低的劳动生产率、技术的落后、手工生产占优势、闭关自守等，就是整个乌拉尔的写照。大机器体系没有在乌拉尔获得很好的运用。而南俄采矿工业区却相反，"最近几十年来这里生长起来的纯粹资本主义的工业，既没有传统和等级制度，也没有民族性与固定居民的闭关自守性。外国的资本、工程师与工人大批地移入并且继续移入南俄"②。由于南俄大量地使用了大机器工业体系，俄罗斯帝国 1902 年的产煤量是 1867 年产煤量的 4 倍，也正因为大机器工业的使用，俄国资本主义大工业所具有的巨大的发展能力爆发出来了。"过去乌拉尔的统治无异是强迫劳动、技术落后与停滞的统治。相反，现在我们看到，采矿工业的发展在俄国比西欧快些，在某种程度上甚至比北美还快。"③

通过对采矿业的分析，列宁得出结论："在日益发展的资本主义社会中，增长特别迅速的是制造**生产资料**即生产消费品而非个人消费品的工业部门。两种社会经济结构的更替，在采矿工业方面表现得特别明显，这是因为两种结构的典型代表在这里是两个不同的区域：在一个区域里，可以看到前资本主义的旧制度及其原始的保守的技术，束缚于当地的居民的人身依附，强固的等级制传统、垄断等等，在一个区域里，可以看到与任何传统的完全决裂，技术革命以及纯粹资本主义机器工业的迅速增长。"④ 然而，民粹派却看不到大工业机器体系的巨大作用，仍然固执地认为企业主更愿意在农业中实行工役制，在工业中实行家庭作坊，在矿业中束缚工人自由等。另外一方面，采矿业的统计资料也清

---

① 《列宁全集》第 3 卷，北京：人民出版社 1984 年版，第 497 页。
② 同上书，第 448 页。
③ 同上书，第 449 页。
④ 同上书，第 452—453 页。

楚地表明：资本主义和国内市场比较迅速的发展主要是靠生产消费品生产的增长，而不是靠个人消费品生产的增长。但民粹派却忽视了这些情况。

（2）在燃料工业方面。列宁认为，大机器工业发展的非常有代表性的伴侣，就是提供燃料和建筑材料的工业以及建筑业的发展。而木材业是燃料工业的代表之一。这里的木材业，列宁特指的是专门为出卖而采伐树木，并不是指个人消费，而是特指生产消费。列宁认为，木材业是纯粹的资本主义，因为"企业主即'木材业者'从地主那里购买森林，雇用工人来砍伐、截锯、流送等等"①。木材业者是农民资产阶级的组成之一，木材工人是农民无产阶级的巨大组成之一。"农村无产阶级只有很小一块土地，因而不得不在极不利的条件下出卖自己的劳动力。这种职业是极不规则、极不固定的。因此，木材工人形成了理论上称之为**潜在的**形式的后备军（或资本主义社会中相对的人口过剩）：一部分（而且，正如我们看到的，是不小的一部分）农村人口必须经常准备担任这类工作，必须经常需要这类工作。这就是资本主义存在与发展的条件。"② 但是，木材业的使用工具并不是大机器体系的，而是和较低的生产技术和劳动工具相适应，至多是手工工具的广泛应用，大机器体系还没有在木材业中得到广泛的应用。

但是，列宁不得不指出，随着森林的减少，煤炭工业将代替木材业成为燃料行业的代表。大机器工业体系将在煤炭行业里得到较好的应用，并且在燃料行业"只有煤炭工业才能成为大机器工业的坚固基础"③。通过比较，列宁认为：木材业在燃料供应上胜过煤炭工业，是与资本主义不甚发达的状态相适应的。从社会生产关系上看，木材业大致相当于资本主义工场手工业，煤炭业大致相当于资本主义大机器工

---

① 《列宁全集》第3卷，北京：人民出版社1984年版，第483页。
② 同上书，第485页。
③ 同上书，第486页。当然，随着实践的发展，当前的燃料能源行业中，大机器工业体系已经在煤炭、石油、电力、天然气、核能等行业里广泛地运用。列宁当时从大工业发展的角度来说明俄国燃料能源中大机器体系使用的情况时，石油、天然气、核能等行业还没有出现，燃料使用最广泛的就是木材业和煤炭业。

业。"木材业意味着最原始的技术状态,以原始的方法开发自然资源;煤炭工业则引起技术上的彻底改革和机器的广泛应用。"① 木材工业比较完整地保留了宗法式生活制度,工人深居森林、彼此分散和孤立封闭。但煤炭工业造成了巨大的人口流动,建立了新的工业中心。所以,以大机器体系广泛的煤炭工业代替手工劳动的木材业是具有进步意义的。

(3) 在建筑业方面。建筑工人是正在形成的工业无产阶级,他们与土地的联系已经很薄弱,并且这种联系在一年一年地削弱下去。按其地位来说,建筑工人更接近于工厂工人,他们在大城市和工业中心工作,文化水平也在不断地提高。"日益衰落的木材业代表了还容忍宗法式生活制度的不大发展的资本主义形式,而日益发展的建筑业则代表了资本主义的更高阶段,它导致新的产业工人阶级的形成,标志着旧的农民的深刻分化。"②

(4) 关于蒸汽发动机的统计。为什么要考察蒸汽发动机呢?列宁认为,蒸汽发动机在生产中的运用,是大机器工业最突出的标志之一。因此,考察这一问题对于考察整个大机器工业来说是有意义的。根据《俄罗斯帝国蒸汽发动机统计材料》(1882 年圣彼得堡中央统计委员会版)和 1892 年的《俄国工厂工业材料汇编》中的资料,列宁认为:在近 16 年间,蒸汽发动机马力的数量在俄国增加了两倍,而在欧俄则增加了一倍半。不断增加的蒸汽发动机的城市逐渐地排挤了旧的工业中心,而成为新的工业中心。

4. 大工厂的特殊性分析

首先,批判民粹派关于大企业工人人数减少的观点。在资本主义大企业中工人人数是否增加的问题上,列宁与民粹派的观点是完全不同的。民粹派认为,俄国工厂工人人数的增加要比人口的增长缓慢。

列宁通过科学地考察《军事统计汇编》中的资料、矿业统计资料、铁路工人统计资料等,得出如下的结论:"资本主义大企业中的工人人

---

① 《列宁全集》第 3 卷,北京:人民出版社 1984 年版,第 486 页。
② 同上书,第 490 页。

数在25年中增加了一倍以上，这就是说，它不仅比一般人口的增加快得多，甚至比城市人口的增加也快。所以，工人日益从农业与小手工业被吸引到大工业企业里去，是毫无疑义的。"①

通过对不同的统计资料的分析，列宁认为，"抹杀俄国人口中小资产阶级阶层人数众多，就是公然伪造我国经济现实的图画。"②

其次，大工厂的增加带来了一些新的后果。大工厂的增加是个客观现象，这是列宁通过考察统计资料得出的正确判断。但问题是，大工厂是如何增加的？列宁根据多种统计资料，经过精确地计算得出如下的结论：(1) 使用机器的工厂数目比工厂总数增加得更快，愈来愈多的大工厂改用蒸汽发动机，工厂愈大，其中使用蒸汽发动机的工厂就越多，蒸汽发动机的应用，是与生产规模的扩大及生产协作的扩大紧密联系着的。在大工厂，主要是使用蒸汽机的大工厂，集中了大部分的工厂工人人数和生产总额的大部分，而且是日益增加的。(2) 资本主义在一定时期的"增长变慢"并不意味着资本主义国内市场的缩小。民粹派经济学家尼·—逊根据短时期的统计资料，得出在一定时期内资本主义的发展和工厂人口的增长"都变慢了"的结论，于是推断资本主义的国内市场也缩小了。列宁认为，资本主义工业的发展是周期性的，要科学地说明资本主义的发展状况，必须有较长时期的统计资料和包括繁荣、高涨、衰落年代的资料。而尼·—逊却犯了错误，看不到资本主义的高涨年代，用资本主义的衰落年代来武断地推测资本主义国内市场的缩小，这是根本错误的。(3) 百分比上所表现的"增长的减少"，是资本主义国家在一定发展阶段上必定发生的现象。剩余价值的边际递减规律是客观存在的，根据资本主义在最初阶段发展得特别迅速的事实，只能作出结论说：年轻国家有赶超年老国家的趋势。因此，尼·—逊把不同时期的增长的百分比当做以后各个时期的标准是错误的。

最后，大工厂的生产力布局具有自己的特点。列宁认为，官方统计

---

① 《列宁全集》第3卷，北京：人民出版社1984年版，第457页。
② 同上书，第464页。

资料的错误使人们不能正确地把握俄国大机器工业的发展。"但是为了确切说明大工业的分布,必须采用各个中心,即各个城市、各个工厂村或彼此距离相近的几个工厂村的资料。省或县是太大的地域单位。"①由于这些原因,列宁根据1879年和1890年的《工厂一览表》,算出了俄国工业中心最集中的地区资料。列宁认为,俄国工厂中心主要有三种类型:(1)城市。它们是工业中心的龙头,其特点是工人与企业的最大集中。这是显而易见的。(2)工厂村。它们在莫斯科、弗拉基米尔和克斯特罗马三个省最多。在这些乡村中心中间,列宁特别提到了奥列霍沃—祖耶沃镇,认为这个镇首屈一指。工厂村迅速发展的资料突出地表明了大机器工业的增长,大机器工业把附近农民聚集起来,并把他们变成工厂工人。(3)"手工业"村,其中一些最大的企业往往被算做"工厂"。

总之,生产力布局的变化,使得大工业的布局被分成了城市中心和乡村中心两个相互关联的地域。但是两个工厂中心的发展速度是不一样的,大工业的乡村中心比大工业的城市中心发展得要快。"城市中心与乡村中心的比较,表明乡村中心在1890年占最主要中心工人总数的1/3 左右(451000中的152000)。就整个俄国说来,这个比例应当还要高些,这就是说,1/3以上的工厂工人应当是在城市以外。"② 所以,通过确凿的数据,列宁认为,"当我们谈到工厂工业在城市中心与乡村中心的发展速度的比较这个问题时,我们看到乡村中心在这方面无疑是领先的。"③ 这种领先发展的乡村中心,使得工厂工业具有下列趋势:在城市以外扩展特别迅速;建立新的工厂中心并比城市中心更快地把它们向前推进;深入似乎与资本主义大企业世界隔绝的穷乡僻壤。这些情况充分说明了这样几个问题:(1)大机器工业以超出意料的速度改造着社会经济关系,大大促动了城市与乡村的联系。"过去要几百年才能形成

---

① 《列宁全集》第3卷,北京:人民出版社1984年版,第475—476页。
② 同上书,第478—479页。
③ 同上书,第479页。

的东西，现在不过10年光景就实现了。"① 居民的流动代替了昔日的定居与闭塞状态而成为经济生活的必要条件。（2）工厂向乡村的迁移表明，资本主义克服了农民村社的等级闭塞状态为它设置的障碍，甚至从这种闭塞状态里面取得了利益。"在乡村中设立工厂有不少不方便的地方，但是保证有廉价的工人。不让农夫进工厂，工厂却来找农夫。农夫不能完全自由地（由于连环保以及不许退出村社）去寻找最有利的雇主，而雇主却非常善于寻找最廉价的工人。"②（3）相当数量的乡村工厂中心极其迅速的发展表明，那种认为俄国工厂与农民群众处于隔绝状态、俄国工厂对农民的影响很小的观点是没有根据的。列宁认为，俄国工厂工业分布的特点表明，大机器工业的影响一定会突破工厂墙壁的阻碍而深入农村。但是，由于工厂工业在城市中心和乡村中心分地域分布的特点，也使得大机器工业在一定程度、一定时期内对改造雇佣工人起到了一定的阻碍作用。由于大机器工业需要思想开化、操作熟练和素质较高的工人，而要把偏僻的地方农夫一下子变为工人也是有难度的。"但是，很明显，这种阻碍只能是短时期的，它的代价就是大机器工业的影响范围更加扩大。"③

很显然，列宁在论述大工业布局的时候，紧紧地抓住了城乡关系的变化来说明大机器工业的影响。在这里，列宁对城乡关系的论述也是十分的新颖和独到。

5. 深入分析俄国工业资本主义发展的三个阶段

1861年农奴制改革之后，根据各种不同的技术结构来区分，俄国工业资本主义的发展有三个主要阶段。

（1）小商品生产（小的、主要是农民的手工业）。小商品生产的特征是：完全原始的手工技术，且长时间保持不变。这种生产的性质主要是与农民经济相适应，市场极其狭小，生产的区域范围较多的是生产规模很小且波动极小的地方。努力保持最大的稳定性是小商品生产的最大

---

① 《列宁全集》第3卷，北京：人民出版社1984年版，第479—481页。
② 同上书，第481页。
③ 同上书，第482页。

特点，但这种稳定性与技术停滞不无二样，也与旧制度的宗法式残余结合在一起。也正因为如此，这些小商品生产者还未从农民完全蜕变出来，小工业和小农业的联系之深体现为他们多半还是耕作农。在这种生产关系中，小资产阶级和雇佣工人的两极分化不甚明显，但已经为手工业脱离农业做了准备。

（2）资本主义工场手工业。工场手工业采用了分工，分工使技术有局部的根本性变革，农民成为了"局部工人"。但是分工是自发形成的，手工生产仍然保持着，社会生产关系缓慢地发展。在工场手工业的条件下，手工业从农业中脱离的现象已经十分明显。工业的主要代表者已经不再是农民身份浓厚的小商品生产者，而是商人、工场主以及工匠了。工业与商业的交往十分频繁，大大提高了居民的生活水平和文化素质。手工工场里的工人已经瞧不起种地的农民。总之，工场手工业有时为大市场服务，有时为全国的市场服务，因而这种生产方式带有一定的不稳定性，但这种不稳定的生产关系只有在大机器工业的条件才能达到高峰。

（3）大机器工业（工厂）。大机器工业引起社会生产关系急剧变化，把手工技术远远抛开，有系统地将科学成就应用于生产。"当资本主义在俄国尚未组织起大机器工业的时候，在那些尚未被资本主义组织起大机器工业的工业部门之内，我们看到技术差不多是完全停滞的，我们看到人们使用着几百年前就已经应用于生产的那种手织机、那种风磨或水磨。相反，在工厂所支配的工业部门中，我们看到彻底的技术改革和机器生产方式的极其迅速的进步。"① 大机器工业的发展只能以跳跃方式、以繁荣时期与危机时期的周期性的更替方式进行，也就是以"不稳定性"的方式来实现发展，并周期性地将工人从工厂吸收进来和抛掷出去，小生产的破产就是由这种跳跃和"不稳定"的发展造成的。但是，"大机器工业的'不稳定性'一直引起人们的反动的抱怨，这些人继续以小生产者的眼光来看事物，他们忘记只有这种'不稳定性'才

---

① 《列宁全集》第3卷，北京：人民出版社1984年版，第499页。

以生产方式与全部社会关系的迅速改造代替了以前的停滞。"① 在大机器工业的生产关系之下，工业与农业彻底分离，并创造出一个不同于旧时农民的且有自己特殊的物质和精神需求的特殊的居民阶级。这个特殊的阶级已经完全抛弃了宗法关系以及人身依附的残余，这与小商品生产以及工场手工业完全不一样。"大机器工业把往往是来自全国各地的大批工人集中在一起，已经绝对不再与宗法关系和人身依附的残余相妥协，并且以真正'轻蔑的态度对待过去'。"② 由于消除了封建残余，妇女和少年参加生产也基本上被视为一种基本现象，即便资本主义使这两类人的工作条件十分恶劣。"大机器工业破坏了这两类居民过去走不出家庭关系即家族关系狭隘圈子的宗法式闭塞状态，吸收他们直接参加社会生产，从而促进了他们的发展，提高了他们的独立性，即创造了比前资本主义关系的宗法式停滞状态要高得不可比拟的生活条件。"③

这三种工业形式的联系性与继承性是最直接和最密切的，三者表现了工业资本主义从低级形式向高级形式的不断发展过程，不能人为将它们之间的联系任意地隔断。可以看出，小商品生产的发展趋势是形成资本主义工场手工业，而工场手工业则向着更高级的大机器工业发展。正因为如此，许多大的工厂主过去就曾经是小商品生产的业主或者是小而又小的手工业者。从不同的技术结构看，小商品生产与工场手工业的特征是小作坊占优势，从小作坊中，只产生出少数大作坊。因此，前两个阶段的特征是人口的定居。小手工业者还是农民，被束缚在自己的乡村。工场手工业中的工匠，仍然被束缚在自己所在的手工工场。然而，大机器工业彻底排挤小作坊，大大地促进了人口的流动。"于是工人从一个工厂转到另一个工厂，从国家的一方转到另一方，就成为必然的了。大机器工业建立了许多新的工业中心，这些工业中心有时候是在没有人烟的地方以空前未有的速度产生的。没有工人的大批流动，就不可

---

① 《列宁全集》第 3 卷，北京：人民出版社 1984 年版，第 501 页。
② 同上书，第 502 页。
③ 同上书，第 502—503 页。在分析了大机器工业生产关系的内容的基础上，列宁认为，大机器工业不同于其他工业形式的最显著特点就是六个字——劳动的社会化。

能有这种现象。"① 由此，生产发展的性质本身在资本主义各个阶段上是不一样的，它在由低到高地发展着。

列宁分析了三个不同的阶级阶层。无产阶级与资产阶级的明显对立基本上是从工场手工业中发展起来，虽然资本主义生产关系已经在小手工业中十分微弱地形成了（大资本和广大无产阶级还没有形成）。在工场手工业中，"生产资料占有者与工人间的鸿沟，已经达到颇深的程度。'富裕'的工业市镇成长起来，其中大批居民都是没有任何财产的工人。少数商人握有巨款以采购原料和销售产品，大批局部工人过着朝不保夕的生活，——这就是工场手工业的总的情景。"② 实际上，这时候资本家阶级与广大的无产阶级之间的界限已经十分明显了，他们是社会对立的两极阶级。但是，在两个阶级之间，还存在"大批中间分子，阻碍了这两极的发展"③。这批中间分子，主要是由于小作坊的存在以及与封建地主生产关系保持了千丝万缕的联系和对旧制度的留恋造成的，或者说他们是不彻底的资本主义生产关系的畸形儿。但是，"在大机器工业中，所有这些阻碍都消失了；社会对立的两极达到了最高的发展。资本主义的一切黑暗面仿佛都集中在一起了。"④

可以看出，从第五章到第七章这三章中，列宁阐述俄国工业中资本主义发展的三个主要阶段，即小商品生产、资本主义工场手工业和大机器工业。这三种工业形式有着最直接、最密切的联系和继承性。

小商品生产的特征是完全原始的手工业技术，这种技术几乎从古至今没有变动。小商品生产者仍然是按照传统方法对原料进行加工的农民。

工场手工业采用了分工，使技术有了根本改革，把农民变为工匠，变为局部工人。但手工生产仍旧保存，所以生产方式进步缓慢。工场手

---

① 《列宁全集》第3卷，北京：人民出版社1984年版，第503—504页。
② 同上书，第500页。
③ 同上。
④ 同上。

工业是手艺和小商品生产同大机器工业之间的中间环节。使工场手工业同小商品生产接近的是：工场手工业的基础仍然是手工技术，因而大作坊不能根本排除小作坊，不能使手工业者完全脱离农业。使工场手工业同工厂接近的是大市场、拥有雇佣工人的大作坊以及使无产者工人群众完全依附于自己的大资本的形成。

大机器工业的科学概念是指工业中资本主义发展的高级阶段。这个阶段的主要标志是在生产中使用机器体系。从手工工场向工厂过渡，标志着技术的根本变革。这一变革推翻了几百年积累起来的工匠手艺，并在新的合理基础上改造生产，有系统地将科学运用于生产。随着这个技术变革而来的，必然是生产关系的最激烈破坏、各个生产参加者集团之间的彻底分裂、与传统的完全决裂、资本主义的一切阴暗面的扩大以及劳动的大量生活化。大机器工业是资本主义的最高峰。

第八章　国内市场的形成

在这一章中，列宁根据俄国的统计资料，从商品流通、工商业人口、雇佣劳动的使用和劳动力国内市场的形成等方面，说明了俄国当时国内市场的实际形成过程，指出了民粹派的错误。

第八章是《俄国资本主义的发展》的总结章，也是该著作的升华章。在这一章，列宁除了对前面七章的内容进行总结之外，主要"想说明一下国民经济各个部门在其资本主义发展中的相互依存关系"①。也就是说，围绕资本主义的发展而阐述各种"关系"是第八章的主要任务。在这种情况下，列宁主要分析了六个方面的内容，分别是：商品流通的增长；工商业人口的增长；雇佣劳动使用的增长；劳动力国内市场的形成；边疆地区的意义。国内市场还是国外市场；资本主义的"使命"。虽然这六个方面有着不同的内容，但总结来看，列宁在这一章中主要讲述了这样几个问题，即市场经济的问题、两个阶级的问题、资本主义观的问题。

---

① 《列宁全集》第 3 卷，北京：人民出版社 1984 年版，第 507 页。

1. 资本主义商品经济的问题

"商品经济"是马克思在《资本论》中的一个重要的逻辑分析工具。借助这个分析工具,马克思深刻地阐述了商品经济的二因素、二重性,劳动力价值的二重性,绝对价值与剩余价值的关系问题,资本主义的人口过剩等问题。列宁继承了马克思在《资本论》中所阐述的基本观点,在充分利用俄国官方的基本统计资料的基础上,深刻地阐述了俄国资本商品经济的基本问题。

(1)商品流通与人口的关系。为了说明两者之间的关系,列宁以1865—1890年的俄国铁路、水运、内河货运量、商船队、外海港口作业等为分析对象,并且详细比较了俄国与德国在资本主义产业发展的过程中,对于失业工人的需求变化情况。通过分析不同时期资本主义发展的高涨或低潮的基本情况,可以看出其对于工人需求的情况也在随之发生变化。尤其重要的是,资本主义的发展不但需要大量的在职工人,而且还需要大量的失业或者无业的工人作为用工储备。这样就可以保证资本主义在高潮发展的时候,不会因为雇用不到工人而造成生产损失或者使在职工人产生待价而沽的心理,也不会因为资本主义在低潮发展的时候而造成在职工人的"闹工潮"。因为大量失业工人的存在会对在职工人造成一定的就业压力,迫使在职工人珍惜现有的工作。"资本主义在这里也需要这样一大批人的存在,他们始终需要工作,准备一有召唤就着手工作,不管这种工作是多么的不固定。"① 也就是说,大量的失业工人的存在实际上就是资本主义用工的"蓄水池"。所以,资本主义的发展与人口之间的关系十分紧密。"资本主义需要多么庞大的失业工人后备军,因为资本主义时而扩大对工人的需求,时而又缩小对工人的需求。"②

(2)资本主义工业人口与农业人口的关系问题。虽然工业人口的增加意味着农业人口的减少,是一种带有普遍性的必然结论。但是,这

---

① 《列宁全集》第3卷,北京:人民出版社1984年版,第509—510页。
② 同上书,第508页。

个必然结论是从大历史的发展角度来说的,是一个长期的历史过程。所以,从短期看,工人人口与农业人口之间并不是一种必然的此消彼长的关系,它们之间具有复杂的关系。为了科学地说明这一问题,列宁从城市的增加、国内移民、工厂村镇与工商业村镇、外出做非农工业的零工等几个方面来详细考察。

首先,城市的增加,意味着工业人口的增加与农业人口的减少。1861年农奴制改革之后,俄国城市的增加十分迅速,城市人口的百分比在不断地增长,也就是说,"人口离开农业而转向工商业在不断地进行着。"① 这一结论,可以从"改革后时代欧俄(50个省)城市增加的资料"中得到充分的说明。1863—1897年的35年时间里,随着大工业中心省市的形成,工业人口增长的速度是农业人口增长速度的2倍。"从1863年到1897年,全部人口增加了53.3%,农村人口增加了48.5%,而城市人口则增加了97%。"② 列宁引用了瓦·米海洛夫斯基的统计数字,认为每年最低有20万的农业人口流入城市。

但是,城市增加的复杂性也同时引起了工人人口增加的复杂性。这使得列宁进一步补充了工厂村镇与工商业村镇的详细分析,从而得出结论认为,新增加的工业人口并非必然地集中于大城市。"在9个工业省中,城市人口百分比在1863年为7.3%,在1897年为8.6%。问题在于,这些省的工商业人口,主要并非集中于城市,而是集中于工业村。"③ 从流动性上分析,新增加的工业人口更多地流向了工厂村镇和工商业村,而不是大工业中心。

其次,国内移民的变化,说明某一时期内,工业人口与农业人口之间不是此消彼长的关系。马克思曾经认为,工业中可变资本的绝对增加则意味着农业所需要的可变资本的绝对减少。这个结论,马克思是从整个资本主义发展过程来分析的,而对于耕种新土地等一些特殊情况,马克思则作了一进步的补充说明。他指出,"而在农业中,经营一定土地

---

① 《列宁全集》第3卷,北京:人民出版社1984年版,第513页。
② 同上。
③ 同上书,第520页。

所需的可变资本则绝对减少，因此，只有在耕种新的土地时，可变资本才会增加，但这又以非农业人口的更大增加为前提。"① 可以看出，马克思在阐述工业人口与农业人口之间的关系时，采用了一般与个别相结合的方法。列宁根据马克思的这一基本的观点，结合俄国具体的国情，得出了与马克思补充观点相一致的结论，或者说列宁的这个结论是对马克思补充观点的深刻解读。列宁认为，在绝对纯粹的条件下，即被资本主义从农业中排挤出来的人口没有其他出路且只有迁徙到工业中心去的情况下，工业人口的增加与农业人口的减少才是此消彼长的关系。但是，如果农村中还存在未被开垦的土地或者尚未完全住满人，则情况就根本不同了。"这个地区的人口，从人烟稠密的地方的农业中被排挤出来以后，可以转移到这个地区的人烟稀少的那部分地区去'耕种新的土地'。于是有农业人口的增长，这种增长（在某一时期内）并不比工业人口的增长慢。"② 在这种情况下，列宁认为，俄国资本主义出现了纵向发展与横向发展的两种方向。从纵向发展来看，主要是资本主义在旧的人烟稠密的地域或者这一地域的一部分地区的发展，或者毋宁说，资本主义是以巩固性的方式在原有地域内的纵深发展，是资本主义发展的力度加大了。从横向发展来看，主要是资本主义在"新的土地"上的发展，或者毋宁说，资本主义是以拓新的方式在新的地域内的横向扩展，是资本主义发展的广度加大了。"显然，把这两种过程混淆起来，就必然会得出关于人口离开农业转向工商业过程的错误认识。"③ 为了清楚地说明这一点，列宁把欧俄 50 个省的人口资料进行分类比较之后认为，新的土地上新的农业人口的形成，在某种程度上也掩盖了与之平行进行的人口由农业向工业的转移。

第三，"农民工"促进了国内资本主义市场的形成。在外出做非农业的零工问题上，列宁认为，这些人实际上应该被计算在工业工人的领域之内，因为这一部分农村人口靠在工业中心做工而取得生活资料，每

---

① 《马克思恩格斯文集》第 7 卷，北京：人民出版社 2009 年版，第 718 页。
② 《列宁全集》第 3 卷，北京：人民出版社 1984 年版，第 514 页。
③ 同上书，第 517 页。

年都要在这些城市生活一部分时光。为了论证这一结论，列宁还引用了《1896年卡卢加省统计概述》的观点作为支撑。列宁认为，有充足的理由把这些临时的市民列为城市人口，而不列为农村人口："全年或一年大部分时间都依赖在城里做工而获得生活资料的家庭，有更多的根据认为它们的定居点是城市而不是乡村，因为城市保证它们的生存，而乡村只不过有亲属与赋税的联系。"① 即便存有经济上的赋税关系，列宁通过分析也认为，是十分简单和数额不大的。

但是官方和大多数民粹派经济学家却认为，这些"手工业者"是仅仅赚取"辅助工资"的种地的农民，他们甚至认为"绝大多数的农民外出做零工正是做农业零工"②。既然这些外出务工者是做农业零工而不是工业零工，而且仅仅赚取"辅助工资"而不是赚取赖以生存的生活资料，所以，以尼·—逊等为代表的民粹派经济学家理所当然地认为，这些外出务工者是不应当列入城市人口的。但可笑的是，民粹派经济学家的结论是没有任何的数字分析支撑的，只限于一般的感官推测和理论推测。列宁通过分析发放身份证的数字与外出许可证的数字，认为"人口的流动性在俄国非农业地带要比在农业地带大得多。外出做非农业零工的工人人数，应当比外出做农业零工的工人人数多。"③

这些与日俱增的外出务工人员，极大地促进了国内资本主义市场的形成和发展。他们这种不断增加的流动性，是"进步的现象"。首先，它提高了外出务工人员的素质。"它把居民从偏僻的、落后的、被历史遗忘的穷乡僻壤拉出来，卷入现代社会生活的漩涡。它提高居民的文化程度及觉悟，使他们养成文明的习惯和需要。"④ 列宁引用了日班科夫《1866—1883年的资料说明外出谋生对科斯特罗马省人口迁徙的影响》的资料，说明外出务工人员的识字率不断地提高，外出务工人员的儿童在城市读书的情况不断出现。有些乡村居民也毫不避讳"乡巴佬"的

---

① 转引自《列宁全集》第3卷，北京：人民出版社1984年版，第524页。
② 《列宁全集》第3卷，北京：人民出版社1984年版，第526—527页。
③ 同上书，第529页。
④ 同上书，第530页。

称呼，甚至有人还模仿城市居民的外表与习惯。其次，不断增加的外出务工流动性，削弱了旧的父权制家庭，使妇女处于比较独立的、与男子平等的地位。在这个问题上，列宁大量地引用了《农妇国》以及《法学通报》的有关材料，说明在外出做非农业零工的地带，虐待老婆的现象是罕见的，男女平等体现在许多的方面，这要比纯农业地带的妇女好得多。最后，外出做非农业零工不仅提高了外出雇佣工人的工资，而且也提高了留在当地的工人的工资。"工人移出的数目过多，以致移出的地区发生工人不足的情况，因而从更'低廉'的省份吸收外来工人。"[1]

农民离开土地到工业城市的客观现实，促进了俄国资本主义的发展，也是社会分工的必然结果。但是，民粹派经济学家尼·—逊却持完全相反的观点，他认为资本主义把工人从工业中"游离"出来。这些"游离"出来的人转而投向了土地，并且他们只能转向土地。这种匪夷所思而且十分笨拙的方法，在列宁看来，就是"把农民资产阶级与农村无产阶级混淆起来，忽视商业性农业的增长，拿'人民''手工业'与'资本主义''工厂工业'分离的童话，来代替对资本主义在工业中的各种循序出现的形式与各种表现的分析"[2]。

联系当前我国劳务迁徙的现实可知，我们国家出现的大量的"农民工"与列宁彼时阐述的"外出做非农业的零工"有些许相似。只不过，列宁所说的"外出做非农业的零工"，大部分是在春季离开家庭，而在当前的中国，"农民工"出行虽然以春季为主，但出行的时间已经在慢慢地发生改变，一年四季都在大量地流动；并且当前中国的"农民工"在城市居住的时间也比列宁所论述的"外出做非农业的零工"在城市居住的时间要长得多。务工收入已经成为当前中国"农民工"家庭收入的主要来源。

总之，列宁认为：农民离开农业到城市里发展，无论他们是到大工业中心还是城市近郊、工厂村镇与工商业村镇等，还是以外出做非农业

---

[1] 《列宁全集》第3卷，北京：人民出版社1984年版，第542页。
[2] 同上书，第544页。

零工的形式出行,都"是资本主义发展的必要组成部分,同旧的生活方式比起来,具有很大的进步意义"①。

(3) 国内劳动力市场与资本主义发展的关系问题。在《俄国资本主义的发展》一书中,列宁对农民、工人、雇佣工人、资产阶级之间的关系进行了分析。在第八章"雇佣劳动使用的增长"一节中,列宁认为,"在资本主义发展问题上,雇佣劳动的普遍程度差不多具有最大的意义。"②

大批的雇佣工人是在1861年改革后的时代出现的,雇佣工人的迅速增加也造成了资本主义的相对人口过剩(即失业工人的后备军)的增加,但民粹派却看不到相对人口过剩的具体形式和它对资本主义发展的必要性。"事实上,如果对小生产者的剥夺没有造成千百万的雇佣工人群众,使他们随时准备一有号召就去满足企业主在农业、木材业与建筑业、商业、加工工业、采矿工业、运输工业等等中最大限度的需求,那么,俄国资本主义永远也不能发展到目前的高度,而且连一年也不能存在。我们说最大限度的需求,是因为资本主义只能是跳跃式地发展,因而需要出卖劳动力的生产者人数,应当始终高于资本主义对工人的平均需求。"③

大批雇佣工人的出现,对于劳动力国内市场的形成具有重大意义。在俄国,资本主义关系最发达的区域就是农业资本主义(南部与东部边疆地区)与工业资本主义区域(首都省与工业省),这突出表现在落后农业人口向工业的转移和资本主义农业的转移,这就把"关于资本主义社会国内市场形成问题的全部叙述总括起来了"。④ 所以,国内劳动力市场的形成是资本主义进一步发展的前提与基础,而资本主义关系的充分发展则进一步加快了劳动力市场形成的步伐。

(4) 边疆地区对俄国资本主义的发展具有特殊的意义。列宁认为,

---

① 《列宁全集》第3卷,北京:人民出版社1984年版,第534页。
② 同上书,第534—535页。
③ 同上书,第537页。
④ 同上书,第542页。

随着社会分工的深化和生产力水平的不断提高，一些具有超额垄断利润的企业，也必然地会突破旧的狭隘的单位界限，转而拓展新的可以获得更多利润的区域，尤其是一些尚未开垦或者未充分开垦的区域将会为这些获得超额利润的企业提供更多更好的发展。这样一来，那些边疆地区的大量的闲置土地，就会为扩大俄国资本主义的国内市场作出更大的贡献。所以，列宁指出，"由于俄国边疆地区有大量空闲的可供开垦的土地，俄国比其他资本主义国家处于特别有利的情况。"① 但是，这种有利的情况依赖于交通运输方式所提供的便利，否则，这将延缓资本主义的增长。为了更好地利用边疆的有利条件，修筑铁路就成为促进资本主义国内市场的重要选择。列宁甚至举了一个有趣的例子，遥远的北方——阿尔汉格尔斯克省的木材，因为便利运输到英国而不是俄国中部，这一区域就成为英国的国外市场而不是俄国的国内市场。但是，随着铁路敷设到阿尔汉格尔斯克，俄国的资本家又"兴高采烈起来"。

2. 关于不同阶级之间的关系问题

列宁认为，国内劳动市场形成的过程，同时也是两个不同的阶级之间的关系进一步加剧和深化的过程。"资本主义国内市场的建立，是由于资本主义在农业中与工业中的平行发展，是由于一方面形成了农业企业主与工业企业主阶级，另一方面形成了农业雇佣工人与工业雇佣工人阶级。"② 这样的两个阶级关系形成的过程在不同的经济形态（比如农民经济和地主经济等）中是各不相同的，在同一经济形态的不同区域中也是不相同的，在工业资本主义发展的不同阶段也还是不相同的。也就是说，在列宁看来，无产阶级与资产阶级之间的阶级关系，在具体的经济形态中有着不同的表现形式，不能将它们单一化。

3. 资本主义观的问题

列宁在本章的最后一部分，即"资本主义的'使命'"中，提出了

---

① 《列宁全集》第 3 卷，北京：人民出版社 1984 年版，第 547—548 页。
② 同上书，第 542—543 页。

一个十分重要的问题，也就是资本主义观的问题。资本主义观可以集中表述为"什么是资本主义，如何对待资本主义"[①]。在这个问题上，列宁从两个方面辩证分析了资本主义的历史使命。既对资本主义的历史进步性作出了肯定性的评价，也对资本主义的消极性进行了尖锐的批评。列宁认为，我们应当从两个方面来认识资本主义的作用。一是资本主义发展的历史促进作用；二是资本主义发展的黑暗面。对于资本主义的两重性，列宁强调要历史地、具体地分析，不能以一概全，要将资本主义的进步性与消极性辩证地结合起来分析，不能因为资本主义的消极性而否定了它的进步意义，也不能因为肯定资本主义的进步意义而对它的黑暗面视而不见。"承认这种作用的进步性，与完全承认资本主义的消极面和黑暗面，与完全承认资本主义所必然具有的那些揭示这一经济制度的历史暂时性的深刻的全面的社会矛盾，是完全一致的。"[②] 但是，俄国民粹派的错误之处就在于他们的分析方法是机械的、僵化的、形而上学的，他们只会对资本主义发泄愤怒的情绪而看不到丝毫肯定资本主义历史进步性的笑容。"正是民粹派竭尽全力把事情说成这样，仿佛承认资本主义的历史进步性就是充当资本主义的辩护人。"[③]

列宁认为，资本主义的历史进步作用虽然在国民经济各个部门之间有着不同的表现，但总起来讲就体现在两个方面：一是社会劳动生产力的提高；二是劳动的社会化。

在提高社会劳动生产力方面，资本主义生产关系首先是更新改良了劳动工具。1861年农奴制改革之前，俄国生产工具的更新是缓慢且自发的。1861年农奴制改革之后，"在这方面与以前各个俄国历史时代截然不同。浅耕犁与连枷、水磨与手工织布机的俄国，开始迅速地变为犁与脱粒机、蒸汽磨与蒸汽织布机的俄国。"[④] 正是有生产力的迅速提高，

[①] 列宁虽然没有使用资本主义观这个概念，但是他使用了"资本主义的使命"，笔者认为，这与资本主义观的表述十分近似。
[②] 《列宁全集》第3卷，北京：人民出版社1984年版，第548—549页。
[③] 同上书，第549页。
[④] 同上。

1861年改革后俄国资本主义的发展不是平平淡淡的,而是一种不合比例的、不平衡的、跳跃式的、"热寒病"似的发展。但是,这种生产力提高所造成的特殊发展方式,民粹派经济学家却不承认它。另外,资本主义造成社会生产力发展的另一特点,就是生产资料(生产消费)的增长远远超过个人消费的增长。

资本主义所造成的劳动社会化,表现在这样几个方面。第一,商品生产克服了自然经济的分散性,将小块的市场结合为大块的市场,生产的社会化程度越来越高。第二,资本主义农业和工业中的分散性被生产集中不断扩大的趋势所逐步地代替。第三,资本主义排挤人身依附形式,促进了自由劳动力市场的形成。第四,资本主义极大地促进了不同地域的人口流动。第五,资本主义不断减少从事农业人口的比例,同时增加大工业中心数目。第六,资本主义社会扩大居民对联盟、联合的需要,并使这些联合具有一种与以前的各种联合不同的特殊性质。第七,资本主义在改变旧制度的同时,必然地引起人们精神面貌的改变。

4. 总结与民粹派之间的理论分歧

列宁认为,他们与俄国民粹派经济学家之间之所以存在巨大的理论分歧,其原因主要有这样几个方面。

第一,民粹派经济学家忽视了农民经济(不论是农业的或手工业的)结构中的资本主义矛盾,所以他们对俄国资本主义发展过程的理解、对俄国资本主义以前的经济关系结构的观念都是错误的。而列宁则十分重视农民经济结构和工业经济结构分析,十分重视农民的分化以及对工业发展的不同阶段的分析。所以,列宁能够科学地分析俄国资本主义发展的历史逻辑过程。

第二,民粹派经济学家机械地理解俄国资本主义的发展速度问题。列宁认为,应当辩证分析俄国资本主义发展的速度问题,不能将之僵化理解,尤其是要将俄国资本主义的发展同其他事物相比较。比如,与俄国前资本主义的发展相比较,当前俄国资本主义的发展速度是迅速的,但同"现代整个技术文化水平之下所能有的发展速度作比较",俄国资本主义的发展又是十分缓慢的。因为俄国国内存在其他资本主义国家不曾存在的许多的旧制度和旧体制，它们严重地阻碍了俄国资本主义的发展。

第三，两个阵营最根本的分歧是他们对"经济过程基本观点"的不同。在研究经济过程时，民粹派经济学家依据的是道德情操而不是客观的经济学分析。他们不是将生产参加者视为经济活动的创造者而总是空喊道义的口号；他们不是从辩证联系的观点来认识经济利益参与者的历史作用，而是空洞地得出没有令人信服的资料支撑的情绪性的结论。

整个第八章，总体上是对前七章的总结，落脚点是剖析民粹派阐述理论错误的原因，指出他们的错误所在。

第九章 《俄国资本主义的发展》的历史意义[①]

自《俄国资本主义的发展》诞生以来,历史上对该书的评价就不曾间断过。资产阶级学者和一些反马克思主义学者,都对该书嗤之以鼻,横加攻讦。在该书的第一版出版不久,就有一些自由主义民粹派人士攻击该书,对该书的许多观点进行指责。在这种情况下,列宁不得不拿起笔作为反击的武器,写了批判该书观点的反批评,即《非批判的批判》一文。

相反,无产阶级和一切马克思主义者都对《俄国资本主义的发展》表示了浓厚的兴趣,不但热烈地拥护该书的主要观点,而且用该书的基本理论作为分析俄国资本主义发展状况的理论武器。该书的第一版和第二版都很快脱销就是明证。随着国际共产主义运动的深入发展,《俄国资本主义的发展》无论在苏联本土还是在世界上其他国家,都得到了很好的翻译、出版和传播。该书不但在列宁经济思想中占有重要的地位,而且在整个马克思主义经济学说史中占据重要的地位。实际上,关于《俄国资本主义的发展》一书的理论价值和历史意义,中外已有颇多研究成果,读者可以参看前面的国内外研究综述,在此不再赘述。

但是,在众多的研究成果中却存在一个薄弱环节,就是如何从《资本论》的角度来评析《俄国资本主义的发展》在列宁整个经济学思想中的地位,这是我们应当深入思考的新问题。实际上,"列宁的《俄国

[①] 关于这个问题,我曾以"《列宁经济思想的逻辑勘定——兼论列宁对〈资本论〉中经济思想的实践运用》"为题,写了一篇1万多字的论文,发表在《南京政治学院学报》上。同时,该文章也被中国社会科学院马克思主义研究院主办的"第二届马克思主义基本理论学科学术年会"的论文集收入,该论文集在2014年出版。

资本主义的发展》这一著作中引用《资本论》的地方最多——五十一处。"① 这充分说明《资本论》对列宁经济思想的影响。下面，笔者尝试将《俄国资本主义的发展》放置到《资本论》的大视野和列宁经济思想的整个历史过程中去考察。

列宁的经济理论研究受到了《资本论》的极大影响，其经济思想逻辑理路可集中概括为"一条线、三部分、三阶段"。"一条线"，指列宁将《资本论》运用于俄国实际时，紧紧围绕"俄国落后经济走势"这条理论主线。"三部分"，指的是列宁将"俄国落后经济走势"的经济学分析分解成三个互联有别的组成部分，分别是资本的国内情况分析、资本的国际情况分析、资本的社会主义实践分析。"三阶段"，指的是列宁对《资本论》的经济学运用，是从相互贯通的早期、中期和晚期三个阶段体现出来的。

一 它是列宁经济思想逻辑主线的开端

阐述列宁的经济思想逻辑主线，必须谈到《资本论》对列宁的影响。② 众所周知，《资本论》对列宁的影响是巨大的。列宁曾经指出，马克思"遗留下《资本论》的逻辑，应当充分地利用这种逻辑来解决这一问题"③。"这一问题"是指什么呢？在列宁看来，"这一问题"实际上就是理论与实际相结合的问题，也就是如何将马克思主义俄国化的问题。这一问题由两方面构成：一是思想认识方面，即如何运用《资本

---

① 〔苏〕莎拉波夫、瓦列茨基：《列宁是怎样阅读书报杂志的》，黎鉴堂、戴松成译，北京：书目文献出版社1984年版，第51页。

② 民主德国学者 B. 伯克的研究结果表明，列宁多次引用和宣传《资本论》："在不同场合，他引证或提及《资本论》和《剩余价值理论》约三百多次，《共产党宣言》约一百五十次，《法兰西内战》约一百二十次，《反杜林论》约九十次，《哥达纲领批判》五十多次。""列宁的同时代战友在回忆中都突出记述了他在彼得堡秘密团体中讲解《资本论》并进行有关宣传鼓动工作的情景。"〔民主德国〕B. 伯克：《列宁为马克思恩格斯著作的传播所作的贡献》，孙常敏译、夕昆校，载《马列主义研究资料》1984年第6辑，北京：人民出版社1985年版，第253、258页。

③ 《列宁全集》第55卷，北京：人民出版社1990年版，第290页。

论》解决好辩证法、逻辑学、认识论的关系问题，这关乎世界观问题；二是俄国实际问题方面，即如何运用《资本论》解决好俄国所面临的主要问题和主要矛盾，这关乎俄国社会的走向问题。但是，学术思想界在引用列宁这句话的时候，常将解读的重点放在了问题的第一个方面，而忽略了问题的第二个方面。

笔者认为，《资本论》对列宁哲学思想的影响，主要体现在问题的第一个方面；而《资本论》对列宁经济学思想的影响，则主要体现在问题的第二个方面。《资本论》对列宁这两个方面的影响是并行不悖的，它们之间不存在孰优孰劣的情况，也不存在孰先孰后的位序排列，这两个问题都统一于列宁运用《资本论》解决俄国问题的逻辑之中。列宁在运用《资本论》解决世界观问题的同时，也在运用《资本论》解决俄国所面临的经济社会问题。所以，前后两者都是相互促进和相互影响的。

通观列宁经济思想逻辑的前后变化，笔者认为，"俄国落后经济走势"是列宁经济思想的逻辑主线。列宁早期的《俄国资本主义的发展》、中期的《帝国主义是资本主义的最高阶段》、晚年的《论粮食税》，都是围绕这条理论主线而展开的不同时期的代表著作。之所以如此，最关键的是决定于列宁所处的不同时期的俄国主要经济矛盾，它通过三个层次表现出来。

第一个层次的矛盾：俄国落后经济形势与俄国资本主义快速发展的矛盾，这是列宁早期遇到的主要经济矛盾。1861年农奴制改革之后，俄国落后的封建宗法式生产方式与快速发展的国内资本主义不相适应，国内资本主义的发展势如破竹。到了19世纪末20世纪初，俄国民主主义革命风起云涌、自由主义民粹派泛滥、无产阶级革命"自发"形成、多种思潮竞相迸发等，所有这些问题都与俄国资本主义的快速发展不无关系。在此情况下，众多经济学者纷纷以"俄国资本主义的命运"为研究对象，分析俄国落后经济的发展趋势。但由于各个学者的阶级立场和理论基础不同，导致了解读多元和思想混乱。比如，自由主义民粹派无视资本主义快速发展的现实，强调资本主义仅仅是偶然现象，俄国可以避开资本主义绕道而行；普列汉诺夫对自由主义民粹派的批判既不彻底,又不能科学合理地解释"俄国资本主义的命运"等问题。列宁根据俄国的现实国情,在参考和纠正大量官方统计资料的基础上,根据《资本论》的原理和方法,写出了《俄国资本主义的发展》一书,科学地解释了资本主义在俄国落后经济状态下的发展趋势问题,彻底地批判了自由主义民粹派。"从这本书可以看到,列宁在研究俄国资本主义的发展时,始终把马克思主义原理应用于俄国具体情况并加以发展,同时也捍卫了马克思主义的基本原理,揭露和批判了民粹派和"合法马克思主义者"歪曲马克思主义和阉割马克思主义革命内容的行为。"①

第二个层次的矛盾:俄国落后经济形势与帝国主义快速发展的矛盾,这是列宁中期遇到的主要经济矛盾。到列宁中期的时候,资本主义已经从自由竞争资本主义完全过渡到垄断的帝国主义阶段。整个世界的地理版图,几乎全被帝国主义侵占,因发展不平衡而引发的第一次世界大战,席卷了整个欧洲,波及了整个世界。帝国主义的命运如何?它有哪些特征?资本主义与帝国主义的关系如何?这些问题,引起了马克思主义阵营内部不同派别的争论。许多理论家,如霍布森、布哈林、卢森堡、希法亭、伯恩施坦、考茨基等人都从不同角度深入探究资本积累、帝国主义等问题。因此,"帝国主义的命运"就成为当时理论界亟需回答的社会问题。列宁根据《资本论》中关于资本集中、资本集聚、股份制、现代殖民地、辛迪加等基本观点的论述,撰写了《帝国主义是资本主义的最高阶段》一书。该书详细考察了资本主义发展新阶段的本质特征以及无产阶级社会主义革命的可能性问题,它集中体现了列宁对资本的国际市场情况的分析研究,并成为这一时期列宁运用《资本论》进行理论创新的核心内容。

第三个层次的矛盾:俄国落后经济形势与人民群众对尽快发展社会主义的矛盾,这是列宁晚期遇到的主要经济矛盾。十月革命之后,为应对帝国主义的军事包围和经济封锁以及国内资产阶级和封建贵族的反水叛乱,苏维埃政权采取了临时的"战时共产主义"政策,主要内容包

---

① 《列宁全集》第 57 卷,北京:人民出版社 1990 年版,第 668 页。

括统购统销、余粮收集、限私充公等。这种临时政策的功能呈现强弩之末之势,其弊端日益凸显,农民对余粮收集制十分不满,工人也有反抗情绪和行为。最关键的是当时人们对于"什么是社会主义,怎样建设社会主义"并不理解。这样,俄国所面临的主要历史任务是如何巩固新生的无产阶级政权,如何建设社会主义的国家。因此,"什么是社会主义,怎样建设社会主义"就成为列宁晚期亟需解决的经济理论难题。围绕"什么是社会主义,怎样建设社会主义"这一理论主题,列宁撰写了在整个社会主义建设史中具有里程碑意义的《论粮食税》一文。所以,列宁晚期对资本的社会主义实践分析,充分体现在《论粮食税》中,这也是列宁运用《资本论》的新创举。

可以看出,这三个不同时期的经济矛盾,实际上都是围绕一个核心问题——"俄国落后经济走势"而展开,它们都是这一核心问题在不同历史阶段的表现形式。列宁紧紧抓住了这些矛盾,灵活运用了辩证法、逻辑学、认识论的"三者一致"原理,科学地探索和解释了俄国资本主义的国内发展趋势、帝国主义发展趋势、如何建设社会主义等诸多问题,创造性开拓了马克思主义政治经济学的新境界。

同时,列宁在不同历史阶段所形成的代表性经济学著作,恰恰体现了列宁经济思想逻辑的发展历史,展现了列宁经济思想前后变化的历史过程,也是列宁从事理论探索和实践创造的一个时代性的缩影写照。所以,《俄国资本主义的发展》、《帝国主义是资本主义的最高阶段》、《论粮食税》分别从三个不同阶段体现了列宁经济思想逻辑的理论主线。从时间上分析,《俄国资本主义的发展》成为列宁经济思想逻辑的开端。

二 它构成列宁经济思想的主体内容

虽然"俄国落后经济走势"是列宁经济思想逻辑的理论主线,但它却是由三大部分组成的。具体来讲,"三部分"就是指列宁早期、中期和晚期的三部代表性的经济学著作,分别是《俄国资本主义的发展》、《帝国主义是资本主义的最高阶段》和《论粮食税》。三部著作构成列宁经济思想逻辑的内容主体,也是列宁运用《资本论》于俄国经济实际的着力点和聚焦点。但是,由于每一部分所面对的主要矛盾和所需解决的历史任务的性质不同,直接造成每一部分的着力点和聚焦点也各有侧重。所以,《资本论》视野下的列宁经济思想逻辑的理路,是由不同时期的理论着力点和聚焦点来"串点成线"的。

首先,《俄国资本主义的发展》的着力点和聚焦点是"资本的国内情况分析"。《俄国资本主义的发展》一书的第一版序言明确指出,"作者写这部著作的目的是要考察这样一个问题:俄国资本主义的国内市场是怎样形成的?"① 如何从逻辑上阐述资本主义的国内发展情况呢?列宁继承了《资本论》的方法论思想,采用了逻辑与历史、一般与个别、矛盾分析、理论与实证相结合的方法来论证俄国资本主义形成的历史逻辑过程。列宁分别从农业、工业、国内市场等方面进行了阐述。在农业方面:社会分工—俄国工业人口的增加和农业人口的减少—小生产者破产—农民的分化—从徭役经济到资本主义经济的过渡—自由雇佣劳动在农业中出现—商业性农业的发展。在工业方面:社会分工—家庭工业—工业中的小商品生产者—小商品生产者分化—资本主义的简单协作—小手工业中的商业资本—资本主义工场手工业和资本主义家庭劳动—大机器工业的发展—俄国资本主义工业市场的形成。在国内市场方面:社会分工—商品流通的增长——工商业人口的增长—雇佣劳动使用的增长—劳动力国内市场的形成—俄国资本主义国内市场的形成。通过《俄国资本主义的发展》这部著作,列宁彻底粉碎了自由主义民粹派的攻击,科学回答了马克思遗留在《资本论》第三卷中"俄国土地制度"问题。

其次,《帝国主义是资本主义的最高阶段》的着力点和聚焦点是"资本的国际情况分析"。列宁在《帝国主义是资本主义的最高阶段》的《序言》中,明确指出,"我希望我这本小册子能有助于理解帝国主义的经济实质这个基本经济问题,不研究这个问题,就根本不会懂得如

---

① 《列宁全集》第3卷,北京:人民出版社1984年版,第5页。

何去认识现在的战争和现在的政治。"① 列宁在这部著作中同样继承了《资本论》的方法论思想,他是这样来展开逻辑论证的:自由竞争—生产集中—垄断—国内金融垄断—国内资本垄断—资本垄断的国际扩展—国际资本联盟—帝国主义联盟—社会主义前夜。所以,列宁在这部著作中,将着力点和聚焦点对准了"资本的国际情况"。但他首先是从国内资本集中问题谈起的,然后根据帝国主义的特征,进一步论证资本输出存在不平衡的条件下,资本的国际瓜分和国际联盟也就形成了,进而得出垂死的、腐朽的帝国主义必将成为社会主义前夜的历史结论。众所周知,在《资本论》创作出版时期,虽然当时资本主义还没有过渡到帝国主义阶段,但马克思还是在《资本论》中以理论阐述的形式探讨了资本集中、垄断竞争、卡特尔、辛迪加、国际剩余价值、现代殖民地等问题,并且指出了自由竞争走向垄断的趋势。恩格斯晚年则明确了这一趋势的历史必然性,但没有深入探究帝国主义的内部机制及其本质特征。而列宁的《帝国主义是资本主义的最高阶段》一书则直接继承和发扬了马克思恩格斯的这些理论遗产,开创了马克思主义政治经济学的帝国主义理论体系。

最后,《论粮食税》的着力点和聚焦点是"什么是社会主义,怎样建设主义"。马克思曾经在《资本论》中提到了19世纪70年代的英国,认为工人阶级在特殊的历史条件下可能会通过赎买的形式与资本家达成交易。"所以马克思说:在一定条件下,工人决不拒绝向资产阶级赎买。"② 但是对于赎买的形式、手段、范围等,马克思没有深入提及,但也没有限制后人的思维。列宁在《论粮食税》中,根据当时俄国内部关于"赎买"和"过渡"问题的争论,提出了利用国家资本主义、广开商品经济、利用价值规律、大力发展生产力、改善人民生活、以退为进建设社会主义等新论断,这些新思路昭示着列宁经济思想逻辑的新动向。所以,《论粮食税》集中表达了列宁关于小农经济占优势的国家

---

① 《列宁全集》第27卷,北京:人民出版社1990年版,第324页。
② 《列宁全集》第41卷,北京:人民出版社1986年版,第203页。

如何过渡到社会主义以及怎样建设社会主义的核心观点,这是因为:

一是当时人们对于"什么是社会主义"并不清楚。比如,有人认为"国家资本主义"是社会主义的毒瘤,不能存在于社会主义社会;有人认为"私营经济"不符合马克思关于公有制的论断等。因此,从思想上澄清这些错误模糊的认识,是列宁面临的理论难题。

二是当时人们对于"怎样建设社会主义"也不清楚。比如有人认为资本主义是祸害,不应该向他们学习;有人热衷于理论争论,看不起实际工作经验的人等。对此,列宁在《论粮食税》中纠正说:"少争论些字眼吧。直到现在,我们在这方面的毛病还非常大。多积累一些各种各样的实际经验吧,多研究研究这些经验吧。"[①] 为此,列宁通过国家资本主义、自由贸易、租让制、商品经济等论述,强调了新经济政策的过渡性。

从三部分的不同着力点和聚焦点可知,列宁在运用《资本论》于俄国实际时,并不是僵化地、静止地、机械地、形而上学地对待《资本论》的个别论断,而是辩证地以俄国革命发展的实际变化为中心,以俄国社会正在进行的变革为中心,以俄国面临的主要问题为中心,从而能动地实现了《资本论》的俄国化,开创了马克思主义政治经济学的新时代。这也反映了列宁始终坚持解放思想,实事求是,一切从实际出发的基本思路,从而划清了马克思主义与非马克思主义的界限。

三 它影响了列宁的帝国主义理论和社会主义建设思想

学术理论界对列宁经济学思想的研究,成果丰硕,但亦有不足。表现有二:其一是较多地关注列宁中期和晚期的经济思想,尤其重视《帝国主义是资本主义的最高阶段》和《论粮食税》的研究,却对列宁早期最重要的经济学著作《俄国资本主义的发展》研究不足、关注太少;

---

① 《列宁全集》第41卷,北京:人民出版社1986年版,第221页。

二是由于上述研究的不足，导致对列宁经济思想的整体把握出现了问题，既不能令人信服地说明列宁早期、中期、晚期的经济思想之演化及其相互关系，也无法系统把握《资本论》视野下的列宁经济思想逻辑。所以，认真梳理列宁的经济思想逻辑理路，厘清三部著作与《资本论》之间以及它们之间的逻辑关系，是掌握列宁经济思想不可或缺的环节。

首先，《俄国资本主义的发展》是对《资本论》的直接继续。马克思曾打算在《资本论》第三卷中分析1861年俄国农奴制改革后俄国土地制度等经济问题，但没有实现这个愿望。《资本论》中的这个理论遗愿，由列宁的《俄国资本主义的发展》一书完成了。苏联著名经济学家卡拉达耶夫和雷季娜曾经评论说："列宁的这本书是把马克思的理论运用于俄国的研究著作，但是它同时具有国际意义。列宁的研究进一步发展了马克思《资本论》的基本思想。"[1] 中央编译局编译的中文第二版《列宁全集》第3卷则认为马克思的"这个计划由列宁在《俄国资本主义的发展》中实现了。从这个意义上说，《俄国资本主义的发展》是《资本论》的直接继续"[2]。《俄国资本主义的发展》在中国早期的传播过程中，焦敏之翻译的中译本认为该著作从多个方面直接承继发展了《资本论》的诸多思想，甚至将该著作誉为"《资本论》第二"。[3]所以，研究列宁的经济思想或其与《资本论》的关系，不研究《俄国资本主义的发展》一书，是回不到列宁，也走不进列宁的。

其次，《帝国主义是资本主义的最高阶段》也是《资本论》的直接继续，但它与《俄国资本主义的发展》是合二为一的，前者是对后者的延伸和拓展。在《俄国资本主义的发展》第八章"国内市场的形成"的第五节"边疆地区的意义。国内市场还是国外市场？"中，列宁认为：资本主义市场形成的过程表现在两方面：资本主义向深度发展，即

---

[1] 〔苏〕卡拉达耶夫、雷季娜：《经济学说史（从马克思主义产生到伟大十月革命）讲义》，翟松年等译，北京：生活·读书·新知三联书店1963年版，第596页。
[2] 《列宁全集》第3卷，北京：人民出版社1984年版，第VII页。
[3] 列宁：《俄国资本主义发展》，焦敏之译，上海：棠棣出版社1949年版，第1页，"中译本序"。

资本主义农业与资本主义工业在现有的、一定的、闭关自守的领土内的进一步发展；资本主义主义向广度发展，即资本主义统治范围扩展到新的领土。但问题是，"根据本书的计划，我们差不多只叙述这个过程的前一方面，因此我们认为特别必须在这里着重指出，这个过程的另一方面具有非常重大的意义。从资本主义发展的观点对开发边疆地区与扩大俄国领土的过程进行稍微充分的研究，就需要有专门的著作"①。很显然，列宁对于这个尚未研究的"专门的著作"十分在意，并且还"着重指出"。那么，这个专门研究资本主义国际扩张的著作，列宁到底有没有完成呢？

笔者认为，这部"专门的著作"就是写于1916年1—6月的《帝国主义是资本主义的最高阶段》一书。为什么这样说呢？实际上，列宁在《俄国资本主义的发展》一书中，就已经埋下了伏笔。他指出，"资本主义如果不经常扩大其统治范围，如果不开发新的地方并把非资本主义的古老国家卷入世界经济的漩涡，它就不能存在与发展。"②而《帝国主义是资本主义的最高阶段》这部书详细解读了资本主义发展到帝国主义阶段后，帝国主义是如何逐步蚕食他国疆土、争夺国外市场以及如何资本输出的。中央编译局曾经在《列宁全集》的"前言"中评论说，"列宁的名著《帝国主义是资本主义的最高阶段（通俗的论述）》（俗称《帝国主义论》）是马克思《资本论》的直接继续和进一步发展，它总结《资本论》问世后半个世纪中资本主义的发展，第一次建立了关于帝国主义的理论体系，开辟了马克思主义政治经济学发展中的一个新的阶段"③。问题是，为什么列宁没有在完成《俄国资本主义的发展》之后，继续沿着已经预留伏笔的"资本的国际情况"进行理论创作呢？原因有这样几点：一是将当时的研究主题限定于此而不能扩大，主要是因为列宁"一个人将难以胜任"④。二是《俄国资本主义的发展》第一

---

① 《列宁全集》第3卷，北京：人民出版社1984年版，第547页。
② 同上。
③ 《列宁全集》第27卷，北京：人民出版社1990年版，第Ⅶ—Ⅷ页。
④ 《列宁全集》第3卷，北京：人民出版社1984年版，第5页。

版出版不久，列宁就离开流放地，旅居国外从事其他革命工作了。更重要的是当时资本主义的发展程度还不足以为创作"帝国主义"的命题提供现实支撑。而到了第一次世界大战的时候，资本主义的帝国主义特征十分明显。所以，《帝国主义是资本主义的最高阶段》是时代的呼唤，是历史的必然。

既然列宁在《俄国资本主义的发展》中认为资本的扩展表现为国内市场和国际市场两个方面，并提出了需要专门来着重研究资本的国际扩张问题，那么，从这个意义上说，《帝国主义是资本主义的最高阶段》一书是《俄国资本主义的发展》的延伸和拓展，两者是上篇和下篇的关系，它们都统一于列宁研究"资本主义的发展"这个大文章中。上篇主要考察资本主义国内市场的形成，体现为《俄国资本主义的发展》一书。下篇主要考察资本主义国外市场的形成，体现为《帝国主义是资本主义的最高阶段》。上篇是下篇的必要准备和理论奠基，下篇是上篇的必然理论逻辑延伸。虽然两者研究的范围各有限定，但它们都是《资本论》的列宁理论实践，是列宁研究资本主义发展的不同表现形式。

关于《俄国资本主义的发展》与《帝国主义是资本主义的最高阶段》一书的关系，苏联学者莎拉波夫和瓦列茨基也与笔者的观点相似。他们在《列宁是怎样阅读书报杂志的》一书中认为，《俄国资本主义的发展》是列宁将研究资本主义的视野集中于俄国国内的理论结晶，但是"再过15年，列宁的活动范围就会大大扩大了，这种活动范围将成为真正世界的。1914—1918年大战前夕的世界——帝国主义世界都出现在他的眼下。弗拉基米尔·伊里奇将在《帝国主义是资本主义的最高阶段》这一著作中，对这个世界作深刻的分析"。[①]

再次，《论粮食税》开创了《资本论》的社会主义经济理论的实践先河，并构成列宁经济思想逻辑的新起点。从发展的角度看，《资本

[①] 〔苏〕莎拉波夫、瓦列茨基著：《列宁是怎样阅读书报杂志的》，黎鉴堂、戴松成译，北京：书目文献出版社1984年版，第121页。

论》不但揭示了资本主义的生产关系及其运行规律，而且也对整个人类社会发展的经济规律给予了深刻论述。这些具有普遍适用性的论述，是社会主义经济建设的根源性理论奠基。比如《资本论》中关于商品经济的基本观点、关于价值规律的基本观点、关于经济体制的基本观点等等，都对指导社会主义建设具有重要意义。但是，《资本论》对社会主义生产关系的论述多是以理论设想的形式出现，缺少社会主义建设的实践支撑，对社会主义经济建设方面的论述很不充分。因此，《资本论》中的一些重要的理论遗产，还需要很好地继承和创新发展。

《论粮食税》虽然部分重复了列宁1918年的《论"左"派幼稚性和小资产阶级性》中的一些观点，但却比后者更为深刻地论述了社会主义经济建设问题。它是列宁将《资本论》运用于社会主义经济建设的理论结晶，开创了无产阶级的社会主义经济理论的先河，对"什么是社会主义，怎样建设社会主义"进行了创造性的探索，其中的"新经济政策"被邓小平誉为"比较好"的思路。[①] 在《论粮食税》中，列宁提出的关于社会主义国家的自由贸易、商品流转、商品交换、经济结构平衡、国家资本主义建设、收入分配方式、新经济政策等重要观点，不但为苏俄经济恢复发展作出了正确的规划，而且开创了无产阶级利用国家资本主义的肇基，拓展了马克思主义的经济分配思想。比如马克思在《资本论》中提到的"赎买"、"国家资本主义"等论题，都被列宁在《论粮食税》中创造性地丰富发展了。

但是，从另外的角度看，《论粮食税》并不是列宁经济思想的逻辑归宿，而是新起点。这个新起点，就是列宁将"粮食税"视为非社会主义经济走向社会主义经济的过渡，粮食税在内容上是"一种既包含过去因素，又包含未来因素的措施"[②]。也就是说，"粮食税"还不是完善的社会主义经济发展模式。所以，《论粮食税》探讨的虽然是社会主义经济建设的问题，但实际上已经涉及社会发展模式等深层次问题。列宁

---

① 《邓小平文选》第3卷，北京：人民出版社1993年版，第139页。
② 《列宁全集》第41卷，北京：人民出版社1986年版，第140页。

在文章中指出了一些错误的观点。他说:"现在非常广泛地流行着一些不正确的观念。这些观念所以不正确,大部分是由于人们不深入研究过渡的实质,不自问一下,究竟这一过渡是从什么过渡到什么。"① 在这里,列宁提出的从"什么"过渡到"什么",实际上已经隐含了他的逻辑思路出现了新的动向,即在思考"什么是社会主义,怎样建设社会主义"的大背景下,开始研究和探索落后国家走向社会主义的发展道路和发展模式问题。

因此,在列宁晚期的政治遗嘱里,屡次谈到的东方国家发展道路的特殊性问题,可以视为《论粮食税》新思路的延伸。所以,在《论粮食税》之后,列宁仍然没有停止《资本论》的俄国化运用。可惜,《论粮食税》后的第三年,列宁不幸辞世。之后,新经济政策的好思路在布哈林等人的坚持下,仍然发挥着余热。但随着斯大林、赫鲁晓夫、勃列日涅夫等人教条式地对待马克思主义政治经济学,新经济政策并没有在苏联得到很好的继承和发扬。但是,《论粮食税》毕竟构成列宁晚年最重要的经济学著作,并且是列宁经济思想新动向的代表性著作。

综上所述,《资本论》对列宁形成正确的世界观、理论观和方法论具有重要意义,是列宁经济逻辑发展过程中的理论依托和精神支柱。"一条线、三阶段、三部分"是对列宁经济逻辑的集中概括和核心表述,但却不是列宁经济思想的全部内容。除了上述所提到的三个重要的著作之外,列宁的经济思想逻辑也体现在其他一些著作,甚至哲学著作中。但是,要准确把握列宁的经济学思想,应当紧紧抓住《资本论》在俄国不同历史阶段的实践中所需要解决的不同历史任务,尤其要明确《俄国资本主义的发展》对《资本论》的直接继承的意义,并且要弄懂《俄国资本主义的发展》在列宁整个经济学思想中的奠基性价值。

---

① 《列宁全集》第41卷,北京:人民出版社1986年版,第208页。

第十章 《俄国资本主义的发展》的方法论特色

辩证唯物主义和历史唯物主义的方法，是马克思主义最基本的方法论。在社会实践中，又可以具体化为系统研究方法、矛盾分析方法、从实践出发的方法、主体研究方法、过程研究方法等等。可以说，马克思主义的方法论是一个博大精深的方法论群，是一个取之不竭、用之不尽的理论宝库，对我们认识世界和改造世界具有重要的指导意义。

《俄国资本主义的发展》不仅是一部光辉的马克思主义经济学理论著作，也是一部不可多得的方法论著作。就像《资本论》一样，列宁牢牢地将经济学的理论分析与经济学的方法论运用巧妙地结合起来了。可以毫不夸张地说，《俄国资本主义的发展》一书，正是列宁科学运用马克思主义方法论的结果。如果没有这一点，《俄国资本主义的发展》一书不会被誉为"《资本论》第二"。正如列宁在《谈谈辩证法》一文中指出的那样："马克思在《资本论》中首先分析资产阶级社会（商品社会）里最简单、最普通、最基本、最常见、最平凡、碰到过亿万次的**关系**：商品交换。这一分析从这个最简单的现象中（从资产阶级社会的这个'细胞'中）揭示出现代社会的**一切**矛盾（或**一切**矛盾的萌芽）。往后的叙述向我们表明这些矛盾和这个社会——在这个社会的各个部分的总和中、从这个社会的开始到终结——的发展（**既是**生长**又是**运动）。一般辩证法的阐述（以及研究）方法也应当如此（因为资产阶级社会的辩证法在马克思看来只是辩证法的局部情况）。"[①]

[①]《列宁全集》第55卷，北京：人民出版社1990年版，第307页。

那么,《俄国资本主义的发展》体现了列宁经济学理论研究和经济史阐述的哪些方法论特色呢?从总体上讲,列宁在这本书中,既采用了《资本论》中的最基本的研究方法和阐述方法,又采用了现代性的经济学研究方法。

一 逻辑与历史相结合的方法

逻辑与历史相结合的方法是马克思主义最基本的方法之一。恩格斯说过:历史从哪里开始,思想进程也应当从哪里开始。而思想进程的进一步发展不过是历史进程在通向理论道路上前后一贯的形式上的反映;这种反映是经过修正的,然而是按照现实的历史过程本身的规律修正的。这段话充分表明了历史是理论的基础,理论是历史经过修正的再现。《俄国资本主义的发展》一书,正是充分运用了逻辑与历史相结合的方法。

列宁充分借鉴了马克思在《资本论》中对英国资本主义发展史的考察方法。在《资本论》中,马克思使用了逻辑与历史相一致的阐述方法。马克思是从英国最为原始的"羊吃人"圈地运动开始,一步一步考察了资本主义的原始积累—资本主义简单再生产—资本主义扩大再生产,等等;从最为抽象的商品出发,考察了商品的二重性——商品的使用价值和商品的价值,进而考察了生产商品的劳动的二重性——劳动的使用价值和劳动的价值;从劳动的价值出发,深刻考察生产剩余价值的劳动的特殊性,等等。可以说,整个资本主义的发展逻辑,已经在《资本论》中得到了很好的体现。列宁借鉴了《资本论》的方法论,在论证俄国资本主义的发展逻辑时,也充分运用了逻辑与历史相一致的研究方法和阐述方法。在这方面,《俄国资本主义的发展》是典型的代表。用列宁列宁自己的话说:"市场是商品经济的范畴,而商品经济在它自身的发展中转化为资本主义经济,并且只有在资本主义经济下才获得完全的统治和普遍的扩展。因此,要弄清楚国内市场的基本理论原理，我们应当从简单商品经济出发来探索它如何逐渐转化为资本主义经济。"①

首先，社会分工是《俄国资本主义的发展》一书的逻辑起点。我们知道，《资本论》的逻辑起点是商品，这是毋庸置疑的。但是，在《俄国资本主义的发展》中，该书的逻辑起点却是"社会分工"，这是两者不完全相同的地方。这是由《俄国资本主义的发展》一书的研究对象来决定的。列宁自己明确提出，这部书研究的对象就是"俄国资本主义的国内市场是如何形成的"。通常情况下，即便最简单原始的资本主义市场，也需要有资本主义的农业、资本主义的工业、资本主义的商业等。农业、工业、商业是形成市场的最基本的、最不可缺少的领域。为此，就需要进一步研究俄国资本主义的农业是如何形成的？研究俄国资本主义的工业是如何形成的？研究俄国资本主义的国内市场是如何形成的？根据马克思主义政治经济学的基本原理，无论是资本主义的农业、工业还是商业，都必须有自由出卖劳动力且失去生产资料的人。这些又是如何出现的呢？列宁进一步分析，这是因为农业与工业、农业与手工业、农业与商品的分离所产生的必然现象。但是，这些不同行业的分离，又是什么造成的呢？列宁在批评俄国自由主义民粹派的基础上，认为造成这些问题的根源是"社会分工"，社会分工是研究俄国资本主义市场如何形成发展的逻辑起点。

其次，在社会分工的基础上，列宁论述了俄国农业、工业和国内市场的基本问题。俄国资本主义的发展实际到底是什么样的呢？列宁在社会分工的基础上，符合逻辑地说明了以下几个方面。在农业方面，列宁是这样来展开逻辑论述的：社会分工—俄国工业人口的增加和农业人口的减少—小生产者破产—农民的分化—徭役经济到资本主义经济的过渡—自由雇佣劳动在农业中出现—商业性农业的发展。在工业方面，列宁是这样展开逻辑论述的：社会分工—家庭工业—工业中的小商品生产者—小商品生产者分化—资本主义的简单协作—小手工业中的商业资

---

① 《列宁全集》第 3 卷，北京：人民出版社 1984 年版，第 17 页。

本—资本主义工场手工业和资本主义家庭劳动—大机器工业的发展—俄国资本主义工业市场的形成。在国内市场方面，列宁是这样来展开逻辑论述的：社会分工—商品流通的增长—工商业人口的增长—雇佣劳动使用的增长—劳动力国内市场的形成—俄国资本主义国内市场的形成。

最后，在社会分工的基础上，列宁将逻辑与历史很好地结合起来了。从逻辑上说明俄国资本主义的形成发展是十分必要的。但是，如果单单依靠逻辑的力量，并不能从根本上透彻地说明俄国资本主义发展的真实状况。也就是说，缺少必要的历史真实资料的支撑，逻辑也会显得苍白无力。普列汉诺夫之所以不能从根本上批判俄国自由主义民粹派的错误，重要的一点就是行文中缺少了历史真实资料的支撑。列宁克服了这一点，大量地使用了当时官方的统计资料，并对统计资料中的错误作了更改。正是这一点，使得《俄国资本主义的发展》的所有的逻辑上的结论，都不是列宁凭空得出的。但是，俄国资本主义发展的实际情况，有时候会与官方的统计资料产生相悖的一面。比如，官方统计资料中，欧俄最重要的工厂工业中心就出现了实际情况与统计数字的不一致。实际上，在一些城乡结合部的地方，雇佣工人的人数几乎占到了当时欧俄工业人数的33％，但官方的统计资料却反映不出来。如何处理这样的事情呢？列宁认为，俄国工业资本主义的发展与人们主观上的统计实际上会出现不一致的情况，这是很正常的。因为逻辑与历史并不是如影随形地保持一致，而是经过修订后的一致。在论证俄国农民分化的时候，列宁认为自由主义民粹派的逻辑计算是错误的，广大的农民收入被"平均"了，但从民粹派的数字上看不到农民的分化。列宁经过计算，找出了民粹派在逻辑计算上的"投机"，得出了农民分化的真实的历史资料。所以，《俄国资本主义的发展》一书中，列宁巧妙地从逻辑上说明了俄国资本主义发展的规律和特点。

总之，列宁的《俄国资本主义的发展》一书，"其概念运动的主线，是从抽象到具体，即从马克思已规定的价值、剩余价值等概念出发，探讨相应范畴在俄国的特殊条件下的存在形式……不仅使用了分析和综合，而且注重比较、分类和归纳等思维形式，力求从大量的现象材料中揭示其内在联系,并且马克思有关一般原理为前提进行演绎……注重历史的发展顺序,特别是在《俄国资本主义的发展》这部系统著作中,其论述体系的基干,是以历史为线索的,在这里,逻辑从属于历史的发展过程,而历史的顺序恰恰是逻辑顺序的展开。这些特点,都是列宁对科学抽象法的充实和发展。"①

二 一般与个别相结合的方法

从哲学上说,一般与个别相结合的方法,讲究的是特殊与一般的哲学关系。一般是个别的大众化,个别是一般的特殊化。任何事物都是一般与个别的奇妙结合体。列宁在研究和阐述俄国资本主义的发展历程中,既有宏观上的一般叙述,也有微观上的个别分析,并将微观上的分析与宏观上的叙述紧密地结合起来,使该著作既没有因为宏大叙事而缺少精致的材料支撑,读起来不至于枯燥乏味;也不至于因为微观的精细分析而缺少规律性、趋势性、宏观性的方向把握。

在微观个案的选择中,列宁实际上是经过精心研究的。列宁选择了"恩格尔哈特农场"作为俄国农业资本主义发展的代表。之所以选择"恩格尔哈特农场"作为一个"盆景透视"②,是因为"恩格尔哈特农场"具备了列宁研究俄国农业资本主义发展的典型元素:土地私有制、雇佣农业工人、马骡私有、农产品规模性出售、农民身份新变化、农民分化,等等。通过分析该农场的个案发展情况,列宁指出俄国自1861

---

① 刘永佶:《政治经济学方法论史》,北京:中共中央党校出版社1988年版,第270页。
② 盆景是中华民族优秀传统艺术之一。它通常以植物、山石、土、水等为材料,经过艺术创作和园艺栽培,在方寸之间典型地、集中地塑造大自然的优美景色,达到缩龙成寸、小中见大的艺术效果,同时表现深远的意境,犹如立体的、美丽的、缩小版的山水景区。所以,每一个盆景实际上就是一个典型的代表。透视画法是以客观现实的观察方式,在两维的平面上利用线和面趋向会合的视错觉原理刻画三维物体的艺术表现手法。透视画法提供了一种对物体或景色的三维视角,以及形象的思维方式。将盆景与透视画法结合起来,采用这种表意式的写实手法,实际上在马克思主义理论的研究和阐述中,我们已经大量地使用,只是在马克思主义理论研究的范式之内,这种研究和阐述的方法,我们通常称之为"典型法"或案例分析法。

年农奴制改革之后的农业资本主义因素不断增加的必然趋势，指出了以"恩格尔哈特农场"为代表的俄国农业资本主义经营性质以及农民的分化所带来的新变化和新发展，并且指出"恩格尔哈特农场"体现了特殊个体上的一般，是俄国农业资本主义普遍性发展的一个典型代表。同时，列宁还深刻地批判了俄国民粹派资本主义的错误。

再比如，列宁在考察俄国商业性农业发展的同时，并没有囿于农业这一个行业，而是将当时与商业性农业有紧密关联的其他行业一并加以考察，以期获得对商业性农业发展的立体资料，使我们能够看到俄国农业资本主义普遍发展的现实景象。

在考察工业资本主义的发展中，列宁选择不少的典型案例。比如在考察俄国大机器工业的发展时，列宁选择了采矿业中的"顿涅茨矿区"的大小矿井来考察，选择了"蒸汽发动机"的统计资料作为分析对象，等等。这些典型的个案，体现出了俄国工业资本主义发展的所具备的所有元素。比如工人来源的新变化、机器技术水平的变化、生产规模的新变化、矿区破产兼并的新变化，等等。通过考察这些新工业元素的新变化，列宁再一次批评了以尼·—逊等为代表的民粹派的错误。同时，列宁在深刻分析这些众多个体案例的基础上，深刻论述了俄国工业资本主义发展的必然趋势和必然结果，指出了工业资本主义在俄国萌芽、发生、发展和不断壮大的客观现实。

这样，列宁就将宏观分析和微观考察巧妙地结合起来，将对俄国资本主义发展的趋势性分析，立基于对典型个体的充分分析。进而，在分析与综合的方法之下，列宁实现了对俄国资本主义发展的一般性论述。

三 矛盾分析方法

矛盾分析方法是《资本论》的重要方法，列宁在研究《资本论》的时候，十分重视对该方法的吸收和运用。在《资本论》中，矛盾分析法突出体现在这样几个方面：商品使用价值与价值的矛盾和解决；劳动力使用价值和价值的矛盾与解决；资本主义生产过程中三个阶段的矛盾与解决；必要劳动和剩余劳动的矛盾与解决；剩余劳动时间和必要劳动时间的矛盾与解决等。而在《俄国资本主义的发展》一书中，矛盾分析法的运用体现在这样几个方面。

1. 俄国资本主义的落后性与必然性的矛盾。列宁认为，1861年的农奴制改革之后，俄国资本主义的发展获得了新的动力。但是，俄国资本主义的发展受制于改革的不彻底，旧的农奴制并没有完全消失，沙皇专制仍然存在，俄国资本主义的发展依然很薄弱，依然依靠欧洲其他发达的资本主义国家。不过，1861年改革毕竟为俄国资本主义打开了发展的窗口，农民不断分化、小生产者不断地破产、工役制不断形成、工场手工业不断形成、大机器工业不断发展、雇佣劳动不断扩大等，这些都预示着俄国资本主义发展的必然性。所以，在俄国资本主义内部，它的落后性与必然性是相互矛盾的。一方面，俄国资本主义发展的必然性要求它快速地发展，而俄国经济的落后性却限制了它的发展；另一方面，俄国经济的落后性又要消灭资本主义生产关系，而资本主义发展的必然性又不断冲破这种落后性的藩篱。两者之间存在着极大的矛盾。如何解决这一矛盾呢？列宁认为，解决俄国资本主义发展的落后性与必然性矛盾的手段，是必须紧紧地把握住"社会分工"这把钥匙，社会分工是解决两种矛盾的唯一选择。社会分工的不断发展，不但在逐步消除俄国资本主义的落后性，而且进一步促进了资本主义发展的速度。

2. 俄国工业中资本主义发展三个阶段之间的矛盾。这三个阶段分别是：小商品生产（小的、主要是农民的手工业）、资本主义工场手工业、工厂（大机器工业）。这三者之间的矛盾关系是："小商品生产的基本趋势是发展资本主义，特别是形成工场手工业，而工场手工业在我们面前极其迅速地成长为大机器工业。""上述三种基本的工业形式，首先是以各种不同的技术结构来区分的。""小商品生产与工场手工业的特征是小作坊占优势，从小作坊中，只产生出少数大作坊。大机器工业彻底排挤小作坊。"[①] 表面上看，三个阶段是由低到高的发展次序，

---

① 《列宁全集》第3卷，北京：人民出版社1984年版，第497—499页。

似乎发展到最高级的大机器工业的时候，小商品生产和资本主义工场手工业彻底消失了。但是，实际上并非如此。由于社会分工的不断发展，农业与工业、商业之间的分离不断地进行，这就会不断地产生小商品生产和资本主义工场手工业。大机器工业的发展并不能从总体上消除前面的两个发展阶段，但前面的两个阶段的发展形式可能会出现一些变化。正如垄断不能彻底消除竞争一样，它只是改变了竞争的形式和内容，却不能否定竞争的客观存在。

如何解决三者之间的矛盾呢？列宁仍然认为是社会分工。但是，在这里，社会分工已经是升级版的社会分工，即分工的社会化。分工的社会化使生产者日益社会化，使劳动者日益社会化，使资本主义生产关系日益社会化，使国内生产日益社会化。在这种社会化的分工条件下，小商品生产和资本主义工场手工业不断地破产重组为大机器工业，而大机器工业的破产重组又需要新的小商品生产和新的资本主义工场手工业。

3. 工役制经济的矛盾与解决。列宁在论述俄国农业资本主义发展中，用了一个专章来说明"地主从徭役经济到资本主义经济的过渡"，尤其是提到了具有资本主义初级形式的工役制。但是，工役制是一个具有两面性的"畸形儿"，它本身就是矛盾的整合体，是一个过渡形式的经济状态。它的矛盾性表现在：工役制具有封建地主徭役经济的成分，还没有完全脱离徭役经济；同时，工役制下的劳动报酬的实现和工役制下的人身依附关系，又具有资本主义经济的特征。所以，工役制度是从徭役经济到资本主义经济的过渡形式，这种经济制度既具有发展到资本主义经济制度的趋势，但又被封建徭役经济制度所限制。

那么，如何处理工役制本身的矛盾呢？列宁认为，随着社会分工的不断分化和细化，工役制必然衰落。因为"商品经济的发展同工役制度不相容，因为这一制度建筑在自然经济、停滞的技术以及地主同农民的不可分割的联系上。因此，完备的工役制度是根本不可能实现的，商品经济和商业性农业的每一步发展都破坏着这一制度实现的条件"①。

---

① 《列宁全集》第3卷，北京：人民出版社1984年版，第177页。

4. 资本主义先进性与落后性之间的矛盾与解决。自由主义民粹派喜欢用政治化的理论口号，来空喊反对资本主义和热爱社会主义。表面上看，他们主张俄国不走资本主义道路的幸运和走社会主义道路的幸福，似乎是社会正义和真理的代表，也迎合了一部分群众的心理。但是，民粹派并没有看到资本主义的进步性，也从来不承认资本主义的合理性。这是不符合事实的。那么，如何理解资本主义的先进性和及其腐朽性呢？

列宁在《俄国资本主义的发展》中，运用矛盾分析法，一分为二地看待资本主义。列宁认为，资本主义相对于中世纪、封建专制、旧制度是先进的，它在短期内提高社会劳动生产率，提高了社会科学技术水平，是值得肯定的。所以，资本主义的先进性是历史的，是暂时的。但是，从本质上看，资本主义相对于社会主义是腐朽的，是落后的。同时，列宁还指出，我们承认资本主义的先进性并不意味着对资本主义落后的、黑暗的方面的肯定。"承认这种作用的进步性，与完全承认资本主义的消极面和黑暗面，与完全承认资本主义所必然具有的那些揭示这一经济制度的历史暂时性的深刻的全面的社会矛盾，是完全一致的（我们在叙述事实的每一阶段上都力求详细指明这一点）。"①

四 理论分析与实证分析相结合的方法

在《俄国资本主义的发展》一书中，列宁充分使用了经济学理论分析方法和经济学实证方法。在经济学理论分析方法内，列宁在每一章结束时都有一个专节的理论总结。这从《俄国资本主义的发展》一书的目录中就可以很容易地看出来。同时，《俄国资本主义的发展》第一章，就是列宁从理论上来批判民粹派经济学家的错误观点，为以下其他七个章节的内容打下坚实的理论基础。

至于经济学实证方法，列宁在《俄国资本主义的发展》中，大量

---

① 《列宁全集》第 3 卷，北京：人民出版社 1984 年版，第 548—549 页。

地采用了现代科学研究方法,尤其突出使用了经济学的统计方法。由于列宁对统计学方法的娴熟运用,以至于当时有人将列宁称为胜过官方统计学家的"非统计学家"。列宁的妻子娜·康·克鲁普斯卡娅在谈到列宁时说道:"统计表、数字、摘记,他写得总是特别清楚,他是如此勤奋,他的手稿,堪称做书法的典范,他饶有兴趣地摘录各种数字、曲线图……他广泛使用统计图表,并画得非常清楚。"① 由于列宁熟练地使用了统计学的方法科学地论证了俄国资本主义的发展,以至于这本书被认为是列宁统计思想的典型代表,也是研究列宁经济思想的不可缺少的一本著作。列宁的统计实证思想影响了不少人,比如 Л. 沃尔科夫－兰尼特曾用列宁以下的话来激励自己:"我热爱统计,我已经养成了完成准确计算的习惯。"②

所以,列宁之所以能够有理有据地对俄国民粹派完成批判的任务,不是因为列宁喊得高、声音大,而是因为列宁始终将自己的结论牢牢地立基于客观的经济资料之上,并没有抽象地喊叫和无谓地指责对方。正是由于这一点,列宁还专门批判了民粹派忽视统计学和错误使用统计学的弱点,甚至直截了当地指出俄国民粹派"平均"算数的低级错误,他们运用死板的统计方法,看不到农民的分化。列宁写道:"未来的俄国经济文献史家将惊讶地发现这样一个事实,民粹派的成见竟使人们忘记了经济统计的最起码要求,即一定要把业主和雇佣工人严格地区分开来,不管他们被怎样的土地占有形式结合在一起,也不管他们之间的过渡类型是怎样的繁多和庞杂。"③ 可以看出,列宁同民粹派之间的论战绝不是单纯的情感发泄,也不是抽象空洞的学术之争。只有正确地说明俄国资本主义发展的客观现实和客观发展规律,才能彻底击溃冥顽不化的民粹派。所以,在列宁看来,统计学是无产阶级斗争的工具。但是,

---

① 《列宁回忆录——亲属回忆录》第Ⅰ卷,莫斯科政治书籍出版社1986年版,第614页。

② 转引自〔苏〕T. B. 里亚布什金:《列宁著作与统计学》,王毓贤等译,北京:中国统计出版社1991年版,第4页。

③ 《列宁全集》第3卷,北京:人民出版社1984年版,第145页。

列宁在运用马克思主义统计方法时,却反对资产阶级的统计方法,反对以"统计"为目的的"统计"。在研究德国 1907 年进行的所谓行业调查收集的大量农业统计材料的处理方法时,列宁强调指出:"作为社会认识的最有力武器之一的社会经济统计,就这样变成了一种畸形的东西,变成了为统计而统计,变成了儿戏。"①

正如苏联学者所评价的那样:"列宁的《俄国资本主义的发展》一书是一部规模宏大而且内容丰富的巨著。这部巨著一方面概括、综合了他在以往著作中谈到过的研究成果,另一方面,大大地发展了论述再生产过程一般理论原理(首先是社会产品的实现问题)的方法和对更加广泛的大量统计资料进行多方面分析的方法。"②

列宁正是借用了马克思主义的科学的统计学原理和统计学方法,一方面批判了资产阶级的统计学,另一方面为彻底驳倒民粹派打下了坚实的经济学实证基础。而这一点,也是列宁与普列汉诺夫在批驳民粹派上的显著区别之一。

我们知道,与列宁同时代的普列汉诺夫,在他的《我们的意见分歧》的第三章,用了与列宁《俄国资本主义的发展》几乎完全相同的题目——《俄国资本主义》,并且论述的对象和研究的范围也大同小异。虽然《俄国资本主义》仅仅是作为《我们的意见分歧》的一个章节出现在该著作中,但是,从该文的篇章结构和行文逻辑看,实际上也具有相对独立的意义。

从《俄国资本主义》的内容结构看,包括七个大部分,分别是:(一)国内市场;(二)工人人数;(三)家庭手工业者;(四)家庭手工业和农业;(五)家庭手工业者和工厂;(六)俄国资本主义的成就;(七)销场。

普列汉诺夫在《俄国资本主义》这一部分,大多是从思辨上研究和演绎了俄国资本主义的发展逻辑进程。我们知道,1885 年,普列汉

---

① 《列宁全集》第 19 卷,北京:人民出版社 1989 年版,第 326 页。
② 〔苏〕T. B. 里亚布什金:《列宁著作与统计学》,王毓贤等译,北京:中国统计出版社 1991 年版,第 45 页。

诺夫写了著名的《我们的意见分歧》一文，给民粹派以严重的打击。这时的普列汉诺夫是作为俄国"劳动解放社"的创始人之一和马克思主义者登上历史舞台的。在这部著作中，"他具体地分析了俄国的经济发展，指出俄国已经走上了资本主义发展的道路，并系统地驳斥了民粹派的种种错误观点。……在《我们的意见分歧》一书里，又进而提出建立无产阶级政党的必要性；他强调指出，解决俄国当代一切经济和政治矛盾的唯一途径，就是尽快地建立工人政党"①。列宁在《什么是"人民之友"以及他们如何攻击社会民主主义者？》一文中就曾热烈地赞扬过普列汉诺夫的这本著作，他把《我们的意见分歧》看做俄国马克思主义的"第一本社会民主主义著作"②。

虽然普列汉诺夫给了民粹主义严重的打击，但他的批判并不彻底，有些理论观点还不完善甚至还有错误。真正彻底击碎民粹主义错误影响的，却是列宁。正如俄国学者巴希科夫在评价列宁的《俄国资本主义的发展》一书中所指出的那样，"普列汉诺夫的批判给了民粹派"的观点以基本的打击。但是，众所周知，普列汉诺夫的著作对于思想上完全瓦解民粹派还是不够的"③。

这种不够的原因，体现这样几个方面：如果说普列汉诺夫将《俄国资本主义》作为一部著作的某一个章节来研究的话，列宁则是将《俄国资本主义的发展》作为整个著作来研究和完成的。两者比较而言，前者的内容容量自然不能与后者相比。另外，在具体的行文中，普列汉诺夫在论证《俄国资本主义》时，行文逻辑的推演和研究结论的提升多是依从于思辨逻辑，虽然其中也有一些工人、农民、收入、地租、契税等方面的数据资料，但这些数据资料相比于列宁在《俄国资本主义的发展》一书中所使用的数据来说，是不可同日而语的。

---

① 陈启能：《普列汉诺夫》，北京：商务印书馆1965年版，第16页。
② 《列宁全集》第1卷，北京：人民出版社1984年版，第163页。
③ 〔苏〕巴希科夫：《论列宁的〈俄国资本主义的发展〉及其在经济学中的作用》，李少甫译，北京：中华书局1950年版，第13页。巴希罗夫的这本小册子，在中国最早由李少甫翻译，其上半部分发表在1949年《新中华》第12卷第23期的第29—33页。下半部分发表在1949年《新中华》第12卷第24期的第37—41页。1950年，该中译本由中华书局单印成册。

根据中文第二版的《列宁全集》第57卷的介绍（该卷是专卷本，是专门介绍列宁为创作《俄国资本主义的发展》而搜集、整理、使用资料的汇集本），列宁为了写作《俄国资本主义的发展》一书，搜集、整理、归类、分析、使用了海量的数据资料。这些数据资料、表格都经过了列宁认真的统计工作，甚至经过精确的核算之后，列宁还指出了某些省市官方统计数据的错误，并作了修改。除此之外，在《俄国资本主义的发展》一书出版之前，列宁不但邀请了流放在米努辛斯克的库尔纳托夫斯基和勒柏辛斯基担任统计员，还邀请了他在萨马拉结识的统计学家瓦·安·约诺夫对统计表作了校对。可以说，该著作的所有总结性的理论提升，都是有理有据的，有分析有综合，有归纳有演绎，有抽象也有具体，充分体现了马克思主义的辩证唯物主义的认识论和方法论。

所以，巴希科夫认为："民粹派的完全的思想瓦解，与马克思主义在俄国之奠定，已由列宁在前世纪九十年代的革命活动予以保证，并由列宁的《俄国资本主义的发展》予以完成。同时，列宁的这本书又表明了它在马克思主义经济思想的历史发展中是一个非常重要的关头——奠定了俄国经济思想发展的新的马克思主义阶段。"[①]

总之，列宁的《俄国资本主义的发展》一书，除了它那深刻的内容使人折服之外，书中闪耀着的方法论思想也是它的显著特点。这对于我们今天从事经济建设和经济规划有着直接的现实指导意义。它说明：经济建设必须根据实际情况的变化而变化，要抓住经济建设中的主要矛盾和解决主要的问题，注意防止经济规划的片面性和静止化。

---

① 〔苏〕巴希科夫：《论列宁的〈俄国资本主义的发展〉及其在经济学中的作用》，李少甫译，北京：中华书局1950年版，第18—19页。

第十一章 《俄国资本主义的发展》透显的科学精神

列宁为了创作《俄国资本主义的发展》一书，准备了大致547000字的读书笔记、资料摘编、多种插图等材料。从字数上看，《俄国资本主义的发展》一书大致是47万多字。所以，列宁为这本著作所准备的材料甚至比该书的全部内容还多。此外，列宁是在流放时期，是在敌人的监视下从事革命创作的，这种大无畏的革命精神，令人敬佩。可以看出，列宁为创作《俄国资本主义的发展》，付出了怎样的艰辛，体现出了怎样的执著精神。这种孜孜以求、笔耕不辍的科学态度，体现了无产阶级革命的精气神。

一 执著地追求马克思主义

列宁为创作《俄国资本主义的发展》，广泛而深入地研读了马克思恩格斯著作，其中最重要的就是阅读《资本论》，并详细地做笔记、做批注、做札记、做摘录等。

根据列宁的亲属的回忆和列宁青年时代的友人的证明，列宁是1888年在喀山开始研究马克思《资本论》的。在萨马拉居住时期，《资本论》第1卷和第2卷是列宁案头的必备书。列宁研究《资本论》第3卷是在彼得堡。在监狱和流放地撰写《俄国资本主义的发展》的期间，列宁继续研究《资本论》。列宁在他读过的《资本论》书上（《资本论》德文版第1卷1872年汉堡版，第2卷1885年汉堡版，第3卷1894年汉堡版；俄文版第1卷1872年圣彼得堡版，第2卷1885年圣彼得堡

> parel", wie in den meisten übrigen Gewerken, die Umwälzung der Manufaktur, des Handwerks und der Hausarbeit in Fabrikbetrieb, nachdem alle jene Formen, unter dem Einfluss der grossen Industrie gänzlich verändert, zersetzt, entstellt, bereits längst alle Ungeheuerlichkeiten des Fabriksystems ohne seine positiven Entwicklungsmomente reproducirt und selbst übertrieben hatten*¹⁷⁵*).
>
> Diese naturwüchsig vorgehende industrielle Revolution wird künstlich beschleunigt durch die Ausdehnung der Fabrikgesetze auf alle Industriezweige, worin Weiber, junge Personen und Kinder arbeiten. Die zwangsmässige Regulation des Arbeitstags nach Länge, Pausen, Anfangs- und Endpunkt, das System der Ablösung für Kinder, der Ausschluss aller Kinder unter einem gewissen Alter u. s. w. ernöthigen einerseits vermehrte Maschinerie*¹⁷⁶*) und Ersatz von Muskeln durch Dampf als Triebkraft*¹⁷⁷*). Andrerseits, um im Raum zu gewinnen, was in der Zeit verloren geht, findet Streckung der gemeinschaftlich vernutzten Produktionsmittel statt, der Oefen, Baulichkeiten u. s. w., also in einem Wort grössere Koncentration der Produktionsmittel und entsprechende grössere Konglomeration von Arbeitern. Der leidenschaftlich wiederholte Haupteinwand jeder mit dem Fabrikgesetz bedrohten Manufaktur ist in der That die Nothwendigkeit
>
> [footnotes]

（右侧批注：gegen würsig N.B.）

马克思《资本论》1872 年第 2 版第 1 卷第 499 页，上面有列宁的批注

版），在不同时期用各种颜色的铅笔和墨水作了大量批语和标记。这反映了列宁对《资本论》所作的系统的研究。

在《俄国资本主义的发展》一书中，列宁是依据这一著作的写作计划和目的来使用马克思《资本论》的。这本书以专门一章《民粹派经济学家的理论错误》开头，并在这一章中探讨了马克思政治经济学关于资本主义再生产和国内市场问题的基本原理。该书第 1 版序言说，这一章"可算是本书其余部分即事实部分的引言，而在以后的阐述中可以

不必多次引证理论"①。从这本书可以看到，列宁在研究俄国资本主义的发展时，始终把马克思主义原理应用于俄国具体情况并加以发展，同时也捍卫了马克思主义的基本原理，揭露和批判了民粹派和"合法马克思主义者"歪曲马克思主义和阉割马克思主义革命内容的行为。

《资本论》俄文版第1卷由尼·彼·伯利亚科夫翻译并于1872年出版。这一卷的很大一部分（第2章《货币转化为资本》的一部分）是格·亚·洛帕亭翻译的。米·亚·巴库宁也参加过《资本论》第1卷的翻译工作，但他因不能胜任这项工作，不久就搁下了。在洛帕亭因1871年营救尼·加·车尔尼雪夫斯基失败而被捕后，第1卷改由尼·弗·丹尼尔逊（尼古拉·—逊）继续翻译。同时，他也利用了其他译者的译文。《资本论》俄文版第2卷于1885年12月出版，这是丹尼尔逊翻译的。《资本论》俄文版第3卷于1896年出版，这一卷是丹尼尔逊根据恩格斯寄给他的准备出版的德文版的校样从1894年3月开始翻译的。

列宁在《俄国资本主义的发展》中引用的《资本论》文字，是他根据德文版自己翻译的，他同时还指出俄文版译文中的一些不确切的地方。有材料证明列宁参加了德文版第3版的俄文翻译工作，并同伊·伊·斯克沃尔佐夫－斯捷潘诺夫一起校订了1907年出版的《资本论》俄文版第2卷译文。在1909年版《资本论》第1卷封面上刊印的莫斯科出版社关于《资本论》全三卷用俄文出版的报道中提到列宁参加了翻译工作。1908年的《俄国思想》杂志第8期发表的关于《资本论》俄译文的文章也证实了这一报道。②总之，《资本论》对列宁的影响是巨大的。③

---

① 《列宁全集》第3卷，北京：人民出版社1984年版，第6页。
② 《列宁全集》第57卷，北京：人民出版社1990年版，第669页。
③ 关于这一点，我会在另外的一些章节里谈到。同时，根据民主德国学者B.伯克的研究，其结果是列宁多次引用和宣传《资本论》："在不同场合，他引证或提及《资本论》和《剩余价值理论》约三百多次，《共产党宣言》约一百五十次，《法兰西内战》约一百二十次，《反杜林论》约九十次，《哥达纲领批判》五十多次。""列宁的同时代战友在回忆中都突出记述了他在彼得堡秘密团体中讲解《资本论》并进行有关宣传鼓动工作的情景。"〔民主德国〕B.伯克：《列宁为马克思恩格斯著作的传播所作的贡献》，孙常敏译、夕昆校，载《马列主义研究资料》1984年第6辑，北京：人民出版社1985年版，第253、258页。

二 埋头苦读、广泛涉猎

列宁为创作《俄国资本主义的发展》，广泛而深入地研读了众多经济流派代表人物的著作、文章等，并详细地做笔记、做批注、做札记、做摘录等。

《俄国资本主义的发展》第 2 章第 1 节利用了塔夫利达省统计汇编的资料和弗·叶·波斯特尼科夫的《南俄农民经济》一书（列宁在波斯特尼科夫的书上作的批注）[①]。列宁认为塔夫利达省地方自治局统计人员采取的播种面积的农户分类法是成功的。"由于粗放耕作条件下的谷物农业系统在这个地区占优势，这种分类法能够使人精确地判断每类农户的经济。"[②] 列宁对波斯特尼科夫的书给予了好评。波斯特尼科夫正确地指出了农民经济分化的事实以及村社中和农民土地占有方面的变化，虽然未能对这些现象给予科学的评价。

列宁在《俄国资本主义的发展》第 2 章第 1 节中按照他所采取的方法对波斯特尼科夫引用的资料作了整理，并用地方自治局统计汇编的资料加以补充。列宁根据这些资料指出，民粹派经济学家所使用的"平均"指标是完全不能成立的，这些指标把农民描绘成为阶级方面和财产方面没有差别的群众。列宁利用塔夫利达省统计人员的资料，揭示了中农和贫困农民受农民资产阶级的排挤、土地集中到富裕农民手里的情形。这种土地集中的现象在份地中就已表现出来（这方面土地的分配根本不像民粹派经济学家所断言的那样是平均的），而在购买地和租地中表现得尤为突出。这些富裕农民已经变成了小土地占有者和农场主。这样，经列宁整理的地方自治局关于南俄农民经济的统计资料就不容置疑地证明了农民的资本主义分化和农民资产阶级在农村的统治。[③]

列宁在 1897 年 4 月 17 日和 5 月 25 日给安·伊·乌里扬诺娃－叶

[①] 见《列宁全集》第 1 卷，北京：人民出版社 1984 年版，第 467—475 页。
[②] 《列宁全集》第 3 卷，北京：人民出版社 1984 年版，第 53 页。
[③] 见《列宁全集》第 57 卷，北京：人民出版社 1990 年版，第 675—676 页。

利扎罗娃的信中曾索要《收成和粮价对俄国国民经济某些方面的影响》这一文集（见《列宁全集》第2版第53卷第22号和第25号文献）。在文集第2卷的封面上列宁写有"1897.10.4"，应该是他在舒申斯克村收到和开始研究该书的日期。在撰写《俄国资本主义的发展》时，列宁仔细研读了这部文集，在文集页边上做了许多批注，批驳了民粹派分子的论据和偏见。

列宁在自己的一些著作中指出，《收成和粮价的影响》一书的作者们是民粹派经济学家。他们犯了许多错误，他们闭眼不看商业性农业的发展，宣传自然经济是"合理的"，把工役制描绘成是对农村居民的一种"帮助"。在该书的引言中，编者代表全体作者表示完全赞同财政部关于1895年国家收支预算报告中所表述的关于粮价对俄国国民经济的影响问题的官方观点。列宁严厉地批判了民粹派经济学家拿来作为武器的这种官方的地主的观点。①

在批判民粹派谬误的同时，列宁仔细地研究了文集的一些文章中包含的具体事实材料，根据其他书刊进行核对，独立地把资料作了分类，并在《俄国资本主义的发展》一书中加以批判地利用。例如，列宁根据尼·费·安年斯基文章中的事实材料（第1卷第170页），对农业的自由雇佣制、工役制或混合制在欧俄某些省份的分布情况作了汇总。这些材料根据其他书刊作了某些补充后，被采用于《俄国资本主义的发展》一书。②

B. Ф. 阿尔诺德《赫尔松县农户农业技术和农业经济的一般特点》一书，是该县124个农户资料的综合，这些资料是通过对家庭收支抽象调查的方法取得的。列宁仔细研究了这本书，在单独的笔记中对农户作了分类。列宁认为，"资料最大的缺点是不连贯，不完备"。在阿尔诺

---

① 见《列宁全集》第3卷，北京：人民出版社1984年版，第184、224—225、278页及其他各页。

② 见《列宁全集》第3卷，北京：人民出版社1984年版，第166—167页。《列宁全集》第57卷，北京：人民出版社1990年版，第679—680页。

德的书的封面上，列宁记有他收到这本书或开始对它进行研究的时间："1902.5.3"。①

潘·阿·维赫利亚耶夫的著作（《特维尔省统计资料汇编》第13卷第2编《农民经济》）是民粹派伪造经济现实的典型例子。列宁在书上做的批注彻底揭露了这个民粹派分子的伪造手法，证明他为了否定农民分化所采取的有偏见和肤浅的分类法，无论在理论上还是方法上都是站不住脚的；驳斥了他作出的所谓各个农户在土地使用和牲畜占有方面是均等的、其中并没有资本化的因素等论断；指出他关于改革后的农村的"人民生产"的议论是毫无根据的。列宁在《俄国资本主义的发展》中对维赫利亚耶夫的著作作了详尽的评价。②

《沃罗涅日省综合汇编》是《俄国资本主义的发展》一书大部分付印后列宁在流放地舒申斯克村收到的（书上有列宁标的时间"1898.11.8"）。这本沃罗涅日省12县的汇编，由费·安·舍尔比纳编写，是1884—1891年这8年中所进行的按户调查统计材料的概述。泽姆良斯克和克罗托亚克两县的调查（列宁在这两县的统计汇编上的批注，见本卷第102—103页）是在1886年和1887年进行的。列宁指出沃罗涅日统计人员加工整理调查资料的方法有缺陷，他们所采取的按份地进行农户分类的方法是站不住脚的。列宁批评了舍尔比纳所计算的平均家庭收支统计资料，指出它带有虚构性。因为这个民粹派分子把富裕农户和最贫困农户混在一起，这样就得出一个经过粉饰的"平均数"（见《列宁全集》第2版第3卷第124页）。沃罗涅日地方自治局统计人员在评价农民副业时陷入混乱，他们把所有有份地的雇佣工人都笼统地称做"工业者"。

尽管如此，沃罗涅日省汇编仍有有用的实际资料。列宁在他的书第8章第2节中引用了这本综合汇编的资料，这些资料证实即使在沃罗涅日这样的农业省份，乡村地区的工商业人口也不比城市里的少。列宁在

---

① 《列宁全集》第57卷，北京：人民出版社1990年版，第682—683页。
② 同上书，第680—681页。

《俄国资本主义的发展》第 2 章第 6 节中利用了沃罗涅日省汇编的资料。①

《彼尔姆省手工业状况概述》是根据俄国技术协会彼尔姆分会的倡议，在地方自治机关的参与下，以 1894—1895 年度彼尔姆省手工业按户调查材料（Е. И. 克拉斯诺彼罗夫领导了调查材料的整理工作）为基础而编写的一部巨著。列宁在《1894—1895 年度彼尔姆省手工业调查以及"手工"工业中的一般问题》一文（见《列宁全集》第 2 版第卷第 235—332 页）中对这份调查材料作了详细的分析。他在《俄国资本主义的发展》一书中，也广泛地使用了这一调查材料。列宁在《概述》（即《彼尔姆省手工业状况概述》——笔者注）一书上做了大量批注。这些批注说明，他对该书资料的研究着重于两个方面：第一，使用和整理关于手工工业状况的实际调查资料；第二，对书中反映的民粹主义偏见进行原则性的批判。《概述》的作者们对调查材料进行综合和分类的方法在经济学上是不科学的，在统计学上也是不正确的。他们掩盖了由于资本的渗入及其在手工工业中占统治地位而在"手工业者"中间引起的矛盾。

列宁批判了民粹派统计学家把大作坊和小作坊（大作坊业主和个体手工业）混在一起，并据此得出虚假的平均数的做法。民粹派统计学家在手工业调查中回避雇佣工人及其家庭（在调查材料中没有雇佣工人家庭的按户调查资料），只登记作坊中的工人数（既包括本户工人也包括雇佣工人）对手工业者进行分等分类。经列宁用科学方法整理过的内容广泛的手工业调查材料不容置疑地证明，工业中手工业者分化成为资本家和雇佣工人，是同作为耕作者的农民的分化携手并进的。

列宁在《对 1894—1895 年度彼尔姆省手工业按户调查资料作的批注和整理》中发现，在关于"马具业"的调查中，《概述》两处提到的同一个本户工人人数资料不一致：在第 96 页的统计表里，"参加

---

① 《列宁全集》第 57 卷，北京：人民出版社 1990 年版，第 681--682 页。

本行业的家庭手工业者"人数为 81，可是按照第 97 页的统计表里的资料（12＋18＋24＋16）得出的数字却是 85。他认为这里可能有排印错误。①

列宁在研究彼尔姆边疆区手工业发展情况时，也利用了 1887 年西伯利亚——乌拉尔展览会上彼尔姆手工业部分的材料。该材料是地方自治局统计人员 Е. И. 克拉斯诺彼罗夫编写的，分三编。列宁在每一编上都作了许多批注、计算和着重标记。例如，他计算了各行业和各县的所有本户工人人数和雇佣工人人数、作坊数，算出了每一个作坊的平均生产额（产值）。他标出了各种行业的技术装备和生产组织的特点；研究了手工业作坊主和雇佣工人所经营的农业的情况；计算出工人的工资和手工业者的利润；研究了工人的劳动条件和生活条件；标出了关于童工的数量和工资的资料。所有这些经列宁用科学方法整理和分析了的材料和统计资料，都反映出资本主义在手工工业的发展，这主要表现在雇佣劳动使用的增长和资本主义工场手工业的发展上。

列宁还细心研究了克拉斯诺彼罗夫编写的其他出版物中有关手工工业的实际材料。这些出版物是《1890 年喀山科学工业展览会上的手工业和手工艺》和根据 1896 年下诺夫哥罗德展览会的资料所作的关于手工工业状况的报告。②

列宁甚至还广泛地阅读了自由主义民粹派的著作。列宁在《俄国资本主义的发展》中多次引用民粹派统计学家维·斯·普鲁加文的《弗拉基米尔省手工业》第四编（波克罗夫县）一书。列宁在利用该书实际资料的同时，批判了作者的民粹派偏见。③

总之，广泛涉猎、扩大知识视野，是列宁创作《俄国资本主义的发展》的一个显著特色。正如列宁在《俄国资本主义的发展》第二版序言中所说的那样："本书根据对种种统计资料进行的经济学上的研究和

---

① 《列宁全集》第 57 卷，北京：人民出版社 1990 年版，第 695 页。
② 同上书，第 696 页。
③ 同上书，第 692 页。

批判性的审查,分析了俄国社会经济制度,因而也分析了俄国阶级结构。"①

三 不盲从权威

列宁创作《俄国资本主义的发展》时,还是一个不到30岁的年轻人。虽然年轻,但他广泛而深入地了解当时俄国的国情,尤其是当时俄国经济社会发展的现实,并将研究成果牢牢地立基于俄国的现实国情之上。同时,列宁根据调查情况,精心制作了种类繁多的统计数字表,并对统计数字进行了严格的核算与校对,同时他还指出了官方或者其他学者统计资料中的不正确之处。即便对于国家有关机构的资料,列宁在引用的时候也是谨慎斟酌,不断质疑。

列宁在《俄国资本主义的发展》一书中对俄国1897年第一次人口普查总结作了马克思主义的分析。他在该书许多章节,特别是在第二版的补充部分阐述了这一问题。他剖析了官方对普查资料的加工整理,认为其重大缺陷是过分压低了工业人口:在统计城市人口时排除了工业村镇的人口,可是在许多省份,工业人口主要并非集中于城市,而是集中于已转变为相当大的工业中心的工商业村。②

列宁在《俄国资本主义的发展》一书中,为了说明城市的发展,利用了1897年人口普查材料前两编的资料③。这两编的编者回避了俄国工人阶级的发展和分化问题,这反映了统治阶级那种不愿让人们了解工人实际情况的意向。只是到1905年,即普查结束后的第八年,沙皇政府内务部中央统计委员会才按照1897年的普查资料部分地公布了工人和仆役分布的材料。但即使在这个材料里,关于俄国工人阶级人数的资料也是伪造的,因为它人为地过分压低了手工工业中工人的数目,并且对外出做非农业零工和农业工人的迁移情况都不加考虑。

---

① 《列宁全集》第57卷,北京:人民出版社1990年版,第11页。
② 见《列宁全集》第3卷,北京:人民出版社1984年版,第520页。
③ 同上书,第512—514页。

列宁仔细地研究了调查材料，主要是《1897年俄罗斯帝国第一次人口普查》(第1编，1897年1月28日按县调查的帝国人口，圣彼得堡1897年版。第2编，1897年1月28日调查的城市人口，圣彼得堡1897年版)，修正了计算的错误，把第1编和第2编的资料作了比较和订正。比如，列宁重新核算第2编第5—23页各省人数总计，从而得出1897年1月28日城市现有人口数量（12027128）；列宁在第12、13、18页上（第2编）计算了里加、莫斯科和圣彼得堡市内及市郊人口数量，并作了相应的记载；列宁在第33页（第2编）上核实了锡尔河省奇姆肯特县各城市的行政管理资料，该编编者原先把这些城市划归该省佩罗夫斯克县；列宁在该书（第2编）的封面上按人口数量对欧俄（50个省）城市作了新的分类。

中文第二版的《列宁全集》第57卷引用了经列宁整理的以下调查材料：1897年普查材料第1、2两编；弗拉基米尔省和下诺夫哥罗德省的资料；工人和仆役的分布。这些材料表明，列宁重新核算了各省人数总计，计算出城市常住人口和现有人口在全国总人口中占的比重；摘录了最大城市人口数，以弗拉基米尔省和下诺夫哥罗德省为例比较了城市和工商业村人口数，计算出工人阶级在各生产领域中的分布。①

列宁在揭露沙皇俄国工厂统计材料极其不能令人满意的状况时指出，《财政部年鉴》与其他统计书刊相比有它好的地方，即提供了年生产总额1000卢布以上的工厂的名单（按业主姓氏）②。列宁根据《年鉴》的资料指出民粹派经济学家尼·—逊、尼·阿·卡布鲁柯夫等人在统计方法上的错误。按列宁的说法，他们看来对工厂统计的主要资料完全无知，而且不加批判地使用了歪曲经济实际情况的《军事统计汇编》的资料③。为了评价60年代俄国工业状况，列宁在《俄国资本主义的发展》一书中的许多地方利用了取自《年鉴》的实际资料。

---

① 《列宁全集》第57卷，北京：人民出版社1990年版，第698—699页。
② 见《列宁全集》第3卷，北京：人民出版社1984年版，第418页。
③ 同上书，第420页。

列宁摘用的弗拉基米尔省和下诺夫哥罗德省
城市和工商业村人口数量的手稿的一页

  列宁在《年鉴》上做了大量批注,包括对各省外出做零工的规模、历年各种行业工厂工人数量等的计算和统计。列宁还在许多地方把一些属于笑料的材料标出来,例如,厂主所呈报的生产总额被大大压低,连支付工人工资也不够。[①]

[①] 《列宁全集》第 57 卷,北京:人民出版社 1990 年版,第 699 页。

列宁在《俄国资本主义的发展》一书最后一章即第8章的第2节中，研究了外出做非农业零工的问题。列宁认为，在工业中心谋得生活资料的农民应属工业人口。列宁的这一经过科学论证的结论，彻底驳倒了民粹派经济学家一再重复的所谓俄国工人是仅仅赚取外水的种地的农民这种官方观点。①

为了说明外出做非农业零工的情况和测定工业人口，列宁使用了各种统计书刊：莫斯科省和特维尔省的统计年鉴，亚罗斯拉夫尔省、下诺夫哥罗德省和卡卢加省的概述，德·尼·日班科夫根据科斯特罗马省材料所写的关于外出谋生对人口迁徙的影响的著作等。列宁根据上述统计书刊中的实际资料，统计了关于发给外出谋生的农民的身份证的资料，按一年四季对外出做零工进行分类，并按外出做零工的种类对各县加以分类，按年龄和性别分析外出做零工者的组成，对不同来源的有关资料进行比较以核对其可靠性。列宁还顺便针对这些汇编的编者们的民粹主义错误观点写了许多批评性的评语。②

列宁为了说明全国各个地区的农民分化过程，在《俄国资本主义的发展》一书中利用了大量的地方自治局统计汇编。关于下诺夫哥罗德省，他引用了克尼亚吉宁、瓦西里和马卡利耶夫三县的统计汇编，这三县以农业为主，有发达的商业性农业和手工业③。列宁把地方自治局在同一年代1887—1888年、按同一提纲对上述三县进行调查而得到的统计调查资料合并到一起，同时利用了下诺夫哥罗德统计人员按役畜对农户所作的分类。属于下诺夫哥罗德省这一类的县还有卢克扬诺夫县，该县的统计汇编列宁也看过。列宁根据下诺夫哥罗德材料所编制的统计表反映了全俄"非农民化"的过程，并确证了份地、购买地和租地、播种面积、牲畜都集中于富裕户手里的事实。富裕农民把商业性农业和资本主义农工业同工商企业结合在一起，贫苦农民则把出卖自己的劳动力

---

① 《列宁全集》第57卷，北京：人民出版社1990年版，第697页。
② 同上书，第699页。
③ 见《列宁全集》第3卷，北京：人民出版社1984年版，第98—100页。

同微不足道的播种面积结合在一起,即变成有份地的雇农和日工。①

列宁在波尔塔瓦省的统计汇编上划出了他感兴趣的资料,在页边上作了计算,按播种面积和租地面积作了农户分类,并把霍罗尔、康斯坦丁格勒、皮里亚京三县的同类农户的资料加以综合。列宁通过整理这些材料,得到了各农户播种面积和租地的分配极端悬殊的资料,以此为依据,他在《俄国资本主义的发展》第 2 章第 8 节②中说明了农民的分化过程。

《汇编》中《农村居民的职业》一篇也引起了列宁的注意。他划出并汇总了这三县建筑工人的人数(盖房工、木工、火炉工、抹灰工等)。汇编的编者错误地把他们算做从事建筑业的农民,而实际上他们大多数是雇佣工人。③

列宁在 1896 年 1 月 16 日从彼得堡监狱写信给亲属的信中曾索要特维尔地方自治局的汇编④。在撰写《俄国资本主义的发展》一书的过程中,列宁不止一次地查阅这些汇编。列宁根据特维尔省三县(卡申县、斯塔里察县、特维尔县)的副业详表综合了各乡的资料,计算了建筑工人的数量,包括本地的和外出的在内。与此同时,列宁还注意到在特维尔县最为普遍的获利很高的温室业和省自治局报告中关于农民欠交税款增长的资料。⑤

列宁在《俄国资本主义的发展》一书中曾指出,沃罗涅日省汇编的特点是资料极其完备,分类法也极多。列宁作了批注的该省汇编现存两本,即泽姆良斯克县和克罗托亚克县的汇编。在这两本汇编的统计表中,列宁标出了他感兴趣的资料——各类农户(当雇农的农户;不雇雇农也不当雇农的农户;雇用雇农的农户)用自己的牲畜或雇工耕种的土地的数量,并纠正了汇编中的计算错误。⑥

---

① 《列宁全集》第 57 卷,北京:人民出版社 1990 年版,第 676 页。
② 《列宁全集》第 3 卷,北京:人民出版社 1984 年版,第 103—104 页。
③ 《列宁全集》第 57 卷,北京:人民出版社 1990 年版,第 676 页。
④ 《列宁全集》第 53 卷,北京:人民出版社 1984 年版,第 16 号文献。
⑤ 《列宁全集》第 57 卷,北京:人民出版社 1990 年版,第 677 页。
⑥ 同上。

列宁在《俄国资本主义的发展》第 2 章第 3 节和《论所谓市场问题》一文中考察了萨拉托夫省的地方自治局统计资料①。他主要是利用了卡梅申县的资料,在萨拉托夫省各县中只有该县把农户按役畜作了分类。列宁批驳了萨拉托夫统计人员按份地把农村无产者同农村资产阶级加到一起的分类法,因为用这种方法得出的虚假的"平均数"掩盖了农民的分化。列宁在他的著作中按经营的规划和类型(按役畜和播种面积)进行分类。列宁还利用卡梅申县地方自治局统计资料来证明民粹派关于农民租地的观点的荒谬性。

可以看出,列宁在撰写《俄国资本主义的发展》的过程中,仔细研究了大量根据各省、县手工业户按户调查和抽样调查编纂的地方自治局统计资料汇编,以及大量研究手工业的专门著作。为了分析从事小商品生产的手工业者的资本主义分化,列宁以手工业户的大小为依据;小手工业者按其生产额、有无雇佣劳动、技术设备状况等来分类。而且对每一种手工业都按其特点采用不同的依据来进行分类。

列宁批评了民粹派那种把手工业说成是某种由"劳动组合原则"占优势的、没有经济矛盾和阶级矛盾的"人民生产"的企图,描绘出一幅使"手工业生产"四分五裂的深刻矛盾的图景,展示了大多数"独立业主"破产、少数业主变成资本家的情景。

为了说明工场手工业的特征,列宁详细地分析了从织造业到首饰业的一系列(10 个以上)行业的经济和技术状况。这些行业包括上百种手工业。他根据具体分析,得出了关于工场手工业的技术和分工、各个地区的专门化以及工场手工业的经济结构的结论。

为了展示俄国大机器工业的实际发展情况,列宁详细地分析了六个工业部门的历史统计资料,从各种统计书刊中挑选出比较合适的材料,来说明该工业部门发展的特征。

列宁在对官方工厂统计资料进行核对、整理、汇总和分类等方面做

---

① 见《列宁全集》第 3 卷,北京:人民出版社 1984 年版,第 74—86 页和第 1 卷,北京:人民出版社 1984 年版,第 89—90 页。

了大量工作。沙皇俄国工厂统计组织得很糟糕，企业是由不同的主管部门（工商业司、无定额税务司、矿业司等）分别统计的。而且由于各省按不同的提纲、不同的方法、不同的规模进行统计和调查，统计材料很难进行比较，统计资料的整理也就困难重重。

列宁工作的特点是对材料作具体的、全面的分析。他一步一步地研究、核对和概括有关俄国工业中资本主义发展的极为丰富的实际材料和数字材料。列宁把经过仔细核对的个别企业和国内个别地区的资料作为研究的基础，他对每一个大工厂都作了研究。经过耐心细致的研究工作，列宁作出了关于俄国工业中资本主义发展形式和阶段的结论和总结。①

由沙皇俄国总参谋部一批军官编写而由尼·尼·奥勃鲁切夫少将主编的《军事统计汇编》（第4编，1871年版），是一本1000多页的厚书。列宁在《俄国资本主义的发展》中对这本汇编给予了总的评价②。《军事统计汇编》作为19世纪60年代工厂统计方面的一本汇总著作，在马克思主义者和民粹派关于俄国资本主义发展问题的辩论中，起了特殊的作用。民粹派援引这本把60年代工厂数目过分夸大了的汇编，与较为晚期的一些资料进行比较，从而断言俄国工业在衰退，俄国资本主义的发展没有根据。列宁和其他研究者揭露了民粹派统计学家这种伪造手法，证明他们使用的汇编数字是站不住脚的③。

列宁称这本汇编的工厂统计资料是"可笑的数字"，这首先是指《工场工业》那一篇的材料。在这一篇中，工厂统计资料的数字来源极其不同，甚至还包括热心美化沙皇俄国经济现实的省长们的"奏章"，所以这些数字根本不能使用。

为了揭露汇编对1866—1867年工厂数目、工人人数和生产总额（产值）的过分夸大，列宁把这些数字与彼·安·奥尔洛夫和 С. Г. 布达戈夫合编的1890年《工厂一览表》、《财政部年鉴》等资料作了比

---

① 《列宁全集》第57卷，北京：人民出版社1990年版，第683—684页。
② 见《列宁全集》第3卷，北京：人民出版社1984年版，第419—420页。
③ 同上书，第419—422页。

较。经过对来源不同的统计资料进行仔细分析之后，列宁不容置疑地证明，与民粹派关于工厂数目和工人人数在 19 世纪最后 30 多年里有所减少的论断相反，这两者实际上都大大增加了。

列宁批判地利用了《军事统计汇编》许多章的材料。他综合了有关人口的资料，计算出全部非生产人口数量，并从其中划分出三个类别：贵族和僧侣；军人阶层；工厂主和商人。由于对城市型居民点的目录进行了仔细核对，他对欧俄人口作了统计分类，并按人口数字对大城市作了统计分类①。《军事统计汇编》的《矿业》篇，是列宁撰写《俄国资本主义的发展》第 7 章第 4 节的资料来源之一。②

有意思的是，当列宁在舒申斯克村从《自由经济学会学报》的抽印本上读到米·伊·杜冈－巴拉诺夫斯基的《俄国工业发展统计总结》的报告时，对该报告指出《军事统计汇编》数字有错误的那部分给予了肯定的评价。③

总之，为了撰写《俄国资本主义的发展》，列宁在被捕、坐牢、流放以及后来侨居国外时，都花了许多精力来研究材料，并对这些材料不断地修订和质疑，而不是盲目地照抄照引。"从这里还可以看到弗拉基米尔·伊里奇的很强的工作能力和他那种承担了某项工作就顽强地坚持到底的精神。例如他对于《俄国资本主义的发展》或者这本书的某一章的写作，一般都是如期完成的，这从后面刊载的信中可以看出。"④

四 不畏困难的革命乐观主义精神

列宁为创作《俄国资本主义的发展》，牺牲了身体健康，并在人身自由受到限制的情况下，采取了灵活的、隐蔽性的创作、出版和传播手段。

---

① 《列宁全集》第 3 卷，北京：人民出版社 1984 年版，第 512—513 页。
② 《列宁全集》第 57 卷，北京：人民出版社 1990 年版，第 684—685 页。
③ 参见同上书，第 698 页。
④ 《列宁全集》第 53 卷，北京：人民出版社 1988 版，第 XLIV—XLV 页。

根据列宁与亲友的通信可以知道，列宁在坐牢和流放的时候，在革命处于低潮、侨居国外的时候，都埋头从事学术、理论工作。就是说，在无可奈何不得不多多少少失去同革命的直接联系的时期，列宁为自己一生的主要事业——无产阶级革命的工作多打下一些科学理论基础。

列宁所在的流放地，由于远离都市、条件艰苦、卫生很差，尤其是冬天十分寒冷，加上看守的严密监视，行动不甚自由，这给列宁从事理论创作造成了极大的麻烦。为了克服困难保持健康的体魄，顺利地完成出版自己的第一部《经济评论集》和长篇著作《俄国资本主义的发展》，列宁在艰难困苦中独创了一套令监狱看守都吃惊的体操——行50次鞠躬礼，即至少要连续鞠躬50次，每次手要碰着地，同时腿不能弯曲。列宁对自己独创的体操十分满意，甚至在1898年2月7日给母亲的信中，还打算将体操推荐给患了浮肿病的米嘉。列宁在信中写道："我可以介绍给他一种最简便的体操（虽然是引人发笑的）：行50次鞠躬礼。我给自己规定的就是这种课程。看守从窗洞中望进来，看见一个从来不肯到拘留所的教堂里去的人，突然变得如此虔诚起来，使他不胜惊异，而我并不感到难为情。"① 所以，"50次鞠躬礼"的故事在当时广为流传。列宁这种不畏困难、艰苦奋斗、苦中作乐的革命乐观主义精神，充分体现了他那崇高的人格，给我们后人留下了珍贵的精神财富，是永远值得我们尊敬和学习的。

列宁这种高尚的革命乐观主义精神，不仅体现在他的理论创作中，也体现在他给同志的信中，使得同志们往往能从他身上感受到无形的力量。所以，正如亲友们所评价的："我们都亲眼看到，在他身上不仅没有过任何颓唐沮丧（他的性格中根本没有这些东西），而且他从来不埋怨自己的处境（无论在坐牢、流放或者侨居国外的时候），甚至在叙述这些事情的时候也不带一点牢骚。"② 正是因为这种无产阶级的宝贵革

---

① 《列宁全集》第53卷，北京：人民出版社1988版，第87—88页。
② 同上书，第XLIII页。

命精神，列宁给亲友的信甚至被誉为"他的信总是像一泓清泉，冲洗着种种灰心、烦躁和消极情绪，使你精神大为振奋，情绪饱满起来"①。

这种革命的乐观主义精神，又促使"弗拉基米尔·伊里奇朴实自然，非常谦虚，不仅一点不摆架子、不说大话，而且从不居功，不炫耀自己，这也是他突出的地方。一个有才干的人在年轻时候往往都是有点好炫耀自己的，列宁却不如此。例如，他曾在长时间内不同意把他所写的那部精心巨著《俄国资本主义的发展》作为书名，他说这个书名'太大胆、太广泛、口气太大'，书名'应当……普通一些'（见1899年2月13日的信）。对于用了这个书名销路就会好些的说法，他'也不大喜欢'（见1899年1月10日的信）。"②

同时，这种宝贵的精神也使列宁更有自信去面对困难，克服困难。"他的自信心并不使你感到压抑而是鼓舞你努力去更充分地发挥自己的作用，他的俏皮的幽默使人胸怀开朗，使你无论做什么工作都能得到最好的调剂。他的书信反映出他对别人的情绪极为关切，反映出他的友好的同志式的关怀，这一点从他对母亲和家庭其他成员的关注中可以看出，从他对同志的关注中也可以看出，他无论在坐牢、流放或侨居国外的时候，总是那样关切地问候他们，提起他们（见1897年3月15日和4月5日的信）。"③

五　深入调查研究，掌握真实资料

根据亲友的回忆可以知道，"一旦他（列宁——笔者注）同人们能够更广泛地交往，例如在农村，在国外，在往来于各地和旅行期间，则善于抓住实际，了解群众，把细小的事情和现象加以提高概括，不断地建立和巩固理论和共同理想同实际生活之间的相互联系。从每一次交谈中，从来往书信中，无论从什么地方他都善于汲取这样的感受。我们可以看到，伊

---

① 《列宁全集》第53卷，北京：人民出版社1988版，第XLIV页。
② 同上。
③ 同上。

里奇是多么渴望别人给他寄来仅仅叙述周围情况而不涉及什么大目标的普通信件，多么热切地倾听这些信中所说的话，要求经常写这样的信给他。"①

为了摸清当时俄国农业发展的一些情况，列宁在《俄国资本主义的发展》一书中对俄国资本主义发展的具体分析，是从说明农业的资本主义演进和农民的分化开始的。在该书的第一部分中探讨了地主经济的社会经济制度及其在改革后时代的变化，考察了农村中的农奴制残余。为了深入研究资本主义在农业中的发展和农民的分化过程，列宁细心研究了大量有关村社和农民经济以及有关地主经济中的资本主义的制度和徭役制度的文献。在有关农民经济的资料中，根据地方自治局统计材料编纂的大量统计汇编和概述占首位。所以，列宁不是书斋型的学者，而是集理论家与革命家于一身。"他一生从事理论活动都是从革命的需要出发，为了达到革命的目的，决不掩饰功利性。不仅从本选集中，即使从他的全集中，也很难找到纯理论、纯学术的著作。就拿《俄国资本主义的发展》一书（节选在第一卷中）来说，这部书通常被认为是列宁早年的最具学术性的大部头著作，但列宁写此书却是为了探索俄国社会发展状况和认识国情以寻找革命道路。"②

沙皇俄国省、县两级的地方自治局是1861年农民改革后沙皇政府为管理学校、医院和地方经济事务而成立的。地方自治局统计机构做了大量的统计工作，包括农业和手工业按户调查、农民家庭收支调查等，并出版了包含有丰富事实材料的各县和各省的概述和统计汇编。但是地方自治局统计人员多数是民粹派，他们整理这些调查资料时带有倾向性，采取了错误的分类法，结果使这种极其丰富的材料失去其价值，往往变成一栏一栏的毫无意义的数字。从其中看不到各类农户的本质差别。农民阶级分化的特点和特征被掩盖了起来。

为了获得说明农业资本主义演进的可信的材料，列宁做了极其浩繁的工作。从列宁在为撰写《俄国资本主义的发展》而研究的书籍上所

---

① 《列宁全集》第53卷，北京：人民出版社1988年版，第XLVII页。
② 丁士俊：《"生活之树是长青的"——读新版〈列宁选集〉随想》，载《马克思主义与现实》1996年第1期，第79页。

作的批注及其他一些准备材料中，人们可以看到，列宁是怎样一步一步地分析和批驳民粹派、资产阶级经济学家和统计学家的论据的。

列宁在地方自治局统计汇编上所作的批注表明，他是如何揭示农村的分化过程的各种表现形式，怎样采取各种方法把国内不同地区的农户统计资料加以汇总和分类的。列宁常常在统计汇编的页边上自己作计算，编制统计表，对农户作科学的马克思主义的分类。

列宁仔细研究每一份多少有点价值的资料，核查和对比其中的事实和数字，然后利用确实可靠的材料在《俄国资本主义的发展》中全面分析农业的资本主义演进。

列宁最为注意的是欧俄一些省和个别县的统计材料，其中包括莫斯科、弗拉基米尔、下诺夫哥罗德、沃罗涅日、萨拉托夫、萨马拉、彼尔姆、波尔塔瓦、塔夫利达等省的统计材料。①

总之，从列宁创作《俄国资本主义的发展》一书中，可以看出列宁严谨的治学态度和高尚的人格，是马克思主义学风的典范。仅从治学研究上看，《俄国资本主义的发展》一书的创作史就充分说明，列宁是当今加强马克思主义学风建设，提高马克思主义理论修养的楷模。

可以说，列宁这种一丝不苟、精益求精、严肃认真、不畏艰辛的科学研究精神，鼓舞了后来的马克思主义研究者。在这里，非常值得一提的是，中央编译局的编译工作者在编译和辑注列宁的全集、选集、文集时，将编译工作视为雕琢艺术作品，对于每一个细节都是一丝不苟、字斟句酌、反复推敲。高晓惠曾经撰文回忆，指出当时撰写《列宁专题文集（论资本主义）》中的《俄国资本主义的发展》题注的细节。她说，"笔者有幸参加了文集的编辑工作，具体也参与撰写《论资本主义》卷的部分题注。就修改情况笔者深有体会，举个例子来说，这是笔者最初提供的关于《俄国资本主义的发展》一文的题注：'这是列宁同俄国民粹派就资本主义能否在俄国得到发展的问题进行争论而于19世纪90年代完成的一部重要著作。列宁运用马克思的经济学说，以大量统计资料

---

① 《列宁全集》第57卷，北京：人民出版社1990年版，第670—671页。

为依据分析了俄国的经济社会制度和社会阶级结构,批评了民粹派认为的资本主义在俄国不可能得到发展的错误观点,指出资本主义无论在俄国的城市或乡村都已成了占统治地位的生产方式,俄国已经是一个资本主义国家。但是俄国资本主义与西欧资本主义国家相比发展较缓慢。在这里所选取的章节中,列宁对资本主义的发展作了一个总结,指出资本主义既有其进步的历史作用:社会劳动生产力的提高和劳动的社会化,也具有历史暂时性,列宁在本书第二版序言中指出,资本主义的发展给工人阶级进一步实现其真正的和根本的社会主义改造任务创造了最有利的条件。'到书最后正式出版时,其成稿已经作了很大修改。修改后的行文是这样的:'这是列宁全面考察俄国资本主义的发展历程,运用马克思主义的经济学说科学分析俄国的社会经济制度和阶级结构的一部重要著作。在节选的部分,列宁分析批判了民粹派经济学家的理论错误,根据马克思主义政治经济学基本原理阐明了关于社会分工、资本主义商品生产及其实现剩余价值的条件、资本主义国内市场建立的过程和条件等一系列与俄国资本主义发展密切相关的重大理论问题;指出在这种经济基础上进行的俄国革命,必然是资产阶级革命。列宁还对资本主义的历史作用作了阐述,指出资本主义既有其进步的历史作用,即促进社会劳动生产力的提高和劳动的社会化,也具有历史暂时性。资本主义的发展给工人阶级进一步实现其真正的和根本的社会主义改造任务创造了最有利的条件。'

对题注编写的这种字斟句酌,不仅体现了编者的负责态度,也表现编者对推进马克思主义大众化所作的努力。然而,《列宁专题文集》的出版并非完成了其历史使命,它只是一个开始。"[①]

[①] 高晓惠:《从〈列宁专题文集〉谈起……》,载《科学社会主义》2010 年第 4 期,第 34 页。

第四部分 经典著作选编

由于《俄国资本主义的发展》有47万字之多，只好有选择地摘选，笔者努力做到所选内容尽可能地反映《俄国资本主义的发展》的主要内容和中心思想。第一版序言、二章至第七章的部分内容，摘选母本为中文《列宁全集》第二版第三卷。第二版序言、第一章和第八章的内容，摘选母本为中文《列宁选集》2012年第三版修订版第一卷。

由于版面限制，取消了文末注，有些不影响读者理解著作内容的数字性或资料性的页注、数字或表格，也根据实际情况进行了取舍。

列　宁

俄国资本主义的发展

（大工业国内市场形成的过程）（节选）

（1895年底—1899年1月）

第一版序言

作者写这部著作的目的是要考察这样一个问题：俄国资本主义的国内市场是怎样形成的？大家知道，这个问题早就由民粹派观点的主要代表者（以瓦·沃·先生和尼·—逊先生为首）提出，而我们的任务是要批判民粹派观点。我们认为这种批判不能只限于分析对方观点中的错误和不正确的地方；我们觉得，只举出说明国内市场的形成和发展的事实来回答所提出的问题是不够的，因为可能会有人反对说，这些事实是任意挑选出来的，而把说明相反情况的事实剔除了。我们觉得，对俄国资本主义全部发展过程整个地加以考察并试作一番描述，是必要的。不言而喻，这样广泛的任务，如果不加下列一些限制，一个人将难以胜任。第一，从本书的标题就已看出，我们只是从国内市场的角度来研究俄国资本主义发展的问题，而不涉及国外市场的问题和对外贸易的资料。第二，我们只谈改革后的时代。第三，我们所采用的主要是而且几乎完全是内地纯俄罗斯省份的资料。第四，我们只专门研究过程的经济方面。但是，虽然有了上述的一切限制，留下的题目仍然非常广泛。作者决不是不知道研究这样广泛的题目是困难的，甚至是危险的，可是作者认为，要阐明俄国资本主义国内市场的问题，指出社会经济一切部门中所发生的这个过程的各个方面的联系和相互依存的关系是绝对必要的。因此，我们只限于考察这个过程的基本特点，而把对这个过程的更专门的研究留待以后探讨。

本书计划如下。在第 1 章中，我们尽可能简短地考察一下抽象政治经济学关于资本主义国内市场问题的几个基本理论原理。这可算是本书其余部分即事实部分的引言，而在以后的阐述中可以不必多次引证理论。在以后的 3 章中，我们力图说明改革后俄国农业资本主义演进的特点：在第 2 章中，将分析地方自治局关于农民分化的统计资料；在第 3 章中，将分析关于地主经济的过渡状况即地主经济的徭役制度为资本主义制度所代替的资料；在第 4 章中，将分析有关商业性农业和资本主义农业借以形成的各种形式的资料。再往后的 3 章，将阐述我国工业中资本主义发展的形式和阶段：在第 5 章中，我们将考察资本主义在工业中即**农民小工业（所谓手工工业）中**的各最初阶段；在第 6 章中，将考察资本主义工场手工业和资本主义家庭劳动的资料；在第 7 章中，将考察大机器工业发展的资料。在最后一章（第 8 章）中，我们试图指出过程的上述各个方面之间的联系，并把这一过程作一次总括的叙述。

附言。最大的遗憾是，我们在本书中未能使用卡·考茨基在其《土地问题》（1899 年斯图加特狄茨版；第 1 篇：《资本主义社会中农业的发展》）[①] 一书中对"资本主义社会中农业的发展"所作的精辟分析。

这部书（我们收到它时，本书大部分已经排好）是继《资本论》第 3 卷之后最新经济学著述中最值得注意的杰作。考茨基探讨了农业资本主义演进的"基本趋向"，他的任务是把现代农业中的种种现象当做"一个总过程的局部表现"（序言第 VI 页）来考察。值得指出的是：尽管俄国在经济方面或在非经济方面都有它很大的特点，但这一总过程的基本特征在西欧和俄国竟相同到如此程度。比如，整个资本主义现代

[①] 有俄译本。

（moderne）农业的标志是日益发展的分工和使用机器（考茨基的书第4章第2、3节），这种情况在改革后的俄国也是引人注目的（见下面第3章第7节和第8节；第4章，特别是第9节）。"农民无产阶级化"（考茨基的书第8章标题）的过程到处表现为小农各种雇佣劳动的日益扩大（考茨基的书第8章第2节）；与此同时，我们在俄国看到了有份地的雇佣工人这个巨大阶级的形成（见下面第2章）。小农所以能在一切资本主义社会中存在，并不是由于农业中的小生产技术高超，而是由于小农把自己的需要降到低于雇佣工人的需要水平，而在劳动紧张的程度上则大大超过雇佣工人（考茨基的书第6章第2节；考茨基不止一次地说："农业雇佣工人的境况比小农好。"第110、317、320页）；在俄国也可以看到类似的现象（见下面第2章第11节 C^6）。因此，西欧和俄国的马克思主义者对下列各种现象的评价一致是很自然的：例如俄国话叫"外出做农业零工"或德国人称"流浪农民的农业雇佣劳动"的现象（考茨基的书第192页；参看下面第3章第10节）；或者像工人和农民离开农村流入城市和工厂的现象（考茨基的书第9章第5节；特别是第343页；以及其他许多页。参看下面第8章第2节）；资本主义大工业迁移到农村的现象（考茨基的书第187页。参看下面第7章第8节）。至于对农业资本主义的**历史**意义有一致评价（散见考茨基书中各处，特别是第289、292、298页。参看下面第4章第9节）和一致承认农业中资本主义关系比前资本主义关系**进步**（考茨基的书第382页："das Gesinde〈处于人身依附地位的雇农，奴仆〉和 die Instleute〈"介乎雇农和租地者之间的人"，以工役换取租地的农民〉被不做工时是自由人的日工所排挤，将是社会的一大进步"。参看下面第4章第9节），就更不用说了。考茨基十分肯定地认为：从村社过渡到共同经营现代大农业"是想都不用想的"（第338页）；那些要求在西欧巩固和发展村社的农学家，决不是社会主义者，而是想用租给工人小块土地办法束缚工人的大地主利益代表者（第334页）；在欧洲所有的国家中，地主利益的代表者想用分土地给农业工人的办法把他们束缚住，并企图把有关措施定为法律（第162页）；对于用培植手工业（Hausindustrie）这种最坏的资本主义剥削形式来帮助小农的一切企图,"应该与之作最坚决的斗争"(第181页)。我们认为,鉴于民粹派的代表者最近有把西欧的和俄国的马克思主义者截然分开的企图(见瓦·沃龙佐夫先生1899年2月17日在俄国工商业促进会中的声明,1899年2月19日《新时报》第8255号),强调一下两者观点上的完全一致是必要的。

选自《列宁全集》第3卷,北京:人民出版社1984年版,第5—8页。

第二版序言

本书是在俄国革命的前夜,即在1895—1896年大罢工爆发后一个稍呈沉寂的时期中写成的。当时工人运动似乎平息下去了,实际上却在向广度和深度发展,为1901年的示威运动准备基础。

本书根据对种种统计资料进行的经济学上的研究和批判性的审查,分析了俄国社会经济制度,因而也分析了俄国阶级结构。这个分析,现在已为一切阶级在革命进程中的公开政治行动所证实。无产阶级的领导作用完全显露出来了。无产阶级在历史运动中的力量比它在人口总数中所占的比例大得多这一点也显露出来了。本书论证了这两种现象的经济基础。

其次,革命现在日益显露出农民的两重地位和两重作用。一方面,在贫苦农民空前贫困和破产的情况下,存在着徭役经济的大量残余和农奴制的各种残余,这充分说明了农民革命运动的泉源之深,农民群众革命性的根基之深。另一方面,无论在革命进程中,在各种政党的性质中,或者在许多政治思想流派中,都显现出农民群众的有内在矛盾的阶级结构,他们的小资产阶级性,他们内部的业主倾向与无产者倾向的对抗性。变穷了的小业主在反革命的资产阶级和革命的无产阶级之间的动摇不定是不可避免的,正如在任何资本主义社会中下述现象是不可避免的一样:为数甚少的小生产者发财致富,"出人头地",变成资产者,而绝大多数的小生产者不是完全破产变成雇佣工人或赤贫者,就是永远生活在无产阶级状况的边缘。本书论证了农民中这两种倾向的经济基础。

不言而喻,在这种经济基础上的俄国革命,必然是资产阶级革命。马克思主义的这一原理是颠扑不破的。无论什么时候都不能忘记这一原理。无论什么时候都必须把它应用到俄国革命的一切经济和政治问题上去。

但必须善于应用它。只有具体分析各种阶级的地位和利益,才能确定这个真理应用于某一问题上的确切意义。在以普列汉诺夫为首的右翼社会民主党人中间,却时常出现一种相反的推论方法,即他们力图在关于我国革命基本性质的一般真理的单纯逻辑发展中去寻找具体问题的答案,这是把马克思主义庸俗化,并且完全是对辩证唯物主义的嘲弄。例如有些人从关于我国革命性质的一般真理中得出结论说,"资产阶级"在革命中起领导作用,或者说社会主义者必须支持自由主义者;对于这些人,马克思大概会把他一度引用过的海涅的话重复一遍说:"我播下的是龙种,而收获的却是跳蚤。"①

在目前的经济基础上,俄国革命在客观上可能有两种基本的发展路线和结局。

或者是与农奴制有千丝万缕的联系的旧地主经济保存下来,慢慢地变成纯粹资本主义的"容克"经济。从工役制最终过渡到资本主义的基础,是农奴制地主经济的内部改革。国家的整个土地制度将变成资本主义制度,在长时期内还保持着农奴制的特点。或者是革命摧毁旧地主经济,粉碎农奴制的一切残余,首先是大土地占有制。从工役制最终过渡到资本主义的基础,是小农经济的自由发展,这种小农经济由于剥夺地主土地有利于农民而获得了巨大的推动力。整个土地制度将变成资本主义制度,因为农奴制的痕迹消灭得愈彻底,农民的分化就进行得愈迅速。换句话说:或者是保存地主土地占有制的主要部分和旧的"上层建筑"的主要支柱;由此,自由主义君主派的资产者和地主将起主要作

---

① 参看《马克思恩格斯全集》第1版第3卷第604页。——编者注

用，富裕农民将迅速地转向他们，农民群众状况恶化，他们不仅受到大规模的剥夺，而且还受到某些立宪民主党式的赎买办法的盘剥，反动统治的欺压和愚弄；这种资产阶级革命的遗嘱执行人将是近似十月党人那一类型的政治家。或者是摧毁地主土地占有制和相应的旧的"上层建筑"的一切主要支柱；无产阶级和农民群众在动摇的或反革命的资产阶级保持中立的情况下起主要作用；在资本主义基础上，在工人和农民群众处于商品生产下可能具有的最好环境中，生产力得到最迅速和最自由的发展；由此，给工人阶级进一步实现其真正的和根本的社会主义改造任务创造了最有利的条件。当然，这种或那种类型的资本主义演进因素，可能有无限多样的结合，只有不可救药的书呆子，才会单靠引证马克思关于另一历史时代的某一论述，来解决当前发生的独特而复杂的问题。

  本书的任务是分析革命前的俄国经济。在革命时代，国家生活发展得如此迅速而急遽，以致在如火如荼的政治斗争中无法确定经济演进的巨大成果。一方面是斯托雷平先生们，另一方面是自由主义者（决不只是类似司徒卢威的立宪民主党人，而是全体立宪民主党人），都在坚定地、顽强地和一贯地努力按第一种形式完成革命。我们刚刚经历过的1907年6月3日的政变，标志着反革命的胜利，他们力图保证地主在所谓俄国人民代表机关中占绝对优势。但是，这个"胜利"究竟牢固到什么程度，则是另外的问题，何况争取革命的第二种结局的斗争还在继续进行。不仅是无产阶级，而且广大的农民群众也都比较坚决地、比较一贯地、比较自觉地力争达到这个结局。不管反革命怎样力图公开地使用暴力来窒息直接的群众性斗争，不管立宪民主党人怎样力图用下流和伪善的反革命思想来扑灭直接的群众性斗争，这种斗争总是不顾一切地时而在这里，时而在那里爆发，虽然小资产阶级政治家的上层分子（特别是"人民社会党人"和劳动派），显然沾染上了温和谨慎的市侩或官吏的背叛、莫尔恰林习气和自满这种立宪民主党精神，这种斗争还是在"劳动派"政党即民粹派政党的政策上打上了自己的烙印。

  这一斗争的结局如何，俄国革命第一次进攻的最后结果如何，现在还不能断定。因此全面修订本书①的时机还没有到来（而且因为参加工人运动，肩负着党的直接责任，也使我无暇及此）。本书第 2 版还不能超出评述革命**前**的俄国经济这一范围。作者只是对文字进行了审查和订正，并以最新的统计材料作了**最必要的**补充。这些材料是：最近的马匹调查资料、收成的统计资料、1897 年全俄人口普查总结、工厂统计的**新资料**等等。

作 者

1907 年 7 月

选自《列宁选集》第 1 卷，北京：人民出版社 2012 年第三版修订版，第160—163 页。

---

① 这种修订可能要求写本书的续篇，要是这样，第 1 卷就只分析革命前的俄国经济，第 2 卷研究革命的总结和结果。

第一章　民粹派经济学家的理论错误

市场是商品经济的范畴，而商品经济在它自身的发展中转化为资本主义经济，并且只有在资本主义经济下才获得完全的统治和普遍的扩展。因此，要弄清楚国内市场的基本理论原理，我们应当从简单商品经济出发来探索它如何逐渐转化为资本主义经济。

一　社会分工

社会分工是商品经济的基础。加工工业与采掘工业分离开来，它们各自再分为一些小的和更小的部门，这些部门以商品形式生产专门的产品，并用以同其他一切生产部门进行交换。这样，商品经济的发展使单独的和独立的生产部门的数量增加。这种发展的趋势是：不仅把每一种产品的生产，甚至把产品的每一部分的生产，都变成专门的生产部门；而且不仅把产品的生产，甚至把产品准备好以供消费的各个工序都变成单独的生产部门。在自然经济下，社会是由许许多多同类的经济单位（父权制的农民家庭、原始村社、封建领地）组成的，每个这样的单位从事各种经济工作，从采掘各种原料开始，直到最后把这些原料制作得可供消费。在商品经济下，各种不同类的经济单位在建立起来，单独的经济部门的数量日益增多，执行同一经济职能的经济单位的数量日益减少。这种日益发展的社会分工就是资本主义国内市场建立过程中的关键。马克思说："……在商品生产及其绝对形态即资本主义生产的基础上……产品之所以成为商品，即成为具有交换价值，具有可以实现的、可以转化为货币的交换价值的使用价值，仅仅因为有其他商品成为它们的等价物，仅仅因为有作为商品和作为价值的其他产品同它们相对立；

换句话说，仅仅因为这些产品并不是作为生产者本人的直接生活资料，而是作为商品，即作为只有通过变为交换价值（货币），通过转让才变成使用价值的产品来生产的。**由于社会分工，这些商品的市场日益扩大**；生产劳动的分工，使它们各自的产品互相变成商品，互相成为等价物，**使它们互相成为市场**。"（《资本论》第3卷第2部分第177—178页，俄译本第526页。① 黑体是我们用的，以下引文中凡未另行注明者也都是我们用的）

不言而喻，上面所说的加工工业与采掘工业的分离，制造业与农业的分离，使农业本身也变成工业，即变成生产**商品**的经济部门。把产品的各种加工彼此分离开来，创立了愈来愈多的生产部门的那种专业化过程也出现在农业中，建立了日益专业化的种种农业区域（和农业系统②），不仅引起农产品和工业品之间的交换，而且也引起各种农产品之间的交换。这种**商业性的**（和资本主义的）农业的专业化，出现在所有的资本主义国家中，出现在国际分工中，也出现在改革后的俄国，这一点我们将在下面详细叙述。

可见，社会分工是商品经济和资本主义全部发展过程的基础。因此，我国民粹派理论家把这种发展过程说成是人为措施的结果，是"离开道路"的结果等等，极力抹杀俄国社会分工的事实，或者极力削弱这一事实的意义，是十分自然的。瓦·沃·先生在其《俄国农业和工业的分工》（1884年《欧洲通报》杂志第7期）一文中，"否认了""社会分工原则在俄国占统治地位"（第347页），宣称我国的社会分工"不

---

① 见《马克思恩格斯文集》2009年人民出版社版第7卷第718页。列宁在本书中所引用的《资本论》文字，都取自《资本论》德文版（第1卷，1872年第2版；第2卷，1885年版；第3卷，1894年版）。所有引文都是列宁自己翻译的。这里所说的俄译本是指丹尼尔逊的俄译本。——编者注

② 例如，伊·亚·斯捷布特在其《俄国的大田作业原理以及改进大田作业的措施》一书中，按照主要的市场产品来区分农业的经营系统。主要的农业系统有三：（1）大田作业的（按亚·斯克沃尔佐夫先生的说法是谷物的）；（2）畜牧业的（主要的市场产品是畜产品）和（3）工厂的（按亚·斯克沃尔佐夫先生的说法是技术的）；主要的市场产品是经过技术加工的农产品。见**亚·斯克沃尔佐夫**《蒸汽机运输对农业的影响》1890年华沙版第68页及以下各页。

是从人民生活深处成长起来的，而是企图从外部硬挤进去"（第338页）。尼·—逊先生在其《概况》中，对出售粮食数量的增加发表了如下的议论："这种现象也许意味着生产的粮食是在全国较平均地分配的，阿尔汉格尔斯克的渔夫现在吃到萨马拉的粮食，而萨马拉的农民则有阿尔汉格尔斯克的鱼佐餐。**实际上根本没有这回事**。"（《我国改革后的社会经济论文集》1893年圣彼得堡版第37页）没有任何资料，不顾众所周知的事实，就在这里公开断定俄国没有社会分工！民粹派除了否认一切商品经济的基础——社会分工或宣布其为"人为的"以外，就再也没有其他办法来建立俄国资本主义"人为性"的理论了。

二 工业人口增加，农业人口减少

因为在商品经济以前的时代，加工工业同采掘工业结合在一起，而后者是以农业为主，所以，商品经济的发展就是一个个工业部门同农业分离。商品经济不大发达（或完全不发达）的国家的人口，几乎全是农业人口，然而不应该把这理解为居民只从事农业，因为这只是说，从事农业的居民自己进行农产品的加工，几乎没有交换和分工。因此商品经济的发展也就意味着愈来愈多的人口同农业分离，就是说工业人口增加，农业人口减少。"**资本主义生产方式由于它的本性，使农业人口同非农业人口比起来不断减少**，因为在工业（狭义的工业）中，不变资本比可变资本的相对增加，是同可变资本的绝对增加结合在一起的，虽然可变资本相对减少了；而在农业中，经营一定土地所需的可变资本则绝对减少；因此，只有在耕种新的土地时，可变资本才会增加，但这又以非农业人口的更大增加为前提。"（《资本论》第3卷第2部分第177页，俄译本第526页）[①] 总之，没有工商业人口的增加，农业人口的减少，资本主义是不能设想的，并且谁都知道，这种现象在一切资本主义国家中表现得极为明显。未必用得着证明，这种情况对国内市场问题的意义很大，因为它既与工业的演进，也与农业的演进有着密切的联系；

[①] 见《马克思恩格斯文集》2009年人民出版社版第7卷第718页。——编者注

工业中心的形成、其数目的增加以及它们对人口的吸引，不能不对整个农村结构产生极深远的影响，不能不引起商业性的和资本主义的农业的发展。尤其值得注意的是这样一个事实：民粹派经济学的代表无论在他们纯理论性的论断中，或者在关于俄国资本主义的论断中，完全忽视了这一规律（关于这一规律在俄国表现的特点，我们将在下面第8章详细论述）。在瓦·沃·先生和尼·—逊先生关于资本主义国内市场的理论中，漏掉了一件实实在在的小事：人口离开农业到工业中去，以及这一事实对农业的影响。①

三　小生产者的破产

在此以前，我们研究的是简单商品生产。现在，我们来研究资本主义生产，就是说，假定在我们面前的不是简单商品生产者，而是一方面——生产资料的占有者，另一方面——雇佣工人即劳动力的出卖者。小生产者变成雇佣工人，以其丧失生产资料——土地、劳动工具、作坊等等为前提，就是说以其"贫困化"、"破产"为前提。有一种观点认为，小生产者的破产"使居民的购买力日益缩减"，使资本主义的"国内市场日益缩小"（上引尼·—逊先生的书第185页，和第203、275、287、339—340页及其他各页。在瓦·沃·先生的大多数著作中也有同样的观点）。这里，我们不来谈这个过程在俄国发展的实际资料，这些资料我们将在以后各章详细考察。现在是纯粹从理论上提出问题，就是说提出关于转化为资本主义生产时的一般商品生产的问题。上述两位著作家也是从理论上提出这个问题的，就是说他们只从小生产者破产这一事实断定国内市场的缩小。这种观点是完全错误的，而这种观点所以顽固地残留在我国经济著作中只能解释为民粹派的浪漫主义成见（参看上面注释

---

①　我们在《评经济浪漫主义。西斯蒙第和我国的西斯蒙第主义者》（见《列宁全集》第2版第2卷第102—231页。——编者注）一文中已经指出，西欧浪漫主义者和俄国民粹派对工业人口增加问题所抱的态度是一样的。

中所指的文章①)。他们忘记了,一部分生产者从生产资料中"游离"出来,必然以这些生产资料转入他人手中、变成资本为前提;因而又以下列情况为前提:这些生产资料的新占有者以商品形式生产那些原先归生产者本人消费的产品,就是说扩大国内市场;这些新的占有者在扩大自己生产时,向市场提出对新工具、原料、运输工具等等的需求,以及对消费品的需求(这些新占有者日益富有,他们的消费就自然增多)。他们忘记了,对市场来说,重要的决不是生产者的生活水平,而是生产者拥有货币;早先主要经营自然经济的宗法式农民,他们生活水平的降低与他们手中货币数目的增加完全相一致,因为这种农民愈破产,他们就愈加不得不出卖自己的劳动力,他们就愈加必须在市场上购买自己的(即使是极有限的)生活资料的更大一部分。"随着一部分农村居民〈从土地上〉的游离,他们以前的生活资料也被游离出来。这些生活资料现在变成可变资本〈用来购买劳动力的资本〉的物质要素。"(《资本论》第1卷第776页)② "一部分农村居民的被剥夺和被驱逐,不仅为工业资本游离出工人及其生活资料和劳动材料,同时也**建立了国内市场**。"(同上,第778页)③ 因此,从抽象的理论观点来看,在商品经济和资本主义正在发展的社会中,小生产者破产所表明的情况与尼·—逊先生和瓦·沃·先生想从这个破产中作出的结论相反,是国内市场的建立,而不是缩小。如果同一位尼·—逊先生先验地宣称俄国小生产者的破产表明国内市场的缩小,而又引证我们刚才引证的马克思的相反论断(《概况》第71页和第114页),那么,这只证明这位著作家有引用《资本论》的话来打自己耳光的卓越才能。

四 民粹派关于额外价值不可能实现的理论

现在谈国内市场理论的下一个问题。大家知道,在资本主义生产

---

① 指《评经济浪漫主义。西斯蒙第和我国的西斯蒙第主义者》一文。——编者注
② 见《马克思恩格斯文集》2009年人民出版社版第5卷第855页。——编者注
③ 同上书,第857页。——编者注

中，产品的价值分为下列三部分：（1）第一部分补偿不变资本，即补偿先前是以原料、辅助材料、机器和生产工具等的形式存在的，并且只是在成品的一定部分中再生产出来的价值；（2）第二部分补偿可变资本，即偿付工人的生活费；最后，（3）第三部分是归资本家所有的剩余价值。通常认为（我们照尼·—逊先生和瓦·沃·先生那样来叙述这个问题），头两部分的实现（即找到相当的等价物，在市场上销售）并不困难，因为第一部分用于生产，第二部分用于工人阶级的消费。但是第三部分即剩余价值怎样得到实现呢？它又不可能为资本家全部消费掉！于是我们的经济学家得出了结论："获得国外市场"是"摆脱"实现额外价值的"困难的出路"。（尼·—逊《概况》第2篇第15节整节，特别是第205页；瓦·沃·在1883年《祖国纪事》杂志上发表的《市场的商品供应过剩》一文和《理论经济学概论》1895年圣彼得堡版第179页及以下各页）上述两位著作家认为资本主义国家所以必须有国外市场，是因为资本家不能用别的办法来实现产品。俄国国内市场由于农民破产和没有国外市场无法实现额外价值而日益缩小，而国外市场又是很晚才走上资本主义发展道路的年轻国家可望而不可即的，——请看，仅仅根据先验的（并且在理论上是不正确的）见解，就宣布俄国资本主义没有根基和没有生命力已经得到了证明！

  尼·—逊先生论述实现问题时，谈的显然就是马克思关于这个问题的学说（虽然他在自己的《概况》中讲这个问题的地方没有一个字提到马克思），但是他根本不懂这个学说，并且正像我们马上就能看到的，把这个学说歪曲得面目全非。因此就发生了一件怪事，就是他的观点在本质上完全和瓦·沃·先生的观点相同，而瓦·沃·先生我们决不能责备他"不懂"理论，因为即使怀疑他只懂得一点点理论，就会是极大的不公平。两位作者都那样论述自己的学说，好像他们是第一个讲到这个问题，"靠自己的头脑"使问题得到了一定的解决；两人神气十足地看也不看旧经济学家关于这个问题的论断，而且两人都重复着被《资本论》第 2 卷详尽批驳了的旧错误①)。两位作者把整个产品实现问题归结为额外价值的实现,显然认为不变资本的实现并不困难。这个幼稚的观点包含着一个最严重的错误,民粹派实现学说的其后一切错误都是从这里产生的。事实上,在说明实现问题时,困难正在于说明不变资本的实现。为了得到实现,不变资本必须重新投入生产,而这只有其产品是生产资料的资本才能直接做到。假如补偿资本的不变部分的产品是消费品,那就不可能把它直接投入生产,而必须在制造生产资料和制造消费品的两个社会生产部类之间进行**交换**。全部困难正在这里,而我们的经济学家却**没有看到**这种困难。瓦·沃·先生把问题说成这样,好像资本主义生产的目的不是积累,而是消费,他一本正经地说:"落到少数人手里的大量物品,超过了目前发展水平下的机体消费能力〈原文如此!〉"(上引书第 149 页);"产品过剩不是因为厂主俭朴和节欲,而是因为人的机体有局限性或者缺乏伸缩性〈!!〉,不能用剩余价值增长的速度来扩大自己的消费能力"(同上,第 161 页)。尼·—逊先生则竭力把问题说成这样,好像他不认为资本主义生产的目的是消费,好像他注意到了生产资料在实现问题中的作用和意义,但事实上他根本没有弄清楚社会总资本的流通和再生产过程,而被一系列的矛盾搞糊涂了。我们不想详细分析这一切矛盾(尼·—逊先生的《概况》第 203—205 页),这是一件枉费精力的工作(这件工作布尔加柯夫先生②在其《论资本主义生产条件下的市场》一书中完成了一部分,见该书 1897 年莫斯科版第 237—245 页),况且要证明刚才对尼·—逊先生的论断所作的评价,只要分析一下他所作的最终结论就行了,这个结论是:国外市场是摆脱实现额外价值的困难的出路。尼·—逊先生的这个结论(实质上

---

① 在这里,瓦·沃·先生那种越出一切著作常规的勇气特别惊人。瓦·沃·先生阐述了自己的学说并暴露出对正是论述实现问题的《资本论》第 2 卷毫无所知,但他立即毫无根据地宣称,他"在自己的体系中所采用的"正是马克思的理论!!(《理论经济学概论》第 3 篇《生产、分配和消费的资本主义规律〈原文如此!?!〉》第 162 页)

② 不妨提醒现在的读者,布尔加柯夫先生以及下面常常引证的司徒卢威先生和杜冈—巴拉诺夫斯基先生在 1899 年曾力图成为马克思主义者。现在他们却都顺利地从"马克思的批判家"变成庸俗的资产阶级经济学家了。(**第 2 版注释**)

是简单地重复瓦·沃·先生的结论）很清楚地表明，他既根本不了解资本主义社会中产品的实现（即国内市场的理论），也根本不了解国外市场的作用。事实上，这样把国外市场扯到"实现"问题上来，有没有哪怕是一星半点的道理呢？实现问题就是：如何为每一部分资本主义产品按价值（不变资本、可变资本和额外价值）和按物质形态（生产资料，消费品，其中包括必需品和奢侈品）在市场上找到替换它的另一部分产品。很明显，在这种情况下，应当把对外贸易撇开，因为把对外贸易扯在一起丝毫也不能促进问题的解决，而只会拖延问题的解决，把问题从一国转移到数国。就是这位在对外贸易上找到了"摆脱"实现额外价值的"困难的出路"的尼·—逊先生，例如对工资问题是这样议论的：用直接生产者即工人以工资形式得到的那部分年产品，"能从流通中取得的只是在价值上与工资总额相等的那部分生活资料"（第203页）。试问，我们这位经济学家从哪里知道，这个国家的资本家所生产的生活资料无论从数量和质量上讲，都恰好能够由工资来实现呢？他又从哪里知道在这种情况下可以不要国外市场呢？显然，他是不能知道的，他只是撇开了国外市场问题，因为在议论可变资本的实现时，重要的是以一部分产品去替换另一部分产品，至于这种替换是在一国内还是在两国内进行，则根本无关紧要。然而讲到额外价值，他却抛开这个必要前提，不去解决问题，而是干脆回避问题，谈论国外市场。产品在国外市场销售本身是要加以说明的，即要找到销售的那部分产品的等价物，找到能够替换销售部分的另一部分资本主义产品。正因为如此，所以马克思说道，在分析实现问题时，要"完全撇开"国外市场即对外贸易，因为"在分析年再生产的产品价值时，把对外贸易引进来，只能把问题搅乱，而对问题本身和问题的解决不会提供任何新的因素"（《资本论》第2卷第469页）①。瓦·沃·先生和尼·—逊先生自以为指出实现额外价值的困难，就对资本主义的矛盾作了深刻的估计。其实，他们对资本主义的矛盾的估计是极为肤浅的，因为如果讲到实现的

---

① 见《马克思恩格斯文集》2009年人民出版社版第6卷第528页。——编者注

"困难",讲到由此而产生的危机等等,就应当承认,这些"困难"决不单单对额外价值,而且对资本主义产品的各个部分都不仅是可能的,并且是必然的。这一种因各生产部门分配的不合比例而引起的困难,不仅在实现额外价值时,而且在实现可变资本和不变资本时,不仅在实现消费品产品时,而且在实现生产资料产品时,都经常发生。没有这种"困难"和危机,资本主义生产,即各个单独的生产者为他们所不知道的世界市场进行的生产,是根本不可能存在的。

五 亚·斯密对资本主义社会中社会总产品的生产和流通的观点以及马克思对这些观点的批判

为了弄清实现的学说,我们应当从亚当·斯密谈起,因为这个问题的错误理论是他创立的,而在马克思以前的政治经济学中,这种错误理论完全占据统治地位。亚·斯密把商品价格只分成两部分:可变资本(照他的术语是工资)和额外价值(他没有把"利润"和"地租"并在一起,所以实际上他把商品价格总共算成三部分)。[1] 同样,他把全部商品,即社会的全部年产品也分成这样两部分,并把它们直接当做社会两个阶级——工人与资本家(斯密称做企业主和土地所有者)的"收入"。[2]

他究竟根据什么把价值的第三个组成部分即不变资本抛掉呢?亚当·斯密不可能不看到这一部分,但是他认为这一部分也该归在工资和额外价值中。下面就是他对这个问题的论断:"例如,在谷物的价格中,就有一部分支付土地所有者的地租,另一部分支付在谷物生产上使用的工人和役畜的工资或给养,第三部分支付租地农场主的利润。这三部分看来直接地或最终地构成谷物的全部价格。也许有人以为必须有第四个部分,用来补偿租地农场主的资本,或者说,补偿他的役畜和其他农具

---

[1] 亚当·斯密《国民财富的性质和原因的研究》1801年第4版第1卷第75页。第1篇《论劳动生产力提高的原因和劳动产品在国民各阶层间进行分配的自然秩序》,第6章《论商品价格的组成部分》。比比科夫的俄译本(1866年圣彼得堡版)第1卷第171页。

[2] 上引书第1卷第78页,俄译本第1卷第174页。

的损耗。但是必须考虑到，任何一种农具的价格，例如一匹役马的价格，本身又是由上述三个部分构成"（即地租、利润和工资）。"因此，谷物的价格虽然要补偿马的价格和给养费用，但全部价格仍然直接地或最终地分解为这三个部分：地租、工资和利润。"① 马克思称斯密这个理论是"令人惊异的"。"他的证明不过是重复同一个论断而已"。（第 2 卷第 366 页）② 斯密是在"把我们从本丢推给彼拉多"（第 2 版第 1 卷第 612 页）③。斯密在谈到农具的价格**本身**分为这三个部分时，忘记加上一句：还有制造这些农具时所使用的那些生产资料的价格。亚·斯密（继他之后的经济学家们也一样）错误地把资本的不变部分从产品价格中排除掉，是同错误地理解资本主义经济中的积累，也就是同错误地理解扩大生产即额外价值之转化为资本有关的。亚·斯密在这里也抛掉了不变资本，认为所积累的即转化为资本的那部分额外价值完全为生产工人所消费，就是说完全用做工资，而事实上，积累的那部分额外价值是用做不变资本（生产工具、原料和辅助材料）加上工资的。马克思在《资本论》第 1 卷（第 7 篇《积累过程》第 22 章《剩余价值转化为资本》第 2 节《政治经济学关于规模扩大的再生产的错误见解》）中批判了斯密（以及李嘉图、穆勒等）的这个观点，并在那里指出：在第 2 卷中"将表明，亚·斯密的这个为他的一切后继者所继承的教条，甚至妨碍了政治经济学去了解社会再生产过程的最基本的结构"（第 1 卷第 612 页）。亚当·斯密所以犯这个错误，是因为他把产品的价值和新创造的价值混同起来了：新创造的价值确实分为可变资本和额外价值，而产品的价值，则除此而外还包括不变资本。马克思在分析价值时就揭露了这个错误，他确定了创造新价值的抽象劳动和把早先存在的价值在新形态的有用产品中再生产出来的有用的具体劳动之间的区别④。

---

① **亚当·斯密**《国民财富的性质和原因的研究》1801 年第 4 版第 1 卷第 75—76 页，俄译本第 1 卷第 171 页。
② 见《马克思恩格斯文集》2009 年人民出版社版第 6 卷第 414 页。——编者注
③ 参看《马克思恩格斯文集》2009 年人民出版社版第 5 卷第 681 页。——编者注
④ 参看《马克思恩格斯文集》2009 年人民出版社第 5 卷第 232—234 页。——编者注

在解决资本主义社会中的国民收入问题时,阐明社会总资本的再生产和流通过程是非常必要的。特别值得注意的是:亚·斯密在谈到国民收入这个问题时,已经不能坚持他那个把不变资本从国家总产品中排除掉的错误理论了。"一个大国全体居民的总收入,包括他们的土地和劳动的全部年产品;纯收入是在先扣除固定资本的维持费用,再扣除流动资本的维持费用之后,余下供他们使用的部分,或者说,是他们不占用资本就可以列入消费储备或用于生活必需品、舒适品和享乐品的部分。"(亚·斯密的书第 2 篇《论储备之本性、积累和使用》第 2 章,第 2 卷第 18 页;俄译本第 2 卷第 21 页)这样,亚·斯密把资本从国家总产品中排除掉,断定它分解为工资、利润和地租,即(纯)收入;可是他却把资本包括在社会总收入中,把它同消费品(=纯收入)分开。马克思就抓住了亚当·斯密的这个矛盾:既然**资本**不包括在**产品**中,**资本**又怎么能包括在**收入**中呢?(参看《资本论》第 2 卷第 355 页)① 在这里,亚当·斯密自己不知不觉地承认了总产品价值的三个组成部分:不仅有可变资本和额外价值,而且还有不变资本。在接下去的议论中,亚当·斯密遇到了另一个在实现论中有巨大意义的极重要的区别。他说:"维持固定资本的全部费用,显然要从社会纯收入中排除掉。无论是为维持有用机器、生产工具和有用建筑物等等所必需的原料,**还是为使这些原料转化为适当的形式所必需的劳动的产品,从来都不可能成为社会纯收入的一部分**。这种劳动的价格,当然可以是社会纯收入的一部分,因为从事这种劳动的工人,可以把他们工资的全部价值用在他们的直接的消费储备上。"但是在其他各种劳动中,不论是(劳动)"价格","或者是"(劳动)"产品","都加入这个消费储备;价格加入工人的消费储备,产品则加入另一些人的消费储备。"(上引亚·斯密的书)这里透露出必须把两种劳动区分开来的想法:一种劳动提供能够加入"纯收入"的消费品;另一种劳动提供"有用机器、生产工具和建筑物等等",即提供那些决不能加入个人消费的物品。由此,他已经近于承

---

① 参看《马克思恩格斯文集》2009 年人民出版社版第 6 卷第 402—404 页。——编者注

认，要阐明实现问题就绝对必须区分两种消费：个人消费和生产消费（＝投入生产）。纠正了斯密的上述两点错误（从产品价值中抛掉不变资本，把个人消费和生产消费混同起来），才使马克思有可能建立起他的关于资本主义社会中社会产品实现的卓越理论。

至于说到亚当·斯密之后和马克思之前的其他经济学家，他们全都重复了亚当·斯密的错误[1]，并没有前进一步。因此，在关于收入的种种学说中充满着多么糊涂的观念，这一点，我们还要在下面谈到。在关于是否可能发生整个商品生产过剩的争论中，站在一方的李嘉图、萨伊、穆勒等人和站在另一方的马尔萨斯、西斯蒙第、查默斯、基尔希曼等人，所依据的都是斯密的错误理论，因此，按谢·布尔加柯夫先生公正的评论来说就是："由于出发点不正确和问题本身的提法不正确，这种争论只会导致空洞的和烦琐的争吵。"（上引书第 21 页。见杜冈-巴拉诺夫斯基对这些争吵的叙述：《现代英国的工业危机及其原因和对人民生活的影响》1894 年圣彼得堡版第 377—404 页）

六 马克思的实现论

从以上所述自然可以看出，马克思的理论所依据的基本前提是下面两个原理。第一个原理，资本主义国家的总产品和个别产品一样，是由下面三个部分组成的：（1）不变资本，（2）可变资本，（3）额外价值。对了解马克思的《资本论》第 1 卷关于资本生产过程的分析的人来说，这个原理是不言而喻的。第二个原理，必须区分资本主义生产的两大部类：第 I 部类是生产资料的生产，即用于生产消费、用于投入生产的物品的生产，不是由人消费而是由资本消费的物品的生产；第 II 部类是消费品的生产，即用于个人消费的物品的生产。"仅仅这一划分，就比早先关于市场理论的一切争吵更有理论意义。"（上引布尔加柯夫的书第 27 页）于是发生了一个问题：为什么正是在现在，在分析社会资本

---

[1] 例如，李嘉图断言："每个国家的土地和劳动的全部产品都分为三部分：其中一部分用做计件工资，另一部分用做利润，第三部分用做地租。"（《李嘉图全集》季别尔译本 1882 年圣彼得堡版第 221 页）

再生产时，需要把产品按其实物形式作这样的划分，而在分析单个资本的生产和再生产时，却可以不作这样的划分，根本不谈产品的实物形式问题呢？根据什么，我们能把产品的实物形式问题纳入完全建立在产品交换价值上的资本主义经济的理论研究中去呢？问题是：在分析单个资本的生产时，关于产品在哪里和怎样出售，工人在哪里和怎样购买消费品，以及资本家在哪里和怎样购买生产资料的问题被撇开了，因为这个问题无助于这种分析并且与这种分析无关。那时我们所考察的只是各个生产要素的价值和生产的结果问题。而现在的问题正在于：工人和资本家从哪里获得自己的消费品？资本家从哪里获得生产资料？生产出来的产品怎样满足这些需求和怎样使扩大生产成为可能？因而这里不仅是"价值补偿，而且是物质补偿"（Stoffersatz。——《资本论》第 2 卷第 389 页）①，因此把各种在社会经济过程中起着完全不同作用的产品加以区分，是绝对必要的。

  如果注意到这些基本原理，资本主义社会中社会产品的实现问题就没有什么困难了。首先假定是简单再生产，即生产过程在原有规模上的重复，没有积累。显而易见，第 II 部类的（以消费品形式存在的）可变资本和额外价值，是由本部类的工人和资本家的个人消费来实现的（因为简单再生产的前提就是剩余价值全部消费掉，任何一部分剩余价值都不转化为资本）。其次，以生产资料形式存在的（第 I 部类）可变资本和额外价值，必须交换成供制造生产资料的资本家和工人所需的消费品才能实现。另一方面，以消费品形式存在的（第 II 部类）不变资本，只有交换成生产资料，以便下年度重新投入生产才能实现。这样一来，生产资料中的可变资本和额外价值同消费品中的不变资本进行了交换：生产资料部类中的工人和资本家因而获得生活资料，而消费品部类中的资本家则销售了自己的产品并获得进行新的生产的不变资本。在简单再生产的条件下，这些交换部分应当彼此相等，即生产资料中的可变资本与额外价值之和应该等于消费品中的不变资本。相反，如果假定是

---

  ① 见《马克思恩格斯文集》2009 年人民出版社版第 6 卷第 438 页。——编者注

规模扩大的再生产，就是说有积累，那么前者就应该大于后者，因为必须有生产资料的多余部分来开始**新的**生产。不过我们还是回过来谈简单再生产。我们这里还有一部分社会产品没有得到实现，这就是生产资料中的不变资本。它的实现，部分是通过本部类的资本家之间的交换（例如煤和铁的交换，因为其中每一种产品都是生产另一种产品所必需的材料或工具），部分是通过直接投入生产（例如，为在本企业中重新用于采煤而开采的煤，农业中的种子等等）。至于积累，正如我们所知道的，其来源是生产资料的剩余（它们取自本部类资本家的额外价值），这种剩余也要求消费品中的部分额外价值转化为资本。这种追加生产怎样同简单再生产结合的问题，我们认为无须详加考察。我们的任务并不是专门考察实现论，而为了说明民粹派经济学家的错误，为了能对国内市场问题作出一定的理论结论，上面所说的就已经足够了。①

在我们所关心的国内市场问题上，从马克思的实现论中得出的主要结论如下：资本主义生产的扩大，因而也就是国内市场的扩大，与其说是靠消费品，不如说是靠生产资料。换句话说，生产资料的增长超过消费品的增长。事实上我们看到，消费品（第Ⅱ部类）中的不变资本是在同生产资料（第Ⅰ部类）中的可变资本＋额外价值进行交换。但是，按照资本主义生产的一般规律，不变资本比可变资本增长得快。因而，消费品中的不变资本应该比消费品中的可变资本和额外价值增长得快，而生产资料中的不变资本应该增长得最快，它既要超过生产资料中的可变资本（＋额外价值）的增长，也要超过消费品中的不变资本的增长。因此，制造生产资料的社会生产部类应该比制造消费品的社会生产部类

---

① 参看《资本论》第2卷第3篇（参看《马克思恩格斯文集》2009年人民出版社版第6卷第389—590页。——编者注），本篇详细地研究了积累、消费品之分为必需品与奢侈品、货币流通、固定资本的损耗等等。对没有机会阅读《资本论》第2卷的读者，可向他们推荐上引谢·布尔加柯夫先生书中关于马克思的实现论的叙述。布尔加柯夫先生的叙述较米·杜冈-巴拉诺夫斯基先生的叙述（《现代英国的工业危机及其原因和对人民生活的影响》第407—438页）令人满意，因为杜冈-巴拉诺夫斯基先生在制定自己的图式时很不恰当地背离了马克思，并且对马克思的理论说明得不够；布尔加柯夫先生的叙述也较亚·斯克沃尔佐夫先生的叙述（《政治经济学原理》1898年圣彼得堡版第281—295页）令人满意，因为亚·斯克沃尔佐夫先生在关于利润和地租这些十分重要的问题上持有不正确的观点。

增长得快。可见，资本主义国内市场的扩大，在某种程度上并"不依赖"个人消费的增长，而更多地靠生产消费。但是，如果把这种"不依赖性"理解为生产消费完全脱离个人消费，那就错了：前者能够而且也应该比后者增长得快（其"不依赖性"也仅限于此）；但是不言而喻，生产消费最终总是同个人消费相关联的。马克思对这一点说道："正如我们以前已经说过的（第 2 卷第 3 篇）①，不变资本和不变资本〈马克思指的是经本部类资本家之间交换而实现的生产资料中的不变资本〉之间会发生不断的流通……这种流通就它从来不会加入个人的消费来说，首先不以个人消费为转移，但是它最终要受个人消费的限制，因为不变资本的生产，从来不是为了不变资本本身而进行的，而只是因为那些生产个人消费品的生产部门需要更多的不变资本。"（《资本论》第 3 卷第 1 部分第 289 页，俄译本第 242 页）②

这里所谓更多地使用不变资本，不过是用交换价值的术语来表达生产力的高度发展，因为迅速发展的"生产资料"的主要部分，是由大生产和机器工业所需要的材料、机器、工具、建筑物和其他一切装备组成的。因此，资本主义生产在发展社会生产力，创立大生产和机器工业时，其特点就是特别扩大由生产资料所组成的那部分社会财富，这是十分自然的……"在这里〈即在制造生产资料方面〉，资本主义社会和野蛮人的区别，并不像西尼耳所认为的那样，仿佛野蛮人的特权和特性是有时随便耗费自己的劳动，而不能使他获得任何可以分解为（转化为）收入即消费资料的果实。区别在于：

（a）资本主义社会把它所支配的年劳动大部分用来生产生产资料（即不变资本），而生产资料既不能以工资形式也不能以剩余价值形式分解为收入，而只能作为资本执行职能。

（b）野蛮人在制作弓、箭、石槌、斧子、筐子等等的时候，非常明确地知道，他所花的时间不是用来生产消费资料的，也就是说，是用

---

① 参看《马克思恩格斯文集》2009 年人民出版社版第 6 卷第 470—473、478—483 页。——编者注

② 参看《马克思恩格斯文集》2009 年人民出版社版第 7 卷第 340 页。——编者注

来满足他对生产资料的需要的,仅此而已。"(《资本论》第 2 卷第 436 页,俄译本第 333 页)① 对自己同生产的关系的这种"明确的认识",在资本主义社会中则丧失殆尽,因为资本主义社会固有的拜物教把人的社会关系表现为产品关系,因为每一种产品都变成了为不知道的消费者生产和必须在不知道的市场上实现的商品。因为对个别企业主来说,他所生产的物品的**种类**完全无关紧要(一切产品都提供"收入"),所以这种肤浅的、单个人的观点就被经济理论家用来说明整个社会,并且阻碍了认识资本主义经济中社会总产品的再生产过程。

生产的发展(因而也是国内市场的发展)主要靠生产资料,看来是令人难以置信的,并且显然是有矛盾的。这是真正的"为生产而生产",就是说生产扩大了,而消费没有相应地扩大。但这不是理论上的矛盾,而是实际生活中的矛盾;这正是一种同资本主义的本性本身和这个社会经济制度的其他矛盾相适应的矛盾。正是这种生产扩大而消费没有相应扩大的现象,才符合于资本主义的历史使命及其特有的社会结构,因为资本主义的历史使命是发展社会生产力,而资本主义特有的社会结构却不让人民群众利用这些技术成就。在资本主义固有的无限制扩大生产的趋向和人民群众有限的消费(所以是有限的,是因为他们处于无产阶级地位)之间,存在着明显的矛盾。马克思在一些原理中也确认了这种矛盾,而民粹派却喜欢用这些原理来论证他们所谓国内市场在缩小、资本主义不先进等等的观点。下面是其中的几个原理:"资本主义生产方式中的矛盾:工人作为商品的买者,对于市场来说是重要的。但是作为他们的商品——劳动力——的卖者,资本主义社会的趋势是把它的价格限制在最低限度。"(《资本论》第 2 卷第 303 页)②

"……实现……条件……受不同生产部门的比例和社会消费力的限制……生产力越发展,它就越和消费关系的狭隘基础发生冲突。"(同上,第 3 卷第 1 部分第 225—226 页)③ "以广大生产者群众的被剥夺和

---

① 见《马克思恩格斯文集》2009 年人民出版社版第 6 卷第 489 页。——编者注
② 见《马克思恩格斯文集》2009 年人民出版社版第 6 卷第 350 页。——编者注
③ 见《马克思恩格斯文集》2009 年人民出版社版第 7 卷第 272—273 页。——编者注

贫困化为基础的资本价值的保存和增殖,只能在一定的限制以内运动,这些限制不断与资本为它自身的目的而必须使用的并旨在无限制地增加生产,为生产而生产,无条件地发展劳动社会生产力的生产方法相矛盾……因此,如果说资本主义生产方式是发展物质生产力并且创造同这种生产力相适应的世界市场的历史手段,那么,它同时也是它的这个历史任务和同它相适应的社会生产关系之间的经常的矛盾。"(第 3 卷第 1 部分第 232 页,俄译本第 194 页)① "一切真正的危机的最根本的原因,总不外乎群众的贫困和他们的有限的消费,资本主义生产却不顾这种情况而力图发展生产力,好像只有社会的绝对的消费能力才是生产力发展的界限。"②(第 3 卷第 2 部分第 21 页,俄译本第 395 页)③ 在所有这些原理中,只不过是确认了上面讲的无限制扩大生产的趋向和有限的消费之间的矛盾而已。④ 如果从《资本论》的这些地方得出结论,说什么马克思不认为资本主义社会有实现额外价值的可能,说什么他用消费不足来解释危机等等,那就是再荒谬不过的了。马克思在分析实现时指出:"不变资本和不变资本之间……的流通最终要受个人消费的限制"⑤;但是这个分析也指出了这种"限制"的真正性质,指出了消费品在国内市场形成过程中的作用要比生产资料小些。其次,如果从资本主义的种种矛盾中得出结论说,资本主义是不可能的和不进步的等等,

---

① 见《马克思恩格斯文集》2009 年人民出版社第 7 卷,第 278—279 页。——编者注

② 有名的(有赫罗斯特拉特名声的)爱·伯恩施坦在其《社会主义的前提》(1899 年斯图加特版第 67 页)中引证的正是这一段。自然,我们这位从马克思主义转到旧资产阶级经济学的机会主义者赶紧声明说,这是马克思的危机论中的矛盾,马克思这种观点"同洛贝尔图斯的危机论没有多大区别"。而事实上,"矛盾"仅存在于下边两个方面之间:一方面是伯恩施坦的自负,另一方面是他的荒谬的折中主义和对马克思理论的不求甚解。伯恩施坦是何等地不懂得实现论,这从他十分可笑的议论中可以看出,似乎剩余产品的大量增长**必然**是有产者人数的增加(或者是工人生活福利的提高),因为请看,资本家本身及其"仆役"(原文如此!第 51—52 页)是不能把全部剩余产品都"消费"掉的!!(**第 2 版注释**)

③ 见《马克思恩格斯文集》2009 年人民出版社版第 7 卷第 548 页。——编者注

④ 杜冈-巴拉诺夫斯基先生的看法是错误的,他认为马克思提出的这些原理同马克思自己对实现的分析相矛盾(1898 年《世间》杂志第 6 期第 123 页《资本主义与市场》一文)。在马克思那里并没有什么矛盾,因为他在分析实现时就已指出了生产消费和个人消费的联系。

⑤ 参看《马克思恩格斯文集》2009 年人民出版社版第 7 卷第 340 页。——编者注

那就是再荒谬不过的了，——这是想逃避不愉快的但却是明显的现实，而躲到虚无缥缈的浪漫主义幻想中去。无限制扩大生产的趋向和有限的消费之间的矛盾并不是资本主义唯一的矛盾，而资本主义没有矛盾就根本不能存在和发展。资本主义的种种矛盾，证明了它的历史暂时性，说明了它瓦解和向高级形态转化的条件和原因，——但这些矛盾决不排除资本主义的可能性，也决不排除它与从前各种社会经济制度相比起来的进步性。①

七 国民收入论

我们在阐明马克思的实现论的基本原理后，还应当简略地指出这个实现论在国民"消费"、国民"分配"和国民"收入"等理论中的重大意义。所有这些问题，特别是最后一个问题，至今还是经济学家的真正绊脚石。他们对这个问题谈论和写作得愈多，由亚·斯密的基本错误所产生的糊涂观念也就愈多。我们在这里举几个这种糊涂观念的例子。

例如，值得指出的是，蒲鲁东在实质上重复了同样的错误，只不过把旧理论作了略为不同的表述。他说：

"甲（指一切私有主，即企业主和资本家）用一万法郎开办企业，预先把它付给工人，工人则必须为此而生产产品。甲这样把自己的货币变成商品之后，他必须在生产终了时，例如一年以后，重新把商品变成货币。他把自己的商品卖给谁呢？当然是卖给工人，因为社会上只有两个阶级：一个是企业主，另一个是工人。这些工人用提供自己的劳动产品而获得了满足其生活必需的工资一万法郎，而现在却必须偿付一万多法郎，即还必须偿付甲在年初就指望以利息和其他利润形式取得的附加额。工人只能靠借款来清偿这一万法郎，因此他就陷入日益沉重的债务和贫困之中。于是一定会发生下列两种情况之一：或者工人生产十而只能消费九；或者工人只把自己的工资付还企业主，但是这样，企业主本身就陷入破产

---

① 参看《评经济浪漫主义。西斯蒙第和我国的西斯蒙第主义者》。（参看《列宁全集》第2版第2卷第102—231页。——编者注）

和苦难的境地，因为企业主得不到资本的利息，这种利息终究不得不由他自己来偿付。"（迪尔《蒲鲁东传》第2卷第200页，转引自《工业》文集——《政治学辞典》条目选，1896年莫斯科版第101页）

正如读者所看到的，这还是瓦·沃·先生和尼·—逊先生穷于应付的那个困难，即如何实现额外价值。蒲鲁东只不过用略为特殊的形式表述了这个困难。他这种特殊的表述更使我国的民粹派同他接近，因为民粹派正和蒲鲁东一样，认为实现的"困难"正在于实现额外价值（按蒲鲁东的术语是利息或利润），他们没有认识到自己从旧经济学家那里承袭来的糊涂观念不仅妨碍着阐明额外价值的实现，而且也妨碍着阐明**不变资本**的实现，就是说，他们的"困难"在于不理解资本主义社会产品的整个实现过程。

马克思对蒲鲁东这个"理论"讽刺地说：

"蒲鲁东提出下面这个狭隘的公式，表明他没有能力理解这一点〈即资本主义社会产品的实现〉，这个公式是：工人不能买回自己的产品，因为产品包括了附加到成本价格上的利息"。（《资本论》第3卷第2部分第379页，俄译本第698页，有错误）①

马克思引了一个名叫福尔卡德的庸俗经济学家反驳蒲鲁东的一段话，这位福尔卡德"正确地概括了蒲鲁东只是从狭隘的角度提出的那个困难"，他说道，商品价格不仅包含超过工资的余额即利润，而且也包含补偿不变资本的部分。福尔卡德在反驳蒲鲁东时得出结论说：可见，资本家也不能用他的利润买回商品（福尔卡德自己不仅没有解决这个问题，而且也没有理解这个问题）。

同样，洛贝尔图斯对这个问题也没有提供什么。洛贝尔图斯虽然特别强调"地租、资本的利润和工资是收入"② 这一论点，但他自己根本没有弄清"收入"这个概念。他在陈述如果政治经济学遵循"正确的方法"（上引书第26页）其任务将会如何时，也讲到了国民产品的分

---

① 见《马克思恩格斯文集》2009年人民出版社版第7卷第955页。——编者注
② 洛贝尔图斯－亚格措夫博士《社会问题研究》1875年柏林版第72页及以下各页。

配:"它〈即真正的"**国民**经济科学",——黑体是洛贝尔图斯用的〉应当指出,国民总产品中的一部分如何经常用来**补偿**生产上使用的或损耗的资本,而另一部分作为**国民收入**如何用来满足社会及其成员的直接需要。"(同上,第27页)虽然真正的科学应当指出这一点,可是洛贝尔图斯的"科学"却**丝毫也没有指出这一点**。读者看到,洛贝尔图斯只是逐字逐句重复亚当·斯密的话,看来他甚至没有觉察到问题正是从这里开始的。什么样的工人"补偿"国民资本?他们的产品怎样实现?关于这些,他只字不提。他把他的理论(这个由我提出来与以往理论相对立的新理论,第32页)概括成几个论点,首先这样开始谈到国民产品的分配:"就产品是收入来说,租〈大家知道,洛贝尔图斯所用的这个术语就是通常说的额外价值〉和工资是产品分解成的部分。"(第33页)这个十分重要的附带条件本来应当使他接触到最本质的问题,因为他刚刚说过,所谓收入是指用来"满足直接需要"的产品。可见,还有不用于个人消费的产品。这些产品该怎样实现呢?但是,洛贝尔图斯在这里没有觉察到这种含糊的地方,并且很快忘记了这个附带条件就径直地谈论"**产品分为三部分**"(工资、利润和地租)(第49—50页及其他各页)。这样一来,洛贝尔图斯实质上是重复了亚当·斯密的学说及其基本错误,丝毫也没有阐明收入问题。说要提出关于**国民产品分配**的完整而卓越的新理论的诺言①不过是一句空话而已。事实上,洛贝尔图斯并没有把关于这个问题的理论向前推进一步;他在给冯·基尔希曼的第4封社会问题书简(《资本》1884年柏林版)中长篇大论地谈什么**货币**是否应当列入国民收入,工资来源于资本还是来源于收入,这表明他对"收入"的概念是何等的自相矛盾。恩格斯形容这种议论说:它是"属于经院哲学的范围"②(《资本论》第2卷序言第XXI页)③。

---

① 洛贝尔图斯-亚格措夫博士《社会问题研究》1875年柏林版第32页:"……我不得不给这个关于卓越方法的概述,加上一个与这种卓越方法相适应的至少是关于**国民产品分配**的完整理论。"

② 因此卡·迪尔说洛贝尔图斯提供了"分配收入的新理论"(《政治学辞典》,《洛贝尔图斯》条,第5卷第448页)是完全错误的。

③ 见《马克思恩格斯文集》2009年人民出版社版第6卷第23页。——编者注

关于国民收入的这种十分糊涂的概念，至今还在经济学家中占着完全的统治地位。例如，赫克纳在《政治学辞典》《危机》一条中（上述文集第 81 页）讲到资本主义社会产品的实现（第 5 节《分配》）时，认为卡·亨·劳的论断是"中肯的"，而劳只是重复亚·斯密的错误，把社会总产品分为几种收入。罗·迈耶尔在他写的《收入》一条（同上，第 283 页及以下各页）中引了阿·瓦格纳（瓦格纳也是重复着亚·斯密的错误）的自相矛盾的定义，并且坦白地承认"把收入和资本区分开来是困难的"，而"最困难的是区分收益（Ertrag）和收入（Einkommen）"。

由此我们看到，过去和现在都在大谈其古典学派（以及马克思）对"分配"和"消费"注意不够的经济学家，丝毫也不能阐明"分配"和"消费"的最主要问题。这也是可以理解的，因为不懂得社会总资本再生产和社会产品各个组成部分补偿的过程，就不可能谈"消费"。这个例子再一次证实，把"分配"和"消费"作为同经济生活中某些独立过程和现象相应的某些独立的科学部门划分出来，是多么荒谬。政治经济学决不是研究"生产"，而是研究人们在生产上的社会关系，生产的社会结构。这些社会关系一经彻底阐明和彻底分析，各个阶级在生产中的地位**也就**明确了，因而，他们获得的国民消费份额**也就**明确了。古典政治经济学没有解决而各种各样研究"分配"和"消费"的专家也丝毫没有向前推进一步的问题，由正是直接继承古典学派并对单个资本和社会资本的生产作了彻底分析的那个理论解决了。

单独提出"国民收入"和"国民消费"的问题是绝对得不到解决的，这只能滋长一些经院式的论断、释义和分类，只有分析了社会总资本的生产过程，这个问题才能完全得到解决。并且，阐明了国民消费对国民产品的关系和如何实现这种产品的每个单独部分以后，这个问题也就不再单独存在。剩下的只是给这些单独部分**冠以名称**。

"为了避免不必要的困难，必须把总收益（Rohertrag）和纯收益同总收入和纯收入区别开来。

总收益或总产品是再生产出来的全部产品……

总收入是总产品（Bruttoprodukts oder Rohprodukts）扣除了补偿预付的、并在生产中消费掉的不变资本的价值部分和由这个价值部分计量的产品部分以后，所余下的价值部分和由这个价值部分计量的产品部分。因而，总收入等于工资（或要重新转化为工人收入的产品部分）+利润+地租。但是，纯收入却是剩余价值，因而是剩余产品，这种剩余产品是扣除了工资以后所余下的、实际上也就是由资本实现的并与土地所有者瓜分的剩余价值和由这个剩余价值计量的剩余产品。

……如果考察整个社会的收入，那么国民收入是工资加上利润加上地租，也就是总收入。但是，这也只是一种抽象，因为在资本主义生产的基础上，整个社会持有资本主义的观点，认为只有分解为利润和地租的收入才是纯收入。"（第3卷第2部分第375—376页，俄译本第695—696页）①

由此看来，阐明了实现过程，也就弄清了收入问题，解决了阻碍了解这个问题的主要困难：为什么"对一个人来说是收入的东西，对另一个人来说则是资本"②？为什么由个人消费品构成的并完全分解为工资、利润和地租的产品还能包括从来不能成为收入的资本的不变部分？《资本论》第2卷第3篇对实现的分析完全解决了这些问题，所以马克思在阐述"收入"问题的《资本论》第3卷最末一篇中，只是给了社会产品各个单独部分以名称和引用了第2卷中的这个分析③。

八　为什么资本主义国家必须有国外市场？

对上述资本主义社会的产品实现的理论，可能产生这样一个问题：

---

① 见《马克思恩格斯文集》2009年人民出版社版第7卷第951—952页。——编者注
② 同上书，第957页。——编者注
③ 见《资本论》第3卷第2部分第7篇《收入》第49章《关于生产过程的分析》，俄译本第688—706页（见《马克思恩格斯文集》2009年人民出版社版第7卷第943—965页。——编者注）。马克思在这里也指出了阻碍以前的经济学家了解这个过程的一些情况（第379—382页，俄译本第698—700页（同上书，第955—958页。——编者注））。

这个理论是否和资本主义国家不能没有国外市场的原理相矛盾？

必须记住：上面对资本主义社会的产品实现的分析是从没有对外贸易这个假定出发的，这个假定已在上面指出，其**必要性**也在进行这种分析时说明了。显然，产品的输入和输出只会把事情搅乱，对阐明问题丝毫没有帮助。瓦·沃·先生和尼·—逊先生的错误，就在于他们把国外市场扯来**说明**额外价值的实现：这样来谈国外市场根本没有说明什么问题，只是掩盖他们的理论错误，这是一方面。另一方面，这使他们能够用这些错误"理论"支吾搪塞，而无须**说明**俄国资本主义国内市场发展的事实①。对他们来说，"国外市场"不过是抹杀国内资本主义（因而也抹杀市场）发展的一种遁词，而且是更为方便的遁词，因为它还使他们可以不必去考察那些证明俄国资本主义争夺国外市场的事实②。

资本主义国家必须有国外市场，决不取决于社会产品（特别是额外价值）的实现规律，而取决于下面几点：第一，资本主义只是超出国家界限的广阔发展的商品**流通**的结果。因此，没有对外贸易的资本主义国家是不能设想的，而且也没有这样的国家。

正如读者所看到的，这个原因是有历史特性的。民粹派未必能用"资本家不可能消费掉额外价值"的几句陈词滥调来把这个原因支吾过去。这里必须考察——如果他们真想提出国外市场的问题——对外贸易发展史，商品流通发展史。考察了这个历史，当然就不会把资本主义描述成偶然离开道路的现象了。

第二，社会生产各部分之间的比例（按价值和按实物形式），是社会资本再生产理论所必须有的假定，并且事实上只是从一系列经常波动中得出的平均数，——在资本主义社会中，由于为不知道的市场而生产的各个生产者的孤立性，这种相适应经常遭到破坏。彼此互为"市场"的各种生产部门，不是平衡发展，而是互相超越，因此较为发达的生产部

---

① 布尔加柯夫先生在上引书中非常正确地指出："直到现在，依靠农民市场的棉纺织业，还在不断发展，因此，这种国民消费的绝对缩减……"（这正是尼·—逊先生所说的）"……只是在理论上可以想象"。（第214—215页）

② 沃尔金《沃龙佐夫先生著作中对民粹主义的论证》1896年圣彼得堡版第71—76页。

门就寻求国外市场。这决不像民粹派喜欢一本正经地断定的那样，意味着"资本主义国家无法实现额外价值"。这只是说各个生产部门的发展不成比例。在国民资本**另一种**分配的情况下，同样数量的产品就能够在国内实现。但是，要使资本离开一个生产部门转移到另一个生产部门去，这个部门就必须经过危机，因此有什么原因能够阻止受到这种危机威胁的资本家不去寻求国外市场，不去寻求促进输出的补助费和奖金等等呢？

第三，前资本主义生产方式的规律，是生产过程在原有规模上、原有技术基础上的重复。地主的徭役经济、农民的自然经济和手工业者的手艺生产就是如此。相反，资本主义生产的规律，是生产方式的经常改造和生产规模的无限扩大。在旧的生产方式下，各个经济单位能存在好几世纪，无论在性质上或者在规模上都没有变化，不超出地主的世袭领地、农民的村庄或农村手艺人和小工业者（所谓手工业者）的附近小市场的界限。相反，资本主义企业必然超出村社、地方市场、地区以至国家的界限。因为国家的孤立和闭关自守的状态已被商品流通所破坏，所以每个资本主义生产部门的自然趋向使它必须"寻求国外市场"。

因此，必须寻求国外市场，决不像民粹派经济学家所爱描述的那样，是证明资本主义无力维持下去。完全相反。这种需要明显地表明资本主义进步的历史作用，资本主义破坏了旧时经济体系的孤立和闭关自守的状态（因而也破坏了精神生活和政治生活的狭隘性），把世界上所有的国家联结成统一的经济整体。

我们从这里看到，必须有国外市场的后两个原因也还是历史性的原因。要弄清这些原因，就必须考察各个单独的生产部门，它在国内的发展，它向资本主义生产部门的转化，——一句话，必须研究资本主义在国内发展的**事实**，而民粹派拿国内市场和国外市场都"不可能"这种毫无价值的（和毫无内容的）空话作掩护，乘机回避这些事实，是不足为怪的。

九　第一章的结论

现在我们把上面分析的那些与国内市场问题直接有关的理论原理总括一下。

（1）国内市场的建立（即商品生产和资本主义的发展）的基本过程是社会分工。这一分工就是：各种原料加工（以及这一加工的各种工序）都一个个同农业分离，用自己的产品（现在已经是**商品**）交换农产品的各个独立的生产部门日渐形成。这样，农业本身也变成工业（即商品生产），其内部也发生同样的专业化过程。

（2）从上述原理直接得出的结论，就是一切正在发展的商品经济特别是资本主义经济的一个规律：工业（即非农业）人口比农业人口增长得快，它使愈来愈多的人口脱离农业而转到加工工业中来。

（3）直接生产者同生产资料的分离，即直接生产者的被剥夺，标志着从简单商品生产向资本主义生产的过渡（而且是这一过渡的必要条件），**建立了**国内市场。国内市场的这种**建立**过程是从两方面进行的：一方面是小生产者从中"游离"出来的**生产资料**转化为新占有者手中的资本，用来进行商品生产，因而自身也变成了商品。这样，甚至是这些生产资料的简单再生产现在也需要购买这些生产资料了（以前这些生产资料大部分是以实物形式进行再生产，部分是在家庭中制造的），就是说提供了生产资料的市场。其次，现在用这些生产资料生产出来的产品，也变成了商品。另一方面，这种小生产者的**生活资料**变成了可变资本的物质要素，即变成了企业主（无论是土地占有者、承包人、木材业者、厂主等都一样）雇用工人所花费的货币额的物质要素。这样，这些生活资料现在也变成了商品，即建立了消费品的国内市场。

（4）如果不弄清楚下面两点，资本主义社会中的产品的实现（因而也包括额外价值的实现）是无法说明的：（1）社会产品，如同个别产品一样，按价值分解为三部分而不是分解为两部分（分解为不变资本+可变资本+额外价值，而不像亚当·斯密和继他之后而在马克思以前的一切政治经济学所教导的那样，只分解为可变资本+额外价值）；（2）社会产品按其实物形式应当分为两大部类，即生产资料（生产上消费）和消费品（个人消费）。马克思确立了这些基本理论原理，就充分说明了资本主义生产中一般产品，特别是额外价值的实现过程，指出把国外市场扯到实现问题上来是完全错误的。

（5）马克思的实现论又阐明了国民消费和国民收入的问题。由上述各点自然可以看出，国内市场问题，作为同资本主义发展程度问题无关的个别的独立问题，是完全不存在的。因此，马克思的理论在任何地方和任何时候都不是单独提出这个问题的。国内市场是在商品经济出现的时候出现的；国内市场是由这种商品经济的发展建立的，而社会分工的精细程度决定了它的发展水平；国内市场随着商品经济从产品转到劳动力而日益扩展，而且只有随着劳动力变成商品，资本主义才囊括国家全部生产，主要靠在资本主义社会中占着愈来愈重要地位的生产资料来发展。资本主义的"国内市场"是由发展着的资本主义本身建立的，因为这个资本主义加深了社会分工，并把直接生产者分化为资本家和工人。国内市场的发展程度，就是国内资本主义的发展程度。撇开资本主义的发展程度问题而单独提出国内市场的限度问题（像民粹派经济学家所做的那样），是错误的。

因此，关于俄国资本主义国内市场如何形成的问题，就归结为下面的问题：俄国国民经济的各个方面如何发展，并朝什么方向发展？这些方面之间的联系和相互依存关系如何？

以下各章就是要考察答复这些问题的资料。

选自《列宁选集》第 1 卷，北京：人民出版社 2012 年第三版修订版，第 164—194 页。

第二章　农民的分化

十三　第二章的结论

我们把由上面考察过的资料中得出的最主要论点简述如下。

（1）现代俄国农民所处的社会经济环境是商品经济。甚至在中部农业地带（这个地带与东南边疆地区或各工业省相比，在这一方面是最落后的），农民也完全受市场的支配，他们不论在个人消费方面或者在自己的经营方面都为市场所左右，至于赋税那就更不用说了。

（2）农民（种地的和村社的）中的社会经济关系的结构向我们表明，这里存在着任何商品经济和任何资本主义所固有的一切矛盾：竞争，争取经济独立的斗争，抢租和抢购土地，生产集中在少数人手中，大多数人被排挤到无产阶级的队伍中去，受少数人的商业资本和雇佣的剥削。在农民中，没有一种经济现象不具有这种资本主义制度所特有的矛盾形式，也就是没有一种经济现象不表现出利益的斗争和摩擦，不意味着对一些人有利而对另一些人有损。租地、买地和截然对立的两种类型的"副业"是这样，经营的技术进步也是这样。

我们认为，这个结论不仅对俄国资本主义问题，而且对民粹派全部学说的意义问题，都具有极重要的意义。正是这些矛盾向我们清楚地无可辩驳地表明，"村社"农村中的经济关系结构决不是特殊的结构（"人民生产"等等），而是普通的小资产阶级的结构。与我国近半世纪来流行的理论相反，俄国村社农民不是资本主义的对抗者，而是资本主义最深厚和最牢固的基地。其所以是最深厚的，是因为正是在这里，在这远离任何"人为的"影响的地方，尽管存在各种排挤资本主义发展的制度，我们却看到"村社"内部资本主义因素在不断形成。其所以是最牢固的，是因为农业，特别是农民，受旧传统即宗法式生活传统的压制非常厉害，因此资本主义的改造作用（生产力的发展，一切社会关系的改变等等）在这里是极其缓慢地和逐渐地表现出来的①。

（3）农民中一切经济矛盾的总和构成了我们所谓的农民的分化。农民自己却用"非农民化"②这个名词极其恰当而清楚地说明了这个过程。这个过程意味着旧的宗法式农民的彻底瓦解和**新型**农村居民的形成。

在阐明这些类型之前，我们要说明一点，在我国的文献中，指出这个过程是很早的，很常见的。例如，瓦西里契柯夫先生曾利用瓦卢耶夫委员会的报告断定了俄国"农村无产阶级"的形成和"农民等级的崩溃"。（《土地占有制和农业》第1版第1卷第9章）指出这一事实的还有瓦·奥尔洛夫（《莫斯科省统计资料汇编》第4卷第1编第14页）和其他许多人。然而他们指出的一切都是极零碎的。从未有人试图系统地研究这个现象，因此，尽管有非常丰富的地方自治局统计机关的按户调查资料，但是我们至今所掌握的有关这一现象的说明材料还是不够的。因此产生了这样一种情况：大多数谈到这个问题的著作家，都把农民的分化只看做是财产不平均现象的产生，只看做是一种"分解"，正像所有的民粹派，特别是卡雷舍夫先生所爱讲的那样（见他的《农民的非份地租地》一书和在《俄国财富》中的文章）。毫无疑问，财产不平均现象的产生是全部过程的起点，但这个过程决不是"分解"一词所能概括的。旧的农民不仅在"分解"，并且在彻底瓦解和消亡，被完全新型的农村居民所排挤。这种新型的农村居民是商品经济和资本主义生产占统治地位的社会的基础。这些新的类型就是农村资产阶级（主要是小资产阶级）和农村无产阶级，即农业中的商品生产者阶级和农业雇佣工人阶级。

---

① 参看《资本论》第1卷第2版第527页（参看《马克思恩格斯全集》第23卷第551—552页。——编者注）。

② 1892年《下诺夫哥罗德省的农业概况》。

极有教益的是：对农业资本主义形成过程的纯理论分析，指出了小生产者的分化是这个过程的重要因素。我们是指《资本论》第 3 卷中最有意义的几章中的一章，即第 47 章：《资本主义地租的产生》。马克思认为这种地租产生的起点是**工役地租**（Arbeitsrente）①——"在这个场合，直接生产者以每周的一部分，用实际上或法律上属于他所有的劳动工具（犁、牲口等等）来耕种实际上属于他所有的土地，并以每周的其他几天，无代价地在地主的土地上为地主劳动"（《资本论》第 3 卷第 2 部分第 323 页，俄译本第 651 页）②。下一种地租形式是**产品地租**（Produktenrente）或实物地租，在这种场合，直接生产者在他自己经营的土地上生产全部产品，并以实物形式向地主缴纳全部剩余产品。在这里，生产者变得比较独立，有可能以自己的劳动获得除满足自己必要需求的产品数量以外的某些剩余。［地租的］"这个形式也会使各个直接生产者的经济状况出现更大的差别。至少，这样的可能性已经存在，并且，这些直接生产者获得再去直接剥削别人劳动的手段的可能性也已经存在"（第 329 页，俄译本第 657 页）③。所以，早在自然经济占统治地位的情况下，依附农民的独立性刚开始扩大，他们分化的萌芽就出现了。但是这种萌芽，只有在下一种地租形式即**货币地租**下才能得到发展，而货币地租是实物地租形式的简单变化。直接生产者向地主缴纳的不是产品，而是这些产品的价格。④ 这种形式的地租的基础还和原来一样：直接生产者仍旧是传统的土地占有者，可是"这种基础已日趋解体"（第 330 页）。货币地租"要以商业、城市工业、一般商品生产、

---

① 在俄译本（第 651 页及以下各页）中，这个术语被译成"劳动地租"。我们认为我们的译法较正确，因为俄文中有"工役"这个专门用语，意思恰恰是指依附农民为地主做工。

② 见《马克思恩格斯全集》第 25 卷第 889—890 页。——编者注

③ 同上，第 896 页。——编者注

④ 必须严格地区分货币地租和资本主义地租：后者是以农业中的资本家和雇佣工人为前提的；前者是以依附农民为前提的。资本主义地租是扣除了企业主利润后余下的一部分额外价值，而货币地租是农民交纳给地主的全部剩余产品的价格。俄国货币地租的例子，就是农民交给地主的代役租。毫无疑问，在我国农民的现代赋税中，有一定部分的货币地租。有时候农民租种土地同货币地租很相似，因为付完高额土地租费后留下给农民的，也不过是一点很有限的工资。

从而货币流通有了比较显著的发展为前提"（第 331 页）①。依附农民和地主之间的传统的合乎习惯法的关系，在这里转化为以契约为基础的纯粹的货币关系了。这一方面使旧农民遭受剥夺，另一方面使农民赎回了自己的土地和自己的自由。"此外，不仅在由实物地租转化为货币地租的同时，必然形成一个无产的、为货币而受人雇用的短工阶级，而且甚至在这种转化之前就形成这个阶级。在这个新阶级刚刚产生，还只是偶然出现的时期，在那些境况较佳的有交租义务（rentepflichtigen）的农民中间，必然有那种自己剥削农业雇佣工人的习惯发展起来……因此，他们积累一定的财产并且本人转化为未来资本家的可能性也就逐渐发展起来。从这些旧式的、亲自劳动的土地占有者中间，也就产生了培植资本主义租地农场主的温床，他们的发展，取决于农村以外的资本主义生产的一般发展。"（《资本论》第 3 卷第 2 部分第 332 页，俄译本第 659—660 页）②

（4）农民的分化减少了中等"农民"而发展着两极的两类农民，形成了两种新型的农村居民。两种类型的共同特征，是经济的商品性即货币性。第一种新的类型是农村资产阶级或富裕农民。这里包括经营各种形式的商业性农业（我们将在第 4 章描述这些形式中最主要的几种）的独立业主，以及工商企业业主和商业企业业主等等。商业性农业与工商企业相结合，是**这种**农民特有的一种"农业同手工业相结合"的形式。从这种富裕农民中，正在形成农场主阶级，因为在他们的经济中，为出卖粮食而租种土地（在农业地带）起着巨大的、往往超过份地的作用。这里的经营规模在大多数情况下，都超过本户劳动力可以胜任的程度，所以农村雇农、特别是日工队伍的形成，是富裕农民存在的必要条件。③ 这种农民以纯收入形式所获得的闲置货币，或者是用来从事在我国农村中非常发达的商业和高利贷活动，或者是在有利的条件下用来

---

① 见《马克思恩格斯全集》第 25 卷第 898 页。——编者注
② 同上，第 900 页。——编者注
③ 应当指出，使用雇佣劳动并不是小资产阶级这个概念必要的标志。在社会经济制度中，存在着我们在前面描述过的（第 2 点）矛盾时，特别是在大批生产者变为雇佣工人时，一切为市场的独立生产都适合于这一概念。

购买土地，改善经营等等。总之，这是些小地主。农民资产阶级在数量上说只占全体农民的少数——大概至多占农户的 1/5（大约是人口的 3/10），而且这个比例在各个不同地区当然变动很大。但是，就他们在整个农民经济中（在农民的生产资料总数中，在农民生产的农产品总数中）的意义来说，农民资产阶级是占绝对优势的。他们是现代农村的主人。

（5）另一种新的类型是农村无产阶级，**即有份地的雇佣工人阶级**。这里包括无产的农民，其中有完全无地的农民，然而，最典型的俄国农村无产阶级是有份地的雇农、日工、小工、建筑工人和其他工人。小块土地上极小规模的经营及其处于完全衰落状态（出租土地就特别明显地证明了这一点），不出卖劳动力（＝无产农民的"副业"）就无法生存，生活水平极其低下，大概还比不上没有份地的工人的生活水平，——这就是这一类型的特征。① 应当列入农村无产阶级的，不下于农户总数的一半（大约等于人口的 4/10），即包括全部无马的农民和大部分有 1 匹马的农民（自然，这只是笼统的大约的计算，在各个地区因地方条件的不同多少会有些变化）。使人认为这么多农民现在已经是农村无产阶级的那些根据，上面已经引证过了。应该补充一点，在我国著作界，人们常常过于死板地理解下面这个理论原理，即资本主义需要自由的、无地的工人。作为基本趋势来说这是完全正确的，但是资本主义渗入农业特别缓慢，其形式非常繁多。把土地分给农村工人，往往有利于农村业主本身，所以一切资本主义国家都有这种有份地的农村工人。在各个不同的国家里，这种农村工人具有各种不同的形式：英国的茅舍农民（cottager）不是法国或莱茵各省的小块土地农民，而后者又不是普鲁士的贫农和雇农。每一种农村工人都带有特殊的土地制度的痕迹，即特殊的土地关系历史的痕迹，然而这并不妨碍经济学家把他们概括为农业无产阶级这一类型。他们的小块土地所有权的法律根据，毫不影响他们这种属

---

① 要证明把无产农民列入有份地的雇佣工人阶级是正确的，不仅需要说明是什么样的农民在怎样出卖劳动力，而且还需要说明是什么样的企业主在怎样购买劳动力。这点将在以下几章加以说明。

性。不论他们对土地拥有完全的所有权（如小块土地农民），还是大地主或贵族领主只把土地交给他们使用，或者是他们作为大俄罗斯农民村社的一员而占有土地，——情况并不因此而有丝毫改变。我们把无产农民归入农村无产阶级，并没有说出什么新的东西。这种说法已经被许多著作家不止一次地使用过，只有民粹派的经济学家才顽固地把全体农民说成是什么反资本主义的，闭眼不看大批"农民"在资本主义生产总体系中已经占了完全固定的地位，即农业雇佣工人和工业雇佣工人的地位。例如在我国，有人很喜欢称颂我们这种保存了村社和农民等等的土地制度，并且把这种制度同带有资本主义农业组织的波罗的海沿岸边疆区的制度对立起来。因此，看一看在波罗的海沿岸边疆区有时把哪些类型的农村居民列入雇农和日工阶级，不是没有意义的。波罗的海沿岸边疆区各省的农民分为多土地者（有25—50俄亩的单独地块者）、贫农（有3—10俄亩的贫农地块者）和无土地者。正如谢·柯罗连科先生公正地指出的，这里的贫农"最接近于俄国中部各省俄罗斯农民的一般类型"（《从欧俄工农业统计经济概述看地主农场中的自由雇佣劳动和工人的流动》第495页）；他们永远得在寻找各种外水和经营自己的经济之间分配自己的时间。但我们特别感兴趣的是**雇农**的经济状况。因为地主自己认为**把土地分给雇农**作为工资是有利的。

（6）介于上述两种改革后"农民"之间的是**中等农民**。他们的特点是商品经济发展得**最差**。独立的农业劳动，只有在最好的年成和特别顺利的条件下才能维持这种农民的生活费用，所以这种农民的地位是极不稳固的。在大多数情况下，中等农民如果不以劳动偿还等为条件来借债，如果不寻找部分也是出卖劳动力的"辅助"的外水等等，是入不敷出的。每发生一次歉收便有大批中等农民落入无产阶级的队伍。就其社会关系说来，这一类农民摇摆于上等户和下等户之间，它向往上等户，但能爬上去的只有极少数的幸运者，而社会演进的整个进程却使它沦为下等户。我们已经看到：农民资产阶级不仅**排挤**下等农户，而且也**排挤**中等农户。这样，就产生了资本主义经济所特有的"非农民化"——中间分子的消失和两极的增强。

(7) **农民的分化建立了资本主义的国内市场**。在下等户中，这种市场的形成是靠消费品（个人消费的市场）。与中等农民相比，农村无产者**消费较少**（并且所消费的是质量低劣的产品，如用马铃薯代替面包等等），**而购买较多**。农民资产阶级的形成和发展是从两方面来建立市场的：第一，主要的是靠生产资料（生产消费的市场），因为富裕农民竭力要把他从"破落"地主和破产农民那里"收集来"的那些生产资料变为资本。第二，这里市场的建立也靠个人消费，因为较殷实的农民的需求在日益增长。①

(8) 关于农民的分化是否在向前发展及其速度如何的问题，我们还没有能与综合表的统计资料（第1节至第6节）相比的精确统计资料。这并不奇怪，因为直到现在（正如我们已经指出的）甚至还没有人打算有系统地研究一下农民分化的静态和指出这个过程发生的那些形式。②但是一切关于我国农村经济的总的资料，都证明这种分化在不断地和迅速地发展：一方面是，"农民"抛弃土地和出租土地，无马户数量增加，"农民"流入城市等等；另一方面是，"农民经济中的进步潮流"按部就班地发展，"农民"购买土地，改善经营，采用犁，发展牧草的种植、牛奶业等等。现在我们已经知道，加入这一过程的两个截然相反方面的都是**哪些**"农民"。

此外，移民运动的发展，大大推动了农民的分化，特别是种地的农民的分化。大家知道，迁移的主要是农业省份的农民（工业省份的移民非常少），并且正是工役制（阻碍农民的分化）最为发展的、人烟稠密的中部各省的农民。这是第一。其次，离开迁出地区的，主要是**中等富裕程度**的农民，而留在家乡的主要是两极的两类农民。这样，迁移加强

---

① 只有由于农民分化而形成国内市场这一事实，才能说明例如棉织品（棉织品生产在改革后时期随着大批农民的破产而增长神速）国内市场大大发展的原因。尼·一逊先生正是以我国纺织工业做例子来阐述自己关于国内市场的理论的，但是他却根本不能解释怎么会产生这种矛盾现象。

② 唯一的例外是**伊·古尔维奇**的优秀著作《俄国农村的经济状况》1892年纽约版，俄译本1896年莫斯科版。古尔维奇先生整理地方自治局统计汇编的技巧真是令人惊奇，因为汇编没有提供按殷实程度划分各类农户的综合表。

了迁出地区农民的分化，并且把分化的因素又带到迁入地区（西伯利亚的新移居者在其新生活的初期都当雇农①）。迁移与农民分化的这种联系，在**伊·古尔维奇**的卓越著作《农民向西伯利亚的迁移》（1888年莫斯科版）中完全得到了证明。我们竭诚向读者推荐我国民粹派报刊极力闭口不谈的这本书。②

（9）大家知道，商业资本和高利贷资本在我国农村中起着巨大作用。我们认为不用举出许多事实和指出这种现象的起源，因为这些事实是大家都知道的，并且同我们的题目没有直接的关系。我们感兴趣的问题只是：商业资本和高利贷资本在我国农村中对农民的分化有什么关系？各类农民间的上述关系同农民债权人和农民债务人的关系之间是否有联系？高利贷是分化的因素和动力，还是阻碍这种分化？

我们首先指出，理论是怎样提出这个问题的。大家知道，在《资本论》作者对资本主义生产所作的分析中，商业资本和高利贷资本被赋予非常重要的意义。马克思对这个问题的基本论点如下：（1）不管是商业资本和高利贷资本，或者是产业资本［即投入生产的资本，不论是农业生产或工业生产都一样］，都是一个类型的经济现象，它可以概括成一个一般的公式，即购买商品是为了出卖它并带来利润（《资本论》第1卷第2篇第4章，特别是德文第2版第148—149页③）。（2）商业资本和高利贷资本在历史上总是先于产业资本的形成，并且在逻辑上是产业资本形成的**必要**条件（《资本论》第3卷第1部分第312—316页，俄译本第262—265页；第3卷第2部分第132—137、149页，俄译本第488—492、502页)④，可是不论商业资本或高利贷资本，其本身都还不能构成产生产业资本（即资本主义**生产**）的**足够的**条件；它们并不经常瓦解旧的生产方式而代之以资本主义生产方式；资本主义生产方式的

---

① 因此，限制迁移，对农民分化有极大的阻碍作用。
② 也可参看普里马克先生的著作：《研究向西伯利亚迁移的数字材料》。（**第2版注释**）
③ 参看《马克思恩格斯全集》第23卷第186—188页。——编者注
④ 同上，第25卷第366—371、671—675、688—689页。——编者注

形成"完全要取决于历史的发展阶段以及由此产生的各种情况"（同上，第2部分第133页；俄译本第489页）①。"它〈商业和商业资本〉对旧生产方式究竟在多大程度上起着解体作用，这首先取决于这些生产方式的坚固性和内部结构。并且，这个解体过程会导向何处，换句话说，什么样的新生产方式会代替旧生产方式，这不取决于商业，而是取决于旧生产方式本身的性质。"（同上，第3卷第1部分第316页；俄译本第265页）②（3）商人资本的独立发展与资本主义**生产**的发展程度成反比例（同上，第312页；俄译本第262页）③；商业资本和高利贷资本愈发展，产业资本（＝资本主义**生产**）就愈不发展，反过来说也是如此。

　　因此，运用到俄国来时，就应该解决下面的问题：我国商业资本和高利贷资本与产业资本是否有联系？商业和高利贷在瓦解旧生产方式时，是否会导致以资本主义生产方式或其他什么生产方式来代替旧的生产方式？④ 这是一些实际问题，是俄国国民经济各个方面都应当加以解决的问题。对农民耕作业来说，上面考察过的资料就包含着对这个问题的答复，而且是肯定的答复。按照民粹派的通常观点，"富农"和"善于经营的农夫"不是同一经济现象的两种形式，而是彼此毫无联系和相互对立的两种现象。这种观点是毫无根据的。这是民粹派的偏见之一，这些偏见甚至从来都没有人想通过分析确切的经济资料来加以证明。资料所说明的恰好相反。农民雇用工人来扩大生产也好，农民买卖土地（请回忆一下上引富裕农民大量租地的资料）或食品杂货也好，农民买卖大麻、干草、牲畜等等或货币（高利贷者）也好，他们都是一个经

---

① 《马克思恩格斯全集》第23卷，第672页。——编者注
② 同上，第371页。——编者注
③ 见《马克思恩格斯全集》第25卷第367页。——编者注
④ 瓦·沃·先生在其《俄国资本主义的命运》第1页上就提到这个问题，然而不论在这部著作中，或者在他的其他什么著作中，他都没有打算要研究一下俄国商业资本和产业资本关系的资料。尼·—逊先生虽然自命为马克思理论的忠实信徒，但是他偏喜欢用自己发明的模糊的、不清楚的术语"资本化"或"收入的资本化"来代替确切的、清楚的范畴"商业资本"；在这个晦涩的术语掩护下，他非常顺利地回避了这个问题，而且回避得很干脆。在他看来，俄国资本主义生产的先驱者不是商业资本，而是……"人民生产"！

Das Kapital.

Kritik der politischen Oekonomie.

Von

Karl Marx.

Erster Band.
Buch I: Der Produktionsprocess des Kapitals.

Zweite verbesserte Auflage.

Das Recht der Uebersetzung wird vorbehalten.

Hamburg
Verlag von Otto Meissner.
1872.

列宁使用过的马克思《资本论》
1872年德文第2版第1卷的扉页

济类型,他们的业务从根本上说属于同一种经济关系。其次,在俄国村社农村中,资本的作用不限于盘剥和高利贷,资本也投入生产,这可以从下列情况中看出来:富裕农民不仅把钱投入商业企业(见上面),而且还用来改善经营,购买土地和租种土地,改良农具和牲畜,雇用工人等等。如果资本在我国农村中除了盘剥和高利贷以外没有力量创立某种东西,那么我们就不能根据关于生产的资料来断定农民的分化,断定农村资产阶级和农村无产阶级的形成,那么全体农民就都是为贫困所迫的业主这样一个相当均等的类型了,在这些业主中,与众不同的只是高利贷者,这也只是由于货币财产的规模,而不是由于农业生产的规模和组织。最后,从上面分析的资料中可以得出一个重要的论点:我国农村中商业资本和高利贷资本的独立发展阻碍着农民的分化。商业愈是向前发展，把乡村和城市接近起来，排挤原始的农村集市和破坏农村小店主的垄断地位，欧洲式的正规的信贷形式愈发展，使农村的高利贷者受到排挤，那么，农民的分化就会愈深愈厉害。从小商业和高利贷中排挤出来的富裕农民的资本，将更大规模地投入现在它已经开始投入的生产。

（10）我国农村经济中另一种阻碍农民分化的重要现象，是徭役经济的残余，即工役制。工役制是建立在用实物偿付劳动的基础上，因而也是建立在商品经济不发达的基础上。工役制需要和要求的正是中等农民，他们不十分富裕（否则他们不会受工役制的盘剥），但也不是无产者（要承担工役，就必须有自己的农具，必须是个稍微"宽裕的"业主）。

我们在上面说到农民资产阶级是现代农村的主人时，已经抽掉了盘剥、高利贷、工役制等等这些阻碍分化的因素。实际上，现代农村的真正主人，常常不是农村资产阶级，而是农村的高利贷者和邻近的地主。然而，抽掉这些因素是一种完全合理的方法，否则，就不能研究农民中各种经济关系的内部结构。有趣的是，民粹派也使用这种方法，可是他们只停留在半途上，没有把自己的议论贯彻到底。瓦·沃·先生在其《资本主义的命运》一书中谈到赋税的压榨等等时指出：对于村社来说，由于这些原因，"自然的〈原文如此！〉生活条件就不再存在了"（第287页）。妙极了！但是全部问题恰恰在于，我国农村中还并不存在的"自然条件"是什么样的。要回答这个问题，就必须研究村社内部经济关系的结构，排除——如果可以这么说的话——改革前的旧残余，因为它们掩盖了我国农村生活的这些"自然条件"。如果瓦·沃·先生这样做了，他就会看见：农村关系的这种结构表明着农民的完全分化；盘剥、高利贷、工役制等等受到的排挤愈彻底，农民的分化就愈深。①

---

① 顺便谈谈。讲到瓦·沃·先生的《资本主义的命运》，即我们引证过的第6章时，不能不指出其中有几页是很好的和十分公正的。这就是作者**不谈**"资本主义的命运"，甚至也根本**不谈**资本主义，而只谈赋税征收方式的那几页。值得注意的是：瓦·沃·先生并没有觉察到这些方式与徭役经济残余之间有着不可分割的联系，**他**（我们将在下面看到）**竟把徭役经济理想化了！**

根据地方自治局的统计资料,我们在上面证明了这种分化现在已是既成事实,农民完全分裂成了对立的两类。

选自《列宁全集》第 3 卷,北京:人民出版社 1984 年版,第 145—159 页。

第三章 地主从徭役经济到资本主义经济的过渡

二 徭役经济制度和资本主义经济制度的结合

徭役经济制度随着农奴制的废除而崩溃了。这一制度的一切主要基础,如自然经济、地主世袭领地的闭关自守和自给自足、其各种成分之间的紧密联系以及地主对农民的统治等等,都已经被破坏了。农民经济脱离地主经济;农民需要赎回自己的土地完全归自己所有,地主则需要过渡到资本主义经济制度,这种制度正如刚才指出的,是建筑在截然相反的基础上的。但是,这种向另一个完全不同的制度的过渡,当然不能一蹴而就,这里有两个原因。第一,资本主义生产所必需的条件尚未具备。需要有一个由惯于从事雇佣劳动的人们组成的阶级,需要用地主的农具和牲畜代替农民的农具和牲畜;需要把农业像其他各种工商企业那样,而不是像老爷们的事情那样组织起来。所有这些条件只能逐渐形成,所以,某些地主在改革后初期向国外订购外国机器以至招收外国工人的尝试,也不可能不以彻底失败而告终。不能一下子过渡到按资本主义方式经营的另一个原因,就是旧的徭役经济制度只不过遭到了破坏,但是还没有彻底消灭。农民经济还没有完全脱离地主经济,因为地主还掌握着农民份地的极其重要的部分:"割地"、森林、草地、饮马场、牧场等等。农民没有这些土地(或地役权)就根本不能经营独立的经济,结果,地主就有可能通过工役制形式继续实行旧的经济制度。"超经济的强制"的可能性也仍然存在着:暂时义务农身份,连环保,体罚农民,派农民出公差等等。

可见，资本主义经济不能一下子产生，徭役经济不能一下子消灭。因此，唯一可能的经济制度只能是一种既包括徭役制度特点又包括资本主义制度特点的过渡的制度。改革后的地主经济结构也确实正好具备了这些特点。过渡时期所固有的形式虽然多不胜数，但是现代地主经济的经济组织却可以归结为以各种方式结合起来的两种基本制度：**工役**制**度**①**和资本主义**制度。所谓工役制度就是用附近农民的农具和牲畜来耕种土地，其偿付形式并不改变这一制度的实质（不管是计件雇佣制下的货币偿付，对分制下的实物偿付，或者是狭义工役制下的土地或各种农业用地偿付）。这一制度乃是徭役经济的直接残余，徭役经济的上述经济特点几乎完全适用于工役制度（唯一的例外，是徭役经济的一个条件在工役制度的一种形式下已不再存在，即在计件雇佣制下，我们看到的劳动报酬已不是实物，而是货币）。所谓资本主义制度，就是雇用工人（年工、季节工、日工等等）用私有主的农具和牲畜来耕种土地。上述两种制度在实际生活中以各种各样的方式奇妙地交织在一起，它们在许多地主田庄上相互结合，并被应用到各种经济工作上去。这样两种截然不同的甚至是彼此对立的经济制度结合在一起，在实际生活中就会引起一连串极其深刻复杂的冲突和矛盾，许多业主就在这些矛盾的压力下遭到破产等等，这是十分自然的。这一切都是任何一个过渡时代固有的现象。

如果要问，这两种制度哪一种比较普遍？那么首先应该说，关于这一问题的精确统计资料是没有的，而且也未必能收集起来，因为这样做不仅需要调查一切田庄，而且还要调查一切田庄的一切经济业务。现在只有大略的、大体上说明个别地方哪种制度占优势的资料。上面摘引过的农业司出版物《从欧俄工农业统计经济概述看地主农场中的自由雇佣劳动和工人的流动》，已经以说明全俄情况的综合性形式引用了这类资料。安年斯基先生根据这些资料绘制了一张一目了然的统计地图，表明

---

① 现在我们用"工役制"这个术语来替代"徭役制"这个术语，因为前者更适合于改革后的各种关系，而且在我国的著作界中已得到公认。

这两种制度的分布情况(《收成和粮价对俄国国民经济某些方面的影响》第 1 卷第 170 页)。现在我们把这些资料制成一表,并加上 1883—1887 年私有地播种面积的资料(据《俄罗斯帝国统计资料》第 4 卷——《欧俄地区 1883—1887 年 5 年的平均收获量》1888 年圣彼得堡版)①来加以对比。

按在地主中占优势的经济制度划分的省份类别	省 份 数 目		共 计	地主土地上各种粮食和马铃薯的播种面积(单位千俄亩)
	黑土地带	非黑土地带		
一、**资本主义**制度占优势的省份	9	10	19	7407
二、**混合**制度占优势的省份……	3	4	7	2222
三、**工役**制度占优势的省份……	12	5	17	6218
共 计	24	19	43	15910

由此可见,如果在纯俄罗斯人省份中占优势的是工役制,那么在整个欧俄,应当承认,现在占优势的是地主经济的资本主义制度。我们这张表还远没有充分反映出这种优势,因为在第一类省份中,有的省份完全不采用工役制(如波罗的海沿岸各省),而在第三类中,大概没有一个省,甚至没有一个经营自己经济的田庄,不是至少部分地采用了资本主义制度的。现在我们根据地方自治局统计资料(**拉斯波平**《从地方自治局统计资料看俄国私有经济》,1887 年《法学通报》第 11—12 期,第 12 期第 634 页)来说明这一点:

---

① 在欧俄 50 个省份中,不包括阿尔汉格尔斯克、沃洛格达、奥洛涅茨、维亚特卡、彼尔姆、奥伦堡和阿斯特拉罕等 7 省,这 7 个省在 1883—1887 年的私有主土地播种面积,在欧俄 16472000 俄亩的总面积中占了 562000 俄亩。第一类包括下列各个省:波罗的海沿岸 3 省,西部 4 省(科夫诺、维尔纳、格罗德诺和明斯克),西南部 3 省(基辅、沃伦和波多利斯克),南部 5 省(赫尔松、塔夫利达、比萨拉比亚、叶卡捷琳诺斯拉夫和顿河),东南部 1 省(萨拉托夫),以及彼得堡、莫斯科、雅罗斯拉夫尔 3 省。第二类包括维捷布斯克、莫吉廖夫、斯摩棱斯克、卡卢加、沃罗涅日、波尔塔瓦和哈尔科夫 7 省。第三类则包括其余各省。为了更精确起见,应当从私有主土地的播种面积总数中减去属于租地者的播种面积,但是没有这样的资料。应当指出,即便是作了这样的修正也未必能改变我们关于资本主义制度占优势的结论,因为在黑土地带,大部分私有主的耕地是出租的,而在这一地带的各省中占优势的乃是工役制度。

库尔斯克省各县	按自由雇用工人的田庄的百分数		雇用雇农的田庄的百分数	
	中等的	大型的	中等的	大型的
德米特罗夫斯克县	53.3	84.3	68.5	85.0
法捷日县	77.1	88.2	86.0	94.1
利戈夫县	58.7	78.8	73.1	96.9
苏贾县	53.0	81.1	66.9	90.5

最后，必须指出，有时候工役制度正在过渡到资本主义制度，并同后者紧密地溶合在一起，想把它们分开和加以区别几乎都是不可能的。例如，一个农民租一小块土地，就必须服一定天数的工役（谁都知道，这是一个极普遍的现象。参看下一节的例子）。这种"农民"和为了取得一小块土地而必须干一定天数的活的西欧"雇农"或波罗的海沿岸边疆区的"雇农"又有什么区别呢？实际生活产生了许多使一些基本特征相对立的经济制度十分缓慢地结合在一起的形式。现在已不能说"工役制"在哪些地方结束，"资本主义"在哪些地方开始。

这样我们就判明了一个基本事实，现代地主经济的各种各样形式都可归结为以种种不同方式结合起来的两种制度——工役制度和资本主义制度，现在我们对这两种制度作一个经济上的评述，并考察一下，在整个经济演进过程的影响下，究竟是哪一种制度排挤哪一种制度。

选自《列宁全集》第 3 卷，北京：人民出版社 1984 年版，第 162—168 页。

第四章 商业性农业的发展

九 关于资本主义在俄国农业中的意义的结论

在第2章至第4章中,我们已经从两方面研究了俄国农业中的资本主义问题。首先我们研究了农民经济和地主经济中现存的社会经济关系的结构——改革后时代形成的结构。我们看到,农民在极其迅速地分化为数量很少但经济地位很强大的农村资产阶级和农村无产阶级。同这种"非农民化"过程紧密联系着的,是地主从工役经济制度向资本主义经济制度的过渡。其次,我们又从另一方面考察了这同一个过程;我们以农业向商品生产转变的形式为出发点,研究了商业性农业每一种最主要的形式所特有的社会经济关系。我们看到,农民经济和地主经济中的上述过程,像红线一样也贯穿在各种各样的农业条件之中。

现在我们研究一下从上述各种资料中得出的结论。

(1)改革后农业演进的基本特点是农业越来越带有商业的即企业的性质。对于地主经济来说,这一事实十分明显,用不着特别说明。对农民的农业来说,这种现象就不那么容易确定了。因为第一,使用雇佣劳动并不是农村小资产阶级必不可少的标志。我们在上面已经指出,只要整个经济结构是建立在我们在第2章研究过的那些资本主义矛盾上面的,那么一切用独立的经营来满足自己支出的小商品生产者都属于农村小资产阶级范畴。第二,农村小资产者(不论是在俄国或在其他资本主义国家)通过许多过渡梯阶同小块土地"农民"、同分得一小块份地的农村无产者结合在一起。这种情况是那种认为"农民"中没有农村资产阶级和农村无产阶级之分的理论长期存在的原因之一。①

（2）由于农业的性质，它向商品生产的转变是以特殊方式进行的，和工业中的这种过程并不一样。加工工业分为各个完全独立的部门，这些部门都只生产一种产品或产品的一个部分。而农业性工业则不分为各个完全独立的部门，它只是在一种场合下专门生产一种市场产品，而在另一种场合下又专门生产另一种市场产品；而且农业的其他方面都要适应于这种主要的（即市场的）产品。因此，商业性农业的形式非常多种多样，它不仅在不同的地区形式各异，而且在不同的农场也不相同。因此，在研究商业性农业的增长问题时，无论如何也不能局限于整个农业生产的笼统资料。②

（3）商业性农业的增长建立了资本主义的国内市场。第一，农业的专业化引起了各农业地区之间、各农场之间和各种农产品之间的交换。第二，农业愈是被卷入商品流通，农村居民对供个人消费的加工工业产品的需求就增长得愈快。因而第三，对生产资料的需求也增长得愈快，因为无论是农村的小企业主或大企业主，靠旧式的"农民的"工具和建筑物等等，都不可能经营新的商业性农业。最后，第四，产生对劳动力的需求，因为农村小资产阶级的形成和地主向资本主义经济的过渡，都是以农业雇农和日工队伍的形成为前提的。改革后时代的特点就是资本主义国内市场的扩大（资本主义农业的发展，整个工厂工业的发展，特别是农业机器制造业的发展，所谓农民的"农业副业"即雇佣

---

① 顺便谈一下，民粹派经济学家所喜爱的"俄国农民经济大多是纯自然经济"（《收成和粮价对俄国国民经济某些方面的影响》第1卷第52页）这一论点，就是以抹杀上述情况为依据的。只要采用一些把农村资产阶级和农村无产阶级合在一起的"平均"数字，这种论点就算得到了证明！

② 例如，前一个注释中提到的那本书的作者们在讲到"农民"时，正是局限于这些资料的。他们假定，每个农民**正是**种植他所消费的粮食，种植他所消费的**各种**粮食，并且**正是**按照他们消费的**比例**种植各种粮食。从这种"假定"中（这种"假定"违反事实，无视改革后时代的基本特点）得出自然经济占优势的"结论"，是用不着费多大力气的。

在民粹派的书刊里，也可以碰到下面一种绝妙的推论方法：每**一种**商业性农业，同整个农业比较起来，都是一种"例外"。**因此**，整个商业性农业都应当算做例外，而自然经济应当认为是常规！在中学逻辑学教科书的诡辩篇中，可以找到很多类似这种推论的例子。

劳动的发展，等等），而这种情况只能用商业性农业增长这个事实来解释。

（4）资本主义在农业人口中间大大扩大和加剧了这样一些矛盾，没有这些矛盾这种生产方式就根本不能存在。但是，尽管如此，俄国的农业资本主义，就其历史意义来说，仍然是一个巨大的进步力量。第一，资本主义把务农者一方面从"世袭领主"，另一方面从宗法式的依附农民变成了同现代社会中其他一切业主一样的**手工业者**。在资本主义以前，农业在俄国对一些人来说是老爷的事情，是贵族的消遣，而对另一些人来说是义务，是租赋，所以它只能按照数百年的陈规来经营，并必然会使务农者同本村以外的世界所发生的一切完全隔绝开来。工役制度这个旧事物在现代经济中的活残余，明显地证实了这个论断。资本主义第一次同土地占有的等级制度断绝了关系，把土地变成了商品。务农者的产品投入销售，就要受到社会的核算，首先是地方市场的核算，其次是国内市场的核算，最后是国际市场的核算；这样，村野的务农者过去同整个外界隔绝的状态就被彻底打破了。在破产的威胁下，务农者不管愿意与否，都必须考虑本国的以及由世界市场联系起来的其他国家的社会关系的全部总和。甚至从前曾经保证奥勃洛摩夫不冒任何风险，不花任何资本，不对自古以来的生产陈规作任何改变而获得可靠收入的工役制度，现在也都无力把他从美国农场主的竞争下拯救出来。因此，半世纪以前，有人针对西欧所说的那句话，即农业资本主义"是将田园生活卷入历史运动的动力"，对于改革后的俄国也是完全适用的。①

---

① 《哲学的贫困》（1896年巴黎版）第223页；作者轻蔑地称这些人的渴望为反动的悲叹，这些人祈求回到美好的宗法式生活里，恢复淳朴的风尚等等，责难"土地也服从于支配任何其他实业的那些规律"（见《马克思恩格斯全集》第4卷第186页。——编者注）。
我们完全了解，正文中所引证的全部论据，对于民粹派来说，可能不仅没有说服力，而且简直不可理解。但是，如果去详细分析这样一些意见，例如，说转移土地是一种"不正常的"现象（这是丘普罗夫先生在关于粮价的辩论中所说的话；速记报告第39页），说禁止农民转让份地是一种可以维护的制度，说工役经济制度优于或至少不次于资本主义经济制度等等，那就太枉费精力了。上面的整个叙述，都含有对民粹派用来为这些意见作辩护的各种政治经济学论据的反驳。

第二，农业资本主义第一次打破了我国农业数百年来的停滞状态，大大地推动了我国农业技术的改造和社会劳动生产力的发展。几十年资本主义的"破坏"所做的事情，比过去整整几个世纪做到的还要多。墨守成规的自然经济的单一性，被商业性农业形式的多样性代替了；原始的农具开始让位于改良农具和机器；旧耕作制度的固定不变状况被新的耕作方法破坏了。这一切变化的过程是同上述农业专业化现象密切联系着的。农业资本主义（同工业资本主义一样）按其性质来说，是不能平衡发展的，因为它在一个地方（在一个国家，一个地区，一个农场）推进了农业的一个方面，而在另一个地方推进了农业的另一个方面等等。它在一种场合下改造了一些农业作业的技术，而在另一种场合下改造了另一些农业作业的技术，使这些农业作业脱离了宗法式的农民经济或宗法式的工役制。因为整个这一过程都是按照变化莫测的连生产者也不总是能够知道的市场要求进行的，所以资本主义农业在每一个别场合（往往是在每一个别地区，有时甚至是在每一个别国家）变得比过去片面和畸形，然而总的说来，它变得比宗法式农业要多样和合理得多。商业性农业的各种特殊种类的形成，使农业中的资本主义危机和资本主义生产过剩成为可能和不可避免，但是这些危机（和所有资本主义危机一样）更加有力地推动了世界生产和劳动社会化的发展。①

第三，资本主义第一次在俄国建立了以机器的使用和工人的广泛协作为基础的大规模农业生产。在资本主义以前，农产品的生产始终是在不变的、规模小得可怜的形式下进行的，不论是农民为自己工作或为地主工作，情况都是这样，土地占有的任何"村社性质"都不能改变这种生产极其分散的状况。同生产的这种分散性紧密联系着的是农民本身

---

① 西欧的浪漫主义者和俄国的民粹派，极力强调这一过程中资本主义农业的片面性，强调资本主义所造成的不稳定和危机，并且根据这一点来否认资本主义的前进运动比前资本主义的停滞所具有的进步性。

的分散性。① 他们被束缚在自己的份地上和自己狭小的"村社"里，甚至同邻近村社的农民都被截然隔开，原因是他们所属的等别不同（前地主农民，前国家农民等等），占有的土地面积不同，也就是说，解放的条件不同（这些条件有时只是决定于地主的个性和癖好）。资本主义第一次破坏了这些纯粹中世纪的壁垒，而且破坏得很出色。现在，各等农民之间、按份地占有面积区分的各类农民之间的差别，同每等农民、每类农民和每个村社内部的经济差别比较起来，已经显得很不重要了。资本主义破坏了地方的闭塞性和狭隘性，打破了农民中世纪的狭小划分，而代之以全国性的大规模划分，即把农民划分为在整个资本主义经济体系中占据不同地位的一些阶级。② 如果说，过去的生产条件本身决定了农民群众固定在他们所居住的地方，那么商业性农业和资本主义农业的不同形式和不同地区的形成，就不能不造成大量居民在全国各地的迁移；而没有居民的流动（上面已经指出），居民的自觉性和主动性的发展是不可能的。

最后，第四，俄国的农业资本主义第一次连根摧毁了工役制和农民的人身依附关系。从《罗斯法典》的时代起，直到现在用农民的工具

---

① 因此，尽管土地占有的形式不同，但是马克思关于法国小农所说的如下一段话对于俄国农民是完全适用的："小农〈小块土地农民〉人数众多，他们的生活条件相同，但是彼此间并没有发生多种多样的关系。他们的生产方式不是使他们互相交往，而是使他们互相隔离。这种隔离状态由于法国的交通不便和农民的贫困而更为加强了。他们进行生产的地盘（Produktionsfeld），即小块土地，不容许在耕作时进行任何分工，应用任何科学，因而也就没有任何多种多样的发展，没有任何不同的才能，没有任何丰富的社会关系。每一个农户差不多都是自给自足的，都是直接生产自己的大部分消费品，因而他们取得生活资料多半是靠与自然交换，而不是靠与社会交往。一小块土地，一个农民和一个家庭；旁边是另一小块土地，另一个农民和另一个家庭。一批这样的单位就形成一个村子；一批这样的村子就形成一个省。这样，法国国民的广大群众，便是由一些同名数相加形成的，好像一袋马铃薯是由袋中的一个个马铃薯所集成的那样。"[《路易·波拿巴的雾月十八日》1885年汉堡版第98—99页（见《马克思恩格斯全集》第8卷第217页。——编者注）]

② "在资本主义社会中，对联盟和联合的需要不是减少了，反而无比地增加了。但是用旧的标准来满足新社会的这种需要是完全荒谬的。这个新社会要求：第一，这种联盟不应是地方性的、等级制的和有类别的；第二，这种联盟的出发点是资本主义和农民分化所造成的地位和利益的差别。"[上引弗·伊林的书第91—92页脚注（见《列宁全集》第2版第2卷第208页。——编者注）]

耕种地主的土地为止，工役经济制度一直绝对地统治着我国的农业；伴随着这种制度而来的必然是农民的愚昧和粗野，因为农民由于从事农奴制性质的或"半自由"性质的劳动而受到屈辱；如果不是农民缺乏一定的公民权利（例如，属于最低等级，受体罚，被派出公差，束缚于份地等等），工役制度就不可能存在。因此，自由雇佣劳动代替工役制是俄国农业资本主义的巨大历史功绩。① 我们把上面有关俄国农业资本主义进步的历史作用所说的话概括一下，那就可以说，农业资本主义使农业生产社会化了。农业从最高等级的特权或最低等级的租赋变成了普通的工商业；农民的劳动产品开始在市场上受到社会的核算；墨守成规的单一的农业正在变成在技术上经过改造的和具有多种多样形式的商业性农业；小农的地方闭塞性和分散性正遭到破坏；劳动力买卖的非人身交易，正在排挤各种各样的盘剥形式和人身依附形式，——这一切情况实际上都是同一过程的各个环节，这个过程使农业劳动社会化了，并且使市场波动这种无政府状态中的矛盾，即各个农业企业的个体性同资本主义大农业的集体性之间的矛盾日益尖锐。

因此（我们再说一遍），在强调资本主义在俄国农业中的进步历史作用时，我们丝毫没有忘记这种经济制度的历史暂时性，也没有忘记它固有的深刻的社会矛盾。相反，我们在上面已经指出，正是那些只会哭诉资本主义"破坏"的民粹派分子，才极其肤浅地估计这些矛盾，抹杀农民的分化，无视我国农业中使用机器的资本主义性质，用"农业副业"或"外水"等等说法来掩盖农业雇佣工人阶级的形成。

选自《列宁全集》第 3 卷，北京：人民出版社 1984 年版，第 277—284 页。

---

① 在尼·—逊先生对我国资本主义的破坏所发出的无数怨言和叹息中，有一点是特别值得注意的："……不论是诸侯纷争或是鞑靼人的统治，都没有触动我国经济生活的形式"（《论文集》第 284 页），只有资本主义才对"自己过去的历史"表示了"轻蔑的态度"（第 283 页）。好一个神圣的真理！俄国农业资本主义所以进步，正因为它对"历来的""数百年来奉为神圣的"工役制和盘剥的种种形式表示了"轻蔑的态度"，而这些形式的确是任何政治风暴，包括"诸侯纷争"和"鞑靼人的统治"在内，都没有能够摧毁的。

第五章　工业中资本主义的各最初阶段

九　关于我国农村前资本主义经济的几点意见

我们有人往往把"俄国资本主义的命运"问题的实质描述成这样：似乎**速度如何**（即资本主义发展的速度如何？）的问题具有主要意义。其实，**究竟如何和从何而来**（即俄国前资本主义的经济结构如何？）的问题具有重要得多的意义。民粹派经济学最主要的错误，正是对这两个问题作了不正确的回答，即对俄国资本主义究竟怎样发展作了不正确的描述，对前资本主义的制度虚假地加以理想化。在第2章（一部分在第3章）和本章中，我们考察了小农业中和农民小手工业中资本主义的各最原始阶段；在进行这种考察时，不可避免地多次指出了前资本主义制度的种种特点。如果我们现在试把这些特点综合起来，那可以得出如下的结论：前资本主义的农村是（从经济方面看）**一个地方小市场网，这些地方小市场把一些极小的小生产者群联结起来，他们由于自己的孤立经营、他们之间的许多中世纪壁垒和中世纪依附关系的残余而处于分散状态。**

至于谈到小生产者的分散性，那么它最明显地表现在上面已经在农业和工业中证实了的小生产者的分化上。但是，分散性远不只表现在这一点上。农民被村社联合成为行政兼征税性的和土地占有者的极小联合体，但他们同时是分散的，被大量按份地面积、纳税数额等形形色色的方法划分成各种等级和类别。姑且拿萨拉托夫省地方自治局统计汇编来说吧。这里的农民分为以下各种等级：有赐地的农民、私有农民、完全私有农民、国家农民、有村社地产的国家农民、有切特维尔梯地产的国家农民、原属地主的国家农民、皇族农民、租种官地的农民、无地农民、前地主农民中的私有农民、赎买了宅院的农民、前皇族农民中的私有农民、常住私有农民、移居农民、前地主农民中的有赐地农民、前国家农民中的私有农民、脱离农奴籍的农民、免缴代役租的农民、自由耕作农、暂时义务农、前工厂农民等等,此外还有注册农民、外来农民等等。所有这些等级,都有不同的土地关系史、份地面积、纳税数额等等。而且在这些等级内部又有很多类似的区分:有时甚至同一乡村的农民分为完全不同的两类,如"前某某老爷的农民"和"前某某太太的农民"。所有这些五花八门的类别,在中世纪,在遥远的过去,是很自然的和必要的,而现在保留农民村团的等级闭塞性,便是不可容忍的时代错误了,而且将使劳动群众的生活状况极端恶化,同时丝毫也不能保证他们不受新的资本主义时代条件的压迫。民粹派常常闭眼不看这种分散性,而当马克思主义者发表关于农民分化具有进步性的意见时,民粹派就一味重弹反对"剥夺土地的拥护者"的老调,借以掩盖他们对前资本主义农村的认识的全部错误。只要想到小生产者的惊人的分散性这种宗法式农业的必然后果,就可以确信资本主义的进步性,因为它彻底破坏了旧的经济形式和生活方式以及它们长期以来停滞不前和因循守旧的状态,破坏了陷于中世纪壁垒中的农民的定居状态,造成了新的社会阶级,这些阶级根据需要而竭力联系起来,联合起来,并积极参加国家和全世界的整个经济(而且不只是经济)生活。

拿作为手艺人或小手工业者的农民来说,你们可以看到同样的情景。他们的利益没有超出附近村庄的小范围。由于地方市场的规模太小,他们同其他地区的手工业者不发生接触;他们怕"竞争"就像怕火一样,因为竞争无情地破坏了小手艺人和小手工业者在他们苟且偷安的生活中不受任何人和任何事物惊扰的宗法式乐园。竞争和资本主义对这些小手工业者作了一件有益的历史性工作,把他们从穷乡僻壤中拖了出来,对他们提出了对比较开化的居民阶层已经提出的一切问题。

除了手艺的原始形式以外,商业资本和高利贷资本的原始形式也是地方小市场的必然附属物。农村愈偏僻,受资本主义新制度、铁路、大工厂、资本主义大农业的影响愈小，地方商人和高利贷者的垄断就愈厉害，周围农民受他们的支配也愈厉害，而且这种支配的形式也愈粗暴。这些小吸血鬼的数量很多（同农民很少的产品数量相比），各地对他们的称呼也名目繁多。如鱼肉贩子、包货商、猪鬃贩子、投机商、贩卖人、收货人等等，就都是这一号人。自然经济占优势，使货币在农村中成为罕见的和贵重的物品，这样，所有这些"盘剥者"所起的作用要比他们资本的数量大得不可计量。农民对货币所有者的依附必然带有盘剥的形式。正如没有大量商品经营资本和货币经营资本，发达的资本主义是不可想象的一样，没有地方小市场的"主人"小商人和包买主，前资本主义的农村也是不可想象的。资本主义把这些市场联结起来，把它们结合成一个巨大的国内市场，以后又结合成世界市场，破坏了盘剥和人身依附的原始形式，深入而广泛地发展了在村社农民中就露出苗头的那些矛盾，从而为解决这些矛盾作了准备。

  选自《列宁全集》第 3 卷，北京：人民出版社 1984 年版，第 343—345 页。

第六章　资本主义工场手工业和资本主义家庭劳动

七　资本主义的家庭劳动是工场手工业的附属物

资本主义的家庭劳动，即在家里加工从企业主那里领来的材料以取得计件工资，正如上一章里指出的，在农民小手工业中就存在了。我们在下面还会看到，它同工厂即大机器工业也是同时并存的（而且规模很大）。可见，资本主义的家庭劳动在工业资本主义的各个发展阶段都存在，不过它是工场手工业的最大特征。不论农民小手工业或大机器工业，没有家庭劳动也很容易对付。而在资本主义发展的工场手工业时期（它所固有的特点是保存着工人同土地的联系，在大作坊周围存在着许多小作坊），不把工作分到家里去做，那是很难想象的，几乎是不可能想象的。① 我们已经看到，俄国的资料确实证明，在按资本主义工场手工业类型组织起来的手工业中，把工作分到家里去做的办法，得到特别广泛的采用。所以我们认为在本章中考察资本主义家庭劳动的特点是极为正确的，即使下面引证的某些例子不可能专门适用于工场手工业。

首先我们要指出，在家庭劳动的情况下，资本家和工人之间有很多中间人。大企业主不可能亲自把材料分配给往往散居各村的千百个工人，这就必然会出现一批中间人（在某些场合甚至出现了各种等级的中

---

① 大家知道，在西欧，资本主义工场手工业时期的特点也是家庭劳动的广泛发展，例如织造业。值得指出的是，马克思在叙述工场手工业的典型例子钟表业时指出，指针盘、发条和表壳也很少是在本手工工场内制造的，一般常常是由局部工人在家中做。（《资本论》第2版第1卷第353—354页（见《马克思恩格斯全集》第23卷第379—382页。——编者注））

间人），他们整批地取得材料，零星地分配出去。于是产生了真正的 sweating system，即榨取血汗的制度，这是最厉害的剥削制度：同工人接近的"工匠"（或是"小工房主"，或是花边业中的"女商人"等等）甚至会利用工人贫困的特殊机会，找出一些在大企业中不可想象的、根本不可能受到任何检查和监督的剥削方法。

应当把 truck-system，即实物工资制同 sweating system 并列，或者作为它的形式之一，实物工资制在工厂中是被追究的，而在手工业中，特别是在把工作分到家里去做的情况下则仍被广泛采用。上面叙述各种手工业时，已经举出了这种流行现象的例子。

其次，资本主义的家庭劳动必然同极不卫生的工作环境联系着。工人一贫如洗，完全没有可能以任何规章来改善劳动条件，住的地方和工作场所混在一起，这些情况就把从事家庭劳动的工人的住所变成不讲卫生和发生职业病的地方。在大作坊中还有可能反对这种现象，而家庭劳动在这方面是资本主义剥削的最"自由的"形式。

过长的工作日，也是为资本家进行的家庭劳动和整个小手工业的必然特征之一。上面已经举出"工厂"和"手工业者"工作日长短比较的几个例子。

在家庭劳动中，吸收妇女和极年幼的儿童参加生产几乎是常见的现象。现在，我们从莫斯科省妇女手工业的记载中引证一些资料作为例证。从事摇纱的妇女有 10004 人；儿童从 5—6 岁（！）起就开始做工，日工资为 10 戈比，年工资为 17 卢布。妇女手工业中的工作日一般长达 18 小时。在针织业中，儿童从 6 岁起就开始做工，日工资为 10 戈比，年工资为 22 卢布。妇女手工业总计：女工 37514 人；从 5—6 岁起就开始做工（在 19 种手工业中，有 6 种手工业是这种情况，而这 6 种手工业中共有 32400 个女工）；平均日工资为 13 戈比，年工资为 26 卢布 20 戈比。①

资本主义的家庭劳动的最大害处之一，就是使工人需求水平降低。

---

① 描述妇女手工业的哥尔布诺娃女士，错算成 18 戈比和 37 卢布 77 戈比，因为她只是根据每种手工业的平均数字，而没有注意各种手工业中女工人数的不同。

企业主有可能到一些偏僻地方给自己选择工人，那些地方的居民生活水平特别低，因居民同土地有联系而工钱非常便宜。例如，有一个农村制袜作坊主解释说，在莫斯科住房很贵，女工匠"还要吃白面包……而在我们这里，工人在自己的农舍里做工，吃的是黑面包……嗯，莫斯科怎能同我们相比呢？"① 在摇纱业中，工资所以极其低廉，是因为对农民的妻子和女儿等等来说，这只不过是一种补助工资。"这样一来，这个行业中的现行制度，把专靠这个行业收入生活的人的工资降低到极限，而把专靠工厂劳动生活的人的工资降到最低限度的需求以下，或者阻碍后者提高生活水平。二者都造成了极不正常的条件。"② 哈里佐勉诺夫先生说："工厂要找廉价的织工，并在远离工业中心的织工的家乡找到了这种工人……工资从工业中心到周围地区是逐步降低的，这是不容怀疑的事实。"③ 可见，企业主十分善于利用那些人为地把居民阻留在农村的条件。

家庭工人的分散性是这种制度的另一个同样有害的方面。下面是包买主自己对这一害处的鲜明描述："两者〈向特维尔铁匠收买钉子的大包买主和小包买主〉的活动都根据同样的原则——收买钉子时付一部分钱和一部分铁料，**为了更好商量**总是掌握一些铁匠在自己家中工作。"④ 这段话率直地说明了我国"手工"工业的"生命力"！

家庭工人的分散性以及中间人的众多，自然要使盘剥盛行起来，要造成各种形式的人身依附，这种人身依附在农村偏僻地方常常伴随有"宗法式的"关系。工人欠业主的债，在一般"手工业"中特别在家庭劳动的情况下是极其普遍的现象。工人通常不仅是雇佣奴隶，而且是债务奴隶。上文已举出几个例子，说明农村关系的"宗法性"使工人处于怎样的境况。

---

① 《莫斯科省统计资料汇编》第7卷第2编第104页。
② 《莫斯科省统计资料汇编》第7卷第2编第285页。
③ 《弗拉基米尔省手工业》第3编第63页。同上，第250页。
④ 《俄国手工工业报告和研究》第1卷第218页。同上，第280页；厂主伊罗多夫说，对他更有利的是把工作分配给手工织工在家里做。

前面评述了资本主义的家庭劳动,现在来考察这种劳动流行的条件,首先必须指出,这种制度同农民被束缚在份地上是联系着的。没有迁徙的自由,离开土地往往要损失一笔钱(就是说,为土地所支付的钱超过从土地所得的收入,出租份地者还要付款给租地者),农民村社处于等级制的隔绝状态,这一切都人为地扩大采用资本主义家庭劳动的范围,人为地把农民束缚在这种最坏的剥削形式上。可见,陈旧的制度和充满等级性的土地制度无论在农业或工业中都产生着最有害的影响,使技术上落后的生产形式保留下去,这种生产形式必定使盘剥和人身依附极为盛行,使劳动人民处于最艰难和最孤立无援的地位。

其次,为资本家进行的家庭劳动同农民的分化有联系,也是毫无疑义的。家庭劳动的广泛流行以下面两个条件为前提:(1)大批**必须**出卖而且**必须**廉价出卖自己劳动力的农村无产阶级的存在;(2)在分配工作时能执行代理人任务的非常熟悉本地情况的**富裕**农民的存在。商人派来的伙计远不是总能执行这个任务(特别是在比较复杂的手工业中),而且也未必能在什么时候像当地农民即"自己的兄弟"那样"巧妙地"执行这个任务。① 大企业主如果不拥有大批可以赊购商品或代售商品,贪婪地抓住一切机会来扩大自己小生意的小企业主,那他们把工作分到家里去做的业务恐怕连一半都完成不了。

最后,指出资本主义的家庭劳动在资本主义所造成的过剩人口的理论上的意义,是非常重要的。关于俄国资本主义"解放"工人的问题,谁也没有像瓦·沃·先生和尼·—逊先生以及其他民粹主义者谈论得那样多,然而他们当中谁也不肯费心去分析一下改革后时代俄国已经形成和正在形成的工人"后备军"的那些具体形式。任何一个民粹派都没有注意到这件小事:家庭工人几乎是我国资本主义"后备军"中最大

---

① 我们已经看到,大工业业主、包买主、小工房主、工匠同时也是富裕的农民。例如,我们在莫斯科省饰绦织造业的记述(《莫斯科省统计资料汇编》第6卷第2编第147页)中看到:"工匠也和他的织工一样都是农民,只是他比织工多一间农舍、一匹马、一头奶牛,也许还有可能全家每天喝两次茶。"

的一部分。① 企业主把工作分到家里去做，就可以不花费大量资本和很多时间去建造作坊等等，而把生产规模迅速地扩大到自己所期望的程度。生产规模这样迅速扩大常常是市场条件决定的，如由于某一大工业部门的兴旺（例如铁路建设）或由于战争等等情况而出现了急剧增加的需求。因此，改革后时代资本主义家庭劳动的巨大发展，又是我们在第2章中已经说明的千百万农业无产阶级形成这个过程的另一方面。"从家庭经济（严格说来是自然经济，指的是自己的家庭和邻近集市的少数消费者）的活动中解放出来的人手，投到什么地方去了呢？塞满工人的工厂和**大规模家庭生产的迅速扩大**作了清楚的回答。"（《弗拉基米尔省手工业》第3编第20页。黑体是我们用的）现在在俄国，被工业企业主雇用的家庭工人究竟有多少，这从下一节引证的数字中可以看出来。

选自《列宁全集》第3卷，北京：人民出版社1984年版，第401—407页。

---

① 民粹派的这个错误，由于他们大多数人想遵循马克思的理论而更加严重。马克思极明确地强调了"现代家庭劳动"的资本主义性质，并且**特别指出这些家庭工人是资本主义所特有的相对过剩人口的形式之一**。（《资本论》第2版第1卷第503页及以下各页；第668页及以下各页（参看《马克思恩格斯全集》第23卷第524—525页及以下各页；第704—705页及以下各页。——编者注）；特别是第23章第4节）

第七章 大机器工业的发展

十二 俄国工业中资本主义发展的三个阶段

现在我们把我国工业中资本主义发展的资料所得出的基本结论总括一下。①

这种发展有三个主要阶段：小商品生产（小的、主要是农民的手工业）、资本主义工场手工业和工厂（大机器工业）。事实完全驳倒了我国流行的关于"工厂"工业与"手工"工业分离的看法。相反，把它们分开纯粹是人为的。上述三种工业形式的联系与继承性是最直接和最密切的。事实十分清楚地表明，小商品生产的基本趋势是发展资本主义，特别是形成工场手工业，而工场手工业在我们面前极其迅速地成长为大机器工业。许多大厂主与最大的厂主本人曾经是小而又小的手工业者，他们经历了从"人民生产"到"资本主义"的一切阶段。也许这一事实，就是各种依次相连的工业形式之间有密切和直接联系的最突出表现之一。萨瓦·莫罗佐夫过去是农奴（1820年赎身），牧人，车夫，织工，手工业织工，他曾步行到莫斯科把自己的产品卖给包买主；后来成为小作坊主——分活站的主人——厂主。他死于1862年，当时他和他的许多儿子已有两个大工厂。在1890年，属于他的子孙的4个工厂中计有工人39000名，生产额达3500万卢布。② 在弗拉基米尔省的丝织

---

① 正如我们在序言中所说的，我们只限于改革后的时代，至于以农奴劳动为基础的工业形式则抛开不谈。

② 《弗拉基米尔省手工业》第4编第5—7页。1890年的《工厂一览表》。**施什马廖夫**《下诺夫哥罗德与舒亚—伊万诺沃铁路区域工业简明概论》1892年圣彼得堡版第28—32页。

业中，许多大厂主都是织工与手工业织工出身。① 伊万诺沃-沃兹涅先斯克一些最大的厂主（库瓦耶夫家族、福金家族、祖勃科夫家族、科库什金家族、博勃罗夫家族以及其他许多人）都是手工业者出身。② 莫斯科省的锦缎厂，以前都是手工业小工房。③ 巴甫洛沃区的厂主扎维亚洛夫，在1864年还"对他自己在哈巴罗夫工匠手下做一个普通工人的情景记忆犹新"④。厂主瓦雷帕耶夫曾经是小手工业者⑤；康德拉托夫曾经是手工业者，他曾经携带一袋子自己的制品步行到巴甫洛沃⑥。厂主阿斯莫洛夫曾经替商贩赶过马，后来他成为小商人、小烟草作坊主，最后他成为贸易额达数百万的厂主。⑦ 诸如此类，不胜枚举。看看民粹派经济学家们在此种情况下如何确定"人为的"资本主义的开始与"人民"生产的终结，倒是很有意思的。

上述三种基本的工业形式，首先是以各种不同的技术结构来区分的。小商品生产的特征是完全原始的手工技术，这种技术几乎从古至今都没有变动。手工业者仍是按照传统方法对原料进行加工的农民。工场手工业采用了分工，分工使技术有了根本改革，把农民变为工匠，变为"局部工人"。但是，手工生产仍旧保存着，在这种基础上生产方式的进步必然是十分缓慢的。分工是自发地形成的，像农民劳动一样是按照传统学来的。只有大机器工业才引起急剧的变化，把手工技术远远抛开，在新的合理的基础上改造生产，有系统地将科学成就应用于生产。当资本主义在俄国尚未组织起大机器工业的时候，在那些尚未被资本主义组织起大机器工业的工业部门之内，我们看到技术差不多是完全停滞的，我们看到人们使用着几百年前就已经应用于生产的那种手织机、那

---

① 《弗拉基米尔省手工业》第3编第7页及以下各页。
② 施什马廖夫的书第56—62页。
③ 《莫斯科省统计资料汇编》1883年莫斯科版第7卷第3编第27—28页。
④ A. 斯米尔诺夫《巴甫洛沃和沃尔斯马——下诺夫哥罗德省以五金生产闻名的两个村子》第14页。
⑤ 上引拉布津的书第66页。
⑥ 上引格里戈里耶夫的著作第36页。
⑦ 《俄国工业历史统计概述》第2卷第27页。

种风磨或水磨。相反，在工厂所支配的工业部门中，我们看到彻底的技术改革和机器生产方式的极其迅速的进步。

根据各种不同的技术结构，我们看到资本主义发展的各种不同阶段。小商品生产与工场手工业的特征是小作坊占优势，从小作坊中，只产生出少数大作坊。大机器工业彻底排挤小作坊。资本主义关系就在小手工业中形成起来（表现为有雇佣工人的作坊及商业资本），但它们在这里的发展还很微弱，没有在各生产参加者集团间形成尖锐的对立。这里既还没有大资本，也还没有广大的无产阶级阶层。在工场手工业中，我们看到了这两者的形成。生产资料占有者与工人间的鸿沟，已经达到颇深的程度。"富裕"的工业市镇成长起来，其中大批居民都是没有任何财产的工人。少数商人握有巨款以采购原料和销售产品，大批局部工人过着朝不保夕的生活，——这就是工场手工业的总的情景。但是，小作坊的大量存在，与土地的联系的保存，生产中与全部生活制度中传统的保存，——这一切造成了工场手工业两极之间的大批中间分子，阻碍了这两极的发展。在大机器工业中，所有这些阻碍都消失了；社会对立的两极达到了最高的发展。资本主义的一切黑暗面仿佛都集中在一起了：大家知道，机器大大推动了工作日的无限延长；妇女与儿童加入了生产；失业工人后备军形成了（而且根据工厂生产的条件也必定形成），等等。然而，工厂大规模实现的劳动社会化，以及被工厂雇用的人们的情感与观念的改造（特别是宗法式传统与小资产阶级传统的破坏），引起了一种反作用：大机器工业和以前各个阶段不同，它坚决要求有计划地调节生产和对生产实行社会监督（工厂立法就是这种趋向的表现之一）。

生产发展的性质本身在资本主义各个阶段上是变化着的。在小手工业中，这种发展是随着农民经济的发展行进的；市场极其狭小，生产者与消费者间的距离不大，微不足道的生产规模容易适应于波动极小的地方需求。因此，最大的稳定性是这一阶段的工业的特点，但是这种稳定性等于技术停滞，等于保存与中世纪传统的种种残余纠缠在一起的宗法式社会关系。工场手工业是为大市场而工作，有时是为全国而工作，因而生产也就具有资本主义所固有的不稳定性,这种不稳定性在工厂生产的条件下达到了最高峰。大机器工业的发展只能以跳跃方式、以繁荣时期与危机时期的周期性的更替方式进行。小生产者的破产由于工厂的这种跳跃式的增长而大大加剧了。工人时而在兴旺时期大批地被工厂吸收进去,时而又被抛掷出来。失业者和甘愿从事任何工作者广大后备军的形成,成为大机器工业存在与发展的条件。我们在第2章中曾经指出,这种后备军是从农民的哪些阶层召募来的;而在以下各章中,则指出了资本把这些后备军准备好去从事的各种最主要职业。大机器工业的"不稳定性"一直引起人们的反动的抱怨,这些人继续以小生产者的眼光来看事物,他们忘记只有这种"不稳定性"才以生产方式与全部社会关系的迅速改造代替了以前的停滞。

这种改造的表现之一,就是工业与农业分离,就是工业中的社会关系摆脱开束缚农业的农奴制度与宗法制度的传统。在小商品生产中,手工业者还未完全从农民蜕变出来;他们大半还是耕作者,小工业与小农业的这种联系是如此之深,以致我们看到工业中与农业中的小生产者平行分化的有趣规律。小资产阶级与雇佣工人的各自形成,是在国民经济的两个部门中同时发生的,因而在分化的两极为手工业者脱离农业作了准备。在工场手工业中这种脱离已经很明显。许多不经营农业的工业中心形成起来。工业的主要代表者已经不是农民,而是一方面为商人与手工工场主,另一方面为"工匠"了。工业以及与社会其他部分的比较发达的商业交往,提高了居民的生活水平及其文化程度;手工工场中的工人已经瞧不起种地的农民。大机器工业彻底完成了这种改造,使工业与农业完全分离,而且正如我们所看到的,它创造了一个与旧式农民完全不同的特殊的居民阶级,这个阶级具有不同于旧式农民的另外的生活制度、另外的家庭关系制度以及比较高的物质需要水平与精神需要水平。在小手工业及工场手工业中,我们始终看到宗法关系及各种人身依附形式的残余,这些残余在资本主义经济的一般环境下使劳动者的状况极端恶化,使他们受到屈辱,使他们颓废。大机器工业把往往是来自全国各地的大批工人集中在一起,已经绝对不再与宗法关系和人身依附的残余相妥协,并且以真正"轻蔑的态度对待过去"。这种同陈腐的传统的决裂,正是使调节生产及对生产进行社会监督成为可能与必要的重要条件之一。同时,在讲到工厂对居民生活条件的改造时,必须指出,吸收妇女与少年参加生产①,基本上是一种进步的现象。无须争论,资本主义工厂使这两类劳动者的境况特别艰苦,缩短与调整工作日,保证卫生的工作条件等等,对于他们特别必要;但是那种想完全禁止妇女与少年参加工业劳动或者想支持根本不许有这种劳动的宗法式生活制度的意向,却是反动的与空想的。大机器工业破坏了这两类居民过去走不出家庭关系即家族关系狭隘圈子的宗法式闭塞状态,吸收他们直接参加社会生产,从而促进了他们的发展,提高了他们的独立性,即创造了比前资本主义关系的宗法式停滞状态要高得不可比拟的生活条件。

工业发展的前两个阶段的特征是人口的定居。小工业者仍是农民,被土地经营束缚在自己的乡村。手工工场中的工匠,通常仍是束缚在工场手工业所造成的那个不大的闭塞的工业区域。在工业发展的第一和第二阶段上,工业结构本身中没有什么东西会破坏生产者的这种定居生活与闭塞状态。各个工业区域间的交往极少。工业向其他地区的迁移,只是以个别小生产者的迁移来进行,他们在国内各个边疆地区建立新的小手工业。相反,大机器工业必然造成人口的流动性;各个区域间的商业交往大大地扩展了;铁路促进了人们的流动。对工人的需求总的说来是增加的,在兴旺时期增高,在危机时期下降,于是工人从一个工厂转到另一个工厂,从国家的一方转到另一方,就成为必然的了。大机器工业建立了许多新的工业中心,这些工业中心有时候是在没有人烟的地方以空前未有的速度产生的。没有工人的大批流动,就不可能有这种现象。我们在下面将要谈到所谓外出做非农业零工的规模与意义。

……

上面叙述的大机器工业与以前的工业形式不同的一些特点,可以用

---

① 依据《工厂一览表》的资料,在1890年,欧俄工厂中的工人共为875764名,其中妇女210207名(24%),男孩为17793名(2%),女孩为8216名(1%)。

一句话来概括：劳动的社会化。事实上，为巨大的国内市场与国际市场的生产，在购买原料及辅助材料上同国内各个地区及各个国家的密切的商业联系的发展，巨大的技术进步，庞大的企业所造成的生产与人口的集中，宗法式生活的陈腐传统的被破坏，人口流动性的形成，工人的需求和开化水平的提高，——所有这些，都是使国内生产日益社会化，同时也使生产参加者日益社会化的资本主义过程中的各种要素。①

选自《列宁全集》第 3 卷，北京：人民出版社 1984 年版，第 497—506 页。

---

① 我们认为，上面 3 章的资料表明，马克思对工业的资本主义形式与阶段的分类，比现时流行的分类更正确而且更有内容，现时所流行的分类把手工工场与工厂混淆起来，并把为包买主工作列为一种特殊的工业形式（黑尔德，毕歇尔）。把手工工场与工厂混淆在一起，这就是以纯粹外部的标志作为分类的基础，而忽视了区别资本主义工场手工业时期与机器工业时期的那些技术的、经济的与生活环境的极重要特征。至于谈到资本主义家庭劳动，那么，无疑地，它在资本主义工业的结构中起着很重要的作用。同样无疑地，为包买主工作正是机器工业以前的资本主义的突出特征，但是它在资本主义发展的各个不同时期也可以看到（而且规模并不小）。如果不把为包买主工作与资本主义发展的一定时期或一定阶段的整个工业结构联系起来，要了解这种工作的意义是不可能的。替农村小店主定做篮子的农民，在家中为扎维亚洛夫定做刀柄的巴甫洛沃制柄工，为大工厂主或大商人定做衣服、鞋子、手套或纸盒的女工，都是为包买主工作的，但资本主义家庭劳动在所有这些场合下都有不同的性质与不同的意义。当然，我们决不否认例如毕歇尔在研究前资本主义的工业形式上的功绩，但是他对工业的资本主义形式的分类，我们认为是错误的。对司徒卢威先生的观点（见 1898 年《世间》第 4 期），我们不能同意，因为他采用了毕歇尔的理论（即上述那一部分）并把它应用于俄国的"手工业"。（从我 1899 年写了这段话以后，司徒卢威先生完成了他的科学与政治发展的循环。他从一个摇摆于毕歇尔与马克思之间即自由主义经济学与社会主义经济学之间的人，变成了一个最纯粹的自由派资产者。笔者感到自豪的是尽力协助社会民主党把这类分子清洗出去。**第 2 版注释**）

第八章 国内市场的形成

现在我们把前几章中考察过的资料作一总结,并想说明一下国民经济各个部门在其资本主义发展中的相互依存关系。

一 商品流通的增长

大家都知道,商品流通先于商品生产,并且是商品生产产生的条件之一(但不是唯一的条件)。在本书中,我们把自己的任务只限于分析商品生产与资本主义生产的资料,因此不打算详细分析商品流通在改革后的俄国的增长这个重要问题。为了使人对国内市场的增长速度有一个总的认识,只要简短地指出下面这些情况就够了。

俄国的铁路网从 1865 年的 3819 公里增长到 1890 年的 29063 公里①,即增加 6 倍多。英国迈出这样的一步用了较长的时间(1845 年为 4082 公里,1875 年为 26819 公里,增加了 5 倍),德国则用了较短的时间(1845 年为 2143 公里,1875 年为 27981 公里,增加了 11 倍)。每年敷设的铁路俄里数在各个不同的时期变动很大:例如,在 1868—1872 年这 5 年中敷设了 8806 俄里,而在 1878—1882 年这 5 年中只敷设了 2221 俄里。② 根据这种变动的幅度,可以判断资本主义需要多么庞大的失业工人后备军,因为资本主义时而扩大对工人的需求,时而又缩小对

---

① 上引《世界经济概述》。在 1904 年,欧俄(波兰王国、高加索与芬兰也在内)有 54878 公里,亚俄有 8351 公里。(**第 2 版注释**)

② 瓦·米海洛夫斯基《俄国铁路网的发展》,1898 年《帝国自由经济学会学报》第 2 期。

工人的需求。在俄国铁路建设的发展中，曾经有两个大高涨时期：60年代末（和70年代初）以及90年代后半期。从1865年到1875年，俄国铁路网平均每年增加1500公里，而从1893年到1897年，平均每年增加大约2500公里。

铁路货运量如下：1868年为43900万普特；1873年为111700万普特；1881年为253200万普特；1893年为484600万普特；1896年为614500万普特；1904年为1107200万普特。客运增长的速度也很快：1868年为1040万人；1873年为2270万人；1881年为3440万人；1893年为4940万人；1896年为6550万人；1904年为12360万人。①

水路运输的发展如下（全俄的资料）②：

年代	汽船 数目	汽船 马力	其他船舶数目	载重量（单位百万普特） 汽船	载重量 其他船只	载重量 共计	船的价值（单位百万卢布） 汽船	船的价值 其他船只	船的价值 共计	船上职工人数 汽船	船上职工人数 其他船只	船上职工人数 共计
1868	646	47313	—	—	—	—	—	—	—	—	—	—
1884	1246	72105	20095	6.1	362	368.1	48.9	32.1	81	18766	94099	112865
1890	1824	103206	20125	9.2	401	410.2	75.6	38.3	113.9	25814	90356	116170
1895	2539	129759	20580	12.3	526.9	539.2	97.9	46.0	143.9	32689	85608	118297

欧俄内河货运量，1881年为89970万普特；1893年为118150万普特；1896年为155300万普特。运费在以上各年为18650万卢布、25720万卢布、29000万卢布。

俄国的商船队在1868年有汽船51艘，装载量为14300拉斯特③，又有帆船700艘，装载量为41800拉斯特，而在1896年则有汽船522

---

① 《军事统计汇编》第511页。尼·—逊先生《概况》附录。《俄国的生产力》第17编第67页。1898年《财政与工商业通报》杂志第43期。1905年的《俄罗斯年鉴》1906年圣彼得堡版。

② 《军事统计汇编》第445页。《俄国的生产力》第17编第42页。1898年《财政与工商业通报》杂志第44期。

③ **拉斯特**是俄国在20世纪初以前使用的商船容量单位，等于5.663立方米，重量约为两吨。——编者注

艘，装载量为 161600 拉斯特①。

外海各港口商轮航运业的发展如下：在 1856—1860 年这 5 年间，出入的船舶数目平均每年为 18901 艘，装载量为 3783000 吨；在 1886—1890 年，平均每年为 23201 艘（增加 23%），装载量为 13845000 吨（增加 266%）。因此，装载量增加 $2\frac{2}{3}$ 倍。在 39 年间（从 1856 年到 1894 年），装载量增加了 4.5 倍；如果把俄国船舶和外国船舶区别开来，那么俄国船舶数目在这 39 年间增加了 2.4 倍（从 823 艘增加到 2789 艘），装载量增加了 11.1 倍（从 112800 吨增加到 1368000 吨），而外国船舶数目增加了 16%（从 18284 艘增加到 21160 艘），装载量增加了 4.3 倍（从 3448000 吨增加到 18267000 吨）。②我们指出，出入船舶的装载量在各个年份也有很大的变动（例如，1878 年为 1300 万吨，1881 年为 860 万吨），根据这种变动部分地可以判断对小工、码头工人等等的需求的变动。资本主义在这里也需要这样一大批人的存在，他们始终需要工作，准备一有召唤就着手工作，不管这种工作是多么的不固定。

对外贸易的发展，从下面的资料可以看出来③：

年代	俄国居民数目 （芬兰除外，单位百万）	进出口总值 （单位百万纸卢布）	人均对外贸易额 （单位卢布）
1856—1860	69.0	314.0	4.55
1861—1865	73.8	347.0	4.70
1866—1870	79.4	554.2	7.00
1871—1875	86.0	831.1	9.66
1876—1880	93.4	1054.8	11.29
1881—1885	100.6	1107.1	11.00
1886—1890	108.9	1090.3	10.02
1897—1901	130.6	1322.4	10.11

---

① 《军事统计汇编》第 758 页和《财政部年鉴》第 1 编第 363 页。《俄国的生产力》第 17 编第 30 页。

② 《俄国的生产力》，俄国对外贸易，第 56 页及以下各页。

③ 《俄国的生产力》，俄国对外贸易，第 17 页。1904 年的《俄罗斯年鉴》1905 年圣彼得堡版。

下面的资料使人对银行周转和资本积累的数额有一个总的认识。国家银行的放款总额,从1860—1863年的11300万卢布(1864—1868年是17000万卢布)增加到1884—1888年的62000万卢布,而活期存款总额则从1864—1868年的33500万卢布增加到1884—1888年的149500万卢布。① 信贷社和信贷所(农业的与工业的)周转额,从1872年的275万卢布(1875年是2180万卢布)增加到1892年的8260万卢布,1903年的18960万卢布。② 土地抵押贷款从1889年到1894年增加的数额如下:抵押土地的估价额从139500万卢布增加到182700万卢布,而贷款数额则从79100万卢布增加到104400万卢布。③ 储金局的业务在80年代与90年代特别发展。1880年,这类储金局有75家,1897年则有4315家(其中有3454家是邮电储金局)。存款,1880年为440万卢布,1897年为27660万卢布。年底存款额,1880年为900万卢布,1897年为49430万卢布。就资本的年增长额来看,特别显著的是1891年与1892年这两个**荒**年(5290万卢布与5050万卢布)以及最近两年(1896年为5160万卢布,1897年为6550万卢布)。④

最近的资料表明储金局有了更大的发展。在1904年,全俄共有储金局6557家,存户为510万,存款总额为110550万卢布。附带说一句,在我国,不论是老民粹派,还是社会主义运动中的新机会主义者,都不止一次地发表很天真的言论(说得客气些),说什么储金局的增加是"人民"富裕的标志。因此,把俄国(1904年)与法国(1900年—1901年《劳动局公报》第10号的资料)的这些储金局的存款划分状况作一比较,也许不是多余的。

这里有多少材料可以用来为民粹派、修正主义者、立宪民主党人辩护啊!值得注意的是,俄国的存款也是根据存户的12类行业和职业划分的。我们看到,存款最多的是从事农业与乡村手工业的人,达22850

---

① 《俄国资料汇集》1890年版第109表。
② 《俄国资料汇集》1896年版第127表。
③ 同上。
④ 1898年《财政与工商业通报》杂志第26期。

万卢布,这些存款增加得特别迅速。乡村正在开化,靠农夫破产去办工业日益变得有利。

俄 国

存款数目	存户数目(单位千)	百分比	存款总额(单位百万卢布)	百分比
25 卢布以下者	1870.4	38.7	11.2	1.2
25—100 卢布者	967.7	20.0	52.8	5.4
100—500 卢布者	1380.7	28.6	308.0	31.5
超过 500 卢布者	615.5	12.7	605.4	61.9
共 计	4834.3	100	977.4	100

法 国

存款数目	存户数目(单位千)	百分比	存款总额(单位百万法郎)	百分比
100 法郎以下者	5273.5	50.1	143.6	3.3
100—500 法郎者	2197.4	20.8	493.8	11.4
500—1000 法郎者	1113.8	10.6	720.4	16.6
超过 1000 法郎者	1948.3	18.5	2979.3	68.7
共 计	10533.0	100	4337.1	100

还是回到我们眼前的题目吧。我们看到,这些资料证明了商品流通与资本积累的巨大增长。至于国民经济各部门中的投资场所怎样形成,商业资本如何转变为产业资本,即商业资本如何用于生产并在生产参加者之间造成资本主义关系,——这些在上面已经谈过了。

二 工商业人口的增长

我们在上面已经讲过:工业人口因农业人口减少而增加,是任何资本主义社会的必然现象。工业如何循序渐进地同农业分离开来,这也已经考察过了,现在只须把这个问题作一总结。

(1) 城市的增加

我们所考察的这一过程的最明显的表现,就是城市的增加。改革后时代欧俄（50个省）城市增加的资料如下①：

年代	欧俄人口（单位千）			城市人口的百分比	城市数目				大城市人口（单位千）			总数	1863年14个最大城市的人口（单位千）
	共计	城市	县		人口超过20万的	人口在10万—20万的	人口在5万—10万的	大城市总数	人口超过20万的	人口在10万—20万的	人口在5万—10万的		
1863	61420.5	6105.1	55315.4	9.94	2	1	10	13	891.1	119.0	683.4	1693.5	1741.9
1885	81725.2	9964.8	71760.4	12.19	3	7	21	31	1854.8	998.0	1302.7	4155.5	3103.7
1897	94215.4	12027.1	82188.3	12.76	5	9	30	44	3238.1	1177.0	1982.4	6397.5	4266.3

由此可见，城市人口的百分比在不断地增长，这就是说，人口离开农业而转向工商业在不断地进行着。② 城市人口比其他人口增长快1倍：从1863年到1897年，全部人口增加了53.3%，农村人口增加了48.5%，而城市人口则增加了97%。在11年（1885—1897年）中间，"流入城市的农村人口的最低数目"，据瓦·米海洛夫斯基先生计算是250万人③，这就是说，每年有20万人以上。

大工商业中心的城市人口的增加，比整个城市人口的增加要快得多。居民在5万人以上的城市数目，从1863年到1897年，增加了两倍以上（从13个到44个）。在1863年，市民总数之中只有约27%（610万中的170万）集中于这种大中心；在1885年，则约有41%（990万

---

① 1863年的数字，引自《俄罗斯帝国统计年鉴》（1866年版第1卷）和《军事统计汇编》。奥伦堡省与乌法省城市人口的数字，是依据城市表改正过的。因此，我国城市人口总计为6105100人，而不是《军事统计汇编》所说的6087100人。1885年的资料，引自《1884—1885年度俄国资料汇集》。1897年的数字，引自1897年1月28日的人口调查（中央统计委员会出版的《1897年俄罗斯帝国第一次人口普查》1897年和1898年圣彼得堡版第1编和第2编）。根据1897年的人口调查，城市的常住人口为11830500人，即12.55%。我们采取的是城市现有人口。应该指出：不能担保1863、1885、1897各年资料是完全同类的和可比的。因此，我们只限于比较最一般的关系并把大城市的资料划分出来。

② "具有农业性质的城市居民点的数目极少，而这些地方的居民数目，与市民总数比起来是非常小的。"（格里戈里耶夫先生的话，见《收成和粮价对俄国国民经济某些方面的影响》第2卷第126页）

③ 1897年6月《新言论》杂志第113页。

中的 410 万)①，而在 1897 年，则已经有一半以上，大约 53%（1200 万中的 640 万）。因此，在 60 年代，城市人口的性质主要是由不很大的城市的人口决定的，而在 19 世纪 90 年代，大城市却取得了完全的优势。14 个在 1863 年是最大的城市的人口，从 170 万人增加到 430 万，即增加了 153%，而全部城市人口只增加了 97%。可见，大工业中心的巨大增长和许多新的中心的形成，是改革后时代的最显著的特点之一。

（2）国内移民的意义

我们在上面（第 1 章第 2 节）已经指出，理论上得出工业人口由于农业人口减少而增长这一规律，是根据以下的事实：在工业中，可变资本绝对地增加（可变资本的增加，就是工业工人人数和全部工商业人口的增加），而在农业中，"经营一定土地所需的可变资本则绝对减少"。马克思补充说："因此，在农业中，只有在耕种新的土地时，可变资本才会增加，但这又以非农业人口的更大增加为前提。"② 由此可以看出：只有当我们面前的地区已经住满了人而且全部土地都已被人占用的时候，才能看到纯粹形态的工业人口增加的现象。这个地区的被资本主义从农业中排挤出来的人口没有其他的出路，只有迁移到工业中心去，或者迁移到其他地域去。但是，如果我们面前的那个地区尚未全部土地被人占用，尚未完全住满人，那么，情况就根本不同了。这个地区的人口，从人烟稠密的地方的农业中被排挤出来以后，可以转移到这个地区的人烟稀少的那部分地区去"耕种新的土地"。于是有农业人口的增长，这种增长（在某一时期内）并不比工业人口的增长慢，如果不是更快的话。在这种场合下，我们看见两种不同的过程：（1）资本主义在旧的人烟稠密的地域或这一地域的一部分地区的发展；（2）资本主义在"新的土地"上的发展。第一种过程表现了已经形成的资本主义

---

① 格里戈里耶夫先生开列了一个表（上引书第 140 页），从这个表上可以看出：在 1885 年，85.6% 的城市，其居民皆不到 20000 人，这些城市的市民占市民总数的 38%；12.4% 的城市（660 个当中的 82 个），其居民皆不到 2000 人，这些城市的市民只占市民总数的 1.1%（9962000 人当中的 110000 人）。

② 参看《马克思恩格斯文集》2009 年人民出版社版第 7 卷第 718 页。——编者注

关系的进一步发展，第二种过程表现了新地区中新的资本主义关系的形成。第一种过程就是资本主义向深度的发展，第二种过程就是资本主义向广度的发展。显然，把这两种过程混淆起来，就必然会得出关于人口离开农业转向工商业过程的错误认识。

改革后的俄国向我们展现的，正是这两种过程的同时出现。在改革后时代初期，即在60年代，欧俄南部与东部边疆地区是人烟相当稀少的地区，因而俄国中部农业区域的人口就像巨流般地向这里移来。新的土地上新的农业人口的形成，在某种程度内也掩盖了与之平行进行的人口由农业向工业的转移。为了根据城市人口的资料来清楚地说明俄国的这种特点，必须把欧俄的50个省分成几个类别。我们举出1863年和1897年欧俄9个地区的城市人口的资料。①

就我们感兴趣的问题来说，最有意义的是下面3个地区的资料：（1）非农业的工业地区（前两类的11个省，其中有两个首都省）②。这是人口向其他地区迁移很少的地区。（2）中部农业地区（第3类的13个省）。人口从这个地区移出的非常多，部分是移到前一地区，主要是移到下一地区。（3）农业边疆地区（第4类的9个省）——这是改革后时代的移民地区。从表中可以看到，所有这33个省城市人口的百分比，同整个欧俄城市人口的百分比比较起来，相差甚小。

在第一个地区，即非农业的或工业的地区，我们看到城市人口百分比增长得特别迅速：从14.1%增长到21.1%。农村人口的增长在这里则很慢，——差不多比整个俄国慢一半。相反，城市人口的增长则大大超过平均数（105%与97%之比）。如果拿俄国同西欧工业国家比较（像我们常常做的那样），那就必须只拿这一地区同西欧工业国家比较，因为只有这一地区是同工业资本主义国家的条件大体相同的。

---

① 见《列宁选集》第1卷，北京：人民出版社2012年版，第205页。——编者注
② 把我们所举出的非农业省同两个首都省列为一类是正确的，两个首都的人口主要由这些省的移民来补充这一事实就证明了这一点。根据1890年12月15日圣彼得堡人口调查，该地共有726000农民与小市民；其中有544000（即3/4）是我们列为第一个地区的11个省的农民与小市民。

欧俄各省类别	省数	人口数目（单位：千）						城市人口的百分比		1863年至1897年人口增加的百分比		
		1863年			1897年			1863年	1897年	共计	村庄	城市
		共计	村庄	城市	共计	村庄	城市					
Ⅰ. 首都省……	2	2738.4	1680.0	1058.4	4541.0	1989.7	2551.3	38.6	56.2	65	18	141
Ⅱ. 工业的与非农业的省份	9	9890.7	9165.6	725.1	12751.8	11647.8	1104.0	7.3	8.6	29	26	52
两者总计……	11	12629.1	10845.6	1783.5	17292.8	13637.5	3655.3	14.1	21.1	36	25	105
Ⅲ. 中部农业省份、小俄罗斯和中伏尔加省份……	13	20491.9	18792.5	1699.4	28251.4	25464.3	2787.1	8.3	9.8	38	35	63
Ⅳ. 新罗西亚、下伏尔加与东部各省……	9	9540.3	8472.6	1067.7	18386.4	15925.6	2460.8	11.2	13.3	92	87	130
前四类总计……	33	42661.3	38110.7	4550.6	63930.6	55027.4	8903.2	10.5	13.9	49	44	95.6
Ⅴ. 波罗的海沿岸各省……	3	1812.3	1602.6	209.7	2387.0	1781.6	605.4	11.5	25.3	31	11	188
Ⅵ. 西部各省……	6	5548.5	4940.3	608.2	10126.3	8931.6	1194.7	10.9	11.8	82	81	96
Ⅶ. 西南部各省……	3	5483.7	4982.8	500.9	9605.5	8693.0	912.5	9.1	9.5	75	74	82
Ⅷ. 乌拉尔各省……	2	4359.2	4216.5	142.7	6086.0	5794.6	291.4	3.2	4.7	39	37	105
Ⅸ. 极北部各省……	3	1555.5	1462.5	93.0	2080.0	1960.0	120.0	5.9	5.8	33	34	29
共计	50	61420.5	55315.4	6105.1	94215.4	82188.2	12027.2	9.94	12.76	53.3	48.5	97.0

各类所包括的省份：（Ⅰ）圣彼得堡与莫斯科；（Ⅱ）弗拉基米尔、卡卢加、科斯特罗马、下诺夫哥罗德、普斯科夫、斯摩棱斯克、特维尔与雅罗斯拉夫尔；（Ⅲ）沃罗涅日、喀山、库尔斯克、奥廖尔、奔萨、波尔塔瓦、梁赞、萨拉托夫、辛比尔斯克、坦波夫、图拉、哈尔科夫与切尔尼戈夫；（Ⅳ）阿斯特拉罕、比萨拉比亚、顿河、叶卡捷琳诺斯拉夫、奥伦堡、萨马拉、塔夫利达、赫尔松与乌法；（Ⅴ）库尔兰、里夫兰与爱斯兰；（Ⅵ）维尔纳、维捷布斯克、格罗德诺、科夫诺、明斯克与莫吉廖夫；（Ⅶ）沃伦、波多利斯克与基辅；（Ⅷ）维亚特卡与彼尔姆；（Ⅸ）阿尔汉格尔斯克，沃洛格达与奥洛涅茨。

在第二个地区，即中部农业地区，我们看到另一种情景。城市人口的百分比在这里很低，增长得比平均速度慢些。从1863年到1897年，城市人口与农村人口的增加在这里都比俄国平均增加数低得多。产生这种现象的原因，是由于移民像巨流般地从这一地区去到边疆地区。根据瓦·米海洛夫斯基先生的计算，从1885年到1897年，从这里移出**约300万人，即人口总数的1/10强**。①

在第三个地区，即边疆地区，我们看到城市人口百分比的增加稍微**低于平均增加数**（从11.2%增加到13.3%，即100与118之比，而平均增加数则是从9.94%增加到12.76%，即100与128之比）。然而城市人口的增长在这里不仅不比平均数低些，而且**比平均数高得多**（130%与97%之比）。可见，人口异常急剧地离开农业而转向工业，不过这一点却被农业人口因有移民而大量增加的现象掩盖了：在这一地区内，农村人口增加了87%，而俄国的平均增加数则为48.5%。就个别省份看来，这种人口工业化过程被掩盖的现象还更加明显。例如，在塔夫利达省，1897年城市人口的百分比仍然与1863年一样（19.6%），而在赫尔松省，这种百分比甚至降低了（从25.9%降到25.4%），虽然这两省城市的增长比首都的增长稍微慢一些（增加131%与135%，而两个首都省则增加141%）。因此，新的土地上新农业人口的形成，又引起非农业人口的更大的增长。

（3）**工厂村镇和工商业村镇的增长**

除了城市以外，具有工业中心性质的，第一是城市近郊，它们并非总与城市算在一起，它们包括日益扩大的大城市周围地区；第二是工厂村镇。这种工业中心②在城市人口百分比极小的工业省内特别多。③上面所举的各个地区城市人口资料表表明，在9个工业省中，城市人口百

---

① 《列宁选集》第1卷，北京：人民出版社2012年版，第109页。"在西欧现代史中，这个运动是无与伦比的。"（第110—111页）

② 见上面第7章第8节和有关第7章的附录三。（见《列宁全集》第2版第3卷第475—482、557—562页。——编者注）

③ 关于科尔萨克早就指出的这种情况的意义，可参看沃尔金先生正确的评论。（上引书第215—216页）

分比在 1863 年为 7.3%，在 1897 年为 8.6%。问题在于，这些省的工商业人口，主要并非集中于城市，而是集中于工业村。在弗拉基米尔、科斯特罗马、下诺夫哥罗德及其他各省的"城市"中间，有不少城市的居民人数是不到 3000、2000、甚至 1000 的，而许多"村庄"单是工厂工人就有 2000、3000 或 5000。《雅罗斯拉夫尔省概述》的编者说得对（第 2 编第 191 页），在改革后时代，"城市开始更加迅速地增长，同时还有一种新类型的居民点在增长，这是一种介乎城市与乡村之间的中间类型的居民点，即工厂中心"。上面已经举出了关于这些中心的巨大增长以及它们所集中的工厂工人人数的资料。我们看到，这种中心在整个俄国是不少的，不仅在各工业省，而且在南俄都是这样。在乌拉尔，城市人口的百分比最低，在维亚特卡与彼尔姆两省，1863 年为 3.2%，1897 年为 4.7%，但是请看下面"城市"人口和工业人口相应数量的例子。在彼尔姆省克拉斯诺乌菲姆斯克县，城市人口为 6400 人（1897 年），但是根据 1888—1891 年地方自治局人口调查，该县工厂地带的居民为 84700 人，其中有 56000 人完全不从事农业，只有 5600 人主要靠土地取得生活资料。在叶卡捷琳堡县，根据地方自治局人口调查，65000 人是无土地的，81000 人则只有割草场。这就是说，单是这**两个**县的城市以外的工业人口，就比全省的城市人口还要多（1897 年为 195600 人！）。

最后，除了工厂村之外，具有工业中心性质的还有工商业村，它们或者居于大手工业地区的首位，或者因为地处河岸或铁路车站附近等等而在改革后时代迅速发展起来。这种村庄的例子，在第 6 章第 2 节已经举出了一些，而且我们在那里已经看到，这种村庄和城市一样，把人口从乡村吸引过来，它们的特征就是居民的识字率通常比较高。① 我们再

---

① 在俄国，成为很大居民中心的村庄之多，可以根据《军事统计汇编》下列（虽然是陈旧的）资料看出来：欧俄 25 个省在 60 年代居民超过 2000 的村有 1334 个。其中有 108 个村，其居民为 5000—10000 人，有 6 个村，其居民为 10000—15000 人；有 1 个村，其居民为 15000—20000 人；有 1 个村，其居民超过 20000 人。（第 169 页）不仅在俄国，而且在一切国家，资本主义的发展都引起了未被正式列为城市的工业中心的形成。"城市与乡村间的差别正在消失：在日益成长的工业城市近旁发生这个现象，是因为工业企业与工人住宅移到了市郊和

举沃罗涅日省的资料作例子，以便表明把城市的与非城市的工商业居民区加以比较的意义。沃罗涅日省的《汇集》提供了关于该省 8 个县村庄分类的综合表。这些县里的城市为 8 个，人口为 56149 人（1897年）。而在村庄中，有 4 个村庄很突出，它们共有 9376 户，居民达 53732 人，即比城市大得多。在这些村庄中有商店 240 家，工业企业 404 个。总户数中有 60% 完全不种地，有 21% 雇人或按对分制种地，有 71% 既无役畜又无农具，有 63% 全年购买粮食，有 86% 从事手工业。把这些中心的全部人口列入工商业人口之内，我们不但没有夸大甚至还减少了工商业人口的数量，因为在这 8 个县中，共有 21956 户完全不种地。反正，在我们所举出的农业省份中，城市以外的工商业人口并不比城市中的少。

(4) 外出做非农业的零工

但是，把工厂村镇和工商业村镇同城市加在一起，也还远没有把俄国全部工业人口包括无遗。流动自由的缺乏，农民村社的等级闭塞状态，完全说明了俄国为什么有这样一个显著的特征，即在俄国，不小的一部分农村人口应当列入工业人口之内，这一部分农村人口靠在工业中心做工而取得生活资料，每年要在这些工业中心度过一部分时光。我们说的是所谓外出做非农业的零工。从官方的观点看来，这些"手工业者"是仅仅赚取"辅助工资"的种地的农民，大多数民粹派经济学的代表人物都老老实实地接受了这个观点。了解上述一切情况以后，这个观点的站不住脚，就不需要再详细地证明了。不管对于这个现象有怎样

（续前注）城市附近；在日益衰落的小城市近旁发生这个现象，是因为这些小城市与周围村庄的日益接近，也因为大工业村的发展…… 城市居民区与农村居民区的差别，由于很多过渡区域的形成而正在消灭。统计学早已承认了这点，抛开了关于城市的历史法律概念，而代之以只根据居民人数来区分居民区的统计概念。"（毕歇尔《国民经济的发生》1893 年蒂宾根版第 296—297 页和第 303—304 页）俄国的统计在这方面也大大落后于欧洲的统计。在德国和法国（《政治家年鉴》第 536 页和第 474 页），列入城市的是居民超过 2000 的居民点；在英国，是城市类型的卫生区域，即也包括工厂村等等。因此，俄国的"城市"人口资料，完全不能和欧洲的相比。

不同的看法,然而毫无疑问,这个现象反映了**人口离开农业而转向工商业**。① 城市所提供的关于工业人口人数的概念,由于这个事实而改变到什么程度,可以从下面的例子看出来。在卡卢加省,城市人口的百分比大大低于俄国的平均百分比(8.3%和12.8%之比)。但是,该省1896年的《统计概述》,根据身份证资料,算出了外出工人出外做工的月数。我们看到,总共为1491600个月;以12来除,得出外出人口为124300人,即"**约占总人口的11%**"(上引书第46页)!把这些人口加到城市人口(1897年为97900人)上去,工业人口的百分比就很大了。

	居民证分发数的百分比							
季节	莫斯科省(1885年)		特维尔省(1897年)	斯摩棱斯克省(1895年)	普斯科大省(1895年)身份证		科斯特罗马省(1880年)	
							男	女子的身份证与临时身份证
	男	女	男女合计		男	女	身份证	临时身份证	
冬季	19.3	18.6	22.3	22.4	20.4	19.3	16.2	16.2	17.3
春季	32.4	32.7	38.0	34.8	30.3	27.8	43.8	40.6	39.4
夏季	20.6	21.2	19.1	19.3	22.6	23.2	15.4	20.4	25.4
秋季	27.8	27.4	20.6	23.5	26.7	29.7	24.6	22.8	17.9
共计	100.1	99.9	100	100	100	100	100	100	100

当然,外出做非农业零工的工人,有一部分登记在城市现有人口人数之内,或包括在上述非城市工业中心的人口之内。但只是一部分而已,因为这种人口具有流动性质,各个中心的人口调查很难把他们计算进去;其次,人口普查一般在冬季进行,而大部分手工业工人是在春季

---

① 尼·—逊先生完全**没有看出**俄国人口工业化的过程!瓦·沃·先生看出了这一点并承认道:外出做零工的现象的增长反映了人口的离开农业(《俄国资本主义的命运》第149页);然而他不但没有把这个过程添入他对于"资本主义的命运"的认识总和中去,而且极力用以下的埋怨来掩盖这个过程,说什么"有些人认为这一切是很自然的〈对于资本主义社会吗?而瓦·沃·先生能想象没有这种现象的资本主义吗?〉,而且差不多是合乎心愿的"(同上)。是合乎心愿的,而且不须加什么"差不多",瓦·沃·先生!

离开家庭。下面就是外出做非农业零工的一些主要省份的这方面的资料①：

各地都是春季发出的身份证最多。因此，暂时离家的工人，大部分未列入城市人口调查之内。②但是，我们有更多的理由把这些临时的市民列为城市人口，而不列为农村人口："全年或一年大部分时间都依赖在城里做工而获得生活资料的家庭，有更多的根据认为它们的定居点是城市而不是乡村，因为城市保证它们的生存，而乡村只不过有亲属与赋税的联系。"③这些赋税的联系直到现在究竟有多大的意义，从下面的事实可以看出来：从外出做零工的科斯特罗马人那里，"业主很少能从它〈土地〉身上取得很小一部分赋税，他们出租土地，常常只是为了让租地人在土地周围筑起篱笆来，而一切赋税则由业主自己缴纳"（德·日班科夫《农妇国》1891年科斯特罗马版第21页）。我们看到，《雅罗斯拉夫尔省概述》（1896年雅罗斯拉夫尔版第2编）一再指出外出的手工业工人这种必须为他们离开农村和放弃份地而偿付赎金的情形。（第28、48、149、150、166页及其他各页）④

---

① 《1880年和1885年发给莫斯科省农民人口的居民证》。《1897年特维尔省统计年鉴》。**日班科夫**《1892—1895年斯摩棱斯克省的外出零工》1896年斯摩棱斯克版。**日班科夫**《从1866—1883年的资料看外出谋生对科斯特罗马省人口迁徙的影响》1887年科斯特罗马版。《普斯科夫省农民的副业》1898年普斯科夫版。莫斯科省百分比的错误，未能加以改正，因为没有绝对数字。科斯特罗马省只有各县的资料，而且只是百分比，因此我们不得不取各县的平均数，于是我们也就把科斯特罗马省的资料单独列出来。根据计算，雅罗斯拉夫尔省的外出工业者中间，全年离家的有68.7%；秋冬两季离家的有12.6%；春夏两季离家的有18.7%。必须指出，雅罗斯拉夫尔省的资料（《雅罗斯拉夫尔省概述》1896年雅罗斯拉夫尔版第2编）是不能与前面的资料比较的，因为它们是根据神父等等的陈述，而不是根据关于身份证的资料。

② 大家知道，例如，在圣彼得堡近郊，夏季人口增加极多。

③ 《1896年卡卢加省统计概述》1897年卡卢加版第2篇第18页。

④ "外出做零工……是把城市的不断发展过程掩盖起来的一种形式…… 村社土地占有制，以及俄国财政与行政生活的各种特点，不容许农民像西欧那样容易地转变为市民……法律的线索维持着他〈外出做零工的工人〉与乡村的联系，但就其职业、习惯和趣味讲来，他实质上完全属于城市了，并且往往把这种联系看做一种负担。"（1896年《俄国思想》杂志第11期第227页）这说得很对，但是对于一个政论家来说还不够。为什么作者不坚决主张流动的完全自由，主张农民离开村社的自由呢？我国自由派还怕我国民粹派。他们是用不着怕的。

外出做非农业零工的工人人数究竟有多少呢？外出做各种零工的工人人数不下**500万—600万**。实际上，在1884年，欧俄所发出的身份证和临时身份证达467万张，而身份证收入从1884年到1894年增加了三分之一以上（由330万卢布增加到450万卢布）。在1897年，整个俄国所发出的身份证和临时身份证为9495700张（其中欧俄50个省占9333200张）。在1898年，为8259900张（欧俄占7809600张）。欧俄过剩的（同当地的需求比较）工人人数，谢·柯罗连科先生计算为630万人。我们在上面已经看到（第3章第9节第174页），11个农业省所发出的身份证数目超过谢·柯罗连科先生的计算（200万对170万）。现在我们可以添上6个非农业省的资料：柯罗连科先生计算这些省的过剩工人为1287800人，而发出的身份证数目则为1298600张。这样，在欧俄17个省（11个黑土地带省和6个非黑土地带省）中，谢·柯罗连科先生计算有300万过剩的（对当地的需求而言）工人。而在90年代，这17个省所发出的身份证和临时身份证为330万张。在1891年，这17个省提供了身份证总收入的52.2%。因此，**外出工人人数大概超过了600万**。最后，地方自治局统计资料（大部分是陈旧的）使乌瓦罗夫先生作出这样的结论，谢·柯罗连科先生的数字与真实情况相近，而500万外出工人这个数字"是非常可能的"。①

现在试问：外出做非农业零工与外出做农业零工的工人人数究竟有

（续前注）为了比较，请看一看同情民粹派的日班科夫先生的议论："到城市去做零工，可以说是防止我们的首都与大城市的剧烈增长以及防止城市与无土地的无产阶级增长的避雷针〈原文如此！〉。不论在卫生方面或社会经济方面，外出谋生的这种影响都应当认为是有益的：只要人民大众没有完全脱离作为外出做零工的工人某种保证〈他们要用金钱才能赎买这种'保证'啊！〉的土地，这些工人就不能成为资本主义生产的盲目工具，同时建立工农业村社的希望也依然保存着"（1890年《法学通报》杂志第9期第145页）。保存小资产阶级的希望，事实难道不是有益的吗？至于说到"**盲目工具**"，那么欧洲的经验以及在俄国所看到的一切事实都表明，这种评语对于与土地和宗法式关系仍然保持着联系的工人，比对于断绝了这种联系的工人，更加适用得多。同一个日班科夫先生的数字与资料表明，外出"到彼得堡谋生的人"，比在某些"森林"县份定居的科斯特罗马人更有知识，更有文化，更开展。

① 1896年7月《公共卫生、法医学和实用医学通报》。**米·乌瓦罗夫**《论外出做零工对俄国卫生状况的影响》。乌瓦罗夫先生汇总了20个省126个县的资料。

多少呢？尼·—逊先生很大胆和完全错误地断言："绝大多数的农民外出做零工正是做农业零工。"（《概况》第16页）尼·—逊先生所引证的查斯拉夫斯基，讲话就谨慎得多，他没有举出任何资料，只限于一般地推测各种工人外出的地区的大小。而尼·—逊先生的铁路客运资料却什么也没有证明，因为非农业工人主要也是在春季离开家庭，他们乘火车的要比农业工人多得多。相反，我们认为，多数（虽然不是"绝大多数"）外出工人大概是非农业工人。这种看法，第一是根据身份证收入分布资料，第二是根据韦辛先生的资料。弗列罗夫斯基根据1862—1863年度"各种捐税"收入分布（身份证收入占三分之一强）资料，早就作出了这样的结论：农民外出谋生的最大的运动出自首都省与非农业省。如果我们拿11个非农业省来看，——我们在前面（这一节的第2点）已经把这些省份合为一个地区，从这些省份外出做零工的绝大多数是非农业工人——那么我们就会看到，这些省份的人口在1885年仅占整个欧俄人口的18.7%（1897年占18.3%），而身份证收入在1885年却占42.9%（1891年占40.7%）。另外还有许多省也有非农业工人外出，所以我们应该认为，农业工人占外出做零工的工人半数以下。韦辛先生根据各种外出做零工占优势的情况把欧俄38个省（占各种外出许可证总数的90%）加以分类，得出下面的资料。①

---

① 本表最后两栏是我们加上的。列入第一类的是阿尔汉格尔斯克、弗拉基米尔、沃洛格达、维亚特卡、卡卢加、科斯特罗马、莫斯科、诺夫哥罗德、彼尔姆、圣彼得堡、特维尔与雅罗斯拉夫尔等省；列入第二类的是喀山、下诺夫哥罗德、梁赞、图拉与斯摩棱斯克等省；列入第三类的是比萨拉比亚、沃伦、沃罗涅日、叶卡捷琳诺斯拉夫、顿河、基辅、库尔斯克、奥伦堡、奥廖尔、奔萨、波多利斯克、波尔塔瓦、萨马拉、萨拉托夫、辛比尔斯克、塔夫利达、坦波夫、乌法、哈尔科夫、赫尔松与切尔尼戈夫等省。应该指出：这种分类有不正确的地方，把外出做农业零工的意义夸大了。斯摩棱斯克、下诺夫哥罗德与图拉3省，应当列入第一类（参看《1896年下诺夫哥罗德省的农业概况》第11章。《1895年图拉省省志》第6篇第10页：外出做零工者人数为188000人，——而谢·柯罗连科先生计算只有50000剩余工人！——其中北部6个非黑土地带县仅有107000外出做零工者）。库尔斯克省应列入第二类（上引谢·柯罗连科的书：7个县的外出者大部分是去做手工业零工，其余8个县的只是去做农业零工）。可惜韦辛先生没有提供各省的外出许可证数目资料。

省别	1884年发出的外出许可证数目（单位千）			1885年的人口（单位千）	每千人平均所得许可证
	身份证	临时身份证	共计		
一、外出做非农业零工占优势的12个省	967.8	794.5	1762.3	18643.8	94
二、过渡性质的5个省	423.9	299.5	723.4	8007.2	90
三、外出做农业零工占优势的21个省	700.4	1046.1	1746.5	42518.5	41
38个省	2092.1	2140.1	4232.2	69169.5	61

"这些数字表明，外出做零工在第一类中比在第三类中发展得厉害些……其次，从所引用的数字可以看出，随着所属的类别的不同，外出谋生的期间也各异。外出做非农业零工占优势的地方，外出的期间就长得多。"（1886年《事业》第7期第134页）

最后，上述对缴纳消费税等等的各种行业的统计，使我们能够把发出的居民证数目，按欧俄全部50个省区别开来。对韦辛先生的分类作上述修正，并将1884年未列入的12个省也按这三类区别开来（奥洛涅茨省与普斯科夫省列为第一类；波罗的海沿岸与西北部各省，共9省，列为第二类；阿斯特拉罕省列为第三类），我们就可看到这样的情景：

省别	发出的居民证的总数	
	1897年	1898年①
一、外出做非农业零工占优势的17个省……	4437392	3369597
二、过渡性质的12个省……	1886733	1674231
三、外出做农业零工占优势的21个省……	3009070	2765762
50个省总计	9333195	7809590

---

① 顺便讲一讲，这些资料概述的作者（上引书第6章第639页）说明，1898年身份证发出数目减少的原因，是由于歉收和农业机器的推广使夏季工人外出到南部各省的人数减少了。这个说明根本讲不通，因为发出的居民证数目减得最少的是第三类，减得最多的是第一类。1897年与1898年的登记方法可以相比吗？（**第2版注释**）

根据这些数字，外出做零工在第一类中比在第三类中要多得多。

因此，毫无疑问，人口的流动性在俄国非农业地带要比在农业地带大得多。外出做非农业零工的工人人数，应当比外出做农业零工的工人人数多，他们**至少有300万人**。

一切材料都证明，外出做零工的情况有巨大的与日益加剧的增长。身份证收入从1868年的210万卢布（1866年为175万卢布），增加到1893—1894年度的450万卢布，即增加1倍多。所发出的身份证和临时身份证数目，在莫斯科省从1877年至1885年增加了20%（男的）与53%（女的）；在特维尔省从1893年至1896年增加了5.6%；在卡卢加省从1885年至1895年增加了23%（而外出的月数增加了26%）；在斯摩棱斯克省从1875年的100000增加到1885年的117000，1895年增加到140000；在普斯科夫省从1865—1875年的11716增加到1876年的14944，1896年增加到43765（男的）。在科斯特罗马省，1868年所发出的身份证和临时身份证，每100男子中占23.8，每100妇女中占0.85，而在1880年则占33.1与2.2，等等，等等。

与居民离开农业而转向城市一样，外出做非农业的零工是**进步的现象**。它把居民从偏僻的、落后的、被历史遗忘的穷乡僻壤拉出来，卷入现代社会生活的漩涡。它提高居民的文化程度①及觉悟②，使他们养成文明的习惯和需要③。"头等的动因"，即到彼得堡谋生的人的风度与浮华，吸引农民外出；他们寻找"更好的地方"。"彼得堡的工作与生活

---

① 日班科夫《从1866—1883年的资料看外出谋生对科斯特罗马省人口迁徙的影响》第36页及以下各页。科斯特罗马省外出零工县份识字男子的百分比为55.9%；在工厂县份为34.9%；在定居（森林）县份为25.8%；识字妇女分别为3.5%，2.0%，1.3%；学生分别为1.44%，1.43%，1.07%。外出零工县份中儿童也有在圣彼得堡读书的。

② "识字的到彼得堡谋生的人，的确更好地和更自觉地求医治病"（同上，第34页），因此传染病在他们中间不像在**文化很低的**（黑体是原作者用的）乡中那样厉害。

③ "就生活设备来说，外出零工县份大大超过农业地区和森林地区…… 到彼得堡谋生的人的衣服清洁、美观、卫生得多…… 儿童们比较清洁，所以他们中间很少看到疥疮和其他皮肤病。"（同上，第39页。参看《1892—1895年斯摩棱斯克省的外出零工》第8页）"外出零工乡村与定居乡村截然不同：住宅、衣服、一切习惯、娱乐，与其说像农民生活，不如说像市民生活。"（《1892—1895年斯摩棱斯克省的外出零工》第3页）在科斯特罗马省外出零工乡里，"你在半数人家中可以看到纸、墨水、铅笔与钢笔"（《农妇国》第67—68页）。

被认为比乡村的轻松。"① "一切乡村居民都被叫做**乡下佬**；令人奇怪的是，他们毫不认为这个称号是对自己的侮辱，他们自己也这样称呼自己，埋怨父母不把他送到圣彼得堡去读书。不过要附带说明，这些**土里土气**的乡村居民远不如纯农业地区的乡村居民那样土里土气：他们不自觉地模仿到彼得堡谋生的人的外表与习惯，首都的光辉间接地也投射在他们身上。"② 在雅罗斯拉夫尔省（除了发财的例子），"还有其他原因驱使每个人离开家庭。这就是舆论，那些没有在彼得堡或其他地方居住过而只是从事农业或做某种手艺的人，一辈子都被人称为牧人，这种人很难找到老婆"（《雅罗斯拉夫尔省概述》第 2 编第 118 页）。外出到城市去，可以提高农民的公民身份，使他们跳出乡村根深蒂固的宗法式的与人身的依附关系及等级关系的深渊③……"人民中间个人的自我意识的增长，是助长外出的首要因素。从农奴制依附下的解放，最精干的一部分农村人口早已与城市生活的接触，老早就在雅罗斯拉夫尔省的农民中间唤起了一种愿望：保卫自己的'我'，从乡村生活条件所注定的贫困与依附状况中解脱出来，过富足的、独立的与受人尊敬的生活……靠外出做零工生活的农民感到自己自由些，同其他等级的人平等些，因而农村青年日益强烈地渴望到城市去。"（《雅罗斯拉夫尔省概述》第 2 编第 189—190 页）

外出到城市，削弱了旧的父权制家庭，使妇女处于比较独立的、与男子平等的地位。"与定居的地区比较起来，索利加利奇与楚赫洛马的家庭"（科斯特罗马省外出做零工之风最盛的两个县），"不仅在家长的宗法权力方面，而且在父母与子女、丈夫与妻子的关系方面都薄弱得多。对于 12 岁就被送到彼得堡去的儿子，当然不能希望他们如何热爱父母，如何依恋父母的家庭；他们不自觉地变成世界主义者了：'哪里

---

① 《农妇国》，第 26—27 页和第 15 页。
② 同上，第 27 页。
③ 例如，使科斯特罗马农民登记为市民的原因之一，就是"可能的体罚，这种体罚对于衣著华丽的到彼得堡谋生的人比对于土里土气的村民更为可怕"（同上，第 58 页）。

好,哪里就是祖国'"。① "过惯了不受丈夫支配与帮助的生活的索利加利奇妇女,与农业地带受践踏的农妇完全不同:她们是独立自主的……殴打虐待老婆在这里是罕见的事情……男女平等差不多在一切地方与一切方面都反映出来。"②

最后(最后但不是最不重要),外出做非农业零工不仅提高了外出雇佣工人的工资,**而且也提高了留在当地的工人的工资**。

这个事实的最突出表现,是下面这样一个普遍现象:非农业省份比农业省份的工资高,吸引了农业省份的农业工人。③ 下面是卡卢加省的有趣资料:

县别(以外出做零工的人数为标准)	外出男性工人对全体男性人口的百分比	每月的工资(单位卢布)	
		外出工业者	农村年工
一、	38.7	9.0	5.9
二、	36.3	8.8	5.3
三、	32.7	8.4	4.9

"这些数字完全说明了……下列现象:(1)外出做零工对农业生产中工资的提高有影响,(2)外出做零工吸引走了人口中的优秀力量。"④ 不仅货币工资提高了,而且实际工资也提高了。在100名工人中有60人以上外出做零工的县份内,一个全年雇农的平均工资为69卢布或123普特黑麦;在外出做零工的工人占40%—60%的县份内,平均工资为64卢布或125普特黑麦;在外出做零工的工人不到40%的县份内,平均工资为59卢布或116普特黑麦。⑤ 在这几类县份中,诉说缺乏工人的通讯的百分比是依次降低的:58%—42%—35%。加工工业中的工资高于农业中的工资,"根据很多通讯员先生的评述,手工业促进了农民中

---

① 《农妇国》第88页。
② 1890年《法学通报》杂志第9期第142页。
③ 参看第4章第4节(参看《列宁全集》第2版第3卷第238—239页。——编者注)。
④ 《1896年卡卢加省统计概述》第2篇第48页。
⑤ 同上,第1篇第27页。

间新的需求的发展（茶、印花布、靴、钟表等等），提高了需求的一般水平，于是对工资的提高产生影响"①。下面就是一位通讯员的典型评述：工人"始终很缺少，其原因是城市附近的居民被娇养惯了，他们都在铁路工厂做工或在那里做事。卡卢加附近及其市场，经常聚集着四周的居民，他们出卖鸡蛋、牛奶等等，然后在酒馆中狂饮；其原因是所有的人都想多拿钱不干事。当农业工人，被认为是**可耻的事情**，大家都想到城市去，在那里当无产阶级和游民；乡村则感到缺乏有能力的健康的工人"②。这种对外出做零工的评价，我们有充分理由可以称之为**民粹派的评价**。例如，日班科夫先生指出，外出的工人不是过剩的工人，而是由外来的农民所代替的"必要的"工人，他认为，"很明显"，"这种相互代替是很不利的"。③ 日班科夫先生，对谁很不利呢？"京都的生活使人们养成许多**低级的文明习惯**，尚奢侈和浮华，白白地〈原文如此!!〉耗费许多金钱"④；在这种奢侈等等上的支出大部分是"白费的"（!!）⑤。赫尔岑施坦先生直率地悲叹"表面的文明"、"恣意的放荡"、"纵情的欢宴"、"野蛮的酗酒与廉价的荒淫"等等。⑥ 莫斯科统计学家们从大批外出做零工的事实直接得出这样的结论："必须采取办法以减少外出谋生的需要"。⑦ 卡雷舍夫先生谈到外出做零工的问题时

---

① 《1896年卡卢加省统计概述》第1篇，第41页。
② 同上，第40页。黑体是原作者用的。
③ 《农妇国》第39页和第8页。"这些真正的〈外来的〉农民，是否会以其富裕的生活状况，给予那些不是视土地而是视外出谋生为其生活基础的本地居民以清醒的影响呢？"（第40页）作者叹息道："然而我们在上面已经举出了相反影响的例子。"这个例子如下。沃洛格达人买了土地，生活过得"很富裕"。"我曾经问过其中的一个人，既然他家里很富裕，为什么还把儿子送到圣彼得堡去？我得到的回答是：'事情是这样，我们并不穷，但是我们这里很土气，他学别人的样，自己也想去受教育，其实他在我们家里已经是一个有学问的人了。'"（第25页）可怜的民粹派啊！甚至富裕的购买土地的农夫——庄稼汉的例子，也不能使那个青年"清醒过来"，他竟要去"受教育"，以逃开"保证其生活的份地"，这怎能不令人伤心呢！
④ 《从1866—1883年的资料看外出谋生对科斯特罗马省人口迁徙的影响》第33页。黑体是原作者用的。
⑤ 1890年《法学通报》杂志第9期第138页。
⑥ 1887年《俄国思想》杂志（不是《俄罗斯通报》杂志，而是《俄国思想》杂志）第9期第163页。
⑦ 《1880年和1885年发给莫斯科省农业人口的居民证》第7页。

说道:"只要把农民土地使用面积增加到足以满足其家庭最主要的〈!〉需要,就可以解决我国国民经济中这个最严重的问题。"①

这些好心肠的先生们,谁也没有想到,在谈论"解决最严重的问题"之前,必须关心农民流动的完全自由,即放弃土地和退出村社的自由,在国内任何城市公社或村社随意居住(不缴纳"赎"金)的自由!

总之,居民离开农业,在俄国表现在城市的发展(这一点部分地被国内移民掩盖了)以及城市近郊、工厂村镇与工商业村镇的发展上,并且也表现在外出做非农业零工的现象上。所有这些在改革后时代已经和正在向纵深和宽广两方面迅速发展的过程,是资本主义发展的必要组成部分,同旧的生活方式比起来,具有很大的进步意义。

三 雇佣劳动使用的增长

在资本主义发展问题上,雇佣劳动的普遍程度差不多具有最大的意义。资本主义是商品生产发展的这样一个阶段,这时劳动力也变成了商品。资本主义的基本趋势是:国民经济的全部劳动力,只有经过企业主的买卖后,才能应用于生产。这个趋势在改革后的俄国是怎样表现的,我们在上面已经尽力详细地考察过了,现在应当把这个问题作一总结。首先把前几章所引证的劳动力出卖者人数的资料计算在一起,然后(在下一节)再叙述劳动力购买者的总数。

全国参加物质财富生产的劳动人口,是劳动力出卖者。据计算,这

---

① 1896年《俄国财富》杂志第7期第18页。这样,"最主要的"需要应由份地去满足,而其余的需要,显然应由从"感到缺乏有能力的健康的工人"的"乡村"中所得到的"当地工资"来满足!

种人口约有1550万成年男工。① 第2章中曾经指出，下等农户无非是农村无产阶级；同时曾经指出（第122页脚注②），这种无产阶级出卖劳动力的形式将在下面加以考察。现在把前面列举的各类雇佣工人作一总计：（1）农业雇佣工人，其数目约为350万人（欧俄）。（2）工厂工人、矿业工人和铁路工人，约为150万人。总计职业雇佣工人共500万人。其次，（3）建筑工人，约为100万人。（4）从事木材业（伐木、木材初步加工、运木等等）、挖土、修筑铁路、装卸货物以及工业中心的各种"粗"活的工人。这些工人约为200万人。③（5）被资本家所雇用在家中工作的以及在未列入"工厂工业"的加工工业中做雇佣工作的工人，其人数约为200万。

　　总计——**约有1000万雇佣工人**。除去其中大约1/4的女工与童工④，还有**750万成年男性雇佣工人**，即参加物质财富生产的全国成年男性人口的**一半左右**。⑤ 在这一大批雇佣工人中，有一部分已完全与土地断绝关系，专门靠出卖劳动力为生。这里包括绝大多数的工厂工人（无疑也包括绝大多数的矿业工人与铁路工人），其次包括一部分建筑工人、船舶工人与小工；最后，还包括不小一部分资本主义工场手工业工人以及为资本家进行家庭劳动的非农业中心的居民。另外很大一部分雇佣工人尚未与土地断绝关系，他们的支出一部分是以他们在很小一块土地上生产的农产品来抵补，因而他们形成了我们在第2章中极力详述过的那一类有份地的雇佣工人。前面的叙述已经指出，所有

---

　　① 《欧俄农村居民经济状况统计资料汇编》（1894年大臣委员会办公厅出版）的数字，为15546618人。这个数字是这样得到的：假设城市人口等于不参加物质财富生产的人口；成年男性农民人口减少了7%（4.5%服兵役，2.5%在村社中服务）。
　　② 参看《列宁全集》第2版第3卷第150页。——编者注
　　③ 我们在上面看见，单是木材工人就有200万。从事上述后两种工作的工人人数，应当大于外出做非农业零工的工人总数，因为一部分建筑工人、小工、特别是木材工人，是本地工人，而不是外来工人。我们看见，外出做非农业零工工人人数不下300万人。
　　④ 我们看见，在工厂工业中，妇女与儿童占工人总数1/4强。在采矿工业、建筑业与木材业等等中，妇女与儿童是很少的。相反，在资本主义的家庭劳动中，妇女与儿童大概比男子多些。
　　⑤ 为了避免误解起见，我们附带说明一下：我们决不奢望这些数字得到统计上的确切证明。我们只想大概表明一下雇佣劳动形式的多样化和雇佣劳动者人数的众多。

这一大批雇佣工人主要是在改革后的时代出现的,现在还继续迅速地增长着。

重要的是指出我们的结论在资本主义所造成的相对人口过剩(或失业工人后备军人员)问题上的意义。国民经济各部门中雇佣工人总数的资料,特别明显地暴露了民粹派经济学在这个问题上的基本错误。正如我们在另外一个地方(《评论集》第38—42页①)已经指出的,这种错误在于民粹派经济学家(瓦·沃·先生、尼·—逊先生及其他人)大谈资本主义使工人"游离出来",但不想研究一下俄国资本主义人口过剩的具体形式;其次,在于他们完全不懂得大批后备工人对我国资本主义的存在与发展的必要性。他们凭着对"工厂"工人人数发表几句抱怨的话和进行一些奇怪的算法②,就把资本主义发展的基本条件之一变成了证明资本主义不可能、错误、无根据等等的论据。事实上,如果对小生产者的剥夺没有造成千百万的雇佣工人群众,使他们随时准备一有号召就去满足企业主在农业、木材业与建筑业、商业、加工工业、采矿工业、运输工业等等中最大限度的需求,那么,俄国资本主义永远也不能发展到目前的高度,而且连一年也不能存在。我们说最大限度的需求,是因为资本主义只能是跳跃式地发展,因而需要出卖劳动力的生产者人数,应当始终高于资本主义对工人的平均需求。我们刚才计算了各类雇佣工人的总数,但是我们这样做决不是想说资本主义能够经常雇用这全部工人。不管我们拿哪类雇佣工人来看,这种经常的雇用在资本主义社会中是没有的,而且也是不可能有的。在千百万流动的与定居的工人中间,有一部分经常留在失业后备军内,这种后备军在危机年代,或

---

① 见《列宁全集》第2版第2卷第146—151页。——编者注
② 我们回忆一下尼·—逊先生关于"一小撮"工人的议论以及瓦·沃·先生下面这种真正古典的算法(《理论经济学概论》第131页)。在欧俄50个省中,计有属于农民等级的成年男工15547000人,其中"被资本所联合起来的"为1020000人(工厂工业中的863000人及铁路工人160000人),其余的是"农业人口"。在"加工工业完全资本主义化"之下,"资本主义工厂工业"雇用了两倍的人手(不是7.6%,而是13.3%;其余的86.7%的人口"则依然耕种土地,将在半年内没有工作")。看来,注解只能削弱经济科学与经济统计的这个出色例子给人造成的印象。

在某一区域某种工业衰落的情况下，或在排挤工人的机器生产特别迅速地扩展的情况下，达到很大的数量；有时候则降到最低限度，甚至往往引起个别年份国内个别区域的个别工业部门的企业主抱怨工人"缺乏"。由于完全没有比较可靠的统计资料，即使大致算出通常年份的失业人数，也是不可能的；但是，没有疑问，这个数目应当是很大的，不论是上面多次指出的资本主义工业、商业与农业的巨大波动，或者是地方自治局统计所肯定的下等农户家庭收支中的通常亏空，都证明了这一点。被驱入工业无产阶级与农村无产阶级队伍中的农民人数的增加，以及对雇佣劳动的需求的增加，这是一件事情的两个方面。至于谈到雇佣劳动形式，那么它们在各方面都还被前资本主义制度的残余和设施所缠绕着的资本主义社会中是极其多种多样的。忽视这种多样性，将是重大的错误。谁要像瓦·沃·先生那样认为资本主义"给自己划定了一个容纳100万—150万工人的角落而不超出这个角落"①，他就会陷入这种错误。这里说的已经不是资本主义，而只是大机器工业。但是，在这里把这150万工人圈定在一个特别的似乎与雇佣劳动其他领域没有任何联系的"角落"里，这是多么随心所欲和多么不合情理啊！事实上，这种联系是很密切的，为了说明这种联系，只须举出现代经济制度的两个基本特点就够了。第一，货币经济是这种制度的基础。"货币权力"充分表现在工业中与农业中，城市中与乡村中，但是只有在大机器工业中它才得到充分发展，完全排挤了宗法式经济的残余，集中于少数大机关（银行），直接与社会大生产发生联系。第二，劳动力的买卖是现代经济制度的基础。即使拿农业中或工业中的最小的生产者来看，你就会看到，那种既不受人雇又不雇人的生产者是例外的情况。但是，这些关系也只有在大机器工业中才能得到充分发展，才能与以前的经济形式完全分离。因此，某一位民粹派认为极小的"角落"，实际上体现着现代社会关系的精髓，而这个"角落"的人口即无产阶级，才真正是全部被

---

① 1896年《新言论》杂志第6期第21页。

剥削劳动群众唯一的前卫和先锋。① 因此,只有从这个"角落"中所形成的关系的角度去考察整个现代经济制度,才有可能认识清楚各种生产参加者集团之间的基本相互关系,从而考察这种制度的基本发展方向。相反,谁要撇开这一"角落"而从宗法式小生产关系的角度来考察经济现象,那么历史进程就会把他或者变为天真的梦想家,或者变为小资产阶级的和大地主的思想家。

四 劳动力国内市场的形成

为了总括上面叙述中关于这个问题所引证的资料,我们只谈欧俄工人流动的情况。以业主陈述为基础的农业司出版物②,给我们提供了这种情况。工人流动的情况,使人对劳动力国内市场如何形成有一个总的认识;我们在利用这一出版物的材料时,只是力求把农业工人的流动与非农业工人的流动加以区别,虽然该出版物所附的表明工人流动的地图上并未作出这种区别。

农业工人最主要的流动情况如下:(1)从中部农业省份移到南部和东部边疆地区。(2)从北部黑土地带省份移到南部黑土地带省份,同时从南部黑土地带省份又有工人移到边疆地区(参看第3章第9节和第10节)③。(3)从中部农业省份移到工业省份(参看第4章第4节)④。(4)从中部与西南部农业省份移到甜菜种植区域(甚至有一部分加里西亚工人也移到这里)。

---

① 如果作相应的改变,那就可以说,大机器工业中的雇佣工人与其余的雇佣工人的关系,就像韦伯夫妇所说的英国工联主义者与非工联主义者的关系一样。"工联主义者约占全部人口4%…… 据工联计算,在自己队伍中以体力劳动为生的成年男工占20%左右。"但是"工联的成员……照例总是每一部门的一批最优秀的工人。因此,他们对其余工人群众的道德和精神的影响,是同他们的人数完全不能相比的。"(悉·韦伯和比·韦伯《不列颠工联主义运动史》1895年斯图加特狄茨版第363、365、381页)
② 《根据业主方面的材料所编的农业统计资料,第5编,从欧俄工农业统计经济概述看地主农场中的**自由雇佣劳动和工人的流动**》,谢·亚·柯罗连科编,1892年圣彼得堡农业和农村工业司出版。
③ 参看《列宁全集》第2版第3卷第207、211页。——编者注
④ 同上书,第238—239页。——编者注

非农业工人最主要的流动情况如下：（1）主要从非农业省份、但在很大程度上也从农业省份移到首都与大城市。（2）从上述地区移到弗拉基米尔省、雅罗斯拉夫尔省及其他各省工业地区的工厂中。（3）移到新工业中心或新工业部门，以及非工厂的工业中心和其他区域。这里是指移动到下列各处：（a）西南各省甜菜制糖厂；（b）南部矿业地区；（c）码头工作地区（敖德萨、顿河畔罗斯托夫、里加等等）；（d）弗拉基米尔省及其他各省的泥炭采掘业地区；（e）乌拉尔矿业区；（f）渔业地区（阿斯特拉罕、黑海与亚速海等等）；（g）造船业、航运业、伐木及流送木材等等部门；（h）铁路工作等等部门。

工人的主要流动情况就是如此，雇主通讯员指出这些流动对于各地工人的雇用条件发生相当重大的影响。为了更清楚地表明这些流动的意义，我们拿工人移出和移入的各个地区的工资资料与之作一对比。我们只举出欧俄28个省，根据工人流动的性质把它们分为6类，于是得到下面的资料①：

这个表向我们明显地指出了那个建立劳动力国内市场、从而也建立资本主义国内市场的过程的基础。资本主义关系**最**发达的两个主要区域，吸引了大量工人。这两个区域就是农业资本主义区域（南部与东部边疆地区）与工业资本主义区域（首都省与工业省）。在人口外移的区域，在中部各农业省，工资是最低的，这些省份不论在工业中还是在农

---

① 其余各省均略去不计，以便不让那些对所研究的问题不能提供任何新东西的资料使叙述复杂起来；况且，这些省份不是与工人主要的、大批的流动无关（乌拉尔、北部），便是有民族学上的和行政法律上的特点（波罗的海沿岸各省、特许犹太居住区各省、白俄罗斯各省等等）。资料取自上面引证过的出版物。工资数字系各省的平均数；夏季日工工资是播种、割草、收获三个时期的平均数。这些区域（第1类—第6类）包括下列各省：（1）塔夫利达、比萨拉比亚与顿河；（2）赫尔松、叶卡捷琳诺斯拉夫、萨马拉、萨拉托夫与奥伦堡；（3）辛比尔斯克、沃罗涅日与哈尔科夫；（4）喀山、奔萨、坦波夫、梁赞、图拉、奥廖尔与库尔斯克；（5）普斯科夫、诺夫哥罗德、卡卢加、科斯特罗马、特维尔与下诺夫哥罗德；（6）圣彼得堡、莫斯科、雅罗斯拉夫尔与弗拉基米尔。

省区（按工人流动的性质划分）	10年（1881—1891年）的平均工资					工人流动数量			
	年工		货币工资对全部工资的百分比	季节工（夏季）	自备伙食的夏日工戈比	农业的		非农业的	
	食宿在外	食宿在内		卢布		移入	移出	移出	移入
	卢布	卢布							
1. 大量的农业移入	93.00	143.50	64.8	55.67	82	约100万工人	—	—	大部分移向矿业地区
2. 大量的农业移入，而移出甚少	69.80	111.40	62.6	47.30	63	约100万工人	数量不大	—	
3. 大量的农业移入，而移入甚少	58.67	100.67	58.2	41.50	53	数量不大	30万工人以上	—	数量不大
4. 大量的移出，大部分是农业移出，也有非农业移出	51.50	92.95	55.4	35.64	47	—	150万工人以上		—
5. 大量的非农业移出，而农业移入甚少	63.43	112.43	56.4	44.00	55	数量不大	数量不大	125万工人左右	—
6. 大量的非农业移入，而农业移入也相当大	79.80	135.80	58.7	53.00	64	数量相当大	—	（到首都）	数量很大

业中资本主义都极不发达①；在人口移入的区域，各种工作的工资都增高了，货币工资对工资总额的比例也增高了，即货币经济由于排挤自然经济而得到加强。人口移入最多（和工资最高）的区域与人口移出（和工资最低）的区域之间的中间区域，则表现出上面已经指出过的工人相互代替的现象：工人移出的数目过多，以致移出的地区发生工人不足的情况，因而从更"低廉"的省份吸收外来工人。

实际上，我们表中所表明的人口从农业向工业的转移（人口的工业化）和工商业农业即资本主义农业的发展（农业的工业化）这两个方面的过程，把上面关于资本主义社会国内市场形成问题的全部叙述总括起来了。资本主义国内市场的建立，是由于资本主义在农业中与工业中的平行发展②，是由于一方面形成了农业企业主与工业企业主阶级，另一方面形成了农业雇佣工人与工业雇佣工人阶级。工人流动的主要潮流表明了这种过程的一些主要形式，但还远不是其全部形式；在前面的叙述中已经指出，这种过程的形式在农民经济中与在地主经济中是各不相同的，在商业性农业的不同区域中是各不相同的，在工业资本主义发展的不同阶段是各不相同的，等等。

这一过程被我国民粹派经济学的代表者歪曲和混淆到什么程度，这在尼·—逊先生所著《概况》第 2 篇第 6 节里特别明显地表现出来了，这一节有这样一个特出的标题：《社会生产力的再分配对于农业人口的

---

① 于是，农民就大批地离开宗法式经济关系最厉害的、工役制及原始工业形式保存最多的区域，跑到"基础"完全瓦解了的地区去。他们逃离"人民生产"，不听那紧跟在他们后面的"社会"呼声。在这一片呼声中，听得最清楚的有两种声音："束缚得太少呀！"——这是黑帮分子索巴开维奇的恫吓的叫声；"没有充分保证份地"，——立宪民主党人马尼洛夫客气地纠正他说。

② 理论经济学早已确定了这个简单的真理。马克思更不用说了，他曾经直接指出资本主义在农业中的发展是建立"工业资本的国内市场"的过程（《资本论》第 2 版第 1 卷第 776 页（参看《马克思恩格斯文集》2009 年人民出版社版第 5 卷第 854 页。——编者注），第 24 章第 5 节）；我们来看看亚当·斯密。在《国民财富的性质和原因的研究》第 1 篇第 11 章和第 3 篇第 4 章中，他指出了资本主义农业发展的最显著的特点，指出这一过程与城市增长和工业发展的过程是平行的。

经济地位的影响》。请看尼·—逊先生是怎样设想这种"再分配"的："在资本主义……社会中，劳动生产力的每一次提高，都使相应数量的工人被'游离'出来，他们被迫去另谋生计；然而因为这种事情发生在一切生产部门，这种'游离'遍布整个资本主义社会，所以这些工人除了转向他们暂时还未失掉的生产工具，即转向土地之外，是没有其他出路的……"（第126页）"我国农民并未失掉土地，所以他们就把自己的力量投在土地上。他们失去工厂中的工作或被迫抛弃其家庭副业时，除了加紧耕种土地之外，看不到其他的出路。一切地方自治局统计汇编，都肯定了耕地扩大的事实……"（第128页）

你们瞧，尼·—逊先生知道一种十分特别的资本主义，这种资本主义是任何时候任何地方都不曾有过的，而且是任何一个经济学理论家难以想象的。尼·—逊先生的资本主义不使人口离开农业转向工业，也不把农民分裂为对立的阶级。完全相反。资本主义把工人从工业"游离"出来，而且"他们"只得转向土地，因为"我国农民并未失掉土地"！！这种"理论"在诗意的混乱中把资本主义发展的种种过程独创地"再分配"了一下，而这种"理论"的基础，就是前面叙述中所详细分析过的一般民粹派的笨拙方法：把农民资产阶级与农村无产阶级混淆起来，忽视商业性农业的增长，拿"人民""手工业"与"资本主义""工厂工业"分离的童话，来代替对资本主义在工业中的各种循序出现的形式与各种表现的分析。

五 边疆地区的意义。国内市场还是国外市场？

在第1章中已经指出了把资本主义国外市场问题同产品的实现问题联在一起的理论的错误。（第25页①及以下各页）资本主义之所以必须有国外市场，决不是由于产品不能在国内市场实现，而是由于资本主义不能够在不变的条件下以原有的规模重复同样的生产过程（如像在前资

---

① 参看《列宁选集》第1卷，北京：人民出版社2012年第三版修订版，第190—192页。——编者注

本主义制度下所发生的那样），它必然会引起生产的无限制的增长，而超过原有经济单位的旧的狭隘的界限。在资本主义所固有的发展不平衡的情况下，一个生产部门超过其他生产部门，力求越出旧的经济关系区域的界限。例如，我们拿改革后时代初期的纺织工业来看。这种工业在资本主义关系上有相当高度的发展（工场手工业开始过渡到工厂），完全占领了俄国中部的市场。但是如此迅速增长的大工厂已经不能满足于以前的市场范围；它们开始到更远的地方，到移居新罗西亚、伏尔加左岸东南地区、北高加索以及西伯利亚等地的新的人口中间给自己寻找市场。大工厂力求超出旧市场的界限，这是毫无疑问的。这是否意味着，在这些旧市场的区域内，更大数量的纺织工业产品一般说来就不能消费了呢？这是否意味着，例如，工业省份与中部农业省份一般说来就不能吸收更大数量的工厂产品了呢？不是的。我们知道，农民的分化，商业性农业的增长以及工业人口的增加，过去和现在都继续扩大这个旧区域的国内市场。但是，国内市场的这种扩大却被许多情况（主要是还保留了阻止农业资本主义发展的一些旧制度）所阻止。厂主当然不会等待国民经济其他部门在其资本主义发展上赶上纺织工业。厂主是立即需要市场的，如果国民经济其他方面的落后使旧区域内的市场缩小，那么他们将在其他区域、其他国家或老国家的移民区内去寻找市场。

但什么是政治经济学意义上的移民区呢？上面已经指出，根据马克思的意见，这一概念的基本特征如下：（1）移民容易获得的未被占据的闲地的存在；（2）业已形成的世界分工即世界市场的存在，因而移民区可以专门从事农产品的大宗生产，用以交换现成的工业品，即"在另外的情况下必须由他们自己制造的那些产品"（见上面第4章第2节第189页脚注①）。在改革后时代住满了人的欧俄南部与东部边疆地区，正是具有这两个特点，从经济学的意义上说来，它们是欧俄中部的移民

---

① 见《列宁全集》第2版第3卷第227页。——编者注

区，——这一点已经在别一地方讲过了。① 移民区这个概念更可以应用于其他边疆地区，例如高加索。俄罗斯在经济上"征服"这个地方，比政治上要迟得多，直到现在这种经济上的征服还没有完全结束。在改革后时代，一方面对高加索进行大力开发②，移民广泛开垦土地（特别在北高加索），为出售而生产小麦、烟草等等，并从俄罗斯吸引了大批农村雇佣工人。另一方面，几百年的当地"手工业"遭到排挤，这些当地"手工业"在输入的莫斯科工厂产品的竞争下日益衰落。古老的兵器制造业，在输入的图拉的和比利时的制品的竞争下衰落了，手工制铁业在输入的俄罗斯产品的竞争下衰落了，而对铜、金银、陶土、油脂和碱、皮革等等的手工加工业，也都是如此③；所有这些产品，俄罗斯工厂都生产得便宜些，它们把自己的产品运到高加索去。角骨杯制造业，由于格鲁吉亚封建制度及其传统性宴会的没落而衰落了。软帽业也因为欧洲式服装代替亚洲式服装而衰落了。装当地酒的皮囊与酒罐制造业也衰落了，因为当地所产的酒首次拿去出卖（使酒桶业发展起来），并且获得了俄罗斯市场。这样，俄国资本主义把高加索卷入世界商品流通之中，消灭了它的地方特点——昔日宗法式闭塞状态的残余，——为自己的工厂**建立了市场**。在改革后初期居民稀少的或者与世界经济甚至历史隔绝的山民所居住的地方，已经变成了石油工业者、酒商、小麦与烟草工厂主的地方，而库庞先生也就无情地把自豪的山民们富有诗意的民族服装脱去，给他们穿上欧洲仆役的制服了（格·乌斯宾斯基）。与高加索的加紧开发及其农业人口急剧增长的过程并行的，还有人口离开农业而转向工业的过程（这一过程被农业人口的增长掩盖了）。高加索

---

① "……完全由于它们，由于这些人民生产形式，而且以它们为基础，全部南俄才开发出来并且住上了人。"（尼·—逊先生《概况》第284页）"人民生产形式"这一概念是多么广泛与丰富啊！它包括了一切应有尽有的东西：宗法式的农业，工役制，原始的手艺，小商品生产，我们在上面关于塔夫利达省和萨马拉省的资料中看见过的（第2章）农民村社内部的典型资本主义关系，以及其他等等。

② 参看1897年《财政与工商业通报》杂志第21期上彼·谢苗诺夫先生的文章和1897年6月《新言论》杂志上瓦·米海洛夫斯基的文章。

③ 见《俄国手工工业报告和研究》第2卷中К.哈季索夫的文章和《俄国手工工业调查委员会的报告》第5编中П.奥斯特里亚科夫的文章。

的城市人口，从1863年的35万人增加到1897年的90万人左右（高加索全部人口从1851年到1897年增加了95%）。至于在中亚细亚和西伯利亚等地，过去和现在都发生着同样的过程，这点我们就无须赘述了。

这样，自然也就发生一个问题：国内市场与国外市场的界限在什么地方呢？采用国家的政治界限，那是太机械的解决办法，而且这是否是解决办法呢？如果中亚细亚是国内市场，波斯是国外市场，那么把希瓦与布哈拉归在哪一类呢？如果西伯利亚是国内市场，中国是国外市场，那么把满洲归在哪一类呢？这类问题是没有重要意义的。重要的是，资本主义如果不经常扩大其统治范围，如果不开发新的地方并把非资本主义的古老国家卷入世界经济的漩涡，它就不能存在与发展。资本主义的这种特性，在改革后的俄国已经非常充分地表现出来了，并且继续表现出来。

因此，资本主义市场形成的过程表现在两方面：资本主义向深度发展，即资本主义农业与资本主义工业在现有的、一定的、闭关自守的领土内的进一步发展；资本主义向广度发展，即资本主义统治范围扩展到新的领土。根据本书的计划，我们差不多只叙述这个过程的前一方面，因此我们认为特别必须在这里着重指出，这个过程的另一方面具有非常重大的意义。从资本主义发展的观点对开发边疆地区与扩大俄国领土的过程进行稍微充分的研究，就需要有专门的著作。我们在这里只须指出，由于俄国边疆地区有大量空闲的可供开垦的土地，俄国比其他资本主义国家处于特别有利的情况。① 不必说亚俄，就是在欧俄也有这样的边疆地区，它们由于距离遥远，交通不便，在经济方面同俄罗斯中部的

---

① 正文中指出的情况也有另外的一方面。资本主义在为人久居的旧领土内向深度的发展，由于边疆地区的开发而受到阻碍。资本主义所固有的以及资本主义所产生的各种矛盾的解决，由于资本主义能容易地向广度发展而暂时延缓。例如，最先进的工业形式与半中世纪的农业形式同时存在，无疑是一种矛盾。如果俄国资本主义在改革后初期所占领的领土界限以外没有地方可以扩张，那么资本主义大工业与农村生活古老制度（农民被束缚在土地上等等）之间的这个矛盾，就一定会迅速导致这些制度的完全废除，导致俄国农业资本主义道路的完全扫清。但是，在被开发的边疆地区寻求并找到市场的可能（对于厂主），出外到新土地上去的可能（对于农民），削弱了这个矛盾的尖锐性并延缓了它的解决。不用说，资本主义增长**这种**延缓，等于是为它在最近的将来有更大和更广泛的增长作准备。

联系还极端薄弱。例如,拿"远北方"——阿尔汉格尔斯克省来看,该省辽阔的土地和自然资源还没有怎样开发。当地主要产品之一木材,直到最近主要是输往英国。因此,从这方面说来,欧俄的这一区域就成为英国的国外市场,而不是俄国的国内市场。过去俄国企业家当然嫉妒英国人,现在铁路敷设到阿尔汉格尔斯克,他们兴高采烈起来,预见到"边疆地区各种工业部门中的精神振奋与企业家的活动了"[①]。

六 资本主义的"使命"

最后,我们还要对著作界称之为资本主义的"使命"问题,即资本主义在俄国经济发展中的历史作用问题作出总结。承认这种作用的进步性,与完全承认资本主义的消极面和黑暗面,与完全承认资本主义所必然具有的那些揭示这一经济制度的历史暂时性的深刻的全面的社会矛盾,是完全一致的(我们在叙述事实的每一阶段上都力求详细指明这一点)。正是民粹派竭尽全力把事情说成这样,仿佛承认资本主义的历史进步性就是充当资本主义的辩护人,正是他们犯了过低估计(有时是抹杀)俄国资本主义最深刻的矛盾的毛病,他们掩盖农民的分化、我国农业演进的资本主义性质、具有份地的农村雇佣工人与手工业雇佣工人阶级的形成,掩盖资本主义最低级最恶劣的形式在著名的"手工"工业中完全占优势的事实。

资本主义的进步的历史作用,可以用两个简短的论点来概括:社会劳动生产力的提高和劳动的社会化。但这两个事实是在国民经济各个部门的各种极不相同的过程中表现出来的。

社会劳动生产力的发展,只有在大机器工业时代才会十分明显地表现出来。在资本主义这个高级阶段以前,还保持着手工生产与原始技术,这种技术的进步纯粹是自发的,极端缓慢的。改革后的时代,在这方面与以前各个俄国历史时代截然不同。浅耕犁与连枷、水磨与手工织布机的俄国,开始迅速地变为犁与脱粒机、蒸汽磨与蒸汽织布机的俄

---

① 《俄国的生产力》第20编第12页。

国。资本主义生产所支配的国民经济各个部门,没有一个不曾发生这样完全的技术改革。这种改革的过程,根据资本主义的本质,只能通过一系列的不平衡与不合比例来进行:繁荣时期被危机时期所代替,一个工业部门的发展引起另一工业部门的衰落,农业的进步在一个区域包括农业的一方面,在另一区域则包括农业的另一方面,工商业的增长超过农业的增长,等等。民粹派著作家的许多错误,都来源于他们企图证明这种不合比例的、跳跃式的、寒热病似的发展不是发展。①

资本主义所造成的社会生产力发展的另一特点,是生产资料(生产消费)的增长远远超过个人消费的增长。我们不止一次地指出了这个现象在农业与工业中是怎样表现出来的。这个特点是从资本主义社会中产品实现的一般规律所产生的,是与这个社会的对抗性质完全适应的。②

资本主义所造成的劳动社会化,表现在下列过程中。第一,商品生产的增长本身破坏自然经济所固有的小经济单位的分散性,并把小的地方市场结合成为广大的国内市场(然后结合成为世界市场)。为自己的生产变成了为整个社会的生产;资本主义愈高度发展,生产的这种集体

---

① "我们看一看……即使我们把英国沉入海底并取其地位而代之,资本主义的进一步发展究竟能带给我们什么东西。"(尼·—逊先生《概况》第210页)英国和美国的棉纺织工业,满足了世界消费的2/3,其所雇用的工人仅有60余万。"由此可见,即使我们获得了最大一部分的世界市场……资本主义也还不能够使用它现在正不断使之丧失职业的全部劳动力。事实上,与几百万整月整月坐着没有事干的农民比较起来,英国和美国的区区60万工人又算得了什么呢。"(第211页)

"以前有历史,现在没有了。"以前,纺织工业中资本主义发展的每一步,都伴随着农民的分化,商业性农业及农业资本主义的增长,人口的离开农业而转入工业,"成百万农民的"转入建筑业、木材业及其他各种非农业的雇佣劳动,大批人口的迁移到边疆地区,以及这些边疆地区的变为资本主义市场。然而这一切都只是以前的事情,现在不再有这类事情了!

② 对生产资料的意义的忽视和对"统计"缺乏分析的态度,使尼·—逊先生作出下述经不住任何批判的论断:"……在加工工业部门中,整个〈!〉资本主义生产所产生的新的价值,最多不会超过4亿—5亿卢布。"(《概况》第328页)尼·—逊先生以三分税和摊派税的资料作为这个计算的根据,没有想一想这类资料能否包括"加工工业部门中的全部资本主义生产"。此外,他采用了未包括(根据他自己的话)采矿工业的资料,并且只把额外价值与可变资本算做"新价值"。我们的理论家忘记了,在生产个人消费品的工业部门中,不变资本**对于社会**也是新价值,同制造生产资料的工业部门(采矿工业、建筑业、木材业、铁路建筑等等)中的可变资本与额外价值进行交换。如果尼·—逊先生不把"工厂"工人人数与加工工业中按资本主义方式被雇用的工人总数混淆起来,那么他就会容易看出自己计算的错误。

性与占有的个人性之间的矛盾就愈剧烈。第二，资本主义在农业中和工业中都造成了空前未有的生产集中以代替过去的生产分散。这是我们所考察的资本主义特点的最明显和最突出的但决非唯一的表现。第三，资本主义排挤人身依附形式，它们是以前的经济制度不可缺少的组成部分。俄国资本主义的进步性，在这方面表现得特别显著，因为生产者的人身依附，在我国不仅曾经存在（在某种程度上现在还继续存在）于农业中，并且还存在于加工工业（使用农奴劳动的"工厂"）、采矿工业及渔业中①等等。与依附的或被奴役的农民的劳动比起来，自由雇佣工人的劳动在国民经济一切部门中是一种进步的现象。第四，资本主义必然造成人口的流动，这种人口流动是以前各种社会经济制度所不需要的，在这些经济制度下也不可能有较大的规模。第五，资本主义不断减少从事农业的人口的比例（在农业中最落后的社会经济关系形式始终占着统治地位），增加大工业中心数目。第六，资本主义社会扩大居民对联盟、联合的需要，并使这些联合具有一种与以前的各种联合不同的特殊性质。资本主义破坏中世纪社会狭隘的、地方的、等级的联盟，造成剧烈的竞争，同时使整个社会分裂为几个在生产中占着不同地位的人们的大集团，大大促进了每个这样的集团内部的联合。② 第七，上述一切由资本主义所造成的旧经济制度的改变，必然也会引起人们精神面貌的改变。经济发展的跳跃性，生产方式的急剧改革及生产的高度集中，人身依附与宗法关系的一切形式的崩溃，人口的流动，大工业中心的影响等等，——这一切不能不引起生产者性格的深刻改变，而俄国调查者们有关这方面的观察，我们已经指出过了。

---

① 例如，在俄国渔业主要中心之一的摩尔曼斯克沿岸，"古老的"与真正"万古神圣的"经济关系形式，就是在17世纪已经完全形成而直到最近差不多没有改变的"分成制"。"分成制渔工同其主人的关系并不只限于捕鱼的时候；相反，这些关系包括了分成制渔工的一生，他们终身在经济上依附自己的主人。"（《俄国劳动组合材料汇编》1874年圣彼得堡版第2编第33页）幸而资本主义在这个部门中大概"对自己过去的历史抱着轻蔑的态度"。"垄断……正被使用自由雇佣工人捕鱼的资本主义组织所代替。"（《俄国的生产力》第5编第2—4页）

② 参看《评论集》第91页脚注85；第198页。（见《列宁全集》第2版第2卷第208、330—332页。——编者注）

我们再来谈谈民粹派经济学。我们曾经不断同这一经济学的代表人物进行论战，现在可以把我们与他们的意见分歧的原因概述如下。第一，民粹派对正在俄国进行的资本主义发展过程的理解，以及他们对俄国资本主义以前的经济关系结构的观念，我们不能不认为是绝对错误的，而且在我们看来，特别重要的是他们忽视农民经济（不论是农业的或手工业的）结构中的资本主义矛盾。其次，至于说到俄国资本主义发展快慢的问题，那么这完全要看把这种发展同什么东西相比较。如果把俄国前资本主义时代同资本主义时代作比较（而这种比较正是正确解决问题所必要的），那就必须承认，在资本主义下，社会经济的发展是非常迅速的。如果把这一发展速度与现代整个技术文化水平之下所能有的发展速度作比较，那就确实必须承认，俄国当前的资本主义发展是缓慢的。它不能不是缓慢的，因为没有一个资本主义国家内残存着这样多的旧制度，这些旧制度与资本主义不相容，阻碍资本主义发展，使生产者状况无限制地恶化，而生产者"不仅苦于资本主义生产的发展，并且苦于资本主义生产的不发展"①。最后，我们与民粹派的意见分歧的最深刻原因，可以说是对社会经济过程基本观点的不同。在研究社会经济过程时，民粹派通常作这种或那种道德上的结论；他们不把各种生产参加者集团看做是这种或那种生活形式的创造者；他们的目的不是把社会经济关系的全部总和看做是利益不同与历史作用各异的这些集团间的相互关系的结果……如果本书作者能为阐明这些问题提供若干材料，那么他就可以认为自己的劳动不是白费的了。

1899年3月底印成单行本

选自《列宁选集》第1卷，北京：人民出版社2012年第三版修订版，第195—238页。

---

① 见《马克思恩格斯文集》2009年人民出版社版第5卷第9页。——编者注

第五部分　附　录

《俄国资本主义的发展》甫一面市，就引起了众多研究者的关注。为了拓展读者视野，帮助大家从多个角度理解这部著作，本部分精选了几篇研究性论文，以飨读者。这些论文包括：列宁同时代人对《俄国资本主义的发展》的评价，其他一些有影响的研究者的作品等。从这些代表性的研究作品中，我们可以进一步感受《俄国资本主义的发展》的理论魅力。

附录Ⅰ 研究文献精选

一 〔俄〕波·韦谢洛夫斯基对《俄国资本主义的发展》一书所写的评论[①]

弗·伊林。俄国资本主义的发展。大工业国内市场的形成过程。1908年圣彼得堡增订第二版共 Ⅶ+489 页。定价 2 卢布 25 戈比。

伊林先生的书，1899年出了第一版，并早已售完。无论从专业人员方面，还是从广大读者方面它都获得了完全应有的重视。伊林先生在著作中提供了从改革后至九十年代中期的一幅清晰的、具有丰富数字材料的"资本主义发展"图景。伊林先生不但广泛地使用了八十年代的地方自治局的统计材料，而且还总结了当时马克思主义者与民粹派关于俄国"资本主义的命运"的争论[②]。他描述了农村分化的广阔景象和自然经济瓦解、资本主义[③]因素渗入农村的景象。他还有充分论据地简述了手工业资本化的过程。从材料的丰富性来看，著作中比较不足的部分是谈论"大机器工业的发展"的那些章节。我们讲过，第一次出版伊林先生的书是在九年以前。从那时起，大量有价值的材料充实了统计学和一般经济学书籍。这些材料大都证实了作者在大约十年前根据马克思

[①] 该篇文章原载于1908年5月《现代世界》杂志第5期，选自中共中央马克思恩格斯列宁斯大林著作编译局资料室编：《马列著作编译资料》第6辑，张正芸译、范忆竹校，北京：人民出版社1979年版，第95—96页。

[②] 在《现代世界》杂志上把"争论"错印为"政治"。——原编者注

[③] 在《现代世界》杂志上把"资本主义"错印为"自然主义"。——原编者注

主义的前提，对"资本主义发展"所作的预测。但同时，最新的研究对阐明所观察的经济发展过程也提供了一些新的东西。就拿广大农民阶层贫困化这个事实来说。这一事实比农民中产生分化的问题更重要。弄清农村经济中贫困化这一事实的作用的功绩应归彼·巴·马斯洛夫。伊林先生现在重新出版自己的书，似乎应该根据这些新的线索来补充自己对分化的分析。但是我们在第二版中并没有看到这些。总而言之，伊林先生对材料加工得太少了。他的所有补充总共是二十至二十五条注释，并且每条只有几行字；然后是简短的，没有经过深入分析的两节：一是"1886—1891年和1896—1900年两次军马调查的比较"① 一节，二是有关1897年调查材料的一段②。这就是全部的补充。其实，从九十年代下半期开始出现了不少有价值的地方自治局的统计考察，出版了（从1900年起）工厂视察员的报告汇编，还有矿业、蒸汽运输业等等行业发展的新资料。所有这些材料伊林先生在其著作的第二版中都未予以注意，这是这一版的重大的缺陷。但尽管如此，还是不能不欢迎伊林先生这一著作的出版，这一著作现在会特别有益于那些由于它已成为珍本至今未能读到它的广大读者。

二 〔苏〕巴·别尔林对《俄国资本主义的发展》一书所写的评论③

弗拉基米尔·伊林。俄国资本主义的发展。大工业国内市场的形成过程。1899年圣彼得堡版。480页。定价2卢布50戈比。

市场问题是非常有意思的，因为正是在这个问题上很难顺利地避免教条主义的西拉和"事实主义"的哈里布达。④

---

① 《列宁全集》第3卷第117页。译文如此。——笔者注
② 《列宁全集》第3卷第456页。译文如此。——笔者注
③ 该篇文章原载于1900年2月《生活》杂志第2期，选自中共中央马克思恩格斯列宁斯大林著作编译局资料室编：《马列著作编译资料》第6辑，张正芸译、范忆竹校，北京：人民出版社1979年版，第93—95页。
④ 西拉和哈里布达都是希腊神话中的妖魔。——译者注

这个问题是所有争论的中心。这不是纯理论的问题，而是非常迫切的现实问题。因此毫不奇怪，对这个问题俄国知识界过去和现在都在努力进行探讨。

《资本论》第二卷的著名公式当然是纯粹抽象的理论，这是所有研究俄国资本主义命运的人应该了解和牢记的。马克思的关于为生产而生产的论点作为以前片面论题的反题仍然应该被批判地接受。我们认为，伊林先生对这点认识得不够清楚。然而在所分析的这本书中，作者不是一般地分析市场理论，而是分析俄国资本主义的国内市场问题。但无疑，马克思的抽象理论是作者的出发点和主导线，例如，伊林先生写道："在大多数场合下，我国的民粹派分子是根本不能领会马克思关于农业资本主义的基本观点的。他们中间有些比较坦率的人直言不讳地说，马克思的理论不包括农业。"[①] 而马克思的理论也的确是"不包括农业"……马克思没有提出完整的农业理论。有许多地方使人觉得，他清楚地意识到工业发展趋势与农业发展趋势之间的区别，在马克思主义者中间关于这个问题到处都有很大的意见分歧：西方的大卫、爱·伯恩施坦、福尔马尔、赫兹，我国的彼·司徒卢威、谢·布尔加柯夫都坚决认为马克思的理论"不包括农业"。

众所周知，在俄国资本主义国内市场的形成问题上，很长时期内几乎只流行着民粹主义的观点。瓦·沃·先生和尼·—逊先生是这种观点的最著名的理论家。弗·伊林认真地详细地批判了这种观点，但是他不仅仅限于否定，他还论述了自己解决这个问题的观点。为此目的，他阐述了改革后时代的国内市场的形成过程。国外市场和国外贸易问题他则完全抛在一边。

在绪论性的第一章中，作者分析了有关资本主义国内市场的政治经济学理论的基本观点。然后作者从理论性的这一章，转到对改革后的时代中农业的资本主义演进的概述，对俄国工业发展的概述；结尾一章阐明了资本主义演进的各个方面的相互影响和联系并作了一般性总结。

---

① 《列宁全集》第3卷第281页。译文如此。——笔者注

作者虽然运用了大量的事实材料，但并没有陷在这些材料之中，没有被这些材料所束缚，这是由于理论这个指针始终正确地指引着他的道路。

三 〔苏〕卡拉达耶夫、雷季娜：《〈俄国资本主义的发展〉的历史意义和理论问题》[①]（节选）

《俄国资本主义的发展》这一伟大巨著是 1899 年 2 月初在西伯利亚的舒申斯克村完成的，它是创造性的马克思主义的光辉范例。它是列宁的标志着俄国社会思想革命的许多著作之一，它从理论上论证了同旧政治制度和经济制度的斗争，论证了为建立布尔什维克政党的斗争。

列宁的这本书是把马克思的理论运用于俄国的研究著作，但是它同时具有国际意义。列宁的研究进一步发展了马克思《资本论》的基本思想。

马克思曾经打算在《资本论》第 3 卷中分析俄国改革后的经济，但是没有能够实现这个愿望。列宁对俄国改革后的经济作了马克思主义的分析。

列宁在《俄国资本主义的发展》一书中完成和总结了他自己早先为彻底粉碎民粹派的思想观点而对俄国改革后的经济所作的研究。这部书是同自由主义民粹派的斗争的继续和发展，这个斗争是从《农民生活中的新的经济变动》一文和《论所谓市场问题》这一学术报告开始的，一直继续到评经济浪漫主义的文章。从这部书的一开头，人们就可以发现它同过去一些著作的联系，简单商品经济如何逐步转化为资本主义经济，是这本书分析的出发点。列宁早在论市场的学术报告中就作过这种分析。对于民粹派的剩余价值不能实现的理论的批判，亚当·斯密关于

---

① 这一部分内容选自苏联经济学家卡拉达耶夫和雷季娜合著的《经济学说史（从马克思主义产生到伟大十月革命）讲义》一书的第 596—622 页，由翟松年等译，北京：生活·读书·新知三联书店 1963 年版，1983 年人民出版社重印，该书的这一部分讲的就是评价《俄国资本主义的发展》的。由于内容太多，笔者进行了摘编。

实现问题、关于国民收入观点的分析以及其他题目,最初在关于西斯蒙第和俄国的西斯蒙第主义者的文章中解决了。

《俄国资本主义的发展》的第二章中的材料和结论,是从列宁生前没有发表的《农民生活中的新的经济变动》一文中来的,在其他各章中也可以看出这本书同以前一些著作的联系。毫无疑问,列宁的这本新书是过去在反对民粹派和合法马克思主义的斗争中所创作的作品的总结和结果。但是,列宁把初期著作的许多章节列入这本书的时候,把那些章节大大加以修改和发展,给予了新的内容,提出了新的结论。这本书中有许多非常新的材料,新的统计资料。

……

列宁自己曾经指出,《民粹主义的经济内容及其在司徒卢威先生的书中受到的批评》一文是后来的经济著作的大纲,特别是《资本主义的发展》一书的大纲。紧张的科学研究是在1895年12月因"工人阶级解放斗争协会"案件被捕后在彼得堡监狱中开始的。弗拉基米尔·伊里奇的姐姐和同志们给他送去地方自治局的统计出版物、政府出版物以及按照他自己拟定的书目从科学院图书馆、自由经济学会图书馆和其他科学机关图书馆得到的学术专著。……亲属们把他个人的图书和许多图书的摘录以及新书寄到舒申斯克村。列宁写作《俄国资本主义的发展》时所使用的研究参考书和著作就有600多种。

1898年8月完成了初稿,最后完成手稿则在1899年初。这部书于1899年3月底出版,署名是弗拉基米尔·伊林。这本书的每一章都事先经过当时流放在米努辛斯克专区的社会民主主义者讨论过。

……

列宁给自己提出的任务是,考察资本主义的国内市场如何形成的问题。这是当时很重要的一个理论问题。在第一章中解决的只是政治经济学上的理论问题。这一章里没有统计资料,但是根据马克思学说的基本原理一步一步地证明,资本主义的市场,是由发展着的资本主义造成的,资本主义加深了社会分工并且使直接生产者分化为资本家和工人。

每一章都是对马克思主义的论证、保卫和进一步的发展。在第一章中就论证了马克思的实现论,同时不仅在内容上,而且在分析的方法上也是同民粹派的观点截然相反的。民粹主义者是从市场问题开始讨论的,而列宁的分析不是从市场开始,而是从社会分工开始。很早以前列宁就指出,作为同资本主义的发展阶段没有联系的单独的、独立的国内市场问题,是根本不存在的。所以,马克思理论以完全另一种方式来解决这些问题。马克思《资本论》开始的一部分就是研究简单商品经济的。列宁在《民粹派经济学家的理论错误》这一章中是从简单商品经济出发的,其目的在于彻底考察简单商品经济如何逐步变成资本主义经济,同时强调指出,社会分工是商品经济的基础。

……

社会分工是商品经济和资本主义整个发展过程的基础。民粹派经济学家否认俄国的社会分工,所以创造了俄国资本主义是人为的"理论"。这个理论忽视了人口离开农业到工业中去的事实,以及这一事实对农业的影响,而商品经济的发展则必然促使工业人口的增加(来自农业人口)。

民粹派经济学家根据广大农民群众破产的事实,得出了国内市场必然缩小的结论。列宁再次证明民粹派这一结论的错误,这个结论忽视了农民的分化,从而也忽视失去了生产资料的阶级的形成,这个阶级对消费品的需求很高,同时也忽视了另一个握有资本的阶级的形成,这个阶级不仅提出消费品的需要,而且也提出对生产资料的需要。

民粹主义者把实现问题看做是个人消费问题。列宁证明了在发展资本主义市场中作用越来越大的生产消费的意义。民粹主义者把全部问题归结为剩余价值的实现。列宁重新揭示资产阶级和小资产阶级的一切经济学家所重复的亚当·斯密的错误,这个错误就是忽视不变资本。但是民粹主义者认为如果没有国外市场,剩余价值的实现是不可想象的。因此,列宁在《俄国资本主义的发展》的第一章中特别谈到亚当·斯密关于资本主义社会中整个社会产品生产和流通的观点,谈到马克思对这种观点的批判,最后,论证了马克思的实现论。列宁早在《评经济浪漫主义》这一著作以及在关于市场理论问题的文章中就已经解决了这些问题。但是，在《俄国资本主义的发展》一书中，所有这一切提得更为深刻了。列宁揭示了马克思的不同于整个资产阶级政治经济学的实现论的方法论原理。

……

在马克思主义著作中，列宁第一次揭示了马克思的实现论不仅对于解决国内市场问题，而且对于国民收入和国民消费问题的全部意义。当说明实现的问题时，这些问题再也不是单独存在的问题了。

列宁根据马克思的资本主义再生产理论，指出了民粹派关于没有国外市场剩余价值就不可能实现的理论是完全错误的，指出它是没有根据的。

在《俄国资本主义的发展》的第一章中，从抽象的理论上证明资本主义的国内市场是由发展着的资本主义本身造成的，这种资本主义加深着社会分工，使直接生产者分化为资本家和工人。国内市场的发展程度就是国内资本主义发展的程度。但是资本主义的发展程度，不能从抽象的理论上加以确定。这里还需要对具体历史材料进行分析。列宁在这部书的以后各章中就作了这种分析。列宁在第一章中阐述了政治经济学的理论原理之后，就转到实际部分，根据马克思主义的这些原理分析俄国资本主义的发展程度。

第二章分析农民的分化。首先应该注意农民分化这一概念以及它同农民分解这一概念的区别，这意味着在农民内部产生各类农民或者产生财产的不平均。

……

列宁对经济科学作出了极伟大的贡献，因为他证明了改革后的农民中存在着阶级矛盾。

列宁证明农民和俄国的村社同资本主义不但没有矛盾，而且是资本主义发展最深刻最牢固的基础。

农民的分化形成农村资产阶级和农村无产阶级。在它们之间的是中农，它在资本主义发展过程中瓦解，从而加强了农民的两极。农民的分化为大工业的商品提供了国内市场。

……

在《俄国资本主义的发展》中比在第一篇文章中更加清楚更加明确地着重论述大农户的产品率较大也较稳固这一规律,着重论述农民资产阶级排挤中等农民和贫苦农民这一规律。最终的结论就是认定农民的完全分化。民粹派的下列这种成见显然遭到了驳斥,即"认为'富农'和'高利贷者'似乎同'殷实农夫'毫无共同之点的那种成见……""恰恰相反,农民资产阶级手中掌握了商业资本(以土地作抵押出借款项,收买各种产品等等)和工业资本(靠雇佣工人来经营的商业性农业等等)的两条线。"①

……

列宁以完全新的态度对待农民村社租地的材料。民粹主义者把这种租赁理想化,认为在村社租地的情况下,租来的土地在村社农民之间是平均分配的。原来,土地租来之后,是"按照货币"在村社农民之间分配的,因此,农村中富裕的富农部分就得到更多的土地。列宁在驳斥民粹派的偏见时证明,农民资产阶级手中所集中的租地不只是个人租地,而且也扩展到公共的村社租地。所以,农民之间的村社联系,农民公社本身促使了农民中资本主义关系的发展,农民资产阶级的成长。

……

统计资料表明,在全部租地中,86%以上都在农民资产阶级手中。在这种情况下,富裕的农民是投入市场的商品粮的主要生产者。贫苦的农民出卖自己的劳动力以买回粮食,这就变成为带有份地的无产者,变成为雇农。不仅是无地和无马的农民,而且份地不足的和有一匹马的农民也变为无产者。

民粹派的统计资料不仅把没有土地和有许多土地的、有一匹马的和

---

① 《列宁全集》第 3 卷,北京:人民出版社 1960 年版,第 57 页。这一部分引文,根据《列宁全集》中文第二版第 3 卷,应是"所谓'富农'和'高利贷者'同'善于经营的农夫'毫无共同之点的那种民粹派成见,""恰恰相反,农民资产阶级手中掌握了商业资本(以土地作抵押出借款项,收购各种产品等等)和产业资本(靠雇用工人来经营的商业性农业等等)的两条线。"《列宁全集》第 3 卷,北京:人民出版社 1984 年版,第 61 页。

有许多马的农民的数目加在一起,从中得出关于村社农民的平均数,而且没有把业主和雇佣工人区别开,把农民干的活都列为"副业",其中包括农民在份地以外所干的一切活计(厂主和工人、木材商和伐木工人、包工头和建筑工人,等等)。在这种统计方法之下,民粹主义者看不到农民的分化。

列宁在批判萨拉托夫省的统计人员时,驳斥了他们按照份地的分类法,并且指出必须要按富裕程度(按耕畜、按耕地)来分类。……

……

民粹主义者忽视雇用短工的事实,认为在庄稼收获时的短期雇用是很普遍的现象,不是足以表明经济强弱的标志。列宁与民粹主义者相反,指出雇用短工是最能表明农民资产阶级的标志。雇用短工的雇主的百分数随着富裕程度的提高而增长,尽管富裕的农民依靠自己家庭的劳动力已能保证最好的生活。其实,家庭协作已成为资本主义协作,剥削雇佣工人劳动的基础。雇农和短工的存在,是富裕农民存在的必要条件。

有些民粹主义者把农民理想化到不仅否认存在资产阶级和无产阶级的程度,甚至否认财产的不平均,否认农民的"分解"。他们把农民购买土地(当然是富裕的农民和富农)说成是拉平土地占有量和发展"人民生产"的趋向。但是,这种解释往往是以按照整个村社或整个乡的材料分类法为依据的,对于村社内部的过程没作任何分析。

……

地方自治局关于农民收支的统计材料,再次证明了农民的分化,同时也有助于解决国内市场的形成问题,因而从货币与实物收支的计算中可以看出各类农民对待市场的态度。

……

列宁揭示出农民的分化过程之后,同时指出了阻碍这个过程的现象。

这些现象是:(1)商业资本和高利贷资本的独立发展,(2)徭役经济即工役制的残余。

富裕的农民不是把自己的资本投入生产，而是开设农村小店铺，以盘剥性的条件把钱借给同村人。这使他们发了财，可是农业生产却没有扩大，而且不可避免地使最贫穷的那部分农民更加无产阶级化。工役制是建立在自然经济而不是商品经济的原则上的。工役制有助于保持中等农民，因为在盘剥性的工役制下，中等农民向农村无产阶级的过渡受到了限制，可是同时也不至于很快变成无产者。而中等农民的存在则阻碍着分化。所以农民资产阶级在90年代末还没有在农村中取得统治地位。按照工役制条件向农民出租土地的地主和农村高利贷者，在改革后的情况下起着非常大的作用。俄国的农村与其说是受资本主义关系的苦，倒不如说是受旧封建残余的苦。

......

《俄国资本主义的发展》一书的第3章分析地主从徭役经济向资本主义经济的过渡，这一章提出的问题是值得特别注意的。在改革后的时期里，地主贵族的地产仍然是过去统治阶级经济的主要形式。所以在这一章里解决旧贵族领地的经济基础问题，及其今后在资本主义关系发展条件下的命运问题。

应该特别注意这一章的标题。徭役经济是同资本主义经济对立的。

贵族领地的存在是以徭役制或代役制为基础的。在徭役经济中，农奴制农民服劳役（或"做劳役"），这就是说他们在贵族地主的土地上进行强迫的、无偿的劳动。此外，农民还要做他们的主人任意规定的其他徭役。在代役制庄园中，只有在地主把整个村庄连同农民的土地在内以"交役租"交给，即实际上租给另一个庄主的时候才存在劳役，这个庄主同农民之间规定了对他极为有利的相互关系。代役制庄园在农民村社本身也可以"实行代役租"。在这种场合，地主通常规定了农民应该在一定时期内付给他的货币数额（租金）。村社把租金分摊给它的农奴制农民。

列宁把徭役经济而不是代役制经济看做是旧封建关系的典型经济。因此在他这部书的第3章中解决地主由封建生产方式向资本主义生产方式过渡的问题。

把土地分给农民,成为了保证地主获得劳动力的手段;可是民粹派却把农民分得土地看做是生产者同生产资料的结合。列宁指出,随着农业中资本主义的发展,农民和地主之间的盘剥性关系依然保存着,指出民粹派赞成农民租地主的土地,力图保持徭役制和旧徭役经济残余。

列宁对于地主由徭役经济向资本主义经济过渡所作的分析,是对科学的一个极大贡献。这在俄国和世界的著作界中都是问题的完全新的提法,这是对改革后的关系所作的新的马克思主义的分析。

普列汉诺夫也写过关于改革后关系的文章,但是他没有分析地主经济,而只是指出许多地主因1861年的改革而遭到损失,特别是在财务方面;民粹派则根本没有提到改革后地主地产的性质,他们认为地主的地产为农民通过租佃来扩大自己的土地占有量提供了可能。

列宁对这个问题则是完全另外一种提法。首先,他把改革前和改革后的经济区别开来。他应用了封建地主经济向资本主义经济的过渡状态这一科学概念。

普列汉诺夫作出了一个关于地主经济的资本主义发展非常草率的结论,而列宁则指出,改革破坏了徭役制、但是没有消灭徭役制,指出甚至在90年代末还可以看到徭役经济制度同资本主义制度相结合的一种过渡性经济制度。

普列汉诺夫没有注意到,在改革后的农业中封建关系不但存在,而且居于压倒一切的地位。普列汉诺夫仅仅指出资本主义在俄国已在发展。对待俄国地区和各省采取千篇一律的态度,这对列宁来说是根本不容许的。在不同的地方,新旧制度因经济条件各异而有不同的结合。工役制是旧徭役制的残余,资本主义的发展就是资本主义所固有的劳动组织方式排挤工役制。列宁指出了农民经济状况同农村中资本主义的发展水平之间不可分割的联系。

第3章所分析的不是农民经济而是地主经济,但是在这一章中证实了以前的关于农民分化的结论;在改革后地主经济的发展过程中,地主与农民之间的资本主义关系或工役制关系扩展了,而这就这样或那样地影响着农民的分化和国内市场的形成。

......

民粹派观点的缺陷在于他们没有封建贵族经济这样一个明确的概念。……农民的份地是获得必要产品的手段。农民的剩余劳动表现为他们用自己的农具耕种地主的土地。剩余产品完全归地主所有。

......

1861年改革后,资本主义经济不能一下子产生,徭役经济不能一下子消灭。封建地主土地占有制和徭役经济的残余在农业中占据了优势,所以,为了俄国经济进一步的发展,必须彻底消灭中世纪土地占有制,扫除资本主义道路上的一切封建残余。从第3章有关地主的材料的分析中,迫切地提出了俄国农民革命的任务。

第4章叫做《商业性农业的发展》。应该详细讲一讲这一章的内容及其同以前各章的区别。

......

第2章和第3章根据土地占有制的一定形式分析农民经济和地主经济中的过程,而第4章所研究的则是各种农业制度(谷物业、畜牧业、技术作物,等等)。这里尽管这样千差万别,列宁仍然作出了关于资本主义发展问题、农民分化问题,以及国内市场形成问题的一致的结论。

商业性农业的发展,表现为农业的专业化,表现为各个地区因地制宜地生产这种或那种农产品。改革后农业进化的基本特点是农业越来越带有商业的和企业的性质。农业向商品生产的转变是以特殊的方式进行的,和工业中的这种过程不一样。

加工工业在资本主义的发展中分为各个完全独立的部门(例如,制革工业、食品工业、纺织工业),它们专门生产一种产品或者产品的一部分。农业则不分为各个生产部门,而只是专门生产这种或那种市场产品,而且农业的其他方面都要适应于这种主要的产品即市场产品。当专门生产某种农产品的各个地区形成的时候,农业的所有其他方面都只能适应于这种生产。例如在乳畜地区,并不停止粮食的生产。但是农业与工业的这种区别,并不会引起资本主义发展过程的任何变化。商业性农业的发展尽管这样多样化,但是它也同徭役经济向资本主义经济的转变或农民的分化一样,为工业造成了国内市场。

资本主义大大扩大和加深了农业人口中间的一些矛盾,没有这些矛盾特别是阶级矛盾,这种生产方式就根本不能存在。民粹派分子否认俄国资本主义发展的事实,希望避开资本主义的"危险"。资产阶级思想家们——"合法马克思主义者"虽然指出资本主义的进步作用,但没有看到它的阶级矛盾……

……

承认资本主义存在和发展的进步性,同民粹派的"村社还是资本主义?"这一问题的提法是根本对立的。这种提法是错误的,是没有任何根据的。在俄国,资本主义已经是事实,谁也不能制止它。

因此,关于作为农民的土地占有形式的村社问题,也就失去其意义。这里可以指或者是农民阶级利益同地主阶级利益的对立,或者是农村资产阶级同农村无产阶级利益的对立。

各种纯粹中世纪的旧残余继续压在农民身上。在第4章里列宁极其详尽地列出了这些旧残余的名称:"农民社会等级的闭关自守,连环保,与私人的土地税根本不能相比的高额的农民土地税,以及农民没有行动和迁居的充分自由等。所有这些旧制度根本不能保证农民不分化,而只能增加工役制和农奴制的各种形式,给整个社会发展造成巨大的障碍。"① 自由主义民粹派分子为某些中世纪残余(例如,村社和连环保)辩护,并把它们看做是理想,这就明显地表示出他们观点的反动性。

列宁从本书的第5章开始,由农业转入了工业,从工业中资本主义的最初阶段,从农民家庭的家庭工业开始,从历史上研究了这个问题。

在自然经济和封建关系统治的时期里,普遍都是在农民家庭中加工

---

① 《列宁全集》第3卷,北京:人民出版社1960年版,第287页。这一段的引文,根据中文第二版《列宁全集》第3卷应为:"农民村团的等级隔绝、连环保、与私有土地税负根本不能相比的过高的农民土地税负、农民土地的转让、农民的移动和迁居没有充分自由等。所有这些旧制度根本不能保证农民不分化,而只能增加工役和盘剥的各种形式,严重阻碍整个社会的发展。"《列宁全集》第3卷,北京:人民出版社1984年版,第290页。

原材料，制造自己消费的靴鞋、衣服和家庭用具。列宁把农户（农民家庭）对它所得到的原材料的加工，叫做家庭工业。家庭手工业是自然经济的必然附属物，而自然经济的残余在有小农的地方差不多总是保留着。手工业同农业不可分割地联结成一个整体，但是在这个阶段上还没有工业。

工艺是脱离了宗法式农业的第一种工业形式，它的特点是不为家庭成员而生产，而是按照需要手艺人制作的制品的那些人的定货来生产。

在分工发展的影响下，分离出按照消费者的定货来制造产品的工艺。在这第一种工业形式中，开始只出现商品流通，而不是商品生产。手艺人的劳动产品不是为了到市场上出售而生产的，他的制品直接交给定货的用户，一般不超出农民自然经济的领域。手艺人因自己工作而得到的货币，用来购买原材料或生产工具。列宁指出，手艺同宗法式的小农业一样，其特征也是墨守成规、分散零碎、闭关自守。

……

在社会分工发展的过程中，出现了新的手工业，因而扩大了商品经济。从农民中越来越多地分离出手工业工人，其中一部分变成为资本家。列宁得出了一个极为重要的新的结论：在改革后的俄国，小手工业的发展是资本主义发展的最初过程，这些手工业不是构成资本主义的简单协作和商业资本，就是成为资本主义工场手工业的组成部分。

民粹派分子发表了完全错误和不科学的看法，似乎农民小手工业在经济实质上是同大工业相矛盾的。他们认为，在俄国人为地"占优势"的资本大工业在国内是没有任何基础的。他们把农民手工业看做是能够同资本主义相抗衡的生产。

列宁采用马克思主义认识社会现象的方法，通过对统计资料的详细而深刻的分析，证明了农民分化同农民小手工业发展之间不可分割的联系。手工业者并不像民粹派分子所认为的那样，是一个完整的同类的集体。这是要分化为农村资产阶级和农村无产阶级的小商品生产者。既然手工业是小规模的，那么家庭协作就在其中起主导作用，但是这种协作并不排除采用雇佣劳动。而且不仅如此，家庭愈大，生产规模也就愈大,而这也就必然更多地采用雇佣劳动。家庭协作就变成了资本主义协作的基础,表现出农民变成小资产阶级的趋向。农民手工业者先是靠自己的劳动为生,然后由于扩大雇佣劳动的使用,把自己家庭成员从工作中解脱出来,专门靠剥削他人劳动为生。在手工业者中间,使用雇佣劳动的日益增多,这就表明向资本主义过渡,向以资本主义关系为基础的作坊过渡。当然,并不是全部手工业者都成为资本家,可是他们之中的大部分走进了无产阶级的行列。

列宁分析了统计资料之后,得出了这样的结论:比较大的资本主义作坊在作坊总数中虽然只占少数,但是它们集中了极大部分的工人和绝大部分的生产总额。甚至在农民的最小的手工业中都可以看到最明显的资本主义萌芽,任何"人民生产"都不存在了,因而资本主义的发展为销售大工业的商品造成了更大的国内市场。

小商品生产者组成比较大的作坊,这是向更高级的工业形式过渡的证明。资本主义的简单协作是从分散的小生产中发展起来的。

在俄国的著作界中列宁第一次研究了资本主义协作在农民小手工业中的作用,证明这种协作在从封建制度向资本主义制度的过渡中不仅起了巨大作用,而且具有进步意义。

同民粹派分子相反,列宁证明小手工业结构是小资产阶级结构。在分散的小生产的基础上产生的简单协作,发展成为资本主义的工场手工业,但是工场手工业本身则是手工业、小商品生产同大工厂之间的中间环节。工场手工业是建立在分工基础上的一种协作。

列宁在这本书的第6章中详细地考察了俄国工场手工业的许多形式,从纺织工业直到金属加工手工业。

列宁对于民粹派的关于手工业、关于工厂的著作都作了批判性分析;指出了大作坊和小作坊、商业资本和工业资本之间的联系。

马克思利用的是西欧手工业行会制度的材料,这种制度同俄国农民的小手工业制度有很大区别。列宁在不同于西欧的另一个历史环境下,揭示了同样的资本主义关系的表现。列宁在资本主义发展形式的分析中第一次发现了一系列的手工业都是资本主义的工场手工业阶级。

列宁的功绩还在于，他发现了不仅在俄国具有代表性的，而且在其他国家也很普遍的工场手工业的新形式。这种工场手工业形式，就是大工场手工业同交给手工业者家里的作业（两者之间有分工）的结合。

……

列宁在给工场手工业的经济结构下定义的同时，揭露了民粹派分子的主要错误，这就是他们把手工业同资本主义工业组织对立起来。实际上，工人的地位有些不同于工厂中的工人地位，特别是在手工业者家里工作的情况下，但是，正如列宁所指出的，到处都可以看到劳资双方代表之间的分裂，看到资本控制着失去了过去独立性的工人。

民粹派的统计资料计算的是"手工业者"的总数，没有把资本家同雇佣工人，或者如列宁所说，同按照资本主义方式被使用的工人区别开来。民粹派的著作中充满了关于手工工业或"手工业"的资料。列宁在研究皮尔姆省的统计资料时就指出，"手工工业"或"手工业"，这是一个绝对不适用于科学研究的概念，这个概念通常包括从家庭手工业和工艺开始直到很大的手工工场的雇佣劳动为止的所有一切工业形式。列宁的分析使经济著作增添了关于不同工业形式的科学概念。

第7章——《大机器工业的发展》是从确定工厂的科学概念开始的，因为在官方的统计资料和文献中，一般认为工厂是用相当数量雇佣工人的相当大的工业作坊，因此就无法区别工厂和手工工场。

……

民粹派分子把手工工场同工厂混淆起来，没有把它们看做是工业中资本主义的两个不同阶段而加以区别，因此他们就不能了解资本主义所起的改革作用和进步作用。民粹派分子不能科学地对待关于工厂工业的材料，甚至说俄国的大工业在衰落。同他们相反，列宁证明了俄国的工厂数目在改革后的时期里增加了，而且增加得相当迅速，同时工人人数也增加了。据列宁计算，无产者和半无产者占俄国人口的一半以上，而最穷的小业主不少于人口的4/5，大资产阶级、地主和其他剥削者阶层则为人口的2.5%。换句话说，无论从经济标志上来看，还是从居民构成上来看，俄国已经成为资本主义国家，尽管在俄国农民占大多数，俄国的工业人口在数量上大大超过城市人口。

列宁明确指出手工工业同工厂工业之间的不可分割的联系。机器工业促使阶级矛盾的大大尖锐化和整个社会迅速地分为彼此斗争的阶级——资产阶级和无产阶级。向机器工业的过渡意味着新技术的出现，它代替了旧的生产形式，但是这种工业在经济结构上并不是同简单协作和工场手工业相矛盾的。机器工业只不过是协作和工场手工业之后的大工业中资本主义的第三阶段。

马克思在《资本论》第1卷中阐述了自己的关于工业中资本主义发展三个阶段的学说。列宁精辟地把这一学说运用到俄国改革后的经济中，然而他不只是捍卫和论证马克思的理论原理。他发展了马克思的学说，得出了对分析资本主义具有很大意义的一系列新结论。

列宁根据对资本主义发展特点的研究，规定出俄国工业中资本主义发展的下列三个阶段：（1）小商品生产，即小的、主要是农民的手工业，（2）资本主义工场手工业，（3）作为大机器工业的工厂。在这些阶段之间有着紧密的联系和继承性。小商品生产的基本趋势在于资本主义的发展，因而也在于工场手工业的形成，而工场手工业则成长为大机器工业。

列宁明确表述了生产发展条件在资本主义不同阶段上的变化。

在小手工业中，这种发展是随着农民经济的发展进行的，市场极其狭小，生产者与消费者之间的距离不大，微不足道的生产规模容易适应于波动极小的地方需要。因此，最大的稳定性是这一阶段的工业的特点。

可见，列宁注意到那些促使资本主义发展的矛盾，其中包括小生产者的破产、劳动后备军的增加。

这些矛盾引起了民粹派分子们反动的慨叹和抱怨，他们的理论是必须制止资本主义的发展。列宁一方面承认资本主义发展的进步性，同时指出倒退到过去并不能消灭资本主义的灾难和不幸，而要用争取人类更美好的未来的斗争来消灭这种灾难和不幸。

最后一章——《国内市场的形成》总结了考察过的材料并且指出

了各个经济部门在它们向资本主义的发展中的相互关系。

列宁得出了改革后俄国国内市场迅速发展的结论，得出了每个资本主义社会所特有的工业人口依靠农业人口减少而增长的结论。

指出资本主义发展中的两个不同过程：（1）资本主义在古老的、人口稠密的国家或一部分国家中的发展；（2）资本主义在"新的领土"上的发展。列宁把第一个过程叫做资本主义向纵深发展，意即已经形成的资本主义关系的进一步发展，第二个过程叫做资本主义向广阔的发展，即在新的领土上形成新的资本主义关系。在改革后的俄国进行着这两种过程，但是，正如列宁所指出的，在资本主义的发展问题中，具有最大意义的是雇佣劳动的普遍程度，因为资本主义是商品生产发展的这样一个阶段，在这阶段上劳动力也变成了商品。在俄国，雇佣劳动的使用扩大了。

最后，列宁总结了资本主义的"使命"问题，即资本主义在俄国经济发展中的历史作用问题。资本主义的历史进步作用在于（1）提高了社会劳动生产力和（2）劳动的社会化。因此，资本主义消灭了旧的落后的经济生活形式，为新社会准备了物质前提，同时在它自身的发展过程中暴露出生产的社会性与占有私人性之间的基本矛盾。

列宁指出，马克思主义者同民粹派分子分歧的最深刻原因，可以说是在于对社会经济过程的基本观点的不同。在当时一部受检查的出版物中，列宁不能够明确说出，正是在对无产阶级革命作用的看法上，分成了马克思主义者和民粹主义者。但是毫无疑问，在谈到无产阶级时，列宁当时就说，民粹派"不把各种生产参加者集团看做这种或那种生活形式的创造者……"①

在这结束语中，列宁要想表述无产阶级消灭资本主义和建立社会主义新社会的革命任务。

列宁在《俄国资本主义的发展》一书中给自己提出的任务是，研

---

① 《列宁全集》第3卷，北京：人民出版社1960年版，第550页。这一段引文，根据中文第二版《列宁全集》第3卷应为："他们不把各种生产参加者集团看做是这种或那种生活形式的创造者。"《列宁全集》第3卷，北京：人民出版社1984年版，第553页。

究俄国的发展前途,弄清楚革命的命运,证明同农民结成联盟的无产阶级在消灭国内农奴制残余,在革命地改造社会中的革命作用。

列宁在1905—1907年资产阶级民主革命之后出版的《俄国资本主义的发展》第二版的序言中着重谈到的正是这一点。

列宁指出:"本书……对社会经济制度,因而也是对俄国阶级结构所作的那个分析,已为现在一切阶级在革命进程中所展开的政治发动所证实。无产阶级的领导作用完全暴露出来了。无产阶级在历史运动中的力量远较它在人口总数中所占的比例为大这一点也显露出来了。本书论证了这两种现象的经济基础。"①

列宁认为,《俄国资本主义的发展》一书论证了无产阶级领导作用的经济基础,论证了无产阶级在阶级斗争中非常重大的作用(这与它在农民国家中的人数无关)。

在列宁的这部书中也指出了农民的特殊地位。一方面徭役经济的大量残余和农奴制法权的各种各样残余,在空前的贫困和破产的情况下使得农民成为革命的阶级,而另一方面,农民的分化却又暴露出它的小资产阶级性,暴露出它的具有内在矛盾的积极构成。革命暴露了农民的双重地位和双重作用。

但是,第一次俄国革命没有解决土地问题。俄国农业演进的两种方案和两种道路仍然有效:或者是在1861年改革的基础上走地主资产阶级的道路,或者是农民革命胜利后走农民资产阶级的道路。

在《社会民主党在1905—1907年第一次俄国革命中的土地纲领》一书中广泛地研究了这两种道路,而《俄国资本主义的发展》一书则第一次给这两条道路作了经济上的论证。这种经济上的论证成了列宁关于无产阶级和农民在反对地主土地占有制、封建君主制以及俄国农奴制

---

① 《列宁全集》第3卷,北京:人民出版社1960年版,第11页。这一段引文,根据中文第二版《列宁全集》第3卷应为:"分析了俄国社会经济制度,因而也分析了俄国阶级结构。这个分析,现在已为一切阶级在革命进程中的公开政治行动所证实。无产阶级的领导作用完全显露出来了。无产阶级在历史运动中的力量比它在人口总数中所占的比例大得多这一点也显露出来了。本书论证了这两种现象的经济基础。"《列宁全集》第3卷,北京:人民出版社1984年版,第11页。

的一切残余的斗争中实行革命联盟的理论的基石。

《俄国资本主义的发展》是列宁对共产党纲领的理论上的论证。这本书解决的许多问题都具有国际意义。政治经济学问题、农民分化问题、农业和工业中资本主义发展问题的解决，不仅对于俄国，而且对于世界上其他国家也具有意义。《俄国资本主义的发展》一书，是对于资产阶级民主革命即将来临的国家的经济所作的完全新的马克思列宁主义的分析，而这种资产阶级民主革命是带有进一步向社会主义革命过渡的任务的。

……

四　〔苏〕巴希科夫：《论列宁的〈俄国资本主义的发展〉及其在经济学中的作用》[①]（节选）

50年以前，在1899年3月，马列思想最杰出最重要的作品之一——列宁的《俄国资本主义的发展》一书问世了。

这一天才著作的不朽思想，还在我们光荣的布尔什维克党的行动及我国革命运动的过程中起过巨大的作用；它们以许多头等重要的理论原则充实了科学共产主义的宝库，并且根深蒂固地变成马列主义科学原则的一部分。

列宁著作的问世，它的内容是与我国工人运动在其发展的重要阶段——在坚决争取工人运动与社会主义结合，争取在俄国建立马克思主义工人政党的时期——之任务，有不断的联系的。

……

在90年代发生的资本主义工业与交通的发展，工人阶级数量及其

---

① 〔苏〕巴希科夫：《论列宁的〈俄国资本主义的发展〉及其在经济学中的作用》，李少甫译，中华书局印行，1950年3月初版。收入"新时代小丛书"，封底有14655字样。原中文翻译自苏联《经济问题》杂志，1949年第1期。由于中文译文有2万多字，限于篇幅，在不影响原文意思的基础上，进行了摘选。同时，该译文的部分专有名词、人名、术语等与当今翻译有些许出入，有些语句读起来也不合当今语义逻辑，但是出于忠诚原译文的考虑，在摘选时保持译文原貌。

政治积极性（罢工）的迅速增长条件下，实现了俄国解放运动转入新的、较高的它的发展阶段——由马克思主义工人政党——社会民主党——领导的有组织的工人运动阶段。在90年代中叶结束了社会民主党的"孕育发展过程"；在列宁领导之下，开始了实际解决马克思主义与工人运动结合的任务。在这种社会主义与工人运动结合的过程中，马克思主义经济学，尤其是列宁的《俄国资本主义之发展》一书起了巨大的作用。

……

在1861年农民改革以后，关于俄国发展的社会力量问题，关于这些力量的相互关系问题，关于国家发展的前途问题，只有根据俄国的"资本主义的命运"问题的解决，才能解决。这个问题在农民改革以后，马上在俄国社会主义书报中就成了头等重要的问题，直到19世纪末叶都是如此。马克思主义者与民粹派的理论斗争都是集中在这个问题——资本主义还是"国民生产"？——的周围。

……

关于资本主义问题被民粹派在历史的另一些条件中提出来。早期的革命的民粹派把俄国经济发展的前进问题和对当时国内已经实际发展了的资本主义的批判，联系在一起提出来；他们与资产阶级启蒙派不同，看见了资本主义的矛盾，首先批判了资本主义。列宁认为这些问题的提出乃是民粹派的一个巨大的历史功绩。（见《列宁全集》，俄文版第二卷，第483页）

但是民粹派对于这些问题的解决是不正确的；众所周知，民粹派走上了承认资本主义在俄国是表示衰落、退化的错误道路；他们想阻滞和停止资本主义所引起的对于长期生活基础的破坏。民粹派的出发点是在于错误相信俄国经济制度、俄国的农民，似乎是孤立自存的。他们把乡村公社理想化了，把它看做好像比资本主义还要高的优良的组织，掩盖了、否认了农民中间的矛盾，把商品生产与市场条件下发展着的小生产，所谓"国民生产"，与资本主义生产分开，没有看见这种"国民生产"与资本主义的联系，把它们看做好像是对立的制度。

……

最初对于俄国改革时期经济发展的性质给予马克思主义估计的经济学家，就是科学共产主义的创始者。众所周知，特别从前世纪60年代以后，马克思与恩格斯对于俄国的经济发展及其政治生活，曾予以很大的有系统的注意，尤其因为俄国对于西欧各国的政治生活所已起的作用，和依马克思的意思，她对于西欧将来应起的作用，不能不如此注意。马克思与恩格斯把俄国的政治革命，沙皇制度——全欧洲的反动支柱——的推翻，看做对西欧社会主义革命的一种推动，以及在先进国家社会主义革命胜利的必需条件。马克思与恩格斯预见到在俄国发生深刻的土地革命与政治革命的必然性，并且强烈地期待这种革命。

马克思与恩格斯对于俄国经济制度发展的兴趣曾由马克思的科学工作任务予以直接的支持。俄国农业经济的进化所以引起马克思的兴趣，是由于他为《资本论》第三卷所写的关于地租的著作。马克思与恩格斯对于俄国的研究也由于俄国革命家时常对他们提出的问题必须予以回答。

马克思与恩格斯对于农民改革时期俄国经济制度的分析，以及他们对于俄国经济发展前途的估计，是随着俄国资本主义发展的程度而改变的。马克思与恩格斯对于事实方面知识的积累也是有意义的。

马克思与恩格斯在农民改革的初期，因为估计到俄国资本主义发展的薄弱及在俄国保存乡村公社，曾经认为在西欧的社会主义革命条件下，俄国的非资本主义发展是可能的。在这种场合，依照科学共产主义创始者的意见，在欧洲先进的资本主义国家已在社会主义革命中获得胜利的无产阶级，对于俄国的社会主义改革应该起着决定的作用。马克思与恩格斯的这种观点和民粹派的俄国非资本主义发展的理论，毫无共同之点。民粹派完全忽视了无产阶级对于俄国转入社会主义的作用，认为俄国农民似乎有社会主义的本能，及在俄国保持农民公社形式的事实，具有决定的意义。

后来随着俄国资本主义经济形式日益发展，和俄国公社已经崩溃，马克思与恩格斯确定了这个事实以后，也就日益承认俄国需服从社会经济发展的一般规律及其经过资本主义发展阶段的必然性。在恩格斯晚年的著作与书信中，都承认俄国的资本主义发展是一个无疑的事实，并且指出俄国已沿着这条道路迅速向前进展。

……

在反对民粹派和在俄国宣传马克思主义的工作中，蒲列汉诺夫是有很大功劳的，他奠定了马克思主义批判民粹派观点的始基，开展了对于马克思主义的光辉拥护。在蒲列汉诺夫的著作中批判民粹派关于俄国经济制度及其以后发展前途的观点占了很大地位。

蒲列汉诺夫的批判给了民粹派的观点以基本的打击。但是，众所周知，蒲列汉诺夫的著作对于思想上完全瓦解民粹派还是不够的。

这里的原因首先包含在蒲列汉诺夫的错误观点中。他关于俄国发展的历史过程的观点是不正确的。蒲列汉诺夫对于农民改革以前俄国制度之了解是把它看做"东方专制制度"的不同形式，把农民改革以前俄国的经济看做国家与臣民——赋税完纳者——关系的变态形式，这样的了解决定了蒲列汉诺夫对民粹派的批评及其对于改革以前俄国经济问题之研究都忽视了改革以前俄国封建—农奴经济制度的残余问题——关于地主与农民的关系问题，关于这些阶级的斗争问题。

改革以前的俄国在他的分析中成为自然经济，不是封建—农奴经济占优势；对于改革的俄国他只指出自然经济的残余，没有谈到封建—农奴经济制度的残余。对于改革以前俄国统治的生产关系形式及其在俄国改革以后的残余如此解，使蒲列汉诺夫不能正确估计到俄国经济中农奴制度参与的意义及农民在反对地主、反对地主的土地占有制斗争中所起的革命作用。

……

蒲列汉诺夫在这一时期的活动没有估计到在革命过程中无产阶级能够并且应该领导农民，无产阶级也只有与农民联盟才能战胜沙皇制度。蒲列汉诺夫这些错误观点造成了他以后的孟雪维克观点的萌芽，无疑地减弱了他对于民粹派批评的力量。

蒲列汉诺夫揭穿了民粹派关于俄国工业统计数字的伪造；他肯定地

指出民粹派抛弃资本主义生产，拥护所谓"国民生产"是掩盖了和低估了资本主义在俄国工业中的发展。同时蒲列汉诺夫本人对于资本主义工业发展的具体形式了解得不够，也使得他不能完全正确决定资本主义在俄国工业中发展的程度，——低估它的程度，没有看到在19世纪末期资本主义在俄国已经成了占优势的生产方法。（见《列宁全集》，俄文版第6卷第38页）

蒲列汉诺夫一面批判民粹派和宣传马克思的经济理论，同时他自己对于政治经济学的许多重要问题却远远落后于马克思的学说，例如对于资本主义市场的理论，这就降低了他对于民粹派批判的作用。

在蒲列汉诺夫批判民粹派的经济观点的方法中也是有缺点的。在他的著作中对于俄国经济制度并无周密的科学研究，也没有指出他的全部经济过程，以及此种过程各方面的内部复杂联系。蒲列汉诺夫没有独立研究统计材料；在这一时期，他一般地利用统计证明的方法也是很少的。他选择了大批事实推翻民粹派关于俄国经济的解释，并证明马克思主义的了解，这些事实都是与民粹派提出的事实和理由对立的。

对于完全在思想上瓦解民粹派这是不够的。对于民粹派需要更加深刻的科学批判，对于俄国经济制度问题要求有根据的正确解决，但这是蒲列汉诺夫所不能做到的。

在前世纪90年代，马克思主义者与民粹派的思想斗争极端尖锐化了，达到了最高峰，这是由当时俄国经济生活实际条件与阶级斗争状况引起的——资本主义工业与工人阶级数量的迅速增长，罢工运动的加强，以及建立马克思主义工人政党的必需，以便领导国内日益发展的工人运动。

自由主义的民粹派开始了公开的斗争反对俄国马克思主义者，表明自己似乎是最前进最积极的社会力量——农民利益的代表与拥护者。自由主义的民粹派在实质上是富农利益的代表。他们是马克思主义最凶恶的敌人。他们阻碍了马克思主义思想在俄国进行革命宣传工作，妨碍社会主义与工人运动结合，阻止俄国建立马克思主义工人政党的准备工作。

所以列宁在这一时期的政治、文学，与科学活动都是与民粹派斗争。这一时期列宁的大部分著作都是为了与民粹派斗争而写的，从列宁反对 B. B. 的著作起（这本著作没有发现），直到《俄国资本主义之发展》为止。

在 90 年代列宁的一切著作中是有深刻的内部联系的。个别的著作：如关于包斯特尼科夫一本书所写的《农民生活中的新经济运动》一文的草稿（1893 年），《关于所谓市场问题》的报告（1893 年），有名的著作《什么是"人民之友"和他们怎样攻击社会民主党人？》（1894 年），直到《俄国资本主义之发展》一书为止，从各方面研究了同一类的问题，它们所有的一个共同任务——就是指出民粹派关于社会发展的动力以及俄国经济制度的观点的妄诞无稽与破产，确定马克思主义关于俄国经济制度的了解，因而在理论上证明无产阶级在国内革命运动中的先进作用，以及在工人阶级领导之下工人阶级与农民联盟的可能与必要。

《俄国资本主义之发展》一书是这一时期列宁一切著作的完成，而所有以前的著作都只是这一时期列宁的基本经济著作的个别阶段而已。

……

蒲列汉诺夫以他的反对民粹派、宣传马克思主义的著作奠定了俄国经济思想发展中的新的马克思主义时期的始基。

民粹派的完全的思想瓦解，与马克思主义在俄国之奠定，已由列宁在前世纪 90 年代的革命活动予以保证，并由列宁的《俄国资本主义之发展》予以完成。同时，列宁的这本书又表明了他在马克思主义经济思想的历史发展中是一个非常重要的关头——奠定了俄国经济思想发展的新的马克思主义阶段。

列宁的《俄国资本主义之发展》是马克思主义经济思想的一种永垂不朽的创作。他是下面的马克思—列宁主义原则实现的明显榜样，那就是"……无产阶级政党，假若它想成为一个真正的党，那首先就应该掌握生产发展法则的知识，把握社会经济发展法则的知识"。"要想不在政治中犯错误，无产阶级政党应该在自己的纲领制定中与实践行动

中，首先从生产发展的法则，从社会经济发展的法则出发。"（见《苏联共产党（布）简史》，俄文版第116—117页）

……

列宁的这本书乃是实现马克思—列宁主义科学的党性，及其自觉地、公开地，与忠实地为工人阶级及全体劳动者解脱剥削的事业服务的光辉榜样。

……

俄国马克思主义者的这种任务已由列宁在他的天才著作《俄国资本主义之发展》中完成了。

列宁在这里周密地分析了"俄国经济冲突"一切形式的联系与发展，对于俄国当时的实况给出了一个"完整的图书"，揭穿了一切剥削与剥夺劳动者的形式，并指出解除这种剥削的途径。列宁的著作因此就成为革命理论与实践统一的杰出模范，因为理论工作已经构成革命实践不可分离的环节与工具。

……

列宁愤怒地指出了民粹派的诽谤论断：好像俄国马克思主义者认为自己的任务只在于把马克思经过研究其他社会形态，而不是经过研究农民改革的俄罗斯所得出的历史发展与经济理论大纲，机械地转移到俄国来。

……

蒲列汉诺夫与民粹派斗争时只运用了马克思的方法与经济理论，借赖这种理论解释俄国的经济实况并宣传马克思的理论。列宁和他不同，一面运用了马克思的方法与理论，宣传了它们，同时又以俄国经济发展的经验来证实马克思的理论与方法，揭发马克思经济学说的深刻意义，证明它并且发展它。

在列宁的著作中，我们看见了问题的抽象理论分析与周密具体的研究含有深刻的内部联系与不可分离的统一。

这本书的第一章是其余事实部分的绪论，包括了政治经济学关于资本主义国内市场问题的基本理论原则。

列宁在这本书的其他各章中，根据大批精确研究的实际材料，指出抽象的政治经济学所制定的国内市场之建立与发展的规律怎样具体地在俄国实现。但是列宁不是简单地利用马克思创造的资本主义再生产的理论，而是根据俄国的经验加以考证，揭发它的意义，并以俄国资本主义再生产的经验综合，来补充马克思的理论。

关于列宁在这本著作中阐明的其他一切问题也应该这样说。政治经济学对于列宁，只是正确了解俄国经济实况的基础，而后者又给列宁材料来充实政治经济学。因此，列宁的著作不仅对于农民改革的俄罗斯经济实况之发展，是一种光辉的、无可超过的科学分析，而且是最珍贵的一般的政治—经济论述，它以种种新的头等重要的理论综合丰富了马克思主义政治经济学。

列宁研究俄国资本主义发展的方法所有的一个非常重要的特点，就是完整地观察俄国经济，研究它的各方面内部联系，这是摆在列宁面前的任务特点所要求的。

列宁与民粹派斗争时是由马克思确定的理论原则（资本主义再生产的理论）出发的，那就是资本主义在国内的发展，同时就是意味着为资本主义发展市场。列宁周密地揭发在资本主义下销售社会生产品的马克思主义理论的实质与意义，并发挥这种理论；指出资本主义市场问题是与资本主义本身发展问题分不开的，不是当做个别的独立的问题存在着。资本主义"国内市场"是由发展着的资本主义造成的，它加深了社会分工，并把直接生产者分成资本家与工人。国内市场发展的程度就是资本主义在国内发展的程度。把国内市场限度问题与资本主义发展程度问题分开提出来（如民粹派经济学家所作的）是不正确的。

所以关于俄国资本主义国内市场怎样形成的问题是归结于以下的问题："俄国国民经济的各方面是怎样和向着什么方向发展的？这些各方面的联系与相互依存是在什么地方？"（见《列宁全集》，俄文版第3卷，第47页）

列宁这本书正是为了指出俄国资本主义是怎样发展的，和怎样为它造成国内市场。

国民经济每一部门的——如农业、工业——资本主义发展，在列宁看来，就是为这些部门的生产品发展国内市场。他把资本主义生产过程看做和流通过程是统一的。而农业与工业的发展也被他看做有不断的联系。

　　把资本主义市场问题当做资本主义发展过程各方面的内部联系与相互依存问题的提法，对于"合法马克思主义者"阵营的经济学家也是格格不入的，他们不了解和不承认革命的马克思主义再生产力理论，以资产阶级歌颂者的精神来曲解它。在斯特鲁威的《关于俄国经济发展问题的评论》一书中，经济过程的各种不同方面是完全彼此分离的。例如农民破产与人口过剩在斯特鲁威用马尔赛斯的眼光看来，好像是封建—农奴经济制度的遗产，与资本主义发展没有关系的。斯特鲁威批评民粹派，在实质上是根据民粹派的立场，接受了他们的：认为剩余价值若无第三种人便无销售可能的基本提纲。

　　图干—巴兰诺夫斯基对于了解资本主义市场是资本主义整个发展的结果，距离得如何辽远，是可以根据下面一点来判断的，那就是在他的《俄国工厂之过去与现在》一书中，俄国的工业被他看做完全与农业无关的，完全与后者分离的东西。

　　俄国资本主义再生产过程的全景连蒲列汉诺夫也不能描写出来。他正确地批判了民粹派关于俄国农业与工业的个别论点，但他对于国家经济发展的过程并未给予完全的分析。蒲列汉诺夫在批判民粹派的市场理论时，叙述了马克思主义的销售理论，但只宣传了它的一般原则。不仅如此，蒲列汉诺夫还没有正确了解马克思的再生产的理论。

　　真正的马克思的问题提法，根据马克思的方法与理论对于俄国实际的深刻研究，使列宁有可能彻底揭穿民粹派关于俄国资本主义之命运的观点以及"合法的马克思主义者"资产阶级歌颂主义的荒诞。

　　列宁批判反马克思主义理论的力量，是在于他对于俄国资本主义的深刻历史态度。列宁观察资本主义是在它发生与系统发展的过程中，在它继续运动与必然灭亡的前途中。

　　列宁在写出俄国经济制度的著作以前，还拥护和更进发展了历史唯物论（《什么是"人民之友"和他们怎样反对社会民主党?》），列宁光辉地发展了马克思主义关于社会生活规律的学说，指出这种学说的基本环节就是社会—经济形态的观念。

列宁的《俄国资本主义之发展》一书是天才地运用了马克思主义关于社会生活规律和社会—经济形态之交替的学说于俄国具体的历史发展过程中。

列宁不仅与民粹派不同，后者采取极原始的粗笨方法来研究俄国经济，而且也与蒲列汉诺夫不同，他只研究俄国资本主义的结果，不能揭穿资本主义发展的过程，但列宁在这方面表现的却是完全掌握了科学经济工作的最完善的方法。

……

但是列宁不仅搜集和选择材料。列宁在引用大批统计材料时，对于这些材料还加以精细考核，借赖科学的马克思主义的经济统计方法加以研究。他揭穿政府的与民粹派的统计的谬误，指出民粹派对于统计材料所作的研究方法是不合科学的。列宁进行了许多复杂计算，把农户加以严格的科学的分类，逼迫干燥的数字以肯定的语言说出无可争辩的事实（列宁对于统计材料的研究工作，一部分已在马、恩、列学院1940年出版的列宁文集第33卷中表现出来，这一卷包括了对于《俄国资本主义之发展》一书的若干准备材料）。

列宁这本书奠定了经济统计发展的新阶段的始基；在这本书中指出了真正科学的、马克思主义经济统计的基础。

对于解决那一时期的基本任务——在思想上瓦解民粹派，列宁关于俄国改革时期农村经济制度的分析，以及俄国农民经济与地主经济制度的分析，都有很大的意义。

民粹派对于俄国农民经济的本质，及其对于资本主义制度的关系与发展的前途，曾给予根本错误的估计。他们把农民经济制度看做"国民生产"特殊制度，认为后者是属于生产资料的工作者，据其本质来说，好像是与资本主义经济制度对立的。

民粹派认为农村的分化，富农高利贷者与商人对于农民的剥削，是历史的偶然现象，离开了发展的规律，政府的不正确政策与社会不了解国家经济发展的真正任务的结果。民粹派讲到"国民生产"比较资本主义所具有的"优点"，讲到它的"稳定性"及其继续巩固与增长的前途，是企图证明俄国走向社会主义的特殊途径，证明农民在革命运动中是起着主要的、领导的作用。

对于农民的社会—经济本质，及其在农民改革的俄国所处的地位与前途的估计，构成了马克思主义者和民粹派争论的要点。

马克思主义者与民粹派相反，是由以下原则出发的，就是在改革的俄国条件下"农民与手工业者是代表绝对意义的小生产者，即小资产阶级。这种原则——列宁写道——可以称谓工人社会主义和旧的农民社会主义不同的理论中心点，后者既不了解这种小生产者所生活的商品经济的环境，也不了解他在这种基础上所起的资本主义分化"。（见《列宁全集》，俄文版第1卷，第215页）

列宁利用了大批的与各方面的描写俄国农村经济状况的实际材料，以批判态度研究了各省地方自治机关所作的丰富统计材料、骑兵通讯材料，以及地方自治机关所作的农民预算统计材料，彻底粉碎了民粹派关于俄国农民经济制度的观念，把它当做好像是国民经济制度以及他们关于俄国农民的观念，把他当做好像是独立小生产者单纯的群众。

列宁无可争辩地证明了俄国农民在改革以后所处的社会—经济环境是商品生产，这种生产之发展必然在俄国农民中生长各种矛盾，如一切商品经济与资本主义所特有的一样，——如竞争，争取经济独立性，土地的割分，生产集中于少数人手中，把大多数推入无产阶级队伍中，商业资本剥削农民与雇佣雇农等。在农村经济生活中表现了矛盾，利益的斗争与仇恨，这就是说明在"公社"农村中的经济关系制度绝不是代表特殊制度（"国民生产"等），而是普通的小资产阶级制度，"俄国公社的农民并不是资本主义对抗者，相反的，是它的最深刻最坚固的基础"。（见《列宁全集》，俄文版第3卷，第141页）

列宁指出在农民中各种经济矛盾的总和就构成农民的分化。他首先揭穿了这种分化的实质及其形式与意义。关于农民在1861年改革以后财产上的不平等，关于农民的"分化"，在列宁以前，也会有不少人在书报中指出过。但是列宁首先无可争辩地证明了这里的问题不仅在于财产的不平等，也不仅在于农民的简单的分化，好像民粹派及其他经济学家对于问题所通常了解的一样：这里所谈的是农民生产关系的重要质量变化问题，关于在农村中出现新的生产关系形式——资本主义——问题。

......

列宁揭发了那些决定俄国农民分化过程的因素——如商品生产深入农业、价值律的作用、货币的权力，与移民运动的发展等，——同时又指出阻止这种分化过程的因素：如商业资本与高利贷资本在乡村中的独立发展、农奴经济的残余，及农民分地劳役。

列宁深刻地分析了在改革的俄国农村中所发生的经济过程以后，又大概规定了它们在数量方面的地位——即规定当时俄国乡村中三类人民的每一类所占之比重与意义。他指出当时农村的主人就是农民资产阶级、乡村高利贷者与地主。

列宁在《俄国资本主义之发展》中曾经深刻分析了地主经济的社会—经济制度及其在改革的俄罗斯进化的情形。

......

列宁指出当时地主经济的经济组织是趋于两种基本制度——农民份地劳役制度和资本主义制度，农民分地劳役制度乃是农奴经济的直接残余。这两种制度奇特地错综起来，结合在地主产业的总体中。列宁写道：这些不同的经济制度的结合，在实际生活中，就要造成种种冲突与矛盾。列宁并指出这两种基本经济制度的每一种在各省推行的程度，以及混合制度推行的程度。

列宁把农民分地劳役制度的极复杂形式，及其对于农民经济与地主经济的多方面作用，都加以阐明。农奴经济制度的残余造成农民的严重奴役，地主对他的剥削，比资本主义雇佣制度还要大大降低劳动价格，把负有劳役义务的农民分地变成了"保证"土地占有者获得廉价劳动力的工具，使劳动生产率降低等等。

......

列宁揭穿了民粹派对于农民分地劳役制度奇特的理想化,指出这是民粹派关于地主经济进化的观点的基本特征,说明资本主义在俄国农业中比较农民分地劳役经济制度所具的进步性,而后者却是封建制度的残余。

列宁又指出商业性的农业在改革的俄国已有巨大增长,确定商品生产与资本主义在农业中之发展比较工业所具有的特点,并指出商业性农业之发展怎样为资本主义造成了国内市场。农业资本主义在俄国之发展同时又大大扩大了与紧张了农业人民中的矛盾。

因此,在改革的农村中就错综了两种冲突:一方面是农民与地主的冲突,另一方面是资产阶级与无产阶级的冲突。小生产者的剥削表现于地主对他的剥削以及乡村资产阶级——企业家、商人、与高利贷者——对他的剥削各种复杂的形式中。

列宁对于改革以后的俄国地主经济制度的分析实具有巨大的意义。列宁指出在改革的俄国农村中存在着大批封建—农奴经济制度的残余及其与资本主义经济制度的关系以后,因而揭开了在农村中存在的地主与农民的深刻冲突,以及这种冲突与劳资冲突、乡村资产阶级和乡村无产阶级冲突的密切错综关系。

列宁与蒲列汉诺夫不同,他不说地主经济被农民经济经过地主土地出卖与农民的方法予以"排斥"。他注意一个基本事实——在国内存在着大地主,他们在1861年改革以后还继续用封建—农奴的方法经营经济。列宁指出农奴分地劳役制度怎样巨大地降低了农民经济地位,他和俄国农民的一些什么法律,政治奴役特征联系着,由于什么原因它会保存下来,以及为什么它又会消失。

列宁揭开了地主与农民的深刻冲突之存在,因而指出了俄国不可避免的资产阶级民主革命的最重要经济基础,以及工人阶级与农民在反对地主与专制制度的革命中有可能和必须联盟的经济基础。

在这种基础中具有特殊重要意义的,就是列宁在当时俄国揭发了农村还有丰富的农奴制度的残余,因而就是揭发了地主与农民的冲突,以及列宁关于中农具有二重性的学说。与这有不断联系的就是列宁分析民粹主义乃是小生产者——小资产阶级——的本性与利益的特殊表现，以及列宁认为必须把民粹派的纲领分为两方面：反动的方面——"由资本主义拖向后退"与进步的方面——"反对农奴制度残余的斗争"。

列宁在分析改革时期俄国工业形成的各章中，彻底粉碎了民粹派的以下论断：好像大资本主义工业在俄国没有基础，而小工业似乎是代表对抗资本主义工业的"国民生产"，大工业与工人阶级在俄国并不发展或者发展得极端缓慢，以及民粹派其他的虚构。

列宁推翻了资产阶级经济学家格尔德与布海尔提出的，并由斯特鲁威及其他俄国经济学者赞扬的，一种不正确的，当时流行的，工业发展图解。他指出布海尔把作坊与工厂混淆，及收订货工作划分为特殊工业形式，都是错误的。

列宁在他研究俄国工业的时候，是由马克思论资本主义在工业中发展之阶段的学说出发的。列宁根据大批实际材料详细研究了国内已有的工业形式，规定它的经济关系制度，作为资本主义在工业方面发展的各阶段各种工业形式的联系，以及工业这些形式的每一种和农业的联系。

……

列宁根据广泛的统计材料得出结论：认为资本主义合作社在小农手工业中起着巨大的作用，这和民粹派没有根据的论断：以为"组合原则"在这里居于优势的说法是完全相反的。小商品生产者必然要依赖商业资本。列宁说明了小生产者在农业中与在手工业中分化的平行现象。

民粹派的公式认为"手工业与农业结合"乃是农民解脱资本主义的希望的工具，列宁却与此相反，指出在我国农民经济中已看到这种结合的复杂形式：从族长（自然）农业与家庭手工业的结合直到农业的雇佣工作与工业的雇佣工作结合为止。因此，在商品生产条件下，小工业并不是资本主义的对抗者，而是它的滋养肥土。在小商品生产中萌芽了简单的资本主义合作社。正是在这种意义上，列宁才称小商品生产（主要是小农手工业）是资本主义在俄国工业中发展的第一阶段（见《列宁全集》，俄文版第3卷，第475页），这自然和马克思认为简单的资本主义合作社乃是资本主义在工业中发展的第一阶段的学说一点也不矛盾。

其次,列宁指出工人很多的制作所怎样逐渐实行分工,因而资本主义简单合作社就转变为资本主义作坊。

在列宁的著作中对于俄国工业各部门的资本主义作坊都予以广泛描写,并对它的内部制度及商业资本在作坊中的作用加以分析,对于家庭的资本主义工作是作坊的附属物一事也予以详尽的分析。

……

列宁又研究大机器工业在俄国的发展。他揭穿了民粹派所谓俄国工厂数目的减少与工人阶级数目增长的缓慢是荒诞无稽的。列宁给予当时俄国工厂统计的状况以深刻的批评。列宁确定了工厂的科学概念,分析了大工业各部门发展的历史统计数字,发现了民粹派经济学者在比较各时期工厂数目时所犯错误之实质,并指出在实际中俄国在改革时期的工厂数目是迅速增加了。

在列宁的著作中彻底揭穿了民粹派经济学者关于重大问题——在大资本主义企业中工人数目是否增加的问题——滥用统计。民粹派回答这个问题是否定的,其中若干人承认工人数目只有很少的增加,就是断定他比全体人民增加得慢些。这就成为民粹派的主要理由,借此企图证明俄国资本主义是人为的没有生活力的,并证明马克思主义者认为俄国无产阶级是国家先进的社会力量及其在革命运动中的领导作用是无根据的。

……

列宁分析俄国大机器工业发展的最重要一点,就是它是在当时全世界资本主义工业的实际条件下,是在当时资本主义正在实行转入新的、最高的资本主义发展阶段——帝国主义阶段——的条件下来观察俄国工业之发展。

关于资本主义发展的帝国主义阶段,列宁在这里还没有说到。不过很重要的,就是列宁分析俄国大工业发展时,曾经指出这种发展的若干特点,在以后(在第一次世界大战年代)被他认为是资本主义的特殊最高阶段——独占资本主义——的一般规律。列宁指出俄国工业是在已经尖锐的资本主义发展不平衡条件下增长的，指出俄国工业中生产与资本的巨大集中乃是它在19世纪末叶一个很重要的特征。列宁讲到开矿工业在俄国南部区域的迅速增长，以及外国资本流入到那个区域时，曾经着重指出：开矿工业之发展在俄国比较西欧快，一部分甚至比北美还要快。"在年青国家中资本主义之发展由于年老国家之示范与帮助已经大为加快。自然，最近十年（1888—1898年）是特别热狂发展的时期，这种急性发展亦如任何资本主义的繁荣一样，必然走向危机；但是资本主义的发展除了经过突变以外，一般地是不能向前进的。"（见《列宁全集》，俄文版第3卷，第429页）

列宁指出俄国工业之集中是在不断地增长，这种集中在19世纪末叶已经达到很高的水准。如斯大林同志在以后指出的，俄国资本主义工业的高度集中对于俄国整个工人运动具有巨大的意义；工人在大企业与最大企业的集中大大增多了工人阶级在俄国资产阶级民主革命中以及在社会主义革命中的政治力量与作用。

……

众所周知，马克思在《资本论》中曾经分析了资本主义工业各种形式——简单的合作社、作坊、工厂——顺序发展的一切阶段。

列宁一面指出俄国资本主义工业相继经过这些阶段，和小工业不过是工业资本主义的第一阶段；同时又揭开工业发展的复杂过程乃是资本主义工业所有这三种形式在国内同时存在，以及在一些地方经常从小手工业产生简单的资本主义合作社，在另一些地方变简单合作社为作坊，在第三种地方变作坊为工厂的过程。"所有这些事实十分明显地告诉我们：小商品生产的基本趋向是在发展资本主义，尤其是在组成作坊，而作坊在我们的眼中是非常迅速地转变为大机器工业。"（见《列宁全集》，俄文版第3卷，第475页）

……

不仅民粹派，而且甚至于蒲列汉诺夫也不了解商业资本在准备与发展俄国工业资本中究竟起着什么作用。蒲列汉诺夫总是喜欢认为资本主义只是与那些使用雇佣劳动的工业形式相同的制度。因此在决定资本主义在俄国工业中发展的程度时，就忽视了许多小资本主义生产的形式，例如：为订货商人所做的工作。列宁揭开了商业资本与工业资本一切复杂的联系形式。

列宁研究俄国工业之发展，与民粹派相反，指出工厂数目与工人阶级的数目已经迅速地增长了，同时又坚决强调由于资本主义工人阶级之发展，工人阶级与资产阶级的矛盾、冲突必然增长和尖锐起来，相对的人口过剩，机器对于工人的压迫也在增长，危机是不可避免的。他和民粹派相反，同时又揭发了资本主义经济制度比较封建制度所有的进步性，以及国家生产力之发展与劳动生产率之提高。在资本主义下矛盾是不可避免的，但是它们不是表明资本主义是不可能的，而是表明它的过渡性质。

列宁和"合法马克思主义者"阵营中的资产阶级歌颂者相反，他经常强调资本主义是代表历史上过渡的经济形式，而资本主义的历史"使命"就在于准备行将到来的社会主义革命的一切物质先决条件与主观因素。

……

列宁的这本书对于制订俄国马克思主义工人政党的纲领和决定布尔什维克党在俄国革命基本问题中的政策曾起了巨大作用。

……

列宁认定1905年的俄国革命是资产阶级革命——资产阶级民主革命的特殊形态。他证明在20世纪俄国的条件下，当时国家已经有了远较西欧资产阶级革命时代更加发展的大工业与工人阶级，在这种资产阶级民主革命中的领导作用可以而且应该属于工人阶级。

……

列宁的《俄国资本主义之发展》一书完成了对于民粹主义的思想瓦解。但是列宁这本书的最伟大意义不在于藉赖它完成了对于民粹主义的思想瓦解和揭穿了"合法的马克思主义者"的理论立场：列宁对于革命以前俄国经济及其冲突与阶级结构的分析，乃是列宁关于帝国主义条件下的革命学说的坚固基础。

……

列宁这本书对于布尔什维克决定俄国革命的性质与动力所具的这种意义,已由列宁本人在本书第二版序言中予以着重指出了。

列宁在1907年写道:"在这本书中对于俄国社会—经济制度,以及阶级结构所给的分析,都已由现在一切阶级在革命过程中的公开政治行动证实了。无产阶级的领导作用完全表现出来了。他在历史运动中的力量,要比他在人民总数中所占比例,大得不可计算,也表现出来了。这种和那种现象的经济基础已在本书中证明了。"

其次,革命在现在日益表明农民的二重地位与二重作用。一方面,奴役经济大批的残余,和农奴制度各式各样的残余,在贫农的空前贫乏化与破产条件下,完全可以解释革命与农民运动的深刻来源与革命农民成为大众的深刻根基。另一方面,在革命过程中,在各种政党的性质中,及在许多思想—政治潮流中又表现了这种群众的内部矛盾、阶级结构,他的小资产阶级性质,以及在它内部的老板倾向与无产阶级倾向的冲突。贫穷的老板在反革命资产阶级与革命无产阶级之间的动摇是必然的,正如在一切资本主义社会里,极少数小生产者发了财,"出了头",成为资产阶级,而大多数或者完全破产了变为雇佣工人或贫民,或者永久在无产阶级状况的边缘上生活。在农民中这两种阶级倾向的经济基础已在本书中证明了。(见《列宁全集》,俄文版第3卷,第9—10页)

众所周知,列宁指出土地问题在俄国革命中的首要意义及关于资本主义在俄国农业中发展的两种形态的学说,对于布尔什维克正确了解1905年俄国革命之性质与动力都有决定的意义。列宁关于资本主义发展的两种形态以及工人阶级与农民在革命中争取这种发展的农民民主形态的学说,是在而且只能在俄国开展的革命条件下创造出来。但值得重要强调的,就是列宁关于农业的资本主义发展形态的学说基础已在他的《俄国资本主义之发展》一书中,关于资本主义在农业中之发展一章里阐明了。列宁在1909年致斯克佛尔朝夫-斯契潘诺夫的一封信中曾经指出:在19世纪80—90年代,在马克思主义者与民粹派的斗争中已经解决了当时的基本问题——资本主义还是"国民生产"。这个问题已由理论(《俄国资本主义之发展》一书)与生活——1905—1907 年的革命经济——正确的最后地解决了。1905—1907 年革命已在日程上提出了"另一个高级的问题：甲种资本主义呢还是乙种资本主义呢？"就是"关于资本主义农业发展的两条道路或方法的斗争问题"，(见《列宁全集》，俄文版第 16 卷，第 102 页) "美国的"和"普鲁士的"道路问题。

列宁这本书的意义所以特别伟大，还由于在这本书中，不仅回答了 19 世纪末叶俄国革命思想问题，而且指出了正确解决俄国工人运动发展的更高新阶段——1905—1907 年革命——提出的问题之基础。列宁向斯克佛尔朝夫-斯契潘诺夫写道：他在该书第二版序言中已经"指出了从它产生资本主义农业发展的两种形态的可能性和这些形态的历史斗争还没有完结"。(同上)

在 1905—1907 年的革命中，在俄国各种社会力量活的斗争中，列宁看见了他在这本书中所展开的对于革命以前俄国的经济，阶级结构与各种冲突之分析已经获得考验与证实。

……

列宁的《俄国资本主义之发展》一书是在马克思的《资本论》以后头一本杰出的政治—经济作品。在这本书中阐述的政治—经济思想是代表列宁对于马克思创造的理论原则的光辉拥护，同时又是马克思主义政治经济学的更进论证与发展。这就是对关于封建生产方法的马克思主义理论，特别是关于资本主义生产方法的产生与发展的理论。

……

众所周知，马克思在《资本论》第 1 卷第 24 章中曾经详细指出被资产阶级国家神圣化的强迫与掠夺农民在所谓原始资本积累过程中的作用。价值律在这一阶段，在资本主义生产方法发生的阶段的作用，马克思只在极一般的形式中予以指出。列宁对于简单商品生产的性质及其因价值律之作用变为资本主义生产的深刻周密分析丰富了马克思主义政治经济学。

……

列宁对于俄国资本主义工业发展的各种形式及这些形式的内部联系与系统的研究，乃是——对于政治经济学的一般意义来说——马克思创作的政治经济学相当段落的证实，及其重要的具体化和许多论点的充实，这些论点借由马克思在极一般的形式中予以涉及或者是他完全没有说到的（例如由各种工业形式同时并存产生的现象，以及由最大工业产生小手工业等等）。

列宁对于马克思主义的资本主义再生产理论——资本主义市场，社会生产品的销售，和这种销售的矛盾等等的理论——的拥护，更进论证，与发展都具有特殊重大的意义。可以说只有列宁才揭开了马克思主义理论的真正精神与意义，并发现了他的许多首要问题——如国外市场的作用，关于"均衡"问题，关于"资本"与"收入"问题，关于资本主义积累的矛盾问题等等。

列宁拥护了并发展了马克思关于危机与其原因，以及工业后备军的学说。恐怕没有一个稍微重要的马克思的资本主义理论部分，列宁未在他的90年代著作中予以更进的发展。

列宁对于民粹派与"合法的马克思主义者"的经济观点的批评在过去和现在也有巨大的国际意义。如列宁指出的，这一部分是由于民粹主义是代表国际修正主义各种样式之一种，因为民粹派（如尼古拉及其他）时常以马克思主义的假面具为掩饰，而主要的还是由于列宁在反对民粹派的斗争中在许多问题方面拥护了马克思的学说，关于这些问题在当时修正主义者（伯恩施坦、达卫德、格尔茨及其他）已经发表了许多言论来反对马克思，——如关于农业中的资本主义问题，关于小生产与大生产在资本主义中的相互关系问题等等。列宁关于这些问题对民粹派的批评也打击了国外修正主义者。关于列宁反对"合法的马克思主义者"的斗争也可以说：——列宁批评的锋芒不仅打中了"合法的马克思主义者"，而且打中了一切进攻马克思革命学说的资产阶级经济学家。

第二国际的"理论家"与俄国的孟雪维克、托洛茨基派，与布哈林派损害了马克思的政治经济学，曲解了他的内容与涵义。列宁在90

年代的著作中,首先是在《俄国资本主义之发展》一书中对于马克思主义政治经济学的拥护与发展,在过去和现在,对于革命的马列主义者反对机会主义者——工人阶级的敌人——曲解和庸俗化马克思主义科学的斗争都有巨大的意义。

列宁的著作表明了俄国经济思想发展的马克思主义新时期的开端,同时又奠定了为马克思主义政治经济学新阶段的始基——它的列宁、斯大林的阶段。

《俄国资本主义之发展》一书及前世纪90年代列宁的其他著作奠定了列宁主义在政治经济学中的始基。这就决定了列宁的著作对于我们今天所有的巨大的、无可估量的意义。

列宁这本书问世的时间离开我们已经50年了——一个整整的历史时代。在列宁的著作中获得科学反映的那些俄国经济政治条件已经一去不复返地过去了。我们现在是从我国胜利的社会主义光辉的事业上来观察这一时代。

但是列宁这本书不仅是"历史":它是我们的同时代者;它和我们生活在一起并将永远活着。

列宁的著作《俄国资本主义之发展》的理论原则已经加入了科学共产主义思想的宝库。若不研究在列宁这本书中所包含的那种巨大的理论财富是不能领会马列主义理论与科学共产主义方法的。列宁的这本著作在思想上武装了我们的党及其他国家的共产党。列宁的这本著作在现在还是其他许多国家的共产党在争取民主的土地改革斗争中优良的思想武器。它帮助许多兄弟共产党在土地问题中及其他经济政策方面决定正确的经济政策。列宁的这本书乃是研究现代资本主义国家的经济制度的模范。

对于我们经济学者,列宁这本书乃是科学分析经济生活现象的高度技巧的优良教本,和科学中的党性,即斯大林同志教训我们的那种布尔什维克党性的模范。

……

附录 II 有关《俄国资本主义的发展》的趣事[①]

一 "喝着墨水"并用"密码"写成的书

《俄国资本主义的发展》一书是列宁在极其恶劣的政治环境下写成的。由于经常受到书报检查制度的迫害,列宁和其他流放人员不得不采用各种巧妙的办法来对付官僚警察。比如列宁常常把他的信用牛奶,将"密码"式的资料写在要归还的书籍的行间。用火一烘,字就变黑,信也就看出了。再比如,为了避免在写信和创作的时候被突然而至的官僚警察发现,列宁用面包做成小墨水瓶,里面灌上牛奶。当看守一开门,列宁就立即把墨水瓶吃下去。有一次,他在信的附白里写道:"今天我吃了六个墨水瓶"。[②] 所以,将《俄国资本主义的发展》称为是列宁"喝着墨水"并用"密码"写成的书一点也不为过。这一方面说明列宁创作该书的努力程度和认真态度,同时也映射出当时列宁流放地的恶劣政治生活。

二 一波三折的书名

列宁的《俄国资本主义的发展》一书曾被人尊为"《资本论》第

---

① 本部分系笔者根据列宁的原始文献、亲属信件等资料,提炼概括而成,绝非杜撰。
② 〔苏〕凯尔任采夫:《列宁传》,企程、朔望译,北京:生活·读书·新知三联书店1975年版,第25页。

二",充分说明了该书的历史意义和时代价值。但俗话说,好事多磨。《俄国资本主义的发展》一书的名字经过列宁与出版商之间的若干次商讨和修改,书名的最终确定可谓一波三折。

第一阶段,列宁很久都不同意使用"俄国资本主义的发展"作为书名,他认为书名太大,而该书的主要目的是"探讨俄国国内市场的由来"等问题。他最初想用一个较长的书名:《论大工业的国内市场。简论俄国国内市场的形成过程》

第二阶段,列宁虽然不同意使用"俄国资本主义的发展"作为书名,但同意将"俄国资本主义的发展"改为"关于俄国资本主义的发展的问题"。

第三阶段,列宁最终在即将出版时将书名确定为"俄国资本主义的发展",但同时增加了一个副标题——大工业国内市场形成的过程。

总之,书名的确定不是一下子解决的。极为谦逊和严格要求自己的列宁很久不同意把自己的著作标名为《俄国资本主义的发展》,因为他认为书名应该更普通一些,"俄国资本主义的发展"的书名太大胆、太广泛、口气太大。列宁认为,最好是用"'关于俄国资本主义发展的问题'"。有人告诉他用"俄国资本主义的发展"为书名就可以销售得快一些,对这说法列宁也不喜欢。"……但是要在舒申斯克这里答复各种细小问题是很困难的,甚至是不可能的,这些问题需要在那里当场加以解决。因此对更改标题的事情,我也不挑剔什么了,虽然我不喜欢这个标题,至于标题大些,'销路'就会好些,这种说法我也不大喜欢。标题我故意选择了一个比较普通的。不过,既然把它保留下来用做副标题,那也就无关紧要了。"——他在给母亲的信中这样写道。《俄国资本主义的发展。大工业国内市场形成的过程》一书在1898年3月用弗拉基米尔·伊林的笔名出版了。书的印数是2400册,很快就销售光了。

三 "行50次鞠躬礼"

列宁所在的流放地,由于远离都市,条件艰苦,卫生很差,尤其是冬天十分寒冷,加上看守的严密监视,行动不甚自由,这给列宁从事理论创作造成了极大的麻烦。为了克服困难并保持健康的体魄,以便顺利地完成出版自己的第一部《经济评论集》和长篇著作《俄国资本主义的发展》及其他论文,列宁在艰难困苦中独创了一套令监狱看守都吃惊的体操——行50次鞠躬礼,即至少要连续鞠躬做50次,每次手要碰着地,同时腿不能弯曲。列宁对自己独创的体操十分满意,甚至在1898年2月7日给母亲的信中,还打算将体操推荐给患了浮肿病的米嘉。列宁在信中写道,"我可以介绍给他一种最简便的体操(虽然是引人发笑的):行50次鞠躬礼。我给自己规定的就是这种课程。看守从窗洞中望进来,看见一个从来不肯到拘留所的教堂里去的人,突然变得如此虔诚起来,使他不胜惊异,而我并不感到难为情。"① 列宁这种不畏困难、艰苦奋斗、苦中作乐的革命乐观主义精神,充分体现了他那崇高的人格,给我们后人留下了珍贵的精神财富,是永远值得我们尊敬和学习的。

四 "《资本论》第二"称呼的由来

1948年12月,棠棣出版社出版了焦敏之翻译的单行本,书名是《俄国资本主义发展》。该书的翻译适应了当时革命的需要,其发行畅销之快,远远超出了译者的预料。"译者原没有想到这样价格昂贵而颇具专门性的书,能在解放军来到之后的一个半月之内销光,竟使译者在时间上来不及重新校阅一次,这是一大遗憾。照目前销售的形势看,也许第二版不久会销售完毕。"②

在该书的"中译本序"(这一部分应当是棠棣出版社对该书的评价和出版情况的介绍,不是译者的序言)中,评价认为,"列宁天才的著作《俄国资本主义发展》,是马克思《资本论》之后第二种最伟大的经

---

① 《列宁全集》第53卷,北京:人民出版社1988年版,第87—88页。
② 〔苏〕列宁:《俄国资本主义发展》,焦敏之译,上海:棠棣出版社1949年版,第2页,"译者对本书二版的序言"。

济科学的典范。它同《资本论》对现代革命经济科学所发生的作用不相上下，……在经济科学领域当中，马克思的《资本论》，列宁的《俄国资本主义发展》和《帝国主义论》以及斯大林在《列宁主义问题》中的若干劳作，确是经济学发展过程中的几块摇撼不动的里程碑。……《俄国资本主义发展》中的一切命题，完全契合于马克思在《资本论》中的一切论旨与命题。然而，有一点，尽管马克思在他的著作中对资本主义社会的总的运动法则有非常科学的指示，可是在列宁以前，鲜有能将马克思的理论运用到各个资本主义国家发展的具体问题上的。在这个问题上，列宁——而且只有列宁，他才天才地把马克思对于资本主义所做的各种主要命题，科学地运用到俄国的实际问题上面。不但如此，《资本论》中的主要的论旨及命题，在《俄国资本主义发展》中尤获得进一步的发呈。"①

所以，将《俄国资本主义的发展》称为"《资本论》第二"的说法，应该是焦敏之译本的"中译本序"的评价。当然，从出版社对该书评价的溢美之词上分析，我们虽不能完全排除市场销售的商贾之情，但也的确可以看出《俄国资本主义发展》在当时的社会影响力。

---

① 〔苏〕列宁：《俄国资本主义发展》，焦敏之译，上海：棠棣出版社1949年版，第1页，"中译本序"。

附录 III　延伸阅读书目

一　文献资料类

1. 《列宁全集》第 3 卷，北京：人民出版社 1959 年版。
2. 《列宁全集》第 3 卷，北京：人民出版社 1984 年版。
3. 《列宁全集》第 44 卷，北京：人民出版社 1990 年版。
4. 《列宁全集》第 53 卷，北京：人民出版社 1988 年版。
5. 《列宁全集》第 57 卷，北京：人民出版社 1990 年版。
6. 〔苏〕乌里雅诺夫：《俄国资本主义的发展》（上），彭苇秋、杜畏之译，春秋书店 1930 年版。
7. 〔苏〕乌里雅诺夫：《俄国资本主义的发展》（上），彭苇秋、杜畏之译，新生命书店 1933 年版。
8. 列宁：《俄国资本主义发展》，焦敏之译，上海：棠棣出版社 1948 年版。
9. 列宁：《俄国资本主义发展》，焦敏之译，上海：棠棣出版社 1949 年版。
10. 列宁：《俄国资本主义的发展》，曹葆华译，北京：解放社出版 1949 年版。
11. 列宁：《俄国资本主义底发展大工业国内市场形成底过程》，曹葆华译，中南新华书店 1950 年版。
12. 列宁：《俄国资本主义发展》，焦敏之译，上海：棠棣出版社 1951 年版。

13. 列宁:《俄国资本主义底发展大工业国内市场形成的过程》,曹葆华译,北京:人民出版社 1953 年版。

14. 列宁:《俄国资本主义底发展》,曹葆华译,北京:人民出版社 1957 年版。

二 国内外研究著作类

1. 《上海通讯图书馆目录》(第六版),上海通讯图书馆 1925 年 10 月刊印。

2. 〔苏〕托洛茨基:《列宁传》,韩起译,南京国际译报社 1932 年版,大 32 开,道林纸毛边本。

3. 〔苏〕巴希科夫:《论列宁的〈俄国资本主义的发展〉及其在经济学中的作用》,李少甫译,北京:中华书局 1950 年版。

4. 〔日〕及川朝雄:《列宁年谱》,张铭三译,五十年代出版社 1952 年版。

5. 《马克思恩格斯列宁斯大林著作中译本简目》,学习出版社 1957 年版。

6. 张静庐辑注:《中国现代出版史料·丙编》,中华书局 1957 年版。

7. 苏共中央马克思主义研究院编:《列宁传》,马京、华国译,北京:生活·读书·新知三联书店出版 1960 年版。

8. 〔苏〕鲍·尼·波诺马辽夫主编:《苏联共产党历史》,北京:人民出版社 1960 年版。

9. 〔苏〕卡拉达耶夫、雷季娜:《经济学说史(从马克思主义产生到伟大十月革命)讲义》,翟松年等译,北京:生活·读书·新知三联书店 1963 年版。

10. 汝仁:《〈俄国资本主义的发展〉介绍》,北京:生活·读书·新知三联书店 1964 年版。

11. 〔苏〕凯尔任采夫:《列宁传》,企程、朔望译,北京:生活·

读书·新知三联书店 1975 年版。

12. 中央编译局编译：《马克思恩格斯生平事业年表》，北京：人民出版社 1976 年版。

13. 中央编译局资料室编译：《马列著作编译资料》第 6 辑，张正芸译、范忆竹校，北京：人民出版社 1979 年版。

14. 中共中央马克思恩格斯列宁斯大林著作编译局资料室编译：《马列著作编译资料》第 10 辑，北京：人民出版社 1980 年版。

15. 〔苏〕科罗利丘克：《列宁在经济主义产生时期反对经济主义的斗争（1894—1897）》，许易森、赵国顺译，中央编译局资料室编：《马列著作编译资料》第 16 辑，北京：人民出版社 1981 年版。

16. 〔苏〕弗·阿多拉茨基主编：《马克思年表》，张慧卿、李亚卿译，人民出版社 1982 年版。

17. 中国人民大学农业经济系经典著作选读教学组编：《马克思、恩格斯、列宁农业经济著作讲解》，1982 年，校内用书。

18. 北京图书馆马列著作研究室曹鹤龙、苏爱荣、张育平等编：《马克思恩格斯著作中译文综录》，北京：书目文献出版社 1983 年版。

19. 尚德文著：《列宁经济理论的形成和发展（1893—1913）》，北京：北京大学出版社 1983 年版。

20. 人民出版社马列著作编辑室编：《马克思恩格斯列宁斯大林著作中译本书目版本简介》，北京：人民出版社 1983 年版。

21. 胡永钦、耿睿勤、袁延恒等编：《马克思恩格斯著作在中国的传播》，北京：人民出版社 1983 年版。

22. 《列宁〈俄国资本主义的发展〉一书准备材料》，刘功勋译、中共中央马克思恩格斯列宁斯大林著作编译局《马列主义研究资料》编辑室编：《马列主义研究资料》第 4 辑，北京：人民出版社 1983 年版。

23. 〔苏〕莎拉波夫、瓦列茨基：《列宁是怎样阅读书报杂志的》，黎鉴堂、戴松成译，北京：书目文献出版社1984年版。

24. 人民出版社马列著作编辑室编：《马克思恩格斯列宁斯大林著作中文本书目、版本、简介（1950—1983）》，北京：人民出版社1985年版。

25. 〔苏〕A. M. 鲁勉采夫主编：《政治经济学》（上册），北京：高等教育出版社1985年版。

26. 〔苏〕M. H. 雷季娜、E. Г. 华西列夫斯基、B. B. 戈洛索夫等著：《经济学说史》，周新成、吴小贺译，北京：中国人民大学出版社1987年版。

27. 李子猷、刘永佶、王毅武、宋宁著：《列宁的经济学说》，西安：陕西人民出版社1988年版。

28. 刘永佶：《政治经济学方法论史》，北京：中共中央党校出版社1988年版。

29. 蔡中兴、蒋自强、沈海山、徐永禄主编：《马克思主义经济思想流派》，上海：上海人民出版社1989年版。

30. 陶大镛主编：《马克思主义经济思想史——外国经济思想史新编》（下），南京：江苏人民出版社1991年版。

31. 〔苏〕里亚布什金：《列宁著作与统计学》，王毓贤等译，北京：中国统计出版社1991年版。

32. 郭连成：《列宁经济思想与探索》（上），大连：东北财经大学出版社1992年版。

33. 刘凤舞：《列宁传》，南京：江苏人民出版社1992年版。

34. 陈孟熙主编：《经济学说史教程》，北京：中国人民大学出版社1992年版。

35. 秦少伟：《农业经济经典著作选读》，北京：农业出版社1993年版。

36. 王元璋：《列宁经济发展思想研究》，武汉：武汉大学出版社1995年版。

37. 于光远：《朋友和朋友们的书初集》，上海：汉语大辞典出版社

1997 年版。

38. 萧国亮：《中国社会经济史研究：独特的"食货"之路》，北京：北京大学出版 2005 年版。

39. 马祖毅：《中国翻译通史（现当代部分）》（第一卷），武汉：湖北教育出版社 2006 年版。

40. 程恩富：《马克思主义经济思想史——经典作家卷》，北京：东方出版中心 2006 年版。

41. 王东、陈有进、贾向云：《马列著作在中国出版简史》，福州：福建人民出版社 2009 年版。

42. 俞可平主编：《马列经典在中国六十年》，北京：中央编译出版社 2010 年版。

43. 姚开建编：《马克思主义经济学说史》，北京：中国人民大学出版社 2010 年版。

44. 中央编译局编：《列宁画传（1870—1924）》，重庆：重庆出版集团、中央编译出版社 2012 年版。

三　报纸期刊文章类

1. 《列宁著作一栏表》，载 1920 年上海共产主义小组《共产党》月刊 1 号。

2. 《列宁的著作在我国的广泛出版》，载《人民日报》1921 年 1 月 21 日。

3. 《一个马克思学说的书目》，载 1924 年《中国青年》第 24 期。

4. 龚世其：《列宁的伟大著作"俄国资本主义底发展"》，载《人民日报》1952 年 4 月 22 日。

5. 〔苏〕莎维茨卡娅：《列宁著作在苏联和国外出版的情形》，载《人民日报》1952 年 1 月 22 日。

6. 孙叔平：《列宁的〈俄国资本主义的发展〉》，载《人民日报》1954 年 4 月 12 日。

7. 〔苏〕尼·尼·廖佐夫：《列宁所著〈俄国资本主义的发展〉一书及其对统计科学的意义》，查瑞付译，载《统计工作通讯》1955年第4期。

8. 〔苏〕西道罗夫：《列宁所著〈俄国资本主义的发展〉一书》，黄巨兴等译，载《史学译丛》1956年第1期。

9. 杨威理：《列宁著作在我国》，载《人民日报》1958年4月22日。

10. 迟蓼洲：《一个范例——读列宁"俄国资本主义底发展"想到的》，载《人民日报》1959年5月1日。

11. 龚维敬：《列宁在研究工作中的科学精神——重读〈俄国资本主义的发展〉的体会》，载《解放日报》1961年7月21日。

12. 张静庐：《关于列宁著作最早介绍到中国来的年代问题》，载《人民日报》1961年3月12日。

13. 胡昌善：《在监狱中流放中写成的书〈俄国资本主义的发展〉》，载《湖北日报》1962年2月16日。

14. 朱枫：《学习列宁实事求是、一切从实际出发的科学态度——读〈俄国资本主义的发展〉札记》，载《天津日报》1978年8月23日。

15. 文华：《国外出版列宁著作情况》，载《国外社会科学动态》1980年第10期。

16. 张惠卿：《谈谈新版〈列宁全集〉》，载《读书》1984年第11期。

17. 于沛：《马克思论俄国资本主义的发展》，载《世界历史》1986年第11期。

18. 丁振兴：《从〈俄国资本主义的发展〉一书学习列宁的统计思想》，载《郑州航空工业管理学院学报》1986年第1期。

19. 萧国亮：《运用马克思历史唯物主义研究经济发展史——读列宁〈俄国资本主义的发展〉》，载《江淮论坛》1987年第4期。

20. 姜其煌：《〈列宁全集〉中文第二版第一、二、三卷审订札记》，载《中国翻译》1987 年第 2 期。

21. 吴道弘：《我国关于列宁著作编辑出版概述》，载《编辑之友》1989 年第 5 期。

22. 纪明山：《从实际出发研究和揭示俄国资本主义形成和发展的特殊规律》，载《南开经济研究》1994 年第 2 期。

23. 曾盛林：《资本主义的历史进步作用——读列宁〈俄国资本主义的发展〉》，载《深圳大学学报（人文社会科学版）》1995 年第 2 期。

24. 何宏江：《俄罗斯出版未发表的列宁著作——介绍〈列宁。不为认知的文献（1891—1922）〉一书》，载《马克思恩格斯列宁斯大林研究》2000 年第 1 辑。

25. 高晓惠：《从〈列宁专题文集〉谈起……》，载《科学社会主义》2010 年第 4 期。

26. 邢贲思：《写在十卷本〈马克思恩格斯文集〉和五卷本〈列宁专题文集〉出版之际》，载《毛泽东邓小平理论研究》2010 年第 1 期。

27. 吴道弘：《马克思恩格斯列宁斯大林著作出版五十年》，载《出版科学》2000 年第 2 期。

28. 翟商：《列宁对俄国资本主义发展的经济史考察及其方法论特色——读〈俄国资本主义的发展〉》，载《中南财经政法大学学报》2003 年第 1 期。

29. 徐芹：《列宁早期城乡关系思想探析——关于俄国资本主义发展过程中的城乡对立问题》，载《江汉论坛》2009 年 12 期。

30. 卫兴华、胡若痴：《正确认识和对待资本主义——〈列宁专题文集 论资本主义〉学习笔记》，载《高校理论战线》2010 年第 6 期。

31. 徐芹：《列宁早期俄国资本主义发展思想及当代价值》，载《当代世界与社会主义》2012 年第 1 期。

后　记

　　看着这部分量不大不小的书稿，我有点忐忑。按照常理，做完一件艰苦的事情后，理应有磐石落地的轻松，或者至少心情平静如常，最坏的还不至于产生忐忑不安之感。实际上，对我来讲，与其说是完成了一项基金课题的任务，倒不如说是又给自己套上一个更大的精神枷锁和体力枷锁。

　　这可能有点夸大其词，但我的确在完成这部书稿的过程中，产生了一些异样的心情。第一，对于是否正确地解读了《俄国资本主义的发展》有忐忑之感。根据我所接触到的材料，当前学术界对列宁这部"未完成的《资本论》"研究还不深，解读还不多。虽然列宁的这部著作从传入中国到改革开放之前的将近半个多世纪里，有不少学者对它曾经青睐有加，并认真剖析和阐述之。但毕竟时过境迁，时代变化之大，让许多人遗忘了《俄国资本主义的发展》。这样，我可以借鉴的资料相对于列宁其他主要著作的研究成果而言，是不多的，时间上也多是上个世纪的。在这种可资借鉴的研究资料不甚充足的情况下，如何准确地解读列宁的这部早期著作，的确让我颇伤脑筋。

　　既然"外援"不足，只好"内助"了。在我解读过程中，我反复阅读该著作以及相关资料，以求准确把握其精髓。有时为了弄清某一个问题，反复核实甄别资料。比如在考察这部著作的曹葆华中文译本时，就发现了一个"版本真空"，也就是只找到第一版、第三版、第四版，却找不到第二版，这个问题我已经在正文中交代过了。细心的读者可能会发现我在说明这个问题的时候，并没有使用太多的文字，但要把一些

后 记

获得的材料组织串联起来并且详加分析甄别，却需要花费很多的时间和精力，这让我倍感疲倦。有时列宁著作早期中译本，基本都是竖排倒看且是繁体字，这陡然增加不少工作量。我也从中发现从事版本考证、文本考证、译文考证工作的辛苦，无形中对以中央编译局为代表的马克思主义经典著作的编译工作者崇敬有加。

如果我的辛苦汗水有所回报的话，还可欣慰。但是，我发现一些问题仍然是悬而未决的，这些悬而未决的理论悬案、版本悬案或者译本悬案等，我都尽可能地在正文中交代了。再比如，列宁与普列汉诺夫关于俄国资本主义发展问题的比较研究，也还是浅尝辄止地、浮光掠影地提及而已，尚未深入进去，这让我心存不安。犹如犯了错误的小学生，在老师面前战战兢兢。读者就是心明如镜的老师，著者就是坐以待审的学生。我的解读是否到位，是否正确，都有待读者的评判。所以，对于本著作中可能出现的理论错误，我理所当然地承担，也欢迎读者来"拍砖"和批评。这样一来，忐忑之感油然而生，也是人之常情。如果完成一本著作之后，没有了忐忑之感，我想他一定是我们想象中的学术"大咖"。

第二，对于我在正文中布置的一些"作业"是否合适，也很忐忑。由于自己才疏学浅，凡是与该著作有关的并且我还没有弄明白的问题，我都尽可能地为读者提供了进一步研究的线索或素材，也希望有心人能顺着这些线索或素材进一步充实研究《俄国资本主义的发展》。我自作主张地认为，我所设置的这些有待完成的问题，就是我给自己和读者布置的"作业"。这些"作业"，对于一部分高层级的读者而言，根本就是小儿科，或者在看到这些问题时，徒增对著者知识浅薄的揶揄。所以，在无法提前与读者沟通的情况下，我擅自布置了"作业"，这是否合适呢？我也有点忐忑。

更令我忐忑的是，在我布置的"作业"中，有一道题我不得不提到，这就是关于《俄国资本主义的发展》与《帝国主义是资本主义的最高阶段》这两本书的关系问题。我在正文中提出这样一个观点：《俄国资本主义的发展》和《帝国主义是资本主义的最高阶段》是上篇和下篇的关系，两者都统一于列宁研究"资本主义的发展"这个大文章中。《俄国资本主义的发展》研究资本主义的国内生产关系，《帝国主义是资本主义的最高阶段》研究资本主义的国际生产关系，但它们都是资本主义发展的不同表现形式。对于这个判断，不知道学术界是否会认同？不知道这个提法是否超前？对此，我甚为忐忑。我想，要消除这个忐忑，只有狠下功夫，将列宁的经济思想连贯性地研究，将这两部书放到列宁思想的整体中去解读，才能得出比较符合列宁本人思想的客观结论。

巧合的是，我在苏联学者莎拉波夫和瓦列茨基所著的《列宁是怎样阅读书报杂志的》一书中，找到了他们与笔者相似的观点。这一点，我已经在正文中作了交代。

第三，对于能否完成下一个有关列宁著作版本考证和文本比较研究的社科基金课题，我也很忐忑。通过撰写这部书稿，我深深地感觉到锻炼身体的重要性。有时考察一个小的知识点，也要在电脑前、书堆里等反复寻找和多方印证，但最后写入正文中却只有很少的一点文字。如果这种情况偶尔为之，体力尚可对付，但由于在版本考证、文本考证、译本考证过程中出现了许多意想不到的情况，一些陈旧的资料查找起来困难重重，但又不得不苦心费力地坚持，生怕如果放弃查找，会失臂于这些藏在陈旧资料里的未知奇异珍宝。真可谓沙里淘金，好事多磨啊。但有时即便查找了，也未必如愿以偿，怅然之情油然而生。

在完成这部书稿的过程中，这种披沙拣金的事情做了好多，有时累得眼睛酸疼、头脑昏昏，但也不敢贸然停顿，生怕灵感飘走、思路被扯断。为了应付这种既是脑力又是体力的工作，我不得不在工作一阵之后，赶紧活动活动，然后接续敲打文字。可以毫不夸张地说，做这种知识考古的工作，还真是一个严重的体力活！

2014年6月底，我从中央编译出版社拿到第三稿进行审读，恰逢刚刚做完手术不久。因为手术部位特殊，稍坐即感不适，我只好在办公桌上放个纸箱，将笔记本电脑放在上面进行工作。所以，这部拙作确实倾注了我大量精力。

后 记

回忆最初撰写书稿时，感觉体力尚可支撑，有时简直不顾人体作息规律的制约，打破常规来熬夜，"夜猫子"生活持续很久。但是，在工作一段时间后，我发现体力出了问题，效率也不高。这样，我不得不将自己从自认的"年轻人"降格为实实在在的中年人，不得不将自己回归到常规状态。回想多次熬夜写作的场景，真是别有一番滋味在心头。在写作的最后几个月里，我又恰好被单位选派到沈阳铁路局吉林段区进行为期4个月的锻炼实习。白天去铁路现场调研，晚上和周末则在将自己关在房间里艰难地爬格子。① 锻炼实习期间，母亲病重住院，我只好从吉林市急赴河南老家，但也仅仅是匆忙地照顾母亲几天，就在母亲出院的当天，我便奉命返回吉林市的铁路现场。想想来回奔袭将近4000公里，却未能等母亲康复就离开她，心里真是难过。父母虽然识字不多，但他们淳朴地在农田劳作不息的精神，永远是我人生的精神动力。

就在我完成撰写这部书稿庆幸可以稍作休整之后，又承担了两项基金项目。题目是"列宁主要著作在中国的出版传播和文本比较研究"以及"中国化语境下列宁著作的译作和文本比较研究"。在这个项目中，我要着重考查列宁的《俄国资本主义的发展》、《帝国主义是资本主义的最高阶段》、《国家与革命》、《论粮食税》、《共产主义运动中的"左派"幼稚病》、《唯物主义和经验批判主义》、《哲学笔记》等七部著作在中国的出版传播情况，同时考查每一个著作前后中文文本和译本的变化情况，尤其是考察其中重要的专有词语的变化情况，用以说明列宁思想在中国被接受和被中国化的历史演变过程。这项工作更是一个硬骨头，因为它的工作量将是我当前工作量的七倍之多。

---

① 主要是资料严重匮乏不足，铁路系统基本上很难找寻到有关《俄国资本主义的发展》的资料，有时候不得不打扰吴恒和胡刚，让他们随时帮我从中国期刊网上下载一些电子资源，或者我借用他们的登入账号，进入超星图书来查找资料。但随着他们分别在2011、2012年从中国人民大学博士毕业，这种便利随之结束。我随即陷入了资料荒的"暗黑时期"，只好每天在"坐班"结束之后坐地铁赶紧跑到国家图书馆，利用闭馆前的几个小时，拼命寻找。日甚一日，来回奔波，疲惫不堪。有时疲劳之极，难以忍受，只好委托国家图书馆将一些书刊拍照，但也付出了一拍两元的经济代价。有时候碰到俄文，根本不懂，不得不求助于汪振友，请他帮忙。

遥想未来将有 N 个不眠之夜，我将如何应对呢？我在思索。我自认不是一个偷懒的人，也懂得劳逸结合的重要性。虽然知道研究的过程十分辛苦，但从研究的结果看，还是欣慰的。这是因为：研究列宁思想离不开研究列宁的著作，更离不开研究该著作的出版翻译和文本传播情况。列宁著作的文本是列宁思想的原始支撑，要准确地把握列宁思想在中国的传播情况，就必须对列宁主要著作在中国出版传播和文本变化情况进行比较研究，才能发现中国人对列宁思想接受的变化过程，才能更好地理解马克思主义中国化的含义。

　　在撰写这部书稿的过程中，我虽然有忐忑和困惑，但也有欣慰和收获。更重要的是，中央编译局的杨金海、李惠斌老师始终关注和指导着这本书的写作，编译局的胡长栓、季正聚、薛晓源、冯雷、武锡申、史清竹等专家学者都给予我无私的帮助。尤其是编译局的翟民刚老师，认真地审读了初稿，并提出许多具体的、中肯的修改意见，使我受益匪浅并让我由衷地对学术前辈充满敬意。其他单位的李永杰、张治银、周文华、靳书君等，也都给予我莫大的鼓励和帮助。中国人民大学的韩海涛老师和王顺生老师，为我夯实了撰写该著作的基本理论素养。吴恒、胡刚、汪振友等都不厌其烦地帮我查找资料。师妹张丽、陈丹、徐文芬等人及时帮我核对部分资料。铁道党校的领导、我所在科室以及图书馆的同事们，也给予我力所能及的帮助。而家人的默默支持，则是我完成该著作的重要保障。对文中所引用的有关资料的作者，在此一并致谢。中央编译局郑锦老师在著者与出版社之间积极协调，以及中央编译出版社薛迎春编辑严谨务实的工作作风，使得该书及时面市，深感慰藉。

　　俗话说，众人拾柴火焰高。有了众多亲友的背后助推，对于消除忐忑之感和迎接未来的挑战，我还是充满信心的。但实事求是地说，书中所涉相关著作也存有挂一漏万的可能，书中的讹误也理应由我一人担责。

刘长军
2014 年 9 月 7 日

图书在版编目（CIP）数据

列宁《俄国资本主义的发展》研究读本 / 刘长军
编著. —北京：中央编译出版社，2014.12
（马克思主义经典著作研究读本 / 杨金海，李惠斌主编）

ISBN 978-7-5117-2379-6

Ⅰ.①列… Ⅱ.①刘… Ⅲ.①《俄国资本主义的发展》-
列宁著作研究 Ⅳ.①A821.21

中国版本图书馆 CIP 数据核字（2014）第 247988 号

列宁《俄国资本主义的发展》研究读本

出 版 人：	刘明清
责任编辑：	薛迎春
责任印制：	刘　慧
出版发行：	中央编译出版社
地　　址：	北京西城区车公庄大街乙5号鸿儒大厦B座（100044）
电　　话：	（010）52612345（总编室）　（010）52612335（编辑室）
	（010）52612316（发行部）　（010）52612317（网络销售）
	（010）52612346（馆配部）　（010）55626985（读者服务部）
传　　真：	（010）66515838
经　　销：	全国新华书店
印　　刷：	北京文昌阁彩色印刷有限责任公司
开　　本：	710毫米×1000毫米　1/16
字　　数：	437千字
印　　张：	31.5
版　　次：	2014年12月第1版
印　　次：	2018年6月第3次印刷
定　　价：	109.00元

网　　址：	www.cctphome.com　邮　箱：cctp@cctphome.com
新浪微博：	@中央编译出版社　微　信：中央编译出版社（ID：cctphome）
淘宝店铺：	中央编译出版社直销店（http://shop108367160.taobao.com）　（010）52612349

本社常年法律顾问：北京市吴栾赵阎律师事务所律师　闫军　梁勤
凡有印装质量问题，本社负责调换。电话：（010）55626985